Kompensationsbezogene Informationsmängel
in der Aktiengesellschaft

Europäische Hochschulschriften
Publications Universitaires Européennes
European University Studies

Reihe II
Rechtswissenschaft

Série II Series II
Droit
Law

Bd./Vol. 3767

PETER LANG
Frankfurt am Main · Berlin · Bern · Bruxelles · New York · Oxford · Wien

Frank Weißhaupt

Kompensationsbezogene Informationsmängel in der Aktiengesellschaft

Anfechtungsklage oder Spruchverfahren?

PETER LANG
Europäischer Verlag der Wissenschaften

Bibliografische Information Der Deutschen Bibliothek
Die Deutsche Bibliothek verzeichnet diese Publikation in der Deutschen Nationalbibliografie; detaillierte bibliografische Daten sind im Internet über <http://dnb.ddb.de> abrufbar.

Zugl.: Mainz, Univ., Diss., 2003

D 77
ISSN 0531-7312
ISBN 3-631-51523-5

www.peterlang.de

Theresia und Hubert Weißhaupt

Vorwort

Claus-Wilhelm Canaris hat bereits in seiner frühen Schaffensphase mit den Arbeiten zur richterlichen Rechtsfortbildung* und zum Systemdenken† tragende Säulen der Zivilrechtsdogmatik errichtet. Sein Verständnis wissenschaftlicher Arbeiten als Demonstrations- und Übungsfelder rechtsmethodischen Argumentierens‡ hat mich von Beginn meines Studiums an fasziniert und seitdem nicht mehr losgelassen. Als ich aus zeitlichen Gründen mein ursprüngliches Vorhaben aufgeben mußte, das Thema dieser Arbeit als Ausgangspunkt einer umfassenderen Untersuchung zum Sonderrecht der börsennotierten Aktiengesellschaft zu nehmen, habe ich mir dieses Credo in Erinnerung gerufen. Die Entscheidungsgründe der anlaßgebenden MEZ/Aqua Butzke-Urteile des BGH zum Anfechtungsausschluß wegen abfindungswertbezogener Informationsmängel beim Rechtsformwechsel sind derart von topischer Argumentation geprägt und haben hinsichtlich ihrer Tragweite Rechtslehre und -praxis in einem solchen Maße verunsichert, daß es für eine selbständige wissenschaftliche Arbeit nicht nur ausreichte, sondern sich geradezu aufdrängte, die zugrunde liegende Thematik kompensationsbezogener Informationsmängel in der Aktiengesellschaft auf ein dogmatisch breiteres Fundament zu stellen. Eine Fokussierung im Lichte der vorgenannten methodischen Grundlagenwerke schien mir dabei aus der zeitlichen Not eine dogmatische Tugend zu machen.

Die vorliegende Arbeit hat im Sommersemester 2003 dem Fachbereich Rechts- und Wirtschaftswissenschaften der Johannes Gutenberg-Universität Mainz als Dissertation vorgelegen. Sie wurde im Mai 2003 abgeschlossen.

Zuallererst habe ich Herrn Prof. Dr. Peter O. Mülbert zu danken, der den genannten Ansatz mit durchaus wohlwollender Gelassenheit angenommen und das Erstgutachten in erfreulich kurzer Zeit erstellt hat. Auch über diese großzügige Betreuung hinaus bin ich ihm für die fortwährende Förderung verbunden, die mir als Mitarbeiter an seinem Lehrstuhl zuteil wurde. Besonderen Dank schulde ich Herrn Prof. Dr. Jürgen Oechsler für seine wertvollen Hinweise im Rahmen des Korreferates und dessen zügige Erstellung.

* *Canaris*, Lücken; Münchener Dissertation aus dem Jahr 1964.

† *Canaris*, Systemdenken; zurückgehend auf den Münchener Habilitationsvortrag aus dem Jahr 1967.

‡ Vgl. *Canaris*, Canaris-Symposion, S. 187, 195.

Für ihren fachlichen Rat und persönlichen Zuspruch danke ich herzlich den Freunden Dr. Jan Schürnbrand und RRef. Klaus Ulrich Schmolke, dem ich dies darüber hinaus als Kollege verdanke. Wertvolle Hilfe hat auch Frau Assessorin Marion Petri geleistet, die das wenig erquickliche Korrekturlesen übernommen hat und dafür meinen herzlichsten Dank verdient.

Gewidmet ist diese Arbeit meinen Eltern, die mich stets weit über das Selbstverständliche hinaus unterstützt haben und dabei unzählige Opfer bringen mußten.

Friedrichshafen, im Juni 2003 Frank Weißhaupt

Inhaltsübersicht

Inhaltsverzeichnis

Schrifttumsverzeichnis

Adolff, Johannes/Tieves, Johannes Über den rechten Umgang mit einem entschlusslosen Gesetzgeber: Die aktienrechtliche Lösung des BGH für den Rückzug von der Börse - Anmerkung zum Urteil des BGH vom 25.11.2002 (Macrotron), BB 2003, 806 ff., BB 2003, 797-805

Ammon, Ludwig Rechtsprechungsübersicht zum aktienrechtlichen Spruchstellenverfahren, FGPrax 1998, 121-160

Aubel, Thomas van Vorstandspflichten bei Übernahmeangeboten, München 1996

Bärwaldt, Roman Der GmbHR-Kommentar zu BGH GmbHR 2001, 247, GmbHR 2001, 251-252

Baumbach, Adolf/Hueck, Alfred u.a. (Hrsg.) Aktiengesetz, 13. Auflage, München 1968 (zitiert: *Baumbach/Hueck*, AktG, § Rdn.)

Baumbach, Adolf/Hueck, Alfred GmbH-Gesetz, Gesetz betreffend die Gesellschaften mit beschränkter Haftung, 17. Auflage, München 2000 (zitiert: Baumbach/Hueck/*Bearbeiter*, GmbHG, § Rdn.)

Baums, Theodor Der Geschäftsleitervertrag, Begründung, Inhalt und Beendigung der Rechtsstellung der Vorstandsmitglieder und Geschäftsführer in den Kapitalgesellschaften und Genossenschaften, Köln 1987

Baums, Theodor Empfiehlt sich eine Neuregelung des aktienrechtlichen Anfechtungs- und Organhaftungsrechts, insbesondere der Klagemöglichkeiten von Aktionären?, Gutachten F zum 63. Deutschen Juristentag in Leipzig 2000, München 2000 (zitiert: *Baums*, Gutachten F z. 63. DJT, S.)

Baums, Theodor Bericht der Regierungskommission Corporate Governance, Köln 2001

Bayer, Walter Informationsrechte bei der Verschmelzung von Aktiengesellschaften, AG 1988, 323-331

Bayer, Walter Herrschaftsveränderungen im Vertragskonzern - Besprechung der Entscheidung BGHZ 119, 1 -, ZGR 1993, 599-613

Bayer, Walter 1000 Tage neues Umwandlungsrecht - eine Zwischenbilanz, ZIP 1997, 1613-1626

Bayer, Walter Kapitalerhöhung mit Bezugsrechtsausschluß und Vermögensschutz der Aktionäre nach § 255 Abs. 2 AktG, ZHR 163 (1999), 505-553

Bayer, Walter Die Kontrollfunktion der aktienrechtlichen Anfechtungsklage - Rechtsdogmatische Grundüberlegungen, in: Gesellschaftsrechtliche Vereinigung (Hrsg.), Gesellschaftsrecht in der Diskussion 1999, Köln 2000, S. 35-56 (zitiert: *Bayer*, VGR 1999, S.)

Bayer, Walter Aktionärsrechte und Anlegerschutz - Kritische Betrachtung der lex lata und Überlegungen de lege ferenda vor dem Hintergrund des Berichts der Regierungskommission Corporate Governance und des Entwurfs eines 4. Finanzmarktförderungsgesetzes, in: Hommelhoff/Lutter/Schmidt/Schön/Ulmer (Hrsg.), Corporate Governance, Gemeinschaftssymposien der Zeitschriften ZHR/ZGR, Heidelberg 2002, S. 137-163 (zitiert: *Bayer*, Corporate Governance, S.)

Behnke, Thorsten Das Spruchverfahren nach § 306 AktG, 305 ff. UmwG, Frankfurt, Berlin, Bern, Bruxelles, New York, Oxford, Wien 2001

Bezzenberger, Gerold/Bezzenberger, Tilman Rechtsschutzmittel der Aktionäre gegen Kapitalverwässerungen - Anfechtungsklage oder Spruchverfahren bei Verschmelzungen und Kapitalerhöhungen mit Bezugsrechtsausschluß?, in: Gesellschaftsrecht, Rechnungslegung, Steuerrecht, Festschrift für Welf Müller zum 65. Geburtstag, hrsg. v. Peter Hommelhoff/Roger Zätzsch/Bernd Erle, München 2001, S. 1-25 (zitiert: *Bezzenberger/Bezzenberger*, FS W. Müller, S.)

Bison, Hildegard Mißbrauch der Anfechtungsklage durch den Aktionär: Eine rechtsvergleichende Analyse des US-amerikanischen und des deutschen Rechts, Frankfurt a.M. 1997

Bork, Reinhard Passivlegitimation und gesetzliche Vertretung der AG bei Klagen einzelner Aufsichtsratsmitglieder, ZIP 1991, 137-147

Bork, Reinhard Beschlußverfahren und Beschlußkontrolle nach dem Referentenentwurf eines Gesetzes zur Bereinigung des Umwandlungsrechts, ZGR 1993, 343-365

Bosse, Christian Informationspflichten des Vorstands beim Bezugsrechtsausschluss im Rahmen des Beschlusses und der Ausnutzung eines genehmigten Kapitals, ZIP 2001, 104-108

Boujong, Karlheinz Rechtsmißbräuchliche Aktionärsklagen vor dem Bundesgerichtshof - Eine Zwischenbilanz, in: Festschrift für Alfred Kellermann zum 70. Geburtstag am 29. November 1990, hrsg. v. Reinhard Goerdeler/Peter Hommelhoff/Marcus Lutter/Walter Odersky/Herbert Wiedemann, Berlin, New York 1991, S. 1-14 (zitiert: *Boujong*, FS Kellermann, S.)

Bungert, Hartwin Unternehmensvertragsbericht und Unternehmensvertragsprüfung gemäß §§ 293a ff., Teil I, DB 1995, 1384-1392

Bungert, Hartwin Ausgliederung durch Einzelrechtsübertragung und analoge Anwendung des Umwandlungsgesetzes - Anmerkung zu LG Karlsruhe, Beschl. v. 6.11.1997 - O 43/97 KfH I -, NZG 1998, 367-372

Bungert, Hartwin Anmerkung zu OLG Karlsruhe NZG 1999, 604, NZG 1999, 605-607

Bydlinski, Franz Juristische Methodenlehre und Rechtsbegriff, Wien, New York 1983 (zitiert: *Bydlinski*, Methodenlehre, S.)

Bydlinski, Franz System und Prinzipien des Privatrechts, Wien, New York 1996 (zitiert: *Bydlinski*, Privatrechtsprinzipien, S.)

Bydlinski, Franz Über die lex-lata-Grenze der Rechtsfindung, in: Einheit und Folgerichtigkeit im Juristischen Denken, Symposion zu Ehren von Herrn Professor Dr. Dr. h.c. mult. Claus-Wilhelm Canaris, hrsg. von Ingo Koller/Johannes Hager/Michael Junker/Reinhard Singer/Jörg Neuner, München 1998, S. 27-88 (zitiert: *Bydlinski*, Canaris-Symposion, S.)

Canaris, Claus-Wilhelm Die Vertrauenshaftung im deutschen Privatrecht, München 1971 (zitiert: *Canaris*, Vertrauenshaftung, S.)

Canaris, Claus-Wilhelm, Schweigen im Rechtsverkehr als Verpflichtungsgrund, in: Festschrift für Walter Wilburg zum 70. Geburtstag, hrsg. v. Hermann Baltl, Graz 1975, S. 77-99 (zitiert: *Canaris*, FS Wilburg, S.)

Canaris, Claus-Wilhelm Die Feststellung von Lücken im Gesetz - Eine methodologische Studie über Voraussetzungen und Grenzen der richterlichen Rechtsfortbildung praeter legem, 2. Auflage, Berlin 1983 (zitiert: *Canaris*, Lücken, S.)

Canaris, Claus-Wilhelm Systemdenken und Systembegriff in der Jurisprudenz, entwickelt am Beispiel des deutschen Privatrechts, 2. Auflage, Berlin 1983 (zitiert: *Canaris*, Systemdenken, S.)

Canaris, Claus-Wilhelm Anmerkung zu BGH NJW 1984, 2279, NJW 1984, 2281-2282

Canaris, Claus-Wilhelm Dankesworte, in: Einheit und Folgerichtigkeit im Juristischen Denken, Symposion zu Ehren von Herrn Professor Dr. Dr. h.c. mult. Claus-Wilhelm Canaris, hrsg. von Ingo Koller/Johannes Hager/Michael Junker/Reinhard Singer/Jörg Neuner, München 1998, S. 187-196 (zitiert: *Canaris*, Canaris-Symposion, S.)

Canaris, Claus-Wilhelm Die Problematik der Anwendung von § 569 BGB - ein Kapitel praktizierter Methodenlehre, in: Festschrift für Wolfgang Fikentscher zum 70. Geburtstag, hrsg. von Bernhard Großfeld/Rolf Sack/Thomas M. J. Möllers/Josef Drexl/Andreas Heinemann, Tübingen 1998, S. 11-42 (zitiert: *Canaris*, FS Fikentscher, S.)

Canaris, Claus-Wilhelm Das Rangverhältnis der "klassischen" Auslegungskriterien, demonstriert an Standardproblemen aus dem Zivilrecht, in: Festschrift für Dieter Medicus zum 70. Geburtstag, hrsg. von Volker Beuthien/Maximilian Fuchs/Herbert Roth/Gottfried Schiemann/Andreas Wacke, Köln, Berlin, Bonn, München 1999, S. 25-61 (zitiert: *Canaris*, FS Medicus, S.)

Canaris, Claus-Wilhelm Grundrechte und Privatrecht - eine Zwischenbilanz, stark erweiterte Fassung des Vortrags gehalten vor der Juristischen Gesellschaft zu Berlin am 10. Juni 1998, Berlin, New York 1999 (zitiert: *Canaris*, Grundrechte und Privatrecht, S.)

Canaris, Claus-Wilhelm Handelsrecht, ein Studienbuch, 23. Auflage, München 2000 (zitiert: *Canaris*, Handelsrecht, § Rdn.)

Canaris, Claus-Wilhelm Wandlungen des Schuldvertragsrechts - Tendenzen zu seiner "Materialisierung", AcP 200 (2000), 273-364

Canaris, Claus-Wilhelm Die richtlinienkonforme Auslegung und Rechtsfortbildung im System der juristischen Methodenlehre, in: Im Dienste der Gerechtigkeit, Festschrift für Franz Bydlinski, hrsg. v. Helmut Koziol/Peter Rummel, Wien, New York, 2002, S. 47-103 (zitiert: *Canaris*, FS Bydlinski, S.)

Canaris, Claus-Wilhelm Äquivalenzvermutung und Äquivalenzwahrung im Leistungsstörungsrecht des BGB, in: Festschrift für Herbert Wiedemann zum 70. Geburtstag, hrsg. von Rolf Wank/Heribert Hirte/Kaspar Frey/Holger Fleischer/Gregor Thüsing, München 2002, S. 1-33 (zitiert: *Canaris*, FS Wiedemann, S.)

Canaris, Claus-Wilhelm Schlußwort: Aspekte der europäischen Rechtsangleichung mit Hilfe von Richtlinien, in: Canaris, Claus-Wilhelm/Zaccaria, Alessio (Hrsg.), Die Umsetzung von zivilrechtlichen Richtlinien der Europäischen Gemeinschaft in Italien und Deutschland, Berlin 2002, S. 129-138 (zitiert: *Canaris*, in: Canaris/Zaccaria, S.)

Diekgräf, Robert Neue Dimensionen des Rechtsmißbrauchs bei aktienrechtlichen Anfechtungsklagen - Anmerkungen zu OLG Frankfurt a.M., WM 1990, 2116 -, WM 1991, 613-622

Dreher, Meinrad/Neumann, Kerstin Anmerkung zu OLG Stuttgart, Beschl. v. 4.12.1996 - 8 W 43/93, EWiR 1997, S. 197-198

Ebenroth, Carsten Thomas Das Auskunftsrecht des Aktionärs und seine Durchsetzung im Prozeß unter besonderer Berücksichtigung des Rechtes der verbundenen Unternehmen, Bielefeld 1970 (zitiert: *Ebenroth*, Auskunftsrecht, S.)

Eisenberg, Melvin A. Corporations and Other Business Organizations, 8th Edition, New York 2000 (zitiert: *Eisenberg*, Corporations, S.)

Ekkenga, Jens Das Organisationsrecht des genehmigten Kapitals, AG 2001, Teil I: 567-579, Teil II: 615-629

Emmerich, Volker/Habersack, Mathias Aktien- und GmbH-Konzernrecht, 2. Auflage, München 2001 (zitiert: *Emmerich/Habersack*, § Rdn.)

Emmerich, Volker/Sonnenschein, Jürgen/Habersack, Mathias Konzernrecht, Das Recht der verbundenen Unternehmen bei Aktiengesellschaften, GmbH, Personengesellschaften, Genossenschaft, Verein und Stiftung, Ein Studienbuch,

7. Auflage, München 2001 (zitiert: *Emmerich/Sonnenschein/Habersack*, § (S.))

Engelmeyer, Cäcilie Die Spaltung von Aktiengesellschaften nach dem neuen Umwandlungsrecht, Köln 1995

Fama, Eugene F. Agency Problems and the Theory of the Firm, 88 J. Pol. Econ., 288-306 (1980)

Fleischer, Holger Die Barabfindung außenstehender Aktionäre nach den §§ 305 und 320b AktG: Stand-alone-Prinzip oder Verbundberücksichtigungsprinzip?, ZGR 1997, 368-400

Fleischer, Holger Informationsasymmetrie im Vertragsrecht, eine rechtsvergleichende und interdisziplinäre Abhandlung zu Reichweite und Grenzen vertragsschlußbezogener Aufklärungspflichten, München 2001

Fleischer, Holger Grundfragen der ökonomischen Theorie im Gesellschafts- und Kapitalmarktrecht, ZGR 2001, 1 - 32

Fleischer, Holger/Kalss, Susanne Kapitalmarktrechtliche Schadensersatzhaftung und Kurseinbrüche an der Börse, AG 2002, 329-336

Fleischer, Holger Der Inhalt des Schadensersatzanspruchs wegen unwahrer oder unterlassener unverzüglicher Ad-hoc-Mitteilungen, BB 2002, 1869-1874

Flume, Werner Allgemeiner Teil des Bürgerlichen Rechts, Erster Band, Zweiter Teil, Die juristische Person, Berlin, Heidelberg, New York, Tokyo 1983 (zitiert: *Flume*, Die juristische Person, § (S.))

Frese, Erich Kontrolle und Rechnungswesen, in: HWR, hrsg. v. Erich Kosiol/Klaus Chmielewicz/Marcel Schweitzer, 2. Auflage, Stuttgart 1981, S. 915-923

Fritzsche, Michael/Dreier, Peter Spruchverfahren und Anfechtungsklage im Aktienrecht: Vorrang oder Ausnahme des Anfechtungsausschlusses gemäß § 14 Abs. 2 UmwG?, Effektiver Rechtsschutz kein Hemmnis für Strukturänderung, BB 2002, 737-744

Geibel, Stephan/Süßmann, Rainer (Hrsg.) Wertpapiererwerbs- und Übernahmegesetz (WpÜG), Kommentar, München 2002 (zitiert: Geibel/Süßmann/*Bearbeiter*, WpÜG, § Rdn.)

Geßler, Ernst/Hefermehl, Wolfgang/Eckardt, Ulrich/Kropff, Bruno Aktiengesetz, Kommentar, München 1973 ff. (zitiert: Geßler/Hefermehl/Eckardt/Kropff/*Bearbeiter*, § Rdn.)

Godin, Freiherr von/Wilhelmi, Hans Aktiengesetz vom 6. September 1965, Kommentar, 4. Auflage, Berlin, New York 1971 (zitiert: *Godin/Wilhelmi*, AktG, Anm.)

Goutier, Klaus/Knopf, Rüdiger/Tulloch, Anthony (Hrsg.) Kommentar zum Umwandlungsrecht, Umwandlungsgesetz - Umwandlungssteuergesetz, Heidelberg 1996 (zitiert: Goutier/Knopf/Tulloch/*Bearbeiter*, UmwG, § Rdn.)

Götz, Silke Verbundvorteile bei der Verschmelzung börsennotierter Aktiengesellschaften, Diss. Mainz (erscheint demnächst)

Groß, Wolfgang Vorbereitung und Durchführung von Hauptversammlungsbeschlüssen zu Erwerb oder Veräußerung von Unternehmensbeteiligungen, AG 1996, 111-119

Groß, Wolfgang Informations- und Auskunftsrecht des Aktionärs, AG 1997, 97-107

Groß, Wolfgang Haftung für fehlerhafte oder fehlende Regel- oder ad-hoc-Publizität, WM 2002, 477-486

Grundmann, Stefan Information und ihre Grenzen im Europäischen und neuen englischen Gesellschaftsrecht, in: Festschrift für Marcus Lutter zum 70. Geburtstag, hrsg. v. Uwe H. Schneider/Peter Hommelhoff/Karsten Schmidt/ Wolfram Timm/Barbara Grunewald/Tim Drygala, Köln 2000, S. 61-82 (zitiert: *Grundmann*, FS Lutter, S.)

Grunewald, Barbara Was bringt der Vorschlag einer 13. EG-Richtlinie über Übernahmeangebote für das deutsche Recht?, WM 1989, 1233-1268

Grunewald, Barbara Rückverlagerung von Entscheidungskompetenzen der Hauptversammlung auf den Vorstand, AG 1990, 133-139

Grunewald, Barbara/Müller, Hans-Friedrich Die Entwicklung des Gesellschaftsrechts in den Jahren 1999 und 2000, JZ 2001, 1120-1131

Grunewald, Barbara Die neue Squeeze-out-Regelung, ZIP 2002, 18-22

Habersack, Mathias Richtigkeitsgewähr notariell beurkundeter Verträge, AcP 189 (1989), 403-424

Habersack, Mathias Die Mitgliedschaft - subjektives Recht und "sonstiges" Recht, Tübingen 1996 (zitiert: *Habersack*, Mitgliedschaft, S.)

Habersack, Mathias Die Aktionärsklage - Grundlagen, Grenzen und Anwendungsfälle, DStR 1998, 533-537

Habersack, Mathias/Mayer, Christian Die überschießende Umsetzung von Richtlinien - Normauslegung und Rechtsweg im Grenzbereich zwischen deutschem und europäischem Privatrecht, JZ 1999, 913-921

Habersack, Mathias Der Finanzplatz Deutschland und die Rechte der Aktionäre, ZIP 2001, 1230-1239

Habersack, Mathias/Schürnbrand, Jan Der Eigentumsvorbehalt nach der Schuldrechtsreform, JuS 2002, 833-839

Habersack, Mathias Europäisches Gesellschaftsrecht, Einführung für Studium und Praxis, 2. Auflage, München 2003

Hadding, Walther Die Mitgliedschaft in handelsrechtlichen Personalgesellschaften - ein subjektives Recht?, in: Festschrift für Rudolf Reinhardt zum 70. Geburtstag, 7. Juni 1972, hrsg. v. Klemens Pleyer/Dietrich Schultz/Erich

Schwinge, Köln-Marienburg 1972, S. 249-262 (zitiert: *Hadding*, FS Reinhardt, S.)

Hadding, Walther Verfügungen über Mitgliedschaftsrechte, in: Festschrift für Ernst Steindorff zum 70. Geburtstag am 13. März 1990, hrsg. v. Jürgen F. Baur/Klaus J. Hopt/K. Peter Mailänder in Verbindung mit Rolf O. Belke/Helmut Kohler/Eberhard Körner/Hans-Georg Koppensteiner/Hagen Lichtenberg/Wulf Henning Roth/Hanns Ullrich, Berlin, New York 1990, S. 31-44 (zitiert: *Hadding*, FS Steindorff, S.)

Hadding, Walther Ergibt die Vereinsmitgliedschaft "quasi-vertragliche" Ansprüche, "erhöhte Treue- und Förderpflichten" sowie ein "sonstiges Recht" im Sinne des § 823 Abs. 1 BGB?, Besprechung der Entscheidung BGHZ 110, 323, in: Festschrift für Alfred Kellermann zum 70. Geburtstag am 29. November 1990, hrsg. v. Reinhard Goerdeler/Peter Hommelhoff/Marcus Lutter/Walter Odersky/Herbert Wiedemann, Berlin, New York 1991, S. 91-113 (zitiert: *Hadding*, FS Kellermann, S.)

Hellwig, Hans-Jürgen Der Auskunftsanspruch des Aktionärs nach unrichtiger Auskunftserteilung, in: Rechenschaftslegung im Wandel, Festschrift für Wolfgang Dieter Budde, hrsg. v. Gerhart Förschle/Klaus Kaiser/Adolf Moxter, München 1995, S. 265-286 (zitiert: *Hellwig*, FS Budde, S.)

Henn, Günter Handbuch des Aktienrechts, 6. Auflage, Heidelberg 1998

Henze, Hartwig Rechtsschutz bei Verletzung von Auskunfts- und Informationsrechten im Unternehmensvertrags- und Verschmelzungsrecht - Gesetzliche Ausgangslage und Rechtsprechung des Bundesgerichtshofs -, in: Henze, Hartwig/Hoffmann-Becking, Michael (Hrsg.), RWS-FORUM Gesellschaftsrecht 2001, Köln 2001, S. 39-53 (zitiert: *Henze*, GesR 2001, S.)

Henze, Hartwig Pünktlich zur Hauptversammlungssaison: Ein Rechtsprechungsüberblick zu Informations- und Auskunftsrechten, BB 2002, 893-903

Henze, Hartwig Aspekte und Entwicklungstendenzen der aktienrechtlichen Anfechtungsklage in der Rechtsprechung des BGH, ZIP 2002, 97-108

Hirte, Heribert Bezugsrechtsausschluß und Konzernbildung, Köln, Berlin, Bonn, München 1986 (zitiert: *Hirte*, Bezugsrechtsausschluß, S.)

Hirte, Heribert Mißbrauch aktienrechtlicher Anfechtungsklage, Vom Querulieren und seinen Grenzen, BB 1988, 1469-1477

Hirte, Heribert Grenzen der Vertragsfreiheit bei aktienrechtlichen Unternehmensverträgen - Besprechung der Entscheidung BGHZ 122, 211 -, ZGR 1994, 644-664

Hirte, Heribert Informationsmängel und Spruchverfahren, Anmerkungen zu den Urteilen des BGH vom 18.12.2000 - II ZR 1/99 - (MEZ) und vom 29.1.2001 - II ZR 368/98 - (Aqua Butzke-Werke), ZHR 167 (2003), 8-34

Hoffmann-Becking, Michael Das neue Verschmelzungsrecht in der Praxis, in: Festschrift für Hans-Joachim Fleck zum 70. Geburtstag am 30. Januar 1988, hrsg. v. Reinhard Goerdeler/Peter Hommelhoff/Marcus Lutter/Herbert Wiedemann, Berlin, New York 1988, S. 105-124 (zitiert: *Hoffmann-Becking*, FS Fleck, S.)

Hoffmann-Becking, Michael Der materielle Gesellschafterschutz: Abfindung und Spruchverfahren, ZGR 1990, 482-502

Hoffmann-Becking, Michael (Hrsg.) Münchener Handbuch des Gesellschaftsrechts, Band 4: Aktiengesellschaft, 2. Auflage, München 1999 (zitiert: MünchHdbAG/*Bearbeiter*, § Rdn.)

Hoffmann-Becking, Michael Rechtsschutz bei Informationsmängeln im Unternehmensvertrags- und Umwandlungsrecht - Überlegungen im Anschluß an die Entscheidungen "MEZ" und "Aqua Butzke" des Bundesgerichtshofs, in: Henze, Hartwig/Hoffmann-Becking, Michael (Hrsg.), RWS-FORUM Gesellschaftsrecht 2001, Köln 2001, S. 55-70 (zitiert: *Hoffmann-Becking*, GesR 2001, S.)

Hommelhoff, Peter Der aktienrechtliche Organstreit - Vorüberlegungen zu den Organkompetenzen und ihrer gerichtlichen Durchsetzbarkeit, ZHR 143 (1979), 288-316

Hommelhoff, Peter Minderheitenschutz bei Umstrukturierungen, ZGR 1993, 452-473

Hommelhoff, Peter Der Beitritt zum Beherrschungsvertrag und seine Auswirkungen auf die Sicherung außenstehender Aktionäre, in: Festschrift für Carsten Peter Claussen zum 70. Geburtstag, hrsg. v. Klaus-Peter Martens/Harm Peter Westermann/Wolfgang Zöllner, Köln, Berlin, Bonn, München 1997, S. 129-145 (zitiert: *Hommelhoff*, FS Claussen, S.)

Hommelhoff, Peter Anlegerinformationen im Aktien-, Bilanz- und Kapitalmarktrecht, ZGR 2000, 748-775

Hopt, Klaus J. Übernahmeangebote im europäischen Recht, in: Festschrift für Fritz Rittner zum 70. Geburtstag, hrsg. v. Manfred Löwisch/Christian Schmidt-Leithoff/Burkhard Schmiedel, München 1991, S. 187-209 (zitiert: *Hopt*, FS Rittner, S.)

Hopt, Klaus J./Wiedemann, Herbert(Hrsg.) Großkommentar zum AktG, 4. Auflage, Berlin 1992 ff.; 11. Lfg. (§§ 92-94), 1999; 16. Lfg. (§§ 131, 132), 2001; 14. Lfg. (§§ 118-120), 1999; 5. Lfg. (§§ 179-191), 1995; 18. Lfg. (§§ 192-206), 2001; 6. Lfg. (§§ 241-255), 1996; 8. Lfg. (§§ 399-410), 1997; (zitiert: GroßKommAktG/*Bearbeiter*, § Rdn.); 3. Auflage, Berlin 1975 (zitiert: GroßKommAktG/*Bearbeiter*[3], § Rdn.)

Hopt, Klaus J. Aktionärskreis und Vorstandsneutralität, ZGR 1993, 534-566

Hopt, Klaus J. Der Kapitalanlegerschutz im Recht der Banken, München 1996

Hopt, Klaus J. Handels- und Gesellschaftsrecht, Band II, Gesellschaftsrecht, 4. Auflage, München 1996

Hopt, Klaus J. Europäisches und deutsches Übernahmerecht, ZHR 161 (1997), 368-420

Hopt, Klaus J. Verhaltenspflichten des Vorstands der Zielgesellschaft bei feindlichen Übernahmen - Zur aktien- und übernahmerechtlichen Rechtslage in Deutschland und Europa, in: Festschrift für Marcus Lutter zum 70. Geburtstag, hrsg. v. Uwe H. Schneider/Peter Hommelhoff/Karsten Schmidt/Wolfram Timm/Barbara Grunewald/Tim Drygala, Köln 2000, S. 1361-1400 (zitiert: *Hopt*, FS Lutter, S.)

Horbach, Matthias Verfahrensfragen bei Holzmüller-Beschlüssen der Hauptversammlung, BB 2001, 893-899

Hüchting, Hans-Jochen Abfindung und Ausgleich im aktienrechtlichen Beherrschungsvertrag, Köln, Berlin, Bonn, München 1972

Hüffer, Uwe Minderheitsbeteiligungen als Gegenstand aktienrechtlicher Auskunftsbegehren, ZIP 1996, 401-411

Hüffer, Uwe Beschlußmängel im Aktienrecht und im Recht der GmbH - eine Bestandsaufnahme unter Berücksichtigung der Beschlüsse von Leitungs- und Überwachungsorganen, ZGR 2001, 833-874

Hüffer, Uwe Aktiengesetz, 5. Auflage, München 2002 (zitiert: *Hüffer*, AktG, § Rdn.)

Jennings, Richard W./Marsh, Jr., Harold/Coffee, Jr., John C./Seligman, Joel Securities Regulation, 8th Edition, New York 1998

Jensen, Michael C./Meckling, William H. Theory of the Firm: Managerial Behavior, Agency Costs, and Ownership Structure, 3 J. Fin. Econ. 305-333 (1976)

Joussen, Peter Der Auskunftsanspruch des Aktionärs, Versuch einer Neuorientierung, AG 2000, 241-257

Kallmeyer, Harald Ausschluß von Minderheitsaktionären, AG 2000, 59-61

Kallmeyer, Harald (Hrsg.) Umwandlungsgesetz, Kommentar, Verschmelzung, Spaltung und Formwechsel bei Handelsgesellschaften, 2. Auflage, Köln 2001 (zitiert: Kallmeyer/*Bearbeiter*, UmwG, § Rdn.)

Kallmeyer, Harald Der GmbHR-Kommentar zu BGH GmbHR 2001, 200, GmbHR 2001, 204

Kaufmann, Arthur Grundprobleme der Rechtsphilosophie, München 1994

Keil, Tilo Der Verschmelzungsbericht nach § 340a AktG, Köln 1990

Keul, Thomas Anfechtungsklage und Überwindung der Registersperre im Rahmen des Squeeze-out, ZIP 2003, 566-569

Kleindiek, Detlef Abfindungsbezogene Informationsmängel und Anfechtungsausschluss, Kommentar zu BGH, NZG 2001, 574, NZG 2001, 552-555

Klinke, Ulrich ECLR - Europäisches Unternehmensrecht und EuGH, Die Rechtsprechung in den Jahren 1998 bis 2000, ZGR 2002, 163-203

Klöhn, Lars Der Abfindungsanspruch des Aktionärs als Aufopferungsanspruch, AG 2002, 443-452

Konzen, Horst Aufopferung im Zivilrecht, Beitrag zu den Lehren vom bürgerlich-rechtlichen und arbeitsrechtlichen Aufopferungsanspruch, Berlin 1969

Kort, Michael Der Abschluß von Beherrschungs- und Gewinnabführungsverträgen im GmbH-Recht, Übergang vom faktischen zum Vertragskonzern, Köln, Berlin, Bonn, München 1986

Kort, Michael Die Klagebefugnis der Arbeitnehmervertreter im Aufsichtsrat der AG, AG 1987, 193-200

Kort, Michael Ausgleichs- und Abfindungsrechte (§§ 304, 305 AktG) beim Beitritt eines herrschenden Unternehmens zu einem Beherrschungsvertrag, Besprechung der Entscheidung BGH NJW 1998, 1866, ZGR 1999, 402-425

Kort, Michael Rechte und Pflichten des Vorstands der Zielgesellschaft bei Übernahmeversuchen, in: Festschrift für Marcus Lutter zum 70. Geburtstag, hrsg. v. Uwe H. Schneider/Peter Hommelhoff/Karsten Schmidt/Wolfram Timm/Barbara Grunewald/Tim Drygala, Köln 2000, S. 1421-1447 (zitiert: *Kort*, FS Lutter, S.)

Krause, Hartmut Das neue Übernahmerecht, NJW 2002, 705-716

Krieger, Gerd Fehlerhafte Satzungsänderungen: Fallgruppen und Bestandskraft, ZHR 158 (1994), 35-58

Krieger, Gerd Aktionärsklage zur Kontrolle des Vorstands- und Aufsichtsratshandelns, ZHR 163 (1999), 343-363

Krieger, Gerd Squeeze-Out nach neuem Recht: Überblick und Zweifelsfragen, BB 2002, 53-62

Kropff, Bruno Aktiengesetz, Textausgabe des AktG 1965 mit Begründung des Regierungsentwurfs (zitiert: RegE) und Bericht des Rechtsausschusses des Deutschen Bundestags (zitiert: BT-RA), Düsseldorf 1965

Kropff, Bruno/Semler, Johannes (Hrsg.) Münchener Kommentar zum Aktiengesetz, 2. Auflage, München 1999 ff.; Bd. 7 (§ 222-277), 1999; Bd. 8 (§§ 278-328), 2000; (zitiert: MünchKommAktG/*Bearbeiter*, § Rdn.)

Küpper, Hans-Ulrich Controlling, Konzeption, Aufgaben und Instrumente, 3. Auflage, Stuttgart 2001

Kuhlmann, Jens/Ahnis, Erik, Konzernrecht, München 2001

Larenz, Karl Lehrbuch des Schuldrechts, Zweiter Band, Besonderer Teil, 1. Halbband, 13. Auflage, München 1986 (zitiert: *Larenz*, Schuldrecht II/1, § (S.))

Larenz, Karl Lehrbuch des Schuldrechts, Erster Band, Allgemeiner Teil, 14. Auflage, München 1987 (zitiert: *Larenz*, Schuldrecht I, § (S.))

Larenz, Karl Allgemeiner Teil des deutschen Bürgerlichen Rechts, 7. Auflage, München 1989 (zitiert, *Larenz*, BGB AT, § (S.))

Larenz, Karl/Canaris, Claus-Wilhelm Lehrbuch des Schuldrechts, Zweiter Band, Besonderer Teil, 2. Halbband, 13. Auflage, München 1994 (zitiert: *Larenz/Canaris*, Schuldrecht II/2, § (S.))

Larenz, Karl/Canaris, Claus-Wilhelm Methodenlehre der Rechtswissenschaft, 3. Auflage, Berlin, Heidelberg, New York, Barcelona, Budapest, Hong Kong, London, Mailand, Paris, Tokyo 1995 (zitiert: *Larenz/Canaris*, Methodenlehre, S.)

Ludewig, Wilhelm Hauptprobleme der Reform des Aktienrechts, Marburg 1929

Lutter, Marcus Die Eintragung anfechtbarer Hauptversammlungsbeschlüsse im Handelsregister, NJW 1969, 1873-1879

Lutter, Marcus Die entgeltliche Ablösung von Anfechtungsrechten - Gedanken zur aktiven Gleichbehandlung im Aktienrecht, ZGR 1978, 347-372

Lutter, Marcus Gesetzliche Gebührenordnung für Aufsichtsräte?, AG 1979, 83-91

Lutter, Marcus Materielle und förmliche Erfordernisse eines Bezugsrechtsausschlusses - Besprechung der Entscheidung BGHZ 71, 40 (Kali + Salz), ZGR 1979, 401-418

Lutter, Marcus Theorie der Mitgliedschaft - Prologomena zu einem Allgemeinen Teil des Korporationsrechts, AcP 180 (1980), 84-159

Lutter, Marcus Bezugsrechtsausschluß und genehmigtes Kapital, BB 1981, 861-864

Lutter, Marcus Das System des deutschen GmbH-Konzernrechts, in: ZGR-Sonderheft 6, Entwicklungen im GmbH-Konzernrecht, hrsg. von Peter Hommelhoff/Johannes Semler/Peter Doralt/Günter H. Roth, Berlin, New York 1986, S. 192-218 (zitiert: *Lutter*, ZGR-Sonderheft 6, S.)

Lutter, Marcus Zur Vorbereitung und Durchführung von Grundlagenbeschlüssen in Aktiengesellschaften, in: Festschrift für Hans-Joachim Fleck zum 70. Geburtstag am 30. Januar 1988, hrsg. v. Reinhard Goerdeler/Peter Hommelhoff/Marcus Lutter/Herbert Wiedemann, Berlin, New York 1988, S. 169-190 (zitiert: *Lutter*, FS Fleck, S.)

Lutter, Marcus Zur Abwehr räuberischer Aktionäre, in: Festschrift 40 Jahre DER BETRIEB, Stuttgart 1988, S. 193-221 (zitiert: *Lutter*, FS Der Betrieb, S.)

Lutter, Marcus Die Treuepflicht des Aktionärs - Bemerkungen zur Linotype-Entscheidung des BGH, ZHR 153 (1989), 446-471

Lutter, Marcus Die Auslegung angeglichenen Rechts, JZ 1992, 593-607

Lutter, Marcus Zum Umfang der Bindung durch Richtlinien, in: Festschrift für Ulrich Everling, hrsg. v. Ole Due/Marcus Lutter/Jürgen Schwarze, Bd. I, Baden Baden 1995, S. 765-782 (zitiert: *Lutter*, FS Everling, S.)

Lutter, Marcus/Drygala, Tim Wie fest ist der feste Ausgleich nach § 304 Abs. 2 S. 1 AktG?, AG 1995, 49-57

Lutter, Marcus Europäisches Unternehmensrecht, Grundlagen, Stand und Entwicklung nebst Texten und Materialien zur Rechtsangleichung, ZGR-Sonderheft 1, hrsg. v. Peter Hommelhoff/Marcus Lutter/Walter Odersky/ Herbert Wiedemann, 4. Auflage, Berlin, New York 1996 (zitiert: *Lutter*, Europäisches Unternehmensrecht, S.)

Lutter, Marcus/Drygala, Tim Die Übertragende Auflösung: Liquidation der Aktiengesellschaft oder Liquidation des Minderheitenschutzes?, in: Festschrift für Bruno Kropff, hrsg. v. Karl-Heinz Forster/Barbara Grunewald/Marcus Lutter/Johannes Semler, Düsseldorf 1997, S. 191-223 (zitiert: *Lutter/ Drygala*, FS Kropff, S.)

Lutter, Marcus Anmerkung zu BGH JZ 1998, 47, JZ 1998, 50-53

Lutter, Marcus/Leinekugel, Rolf Der Ermächtigungsbeschluss der Hauptversammlung zu grundlegenden Strukturmaßnahmen - zulässige Kompetenzübertragung oder unzulässige Selbstentmachtung?, ZIP 1998, 805-817

Lutter, Marcus/Leinekugel, Rolf Planmäßige Unterschiede im umwandlungsrechtlichen Minderheitenschutz - Eine Besprechung des Beschlusses des Bayerischen Obersten Landesgerichts vom 17. September 1998, ZIP 1998, 2002 - Magna Media -, ZIP 1999, 261-267

Lutter, Marcus (Hrsg.) Umwandlungsgesetz, Kommentar, 2. Auflage, Köln 2000 (zitiert: Lutter/*Bearbeiter*, UmwG, § Rdn.)

Lutter, Marcus/Hommelhoff, Peter GmbH-Gesetz, Kommentar, 15. Auflage, Köln 2000 (zitiert: *Lutter/Hommelhoff*, GmbHG, § Rdn.)

Lutter, Marcus/Bezzenberger, Tilman Für eine Reform des Spruchverfahrens im Aktien- und Umwandlungsrecht, AG 2000, 433-447

Lutter, Marcus Aktionärs-Klagerechte, JZ 2000, 837-842

Lutter, Marcus/Krieger, Gerd Rechte und Pflichten des Aufsichtsrats, 4. Auflage, Köln 2002

Luttermann, Claus Anmerkung zu BGH JZ 1997, 1181, JZ 1997, 1183-1185

Luttermann, Claus BB-Kommentar zu BGH, Urteil vom 18.12.2000 - II ZR 1/99 = BB 2001, 275 ff., BB 2001, 382-385

Mader, Peter Rechtsmißbrauch und unzulässige Rechtsausübung, Wien 1994

Manne, Henry G. Mergers and the Market for Corporate Control, 73 J. Pol. Econ. 110-119 (1965)

Martens, Klaus-Peter Leitfaden für die Leitung der Hauptversammlung einer Aktiengesellschaft, 3. Auflage, Köln 2003

Merkt, Hanno Verhaltenspflichten des Vorstands der Zielgesellschaft bei feindlichen Übernahmen, ZHR 165 (2001), 224-257

Mertens, Hans-Joachim Die Gestaltung von Verschmelzungs- und Verschmelzungsprüfungsbericht, AG 1990, 20-55

Mertens, Hans-Joachim Organstreit in der Aktiengesellschaft?, Eine rechtspolitische Kritik, ZHR 154 (1990), 24-38

Messer, Herbert Die Kausalität von Mängeln des Verschmelzungsberichts als Voraussetzung für die Anfechtbarkeit des Verschmelzungsbeschlusses, in: Festschrift für Karlheinz Quack zum 65. Geburtstag am 3. Januar 1991, hrsg. v. Harm Peter Westermann und Wolfgang Kosener in Verbindung mit Friedrich Becher und Kay Jacobsen, Berlin, New York 1991, S. 321-334 (zitiert: *Messer*, FS Quack, S.)

Mülbert, Peter O. Mißbrauch von Bankgarantien und einstweiliger Rechtsschutz - Die dogmatischen Grundlagen der Bankgarantie "auf erstes Anfordern" und ihre Behandlung im Verfahren des einstweiligen Rechtsschutzes -, Tübingen 1985

Mülbert, Peter O. Neueste Entwicklungen des materiellen Rechts der Garantie "auf erstes Anfordern", ZIP 1985, 1101-1114

Mülbert, Peter O. Aktiengesellschaft, Unternehmensgruppe und Kapitalmarkt, 2. Auflage, München 1996 (zitiert: *Mülbert*, Aktiengesellschaft, S.)

Mülbert, Peter O. Shareholder Value aus rechtlicher Sicht, ZGR 1997, 129-172

Mülbert, Peter O. Die Zielgesellschaft im Vorschlag 1997 einer Takeover-Richtlinie - zwei folgenreiche Eingriffe ins deutsche Aktienrecht, IStR 1999, 83-94

Mülbert, Peter O. Unternehmensbegriff und Konzernorganisationsrecht, ZHR 163 (1999), 1-53

Mülbert, Peter O. Konzeption des europäischen Kapitalmarktrechts für Wertpapierdienstleistungen, WM 2001, 2085-2102

Mülbert, Peter O. Rechtsprobleme des Delisting, ZHR 165 (2001) 104-140

Mülbert, Peter O./Birke, Max Das übernahmerechtliche Behinderungsverbot - Die angemessene Rolle der Verwaltung einer Zielgesellschaft in einer feindlichen Übernahme, WM 2001, 705-718

Mülbert Peter O./Birke, Max Legal Capital - Is There a Case against the European Legal Capital Rules?, EBOR 3 (2002), 695-732

Mülbert, Peter O. Die Aktiengesellschaft und der Kapitalmarkt - Der Anlegerschutz - Generalbericht -, in: Die Aktiengesellschaft und der Kapitalmarkt - Der Anlegerschutz, 11. Tagung der Vereinigung griechischer Handels- und Gesellschaftsrechtler, Athen/Komotini: Ant. N. Sakkoulas, 2002, S. 43-77 (zitiert: *Mülbert*, Generalbericht, S.)

Mülbert, Peter O. Empfiehlt es sich, im Interesse des Anlegerschutzes und zur Förderung des Finanzplatzes Deutschland das Kapitalmarkt- und Börsenrecht neu zu regeln? - Deutscher Juristentag, 4. Finanzmarktförderungsgesetz und Europa -, JZ 2002, 826-837

Mülbert, Peter O. Abschwächungen des mitgliedschaftlichen Bestandsschutzes im Aktienrecht, in: Festschrift für Peter Ulmer zum 70. Geburtstag am 2. Januar 2003, hrsg. v. Mathias Habersack/Uwe Hüffer/Peter Hommelhoff/Karsten Schmidt, Berlin 2003, S. 433-450 (zitiert: *Mülbert*, FS Ulmer, S.)

Musielak, Hans-Joachim (Hrsg.) Kommentar zur Zivilprozessordnung mit Gerichtsverfassungsgesetz, 3. Auflage, München 2002 (zitiert: Musielak/*Bearbeiter*, ZPO, § Rdn.)

Neye, Hans-Werner Die Reform des Spruchverfahrens, NZG 2002, 23-32

Notz, Richard L. Bericht über die Diskussion, in: Henze, Hartwig/Hoffmann-Becking, Michael (Hrsg.), RWS-FORUM Gesellschaftsrecht 2001, Köln 2001, S. 71-78 (zitiert: *Notz*, GesR 2001-Diskussionsbericht, S.)

Päffgen, Walter G. Unternehmerische Entscheidungen und Rechtsbindung der Organe in der AG, Köln 2002

Priester, Hans-Joachim Bildung und Auflösung des GmbH-Vertragskonzerns, in: ZGR-Sonderheft 6, Entwicklungen im GmbH-Konzernrecht, hrsg. von Peter Hommelhoff/Johannes Semler/Peter Doralt/Günter H. Roth, Berlin, New York 1986, S. 151-186 (zitiert: *Priester*, ZGR-Sonderheft 6, S.)

Priester, Hans-Joachim Strukturänderungen - Beschlußvorbereitung und Beschlußfassung, ZGR 1990, 420-446

Priester, Hans-Joachim Die klassische Ausgliederung - ein Opfer des Umwandlungsgesetzes 1994?, ZHR 163 (1999), 187-202

Quack, Karlheinz Unrichtige Auskünfte und das Erzwingungsverfahren des § 132 AktG, in: Festschrift für Karl Beusch zum 68. Geburtstag am 31. Oktober 1993, hrsg. v. Heinrich Beisse/Marcus Lutter/Heribald Närger, Berlin, New York 1993, S. 663-673 (zitiert: *Quack*, FS Beusch, S.)

Radu, Magnus Der Mißbrauch der Anfechtungsklage durch den Aktionär, ZIP 1992, 303-314

Rebmann, Volker Die Ausweitung des aktienrechtlichen Spruchstellenverfahrens, Frankfurt 1995

Reichert, Jochem/Weller, Marc-Philippe Haftung von Kontrollorganen - Die Reform der aktienrechtlichen und kapitalmarktrechtlichen Haftung, ZRP 49-59

Reuter, Dieter Die Mitgliedschaft als sonstiges Recht im Sinne des § 823 I BGB, in: Festschrift für Hermann Lange zum 70. Geburtstag am 24. Januar 1992, hrsg. v. Dieter Medicus/Hans-Joachim Mertens/Knut Wolfgang Nörr/Wolfgang Zöllner, Stuttgart, Berlin, Köln 1992, S. 707-728 (zitiert: *Reuter*, FS Lange, S.)

Rieckers, Oliver Haftung des Vorstands für fehlerhafte Ad-hoc-Meldungen de lege lata und de lege ferenda, BB 2002, 1213-1221

Riegen, Arend von Gesellschafterschutz bei Ausgliederungen durch Einzelrechtsnachfolge, Köln 1999

Röhricht, Volker Diskussionsbeitrag zur Plenardiskussion: Wird das geplante Umwandlungsrecht den gestellten Anforderungen gerecht?, in: Institut der Wirtschaftsprüfer (IDW, Hrsg.), Reform des Umwandlungsrechts, Wirtschafts- und gesellschaftsrechtliche, arbeitsrechtliche und steuerrechtliche Aspekte unter besonderer Berücksichtigung von Fragen der Bewertung, Rechnungslegung und Prüfung, Vorträge und Diskussionen, IDW-Umwandlungssymposion am 8./9. Oktober 1992, Düsseldorf 1993, S. 64-72 (zitiert: *Röhricht*, in: IDW, Reform des Umwandlungsrechts, S.)

Röhricht, Volker Die Rechtsstellung der außenstehenden Aktionäre beim Beitritt zum Beherrschungsvertrag, ZHR 162 (1998), 249-260

Röhricht, Volker Die aktuelle höchstrichterliche Rechtsprechung zum Gesellschaftsrecht, in: Gesellschaftsrechtliche Vereinigung (Hrsg.), Gesellschaftsrecht in der Diskussion 2001, Köln 2002, S. 3-37 (zitiert: *Röhricht*, VGR 2001, S.)

Roth, Günter H./Altmeppen, Holger Gesetz betreffend die Gesellschaften mit beschränkter Haftung (GmbHG), 4. Auflage, München 2003 (zitiert: *Roth/Altmeppen*, GmbHG, § Rdn.)

Rowedder, Heinz/Schmidt-Leithoff, Christian (Hrsg.) Gesetz betreffend die Gesellschaften mit beschränkter Haftung (GmbHG), 4. Auflage, München 2002 (zitiert: Rowedder/Schmidt-Leithoff/*Bearbeiter*, GmbHG, § Rdn.)

Sagasser, Bernd/Bula, Thomas/Brünger, Thomas R. Umwandlungen, Verschmelzung-Spaltung-Formwechsel-Vermögensübertragung, Zivil-, Handels- und Steuerrecht, 2. Auflage, München 2000 (zitiert: Sagasser/Bula/Brünger/*Bearbeiter*, Umwandlungen, Kap. Rdn.)

Schaumburg, Harald/Rödder, Thomas UmwG - UmwStG, Strukturierte Textausgabe des Umwandlungsgesetzes und Umwandlungssteuergesetzes mit Materialien und ergänzenden Hinweisen, Köln 1995

Schiessl, Maximilian Ist das deutsche Aktienrecht kapitalmarkttauglich?, AG 1999, 442-452

Schiessl, Maximilian Die Kontrollfunktion der aktienrechtlichen Anfechtungsklage, in: Gesellschaftsrechtliche Vereinigung (Hrsg.), Gesellschaftsrecht in der Diskussion 1999, Köln 2000, S. 57-80 (zitiert: *Schiessl*, VGR 1999, S.)

Schmidt, Harry Ausschluss der Anfechtung des Squeeze-out-Beschlusses bei abfindungswertbezogenen Informationsmängeln, in: Festschrift für Peter Ulmer zum 70. Geburtstag am 2. Januar 2003, hrsg. v. Mathias Habersack/Uwe

Hüffer/Peter Hommelhoff/Karsten Schmidt, Berlin 2003, S. 543-556 (zitiert: *H. Schmidt*, FS Ulmer, S.)
Schmidt, Karsten "Insichprozesse" durch Leistungsklagen in der Aktiengesellschaft?, ZZP 92 (1979), 212-237
Schmidt, Karsten Informationsrechte in Gesellschaften und Verbänden: ein Beitrag zur gesellschaftsrechtlichen Institutionenbildung, Heidelberg 1984, ZHR 1984, Beiheft 57 (zitiert: *K. Schmidt*, Informationsrechte, S.)
Schmidt, Karsten Die Vereinsmitgliedschaft als Grundlage von Schadensersatzansprüchen - Positive "Vertragsverletzung" und "sonstiges Recht" im Innenrecht des Vereins, JZ 1991, 157-162
Schmidt, Karsten Gesellschaftsrecht, 4. Auflage, Köln, Berlin, Bonn, München 2002 (zitiert: *K. Schmidt*, Gesellschaftsrecht, § (S.))
Schmitt, Joachim/Hörtnagl, Robert/Stratz, Rolf-Christian Umwandlungsgesetz, Umwandlungssteuergesetz, Kommentar, 3. Auflage, München 2001 (zitiert: Schmitt/Hörtnagl/Stratz/*Bearbeiter*, UmwG, § Rdn.)
Schmolke, Klaus Ulrich Organwalterhaftung für Eigenschäden von Kapitalgesellschaftern, Diss. Mainz (erscheint demnächst)
Schneider, Uwe H. Antragsberechtigung des außenstehenden Aktionärs nach den §§ 304, 305 AktG, NJW 1971, 1109-1112
Schnorbus, York Grundlagen zur Auslegung des allgemeinen Teils des UmwG, WM 2000, 2321-2328
Schnorbus, York Gestaltungsfreiheit im Umwandlungsrecht, Baden Baden 2001
Schön, Wolfgang Das Bild des Gesellschafters im Europäischen Gesellschaftsrecht, RabelsZ 64 (2000), 1-37
Schön, Wolfgang The Concept Of The Shareholder In European Company Law, EBOR 1 (2000), 3-39
Schön, Wolfgang Der "Rechtsmissbrauch" im Europäischen Gesellschaftsrecht, in: Festschrift für Herbert Wiedemann zum 70. Geburtstag, hrsg. von Rolf Wank/Heribert Hirte/Kaspar Frey/Holger Fleischer/Gregor Thüsing, München 2002, S. 1271-1295 (zitiert: *Schön*, FS Wiedemann, S.)
Scholz, Franz Kommentar zum GmbH-Gesetz, mit Anhang Konzernrecht, Band I, 9. Auflage, Köln 2000 (zitiert: Scholz/*Bearbeiter*, GmbHG, § Rdn.)
Schubert, Werner/Hommelhoff, Peter Hundert Jahre modernes Aktienrecht, eine Sammlung von Texten und Quellen zur Aktienrechtsreform 1884 mit zwei Einführungen, ZGR-Sonderheft 4, hrsg. v. Robert Fischer/Reinhard Goerdeler/Marcus Lutter/Herbert Wiedemann, Berlin, New York 1985 (zitiert: *Schubert/Hommelhoff*, Aktienrechtsreform 1884, S.)
Schwarz, Günter Christian Europäisches Gesellschaftsrecht, Textsammlung, 1. Auflage, Baden Baden 2000 (zitiert: *Schwarz*, Textsammlung, Sig.)

Schwarz, Günter Christian Europäisches Gesellschaftsrecht, ein Handbuch für Wissenschaft und Praxis, 1. Auflage, Baden Baden 2000 (zitiert: *Schwarz*, Europäisches Gesellschaftsrecht, Rdn.)

Schwarz, Günter Christian Empfiehlt sich eine Neuregelung des aktienrechtlichen Anfechtungs- und Organhaftungsrechts, insbesondere der Klagemöglichkeiten von Aktionären?, ZRP 2000, 330-337

Schwarze, Jürgen (Hrsg.) EU-Kommentar, 1. Auflage, Baden Baden 2000 (zitiert: Schwarze/*Bearbeiter*, EU-Kommentar, Art. Rdn.)

Seibt, Christoph H. Kapitalmarktrechtliche Überlagerungen im Aktienrecht, in: Gesellschaftsrechtliche Vereinigung (Hrsg.), Gesellschaftsrecht in der Diskussion 2000, Köln 2001, S. 37-75 (zitiert: *Seibt*, VGR 2000, S.)

Sieger, Jürgen J./Hasselbach, Kai Der Ausschluss von Minderheitsaktionären nach den neuen §§ 327a ff AktG, ZGR 2002, 120-162

Semler, Johannes/Stengel, Arndt Umwandlungsgesetz, München 2003 (zitiert: Semler/Stengel/*Bearbeiter*, UmwG, § Rdn.)

Sinewe, Patrick Keine Anfechtungsklage gegen Umwandlungsbeschlüsse bei wertbezogenen Informationsmängeln - Ausstrahlungswirkung der Entscheidungen des BGH vom 18.12.2000 und vom 29.1.2001 - DB 2001, 319 und 471 -, DB 2001, 690-691

Sinewe, Patrick Der Ausschluß des Bezugsrechts bei geschlossenen und börsennotierten Aktiengesellschaften, Worms 2001

Sinewe, Patrick Die Berichtspflicht beim Ausschluß des Bezugsrechts - Zugleich Replik auf *Bosse*, ZIP 2001, 104, ZIP 2001, 403-406

Sjurts, Insa Kontrolle ist gut, ist Vertrauen besser?, Ökonomische Analysen zur Selbstorganisation als Leitidee neuer Organisationskonzepte, DBW 58 (1998), 283-298

Slabschi, Peter Die sogenannte rechtsmißbräuchliche Anfechtungsklage, Berlin 1997

Steinmeyer, Roland/Häger, Michael WpÜG, Kommentar zum Wertpapiererwerbs- und Übernahmegesetz mit Erläuterungen zum Minderheitenausschluss nach §§ 327a ff. AktG, Berlin 2002 (zitiert: *Steinmeyer/Häger*, WpÜG, § Rdn.)

Stodolkowitz, Heinz Dieter Gerichtliche Durchsetzung von Organpflichten in der Aktiengesellschaft, ZHR 154 (1990), 1-23

Teichmann, Arndt Die Gesetzesumgehung, Göttingen 1962

Teichmann, Arndt Rechtsmißbrauch durch eine Klage - OLG Hamm, WM 1988, 1164, und BGH, WM 1989, 2689, JuS 1990, 269-273

Teichmann, Arndt, in: Soergel, Bürgerliches Gesetzbuch mit Einführungsgesetz und Nebengesetzen, Kohlhammer-Kommentar, begründet von Hs. Th. Soergel, neu hrsg. v. W. Siebert, Band 2, Schuldrecht I, 12. Auflage, Stuttgart,

Berlin, Köln 1990, Kommentierung zu § 242 (zitiert: Soergel/*Teichmann*, § 242 Rdn.)

Thoma, Georg Das Wertpapiererwerbs- und Übernahmegesetz im Überblick, NZG 2002, 105-112

Timm, Wolfram Die Aktiengesellschaft als Konzernspitze, Köln, Berlin, Bonn, München 1980

Tröger, Tobias Vorbereitung von Zustimmungsbeschlüssen bei Strukturmaßnahmen, ZIP 2001, 2029-2042

Tröger, Tobias Informationsrechte der Aktionäre bei Beteiligungsveräußerungen, Besprechung des Urteils BGH vom 15.1.2001 - II ZR 124/99 ("Altana/ Milupa"), ZHR 165 (2001), 593-605

Tröger, Tobias Neues zur Anfechtung bei Informationspflichtverletzungen - Die Entscheidung des BGH vom 13.11.2001 - Sachsenmilch, NZG 2002, 211-213

Ulmer, Peter (Hrsg.) Hachenburg, Gesetz betreffend die Gesellschaften mit beschränkter Haftung (GmbHG), Großkommentar, Dritter Band, §§ 53-85, Register, 8. Auflage, Berlin, New York 1997 (zitiert: Hachenburg/*Bearbeiter*, GmbHG, § Rdn.)

Veil, Rüdiger Umwandlung einer Aktiengesellschaft in eine Gesellschaft mit beschränkter Haftung, Berlin 1996

Vetter, Eberhard Squeeze-Out nur durch Hauptversammlungsbeschluss?, DB 2001, 743-747

Vetter, Eberhard Squeeze-Out - Der Ausschluß der Minderheitsaktionäre aus der Aktiengesellschaft nach den §§ 327a - 327f AktG, AG 2002, 176-190

Vetter, Eberhard Abfindungswertbezogene Informationsmängel und Rechtsschutz - Anmerkung zu den Urteilen des BGH vom 18.12.2000 - MEZ und vom 29.1.2001 - Aqua Butzke -, in: Festschrift für Herbert Wiedemann zum 70. Geburtstag, hrsg. von Rolf Wank/Heribert Hirte/Kaspar Frey/Holger Fleischer/Gregor Thüsing, München 2002, S. 1323-1347 (zitiert: *Vetter*, FS Wiedemann, S.)

Weißhaupt, Frank Der "eigentliche" Holzmüller-Beschluß - Über Dogmatik und Anforderungen eines Instruments aktienrechtlicher Zuständigkeitsordnung, NZG 1999, 804-811.

Wendehorst, Christiane Anspruch und Ausgleich, Theorie einer Vorteils- und Nachteilsausgleichung im Schuldrecht, Tübingen 1999

Wenger, Ekkehard Kurzkommentar zu BGH, Urt. v. 18.12.2000 - II ZR 1/99 (OLG Karlsruhe), BGH EWiR § 210 UmwG 1/01, 331-332

Werner, Winfried Fehlentwicklungen in aktienrechtlichen Auskunftsstreitigkeiten - Zugleich ein Beitrag über die Zulässigkeit negativer Feststellungsanträge im Auskunftserzwingungsverfahren, in: Festschrift für Theodor Heinsius zum 65. Geburtstag am 25. September 1991, hrsg. v. Friedrich Kübler/Hans-Joachim Mertens/Winfried Werner, Berlin, New York 1991, S. 911-930 (zitiert: *Werner*, FS Heinsius, S.)

Westermann, Harm Peter Individualrechte und unternehmerische Handlungsfreiheit im Aktienrecht, ZHR 156 (1992), 203-226

Widmann, Siegfried/Mayer, Robert (Hrsg.) Umwandlungsrecht, Kommentar, Loseblattsammlung, Bonn, Stand: Februar 2003 (zitiert: Widmann/Mayer/*Bearbeiter*, UmwG, § Rdn.)

Wiedemann, Herbert Gesellschaftsrecht, Band I, Grundlagen, München 1980 (zitiert: *Wiedemann*, Gesellschaftsrecht, S.)

Wiedemann, Herbert Die Unternehmensgruppe im Privatrecht, Methodische und sachliche Probleme des deutschen Konzernrechts, Tübingen 1988

Wiedemann, Herbert Minderheitsrechte ernst genommen - Gedanken aus Anlaß der Magna Media-Entscheidung BayObLG ZIP 1998, 2002 -, ZGR 1999, 857-872

Wilde, Christian Informationsrechte und Informationspflichten im Gefüge der Gesellschaftsorgane, ZGR 1998, 423-465

Wilsing, Hans-Ulrich/Kruse, Tobias Anfechtbarkeit von Squeeze-out- und Eingliederungsbeschlüssen wegen abfindungswertbezogener Informationsmängel?, DB 2002, 1539-1543

Windbichler, Christine Mißbräuchliche Aktionärsklagen einschließlich Abfindungsregelungen - Theoretische Grundlagen, in: RWS-Forum 4, Mißbräuchliches Aktionärsverhalten, hrsg. v. Wolfram Timm, Köln 1990, S. 35-50 (zitiert: Windbichler, in: Mißbräuchliches Aktionärsverhalten, S.)

Witt, Carl-Heinz Anmerkung zu WuB II N. § 210 UmwG 1.01 [S. 289-290] und 2.01 [S. 426-427]

Wittmann, Waldemar Unternehmung und unvollkommene Information, Köln 1959

Wohlleben, Hermann Peter Informationsrechte des Gesellschafters, Köln, Berlin, Bonn, München 1989

Wolf, Martin Der Minderheitsausschluss qua "übertragender Auflösung" nach Einführung des Squeeze-Out gemäß §§ 327a-f AktG, ZIP 2002, 153-160

Wüsthoff, Andreas Der Auskunftsanspruch des Aktionärs nach § 131 Aktiengesetz zwischen Insider-Verboten und Ad hoc-Publizität nach dem Werpapierhandelsgesetz, Aachen 2000

Zeidler, Finn Die Hauptversammlung der Konzernmutter - ungeschriebene Zuständigkeiten und Information der Aktionäre, NZG 1998, 91-93

Zeidler, Finn Ausgewählte Probleme des GmbH-Vertragskonzernrechts, NZG 1999, 692-698

Zeidler, Finn Anmerkung zu KG, NZG 1999, 508, NZG 1999, 510-511

Zöllner, Wolfgang/Noack, Ulrich (Hrsg.) Kölner Kommentare zum Unternehmens- und Gesellschaftsrecht; Kölner Kommentar zum Aktiengesetz, 2. Auflage, Köln, Berlin, Bonn, München 1989 ff.; Bd. 5/1 (§§ 179-240), 1995; Bd. 6, 1. Lfg. (§§ 291-328), 1987; Kölner Kommentar zum WpÜG mit AngebVO und §§ 327a-327f AktG, 2003; (zitiert: KölnKomm/*Bearbeiter*, § Rdn.); 1. Auflage, 1970 ff.; Bd. 1, 5. Lfg. (§§ 118-147), 1973; Bd. 2, 4. Lfg. (§§ 241-290), 1976; Bd. 3, 1. Lfg. (§§ 291-328), 1971; (zitiert: KölnKomm/*Bearbeiter*[1], § Rdn.)

Zöllner, Wolfgang, Inhalt und Wirkungen von Beherrschungsverträgen bei der GmbH, ZGR 1992, 173-202

Zöllner, Wolfgang Kontrollrechte des einzelnen Aktionärs: Beschränkung, Erweiterung und Mißbrauchsbekämpfung, in: Semler, Johannes/Hommelhoff, Peter/Doralt, Peter/Druey, Jean Nicolas (Hrsg.), Reformbedarf im Aktienrecht, 4. Deutsch-Österreichisches Symposion zum Gesellschaftsrecht vom 22. und 23. Oktober 1993 auf dem Lämmerbuckel, ZGR Sonderheft 12, Berlin, New York 1994, S. 147-166 (zitiert: *Zöllner*, ZGR-Sonderheft 12, S.)

Zöllner, Wolfgang Qualifizierte Konzernierung im Aktienrecht, in: Gedächtnisschrift für Brigitte Knobbe-Keuk, im Zusammenwirken mit Werner Flume und Horst Heinrich Jakobs, Eduard Picker, Jan Wilhelm hrsg. v. Wolfgang Schön, S. 369-382, Köln 1997 (zitiert: *Zöllner*, GS Knobbe-Keuk, S.)

Zöllner, Wolfgang Zur Problematik der aktienrechtlichen Anfechtungsklage, AG 2000, 145-157

Abkürzungen

EBOR	European Business Organization Law Review
FusionsRL	Fusionsrichtlinie(Dritte Richtlinie 78/855/EWG gemäß Artikel 54 Absatz 3 Buchstabe g) des Vertrages betreffend die Verschmelzung von Aktiengesellschaften)
J. Fin. Econ.	Journal of Financial Economics
J. Pol. Econ.	Journal of Political Economy (Univ. of Chicago)
SpaltungsRL	Spaltungsrichtlinie (Sechste Richtlinie 82/891/EWG gemäß Artikel 54 Absatz 3 Buchstabe g) des Vertrages betreffend die Spaltung von Aktiengesellschaften)

Im übrigen wird auf das "Abkürzungsverzeichnis der Rechtssprache" von Hildebert Kirchner, 5. Auflage, Berlin 2002, verwiesen.

Einleitung

Die Anfechtungsklage gegen Hauptversammlungsbeschlüsse ist ein wesentlicher Rechtsbehelf, mit dem die Aktionäre eine mißbräuchliche Ausnutzung der Machtstellung der Unternehmensleitung oder des Mehrheitsgesellschafters angreifen können.[1] Informationsrechte in der Aktiengesellschaft schwächen die asymmetrische Informationsverteilung zu Lasten der Aktionäre ab und verringern so das Risiko einer solchen Mißbrauchslage.[2] Beidem, Anfechtungsrecht und Informationsrechten, kommt damit im Interesse individuellen Aktionärsschutzes ebenso wie im Verbandsinteresse herausragende Bedeutung zu.[3]

---

1 Diese Erkenntnis bewog den 34. Deutschen Juristentag im Jahr 1926 in Köln zur Empfehlung, am Grundsatz der freien Anfechtbarkeit von Hauptversammlungsbeschlüssen trotz Mißbrauchsgefahr festzuhalten; s. dazu *Ludewig*, S. 151 f.

2 Diesen als *moral hazard* typisierten Wirkungszusammenhang hat die wirtschaftswissenschaftliche *principal/agent*-Theorie aufgezeigt, welche die U.S.-amerikanische Rechtslehre grundlegend für die Ökonomische Analyse des Gesellschaftsrechts (*economic analysis of corporate law*) fruchtbar gemacht hat. Übertragen auf die Aktiengesellschaft lassen sich Verwaltung (*management*) bzw. Mehrheitsgesellschafter (*controlling shareholder*) in einer *agency*-Beziehung zum Verband darstellen, wobei der *agent* (hier: Verwaltung bzw. Mehrheitsgesellschafter) im Zeitpunkt der durch den *principal* (hier: Verband) zu treffenden Entscheidung (hier: Hauptversammlungsbeschluß) einen Informationsvorsprung besitzt, den er zu seinem Vorteil gegen den *principal* nutzen kann. Dieser muß das mit der Entscheidung durch den *agent* angestrebte Ergebnis beurteilen, ohne zu wissen, ob mit dessen Informationsstand bzw. durch die Suche nach weiteren Informationen eine Ergebnisverbesserung möglich gewesen wäre. Es besteht die Gefahr des *moral hazard*, d.h., der *agent* könnte die für den *principal* nicht optimale Alternative wählen. Grundlegend dazu *Fama,* 88 J. Pol. Econ. 288 (1980) und *Jensen/Meckling,* 3 J. Fin. Econ. 305, 308 (1976); für Deutschland s. *Fleischer,* Informationsasymmetrie im Vertragsrecht, S. 139/141 f.; *ders.*, ZGR 2001, 1, 7 f.

3 Zur Doppelnatur der Anfechtungsklage als Behelf individuellen Aktionärsschutzes und objektiver Rechtmäßigkeitskontrolle s. GroßkommAktG/*K. Schmidt*, § 246 Rdn. 11 und § 245 Rdn. 4, 10; *Hüffer*, AktG, § 245 Rdn. 3; zur Organähnlichkeit des Aktionärs als Anfechtungskläger grundlegend *Lutter*, AcP 180 (1980), 84, 143; zur allgemeinen Kontrollfunktion der Anfechtungsklage insbes. BGHZ 107, 296, 308 ("Koch's Adler"); *Lutter*, ZGR 1978, 347, 349; *ders.*, NJW 1969, 1873, 1877 f.; *Hirte*, BB 1988, 1469, 1470; *Noack*, AG 1989, 78, 83; *Bayer*, VGR 1999, S. 35, 36 ff.; a.A. GroßkommAktG/*Mülbert*, Vor §§ 118-147 Rdn. 205-207 (rein individualrechtliches Verständnis des Anfechtungsrechts); *Zöllner*, ZGR-Sonderheft 12, S. 147, 156

Indessen führen gerade Verletzungen von Informationsrechten besonders häufig zu langwierigen Anfechtungsprozessen, in denen einzelne Aktionäre Hauptversammlungsbeschlüsse über Strukturmaßnahmen angreifen.[4] Vor diesem Hintergrund gehen aktuelle Reformbestrebungen dahin, die Anfechtungsmöglichkeiten generell drastisch einzuschränken, unter anderem im Bemühen, den sog. räuberischen Aktionären Einhalt zu gebieten.[5] Speziell zu den Informationsrechtsverletzungen wurde *de lege ferenda* vorgeschlagen, die Anfechtbarkeit wegen unzureichender Information über Bewertungsfragen in allen Fällen auszuschließen, in denen die Bewertungsrüge in das Spruchverfahren verwiesen ist.[6] Der II. Zivilsenat des BGH hat in seinen Urteilen vom 18. Dezember 2000 ("MEZ")[7] und vom 29. Januar 2001 ("Aqua Butzke")[8] den Anfechtungsausschluß beim Rechtsformwechsel nach § 210 UmwG *de lege lata* auch auf Informationsmängel erstreckt, die sich auf den Wert des Abfindungsanspruchs des widersprechenden Aktionärs nach § 207 Abs. 1 UmwG beziehen. Ebenso wie die Rüge, das Barabfindungsangebot nach § 207 UmwG sei zu niedrig bemessen oder die Barabfindung sei im Umwandlungsbeschluß nicht oder nicht ordnungsgemäß angeboten worden (§ 210 UmwG), soll demnach auch der Einwand, die abfindungswertbezogene Information sei mangelhaft gewesen, ausschließlich im Spruchverfahren vorzubringen sein. Diese neue Judikatur wird zwar im Ergebnis überwiegend befürwortet, nicht zuletzt, weil sie den genannten Reformtendenzen entgegenkommt. Gleichwohl ist jedenfalls das Unbehagen über ihre dogmatische Begründung erheblich. In diesem Zusammenhang wird stets auch die Frage nach Tragweite und Bedeutung dieser Rechtsprechung aufgeworfen, namentlich für Mängel der kompensationsbezogenen Information mit Blick auf Strukturbe-

---

ff.; *ders.* AG 2000, 145, 146; ähnlich *Habersack*, Mitgliedschaft, S. 230; kritisch auch *Schiessl*, VGR 1999, S. 57, 61 f. Zur Informationsrechtsdogmatik s. unten unter § 1 II.

4 S. den Befund bei *Schiessl*, VGR 1999, S. 57, 67 und die Nachw. bei GroßkommAktG/*Decher*, § 131 Rdn. 50 mit Fn. 51.

5 Repräsentativ für diese Reformanliegen sind sowohl die Empfehlungen der wirtschaftsrechtlichen Abteilung des 63. Deutschen Juristentags im Jahre 2001 in Leipzig als auch der Bericht der Corporate Governance Kommission der Bundesregierung; s. dazu *Baums*, Gutachten F z. 63. DJT, S. 144 ff.; *ders.*, Bericht der Regierungskommission Corporate Governance, Rdn. 145 ff. (S. 171 ff.); in diese Richtung auch *Schiessl*, VGR 1999, S. 57, 62 ff.; grundlegend zur Rechtslage im Hinblick auf räuberische Aktionäre sowie zu dieser Begrifflichkeit *Lutter*, FS Der Betrieb, S. 193 ff.

6 Dieses rechtspolitische Postulat zusammenfassend *Baums*, Bericht der Regierungskommission Corporate Governance, Rdn. 134 (S. 164 f.).

7 BGHZ 146, 179, 179 ff. ("MEZ").

8 BGH NJW 2001, 1428, 1428 ff. ("Aqua Butzke").

schlüsse jenseits der zum Rechtsformwechsel entschiedenen Fälle in UmwG und AktG.[9]

Die vorliegende Arbeit nimmt die MEZ/Aqua Butzke-Rechtsprechung zum Anlaß, ein Gesamtsystem kompensationsbezogener Informationsrechte in der Aktiengesellschaft zu entwerfen. Zwei m.E. komplementäre Randbemerkungen zur neuen MEZ/Aqua Butzke-Linie des BGH liefern dabei die Ausgangspunkte für die Untersuchung: *Habersack* stellt die neue Rechtsprechung in einen engen Zusammenhang mit der Entwicklung eines Sonderrechts der börsennotierten Aktiengesellschaft, welches mit der Annahme der Börsenpreisrelevanz von Abfindungs- und Ausgleichsansprüchen im Fall DAT/Altana[10] auch durch das BVerfG sanktioniert wurde.[11] Auf eine gesellschaftsrechtsformübergreifende Verbandsrechtsdogmatik gegründet, gelingt es ihm durch diese Betrachtung, die Ausdehnung des Anfechtungsausschlusses mit seiner Konzeption mitgliedschaftlichen Bestandsschutzes bei der nicht-börsennotierten Aktiengesellschaft zu versöhnen.[12] *Mülbert* dagegen betrachtet bereits die Aktiengesellschaft des AktG 1965 als zum Kapitalmarkt hin geöffnet und hat die legislatorische Konzeption des "hybriden Aktionärs" herausgearbeitet, der sowohl Verbandsmitglied als auch Vermögensanleger ist.[13] In der Konsequenz dieser These reihen sich die neuen BGH-Entscheidungen in eine Rechtsprechungslinie ein, die die Abschwächung des Bestandsschutzes der Mitgliedschaft zugunsten des Vermögensschutzes in der Aktiengesellschaft nachzeichnet.[14] Gleichwohl kritisiert *Mülbert* die Begründung des BGH und postuliert eine einheitliche Behandlung aller bewertungsbezogenen Informationsmängel.[15] Auch weist er auf das Spannungsverhältnis gegenüber den europarechtlichen Vorgaben für Vorstandsberichte bei Fusion und Spaltung hin.[16] Eingedenk beider Randbemerkungen soll nachfolgend

---

9 Zu den Reaktionen der Literatur und den Folgerungen jenseits der zum Formwechsel entschiedenen Fälle s. ausf. unten unter § 8 II und III.

10 BVerfGE 100, 289, 303 ff. ("DAT/Altana").

11 *Habersack*, ZIP 2001, 1230, 1237 f.; ähnlich *Henze*, ZIP 2002, 97, 106 f.; *Luttermann*, BB 2001, 382, 384 f.; *Röhricht*, VGR 2001, S. 3, 31; noch weitergehend *Hirte*, ZHR 176 (2003), 8, 14 ff., insbes. 22 ff. mit seinem nach eigenen Worten (S. 10) "quer liegenden" europäisch-kapitalmarktrechtlichen Ansatz.

12 Zu seiner streng verbandsrechtlichen Konzeption des Aktionärs *Habersack*, Mitgliedschaft, S. 326 ff.

13 Grundlegend *Mülbert*, Aktiengesellschaft, S. 57 ff.; s. auch GroßkommAktG/*ders.*, Vor §§ 118-147 Rdn. 199 ff. sowie *ders.*, Generalbericht, S. 43, 47 f., 49 ff., insbes. 57; zustimmend *Schiessl*, VGR 1999, S. 57, 66; *ders.*, AG 1999, 442, 446.

14 *Mülbert*, FS Ulmer, S. 433, 443 ff.

15 *Mülbert*, FS Ulmer, S. 433, 446 ff.; zu dieser "kritischen Rekonstruktion" der MEZ/Aqua Butzke-Judikatur unten unter § 8 II 2 b) und § 9 I 2.

16 *Mülbert*, FS Ulmer, S. 433, 448.

die rechtliche Behandlung kompensationsbezogener Informationsmängel einer integrierten Lösung zugeführt werden, die für die nicht-börsennotierten wie für die börsennotierten Aktiengesellschaften gleichermaßen Gültigkeit beanspruchen kann.

§ 1 Grundüberlegungen und Untersuchungsprämissen

Gegenstand der Untersuchung sind die kompensationsbezogenen Informationsrechte in der Aktiengesellschaft. Um die weitere Darstellung und deren Verständnis zu erleichtern, sind zunächst die einzelnen Komponenten dieses Untersuchungsgegenstands in ihre rechtsdogmatischen Zusammenhänge einzuordnen und gegebenenfalls in ihren systematischen Bezügen weiter zu entfalten.

I. Kompensation - Das gesetzliche Kompensationsschuldverhältnis

1. Geltungsgrund und terminologische Eingrenzung

a) Geltungsgrund des gesetzlichen Kompensationsschuldverhältnisses im Aktien- und Umwandlungsrecht

aa) Gerechtigkeitsgehalt von Kompensation

Kompensation stellt anders als Restitution den alten oder hypothetisch gegenwärtigen Real- und Rechtszustand nicht (wieder) her, sondern ist Ausfluß der *iustitia distributiva*, indem sie für faktisch oder von Rechts wegen hinzunehmende teilweise oder gänzliche Einbußen gegenüber der bisherigen Lage einen Ausgleich bietet.[17] Der Gerechtigkeitskern des Kompensationsanspruchs liegt somit in dem einmal rechtmäßig erlangten Status, und zwar so wie er rechtlich als auch tatsächlich ausgeformt ist. In § 251 BGB ist das Prinzip des kompensatorischen Ausgleichs als eine Säule des Rechts der Schadensersatzleistungen verankert.[18]

---

17 *Wendehorst*, S. 12 ff.; vgl. auch *Bydlinski*, Privatrechtsprinzipien, S. 187 f.
18 S. dazu ausf. *Wendehorst*, S. 91 ff.

bb) Kompensation im Gesellschaftsrecht

Das Ausgleichsprinzip hat auch außerhalb des Schadensrechts seinen Niederschlag gefunden. Im allgemeinen Gesellschaftsrecht ist die Abfindung des ausscheidenden Gesellschafters der typische Fall einer Kompensation. Wenn ein solches Ausscheiden durch Vereinbarung, Austrittskündigung oder Ausschluß erfolgt, der Bestand der Mitgliedschaft also im Einklang mit der Rechtsordnung vernichtet wird, hat die Gesellschaft die Einbuße des ausscheidenden Gesellschafters durch eine Ersatzleistung zu kompensieren; das ergibt sich bereits aus § 738 Abs. 1 Satz 2 BGB.[19] In diesem nicht-schadensersatzrechtlichen Kompensationsanspruch wirkt damit das Mitgliedschaftsrecht vermögensmäßig fort. Die Fortwirkung der Mitgliedschaft begründet also - ungeachtet etwa der Rechtswidrigkeit ihrer Bestandsvernichtung oder des Verschuldensprinzips[20] - die ausscheidensbedingten Abfindungsansprüche im Gesellschaftsrecht.[21]

cc) Kompensationsschuldverhältnis im UmwG und AktG

Auch soweit bei der Aktiengesellschaft strukturändernde Beschlüsse der Hauptversammlung in den mitgliedschaftlichen Bestand der "Aktie" qualifiziert eingreifen,[22] ist für vermögensmäßigen Ausgleich zu sorgen. Bereits Art. 14 GG, in dessen Schutzbereich das Mitgliedschaftsrecht fällt, gebietet eine volle Kompensation, damit ein solcher Eingriff verfassungsmäßig unbeanstandet bleiben kann.[23] Hinreichend qualifiziert ist stets der vollständige Verlust der bisherigen Mitgliedschaft; aber auch unter dieser Schwelle der Bestandsvernichtung sind Kompensationsansprüche infolge Strukturänderungen einfachgesetzlich in UmwG und AktG normiert.[24] Zumeist sind diese rechtstechnisch als vertragliche Ansprüche ausgestaltet, indem etwa nach § 29 UmwG ein anzunehmendes Abfindungsangebot zu unterbreiten oder nach § 305 AktG ein Optionsrecht auf Ab-

19 *K. Schmidt*, Gesellschaftsrecht, § 50 IV (S. 1474 ff.); vgl. auch *Habersack*, Mitgliedschaft, S. 82 ff.

20 Das Verschuldensprinzip ist dabei richtigerweise kein Haftungsgrund, sondern ein Zurechnungsprinzip; dazu grundlegend *Canaris*, Vertrauenshaftung, S. 470.

21 Vgl. auch *Habersack*, Mitgliedschaft, S. 212 f., 247 ff.

22 Von einem Eingriff umwandlungsrechtlicher Strukturänderungen in die Mitgliedschaft spricht etwa *Sagasser*/Bula/Brünger, Umwandlungen, Kap. C Rdn. 7.

23 Verfassungsrechtlich wegweisend BVerfGE 14, 263, 284 ("Feldmühle"); BVerfGE 100, 289, 304 f. ("DAT/Altana"); entscheidend ist nach hiesigem Verständnis aber die methodisch korrekte Ausformung der Mitgliedschaft selbst; ihre verfassungsrechtliche Wurzel prägt lediglich das (bessere) Verständnis des einfachen Gesetzesrechts; s. dazu noch unten unter § 9 III 2 c).

24 Zu den Kompensationsansprüchen im einzelnen s. unten unter § 2.

findung durch den anderen Vertragsteil des Unternehmensvertrags einzuräumen ist. Gleichwohl bildet die Fortwirkung der Mitgliedschaft ihren auf dem Gesetz beruhenden, weil gesetzlich vorausgesetzten Geltungsgrund.[25] Die rechtstechnische Umsetzung durch Vertrag eröffnet lediglich die Möglichkeit, auch den schutzwürdigen Interessen des Kompensationsschuldners Rechnung zu tragen. So kann das verschmelzungsrechtliche Abfindungsangebot nach § 31 UmwG nur innerhalb einer bestimmten Frist angenommen werden; dies mit Rücksicht auf den Kompensationsschuldner, dem nicht zugemutet werden soll, über die Höhe der erforderlichen Abfindungszahlungen auf unbeschränkte Zeit im Unklaren zu bleiben.[26] Die vertragliche Einkleidung ermöglicht ihm beispielsweise im Fall der §§ 304, 305 AktG, auf die Art und Weise der Kompensationsleistung Einfluß zu nehmen. So ist bei Vorliegen der Voraussetzungen im übrigen die einmal getroffene Vereinbarung der Parteien des Beherrschungs- oder Gewinnabführungsvertrags, daß der Ausgleich als fester oder variabler (vgl. § 304 Abs. 2 Satz 2 AktG) bzw. die Abfindung in Aktien oder in bar (vgl. § 305 Abs. 2 Nr. 2 AktG) erfolgen sollen, auch für die außenstehenden Aktionäre und das Gericht im Spruchverfahren verbindlich.[27] Die vertragliche Ausgestaltung des "Wie", d.h. der Art und Weise einer Kompensationsleistung, wahrt - um die hier nicht zu vertiefende, obgleich unmittelbar ins Privatrecht einwirkende Grundrechtsdogmatik zu bemühen -[28] die Schranken-Schranke des Eingriffs in Art. 14 GG und balanciert damit verfassungsrechtliches Unter- und Übermaßverbot aus.[29] Dem entsprechend bestimmt nicht erst der Vertrag, sondern die Mitgliedschaft in ihrem bisherigen Bestand über das "Ob" und damit einhergehend über den wertmäßigen Inhalt der Kompensation. Dabei ist einfachgesetzlich konkretisiert, wann ein Eingriff hinreichend qualifiziert ist. Inwieweit auch darüber hin-

---

25 Dagegen im Sinne eines rechtsgeschäftlichen Geltungsgrundes bei Abfindungsansprüchen aber die noch h.M.; für § 305 AktG s. BGHZ 135, 374, 380 ("Guano"); *Mülbert*, Aktiengesellschaft, S. 495; *Bayer*, ZGR 1993, 599, 602 f.; KölnKomm/*Koppensteiner*, § 305 Rdn. 2; für § 29 UmwG s. Widmann/Mayer/*Vollrath*, UmwG, § 29 Rdn. 33; wohl auch Kallmeyer/*Marsch-Barner*, UmwG, § 29 Rdn. 23; für § 207 UmwG s. Widmann/Mayer/*Vollrath*, UmwG, § 207 Rdn. 9.

26 Goutier/Knopf/Tulloch/*Bermel*, UmwG, § 31 Rdn. 3.

27 H.M.; bzgl. der Wahl zwischen festem und variablen Ausgleich s. nur OLG Düsseldorf AG 2000, 323, 326; MünchKommAktG/*Bilda*, § 304 Rdn. 40; *Emmerich*/Habersack, § 304 Rdn. 28; bzgl. der Wahl zwischen Aktien- oder Barabfindung s. nur MünchKommAktG/*Bilda*, § 305 Rdn. 51; *Hüffer*, AktG, § 305 Rdn. 15; KölnKomm/*Koppensteiner*, § 305 Rdn. 23; MünchHdbAG/*Krieger*, § 70 Rdn. 98; a.A. etwa *Emmerich*/Habersack, § 305 Rdn. 16; *Hüchting*, S. 17 ff.

28 Zum vorschnellen Bemühen verfassungsrechtlicher Argumente mit Recht kritisch *Luttermann*, JZ 1997, 1183, 1184.

29 Dazu grundlegend *Canaris*, Grundrechte und Privatrecht, S. 16 ff.

aus ungeschriebene Kompensationsansprüche bei qualifizierten Mitgliedschaftseinbußen anzunehmen sind, mag Anlaß für eine eigenständige Untersuchung bieten, soll hier indessen nicht erörtert werden.[30] Die Kompensationsansprüche werden jedenfalls nicht *ex voluntate*, sondern stets *ex lege* begründet.[31] Ihr tieferer Grund ist die Rechtsfortwirkung der Mitgliedschaft.[32]

b) Kompensationsgläubiger: Zur Denkfigur des desinteressierten Aktionärs

Gläubiger des Kompensationsanspruchs sind die Aktionäre, die durch die Strukturänderung eine Einbuße ihrer mitgliedschaftlichen Rechtsposition erleiden; das folgt ohne weiteres aus dem soeben dargelegten Haftungsgrund.[33] Das positive Recht bezeichnet sie je nach hier nicht interessierendem Umstrukturierungskontext zum Teil als außenstehende oder ausgeschiedene Aktionäre (so das AktG in §§ 304, 305, 320b und 327b), zum Teil als Aktionäre der übertragenden oder formwechselnden Aktiengesellschaft (in diesem Sinne das UmwG in §§ 15, 29, 196, 207).

Demgegenüber soll hier von den "desinteressierten Aktionären" gesprochen werden. Diese im deutschen Gesellschaftsrecht unübliche Figur legt eine interessengeleitete Betrachtung des Strukturänderungsbeschlusses nahe.[34] Die Hauptversammlung als Willensbildungsorgan der Aktiengesellschaft faßt diesen Be-

---

30 S. dazu den Überblick bei *Schnorbus*, S. 60 ff. m. w. Nachw.

31 Allg.M. nur bei § 320b AktG; statt aller Emmerich/*Habersack*, § 320b Rdn. 3, § 320a Rdn. 3 a.E.; bei den §§ 29, 36 Abs. 1 Satz 1, 125, 207 UmwG vorsichtig in diese Richtung *Habersack*, Mitgliedschaft, S. 253 f.; a.A. etwa Kallmeyer/*Meister/Klöcker*, UmwG, § 207 Rdn. 42; ausdrücklich wie hier gegen die h.M. bei §§ 304, 305 AktG: *Zöllner*, GS Knobbe-Keuk, S. 369, 380 f.; *Ammon*, FG Prax 1998, 121, 122 f.; *Hüffer*, AktG, § 305 Rdn. 4b; *Luttermann*, JZ 1997, 1183, 1183 f.; *Röhricht*, ZHR 162 (1998), 249, 256 f.; *Kort*, ZGR 1999, 402, 408 f.; ähnlich *Wiedemann*, Die Unternehmensgruppe im Privatrecht, S. 66 ff.; *Fleischer*, ZGR 1997, 368, 389 ff.; für den GmbH-Vertragskonzern schon *Kort*, S. 153; wohl auch BGH NZG 1998, 379, 380 (Abschluß des Beherrschungsvertrags als lediglich auslösendes Moment); zu diesem Streitstand s. noch unten unter § 2 II 1 b); vom Ausgleichsanspruch als vermögensrechtlichem Annex des Mitgliedschaftsrechts sprechend etwa KölnKomm/*Koppensteiner*, § 304 Rdn. 63 oder *U. H. Schneider*, NJW 1971, 1109, 1111; im Anschluß an KölnKomm/*Lutter*¹; § 58 Rdn. 51; zum ganzen ähnlich wie hier *Luttermann*, BB 2001, 382, 383, *Behnke*, S. 19, 82 und *Klöhn*, AG 2002, 443, 446 ff.

32 Zum Rechtsfortwirkungsgedanken methodisch grundlegend *Bydlinski*, Privatrechtsprinzipien, S. 239 ff., insbes. 242.

33 Zum Haftungsgrund als gläubigerdeterminierend instruktiv *Canaris*, Vertrauenshaftung, S. 469 f.; zum Zurechnungsgrund dagegen sogleich.

34 Im US-amerikanischen Gesellschaftsrecht ist eine solche interessengeleitete Betrachtung die Regel; s. zu *self-interested transactions* mit eingehender Erörterung der "*interestedness*" bei *directors* und *shareholders Eisenberg*, Corporations, S. 631 ff.

schluß. Die Beschlußmehrheit legitimiert die Strukturänderung und legt *prima vista* nahe, daß sie dem Verbandszweck diene. Im realitätsfernen Fall, daß keiner der Beteiligten - weder die vorlegende(n) Verwaltung(en) noch die beteiligten Aktionäre - ein Eigeninteresse an der beschlußgegenständlichen Strukturmaßnahme hat, trifft diese Annahme auch zu; das Mehrheitsprinzip führt dann zur Ausrichtung des Verbandsinteresses auf eine faire Entschädigung.[35] Das hier zu erörternde Problem der Mängel der Kompensation bzw. der kompensationsbezogenen Information würde sich von vornherein nicht stellen.

In der Realität hingegen verfolgen sowohl die beteiligte(n) Verwaltung(en) als auch einzelne, meist mehrheitlich beteiligte Anteilseigner eigene, vom Verbandszweck verschiedene Interessen mit Blick auf die Strukturmaßnahme. Dann besteht die Gefahr, daß Aktionäre ohne Eigeninteresse übervorteilt werden. Von diesem Befund geht das Recht bei der Normierung der Kompensationsansprüche aus, wenn es beispielsweise bei unzureichendem Umtauschverhältnis in § 15 UmwG eine Barzuzahlung vorschreibt.[36] Dabei sind diejenigen Aktionäre schutzwürdig, die auf die Mehrheitsentscheidung keinen Einfluß und an der beschlußgegenständlichen Strukturmaßnahme kein Eigeninteresse haben, sich also lediglich als loyale Gesellschafter in den Dienst des Verbandszwecks mit seinem regelmäßigen Formalziel Gewinnmaximierung stellen.[37] Sie sind die durch kompensationsbezogene Berichts- und Auskunftsmängel potentiell Gefährdeten; auf sie sei die weitere Betrachtung daher verengt.

c) Kompensationsschuldner: Zurechnungsgrund

Ausgleich oder Abfindung haben nach den gesetzlichen Regelungen der übernehmende Rechtsträger bei der Umwandlung, der andere Vertragsteil des Unternehmensvertrags, die Hauptgesellschaft bei der Eingliederung oder der Hauptaktionär beim Squeeze Out anzubieten.[38] Bei jeder Umstrukturierung ist Kompensationsschuldner damit formal ein außerhalb der Aktiengesellschaft stehender Dritter, während der die Kompensation auslösende Mitgliedschaftseingriff durch

35 S. dazu ausf. *Wiedemann*, Gesellschaftsrecht, S. 468 ff.

36 Dazu noch unten unter § 2 I 1 b) aa).

37 Diese langfristige Gewinnmaximierung läßt sich nicht mit dem Ziel der Marktwertmaximierung nach dem *shareholder value*-Konzept gleichsetzen; dazu und zu letzterem aus rechtlicher Sicht grundlegend *Mülbert*, ZGR 1997, 129, 159 ff.; s. auch *ders.*, ZHR 165 (2001), 104, 126 mit Fn. 89 und *ders.*, Generalbericht, S. 43, 67 f. Hier handelt es sich hingegen der Sache nach um eine normative Bestimmung der Aktionärsinteressen; vgl. zu einer solchen Betrachtungsfigur *Mülbert*, Generalbericht, S. 43, 48; ähnlich wie hier *Martens*, S. 20, der vom "Typus des loyalen, uneingeschränkt dem Gesellschaftsinteresse verpflichteten Aktionär [...]" spricht.

38 S. dazu ausf. bei den Einzelheiten zu den Umstrukturierungen unter § 2.

den Strukturänderungsbeschluß der Hauptversammlung, also einen innerverbandlichen Organisationsakt bewirkt wird.[39] Dem kompensationsberechtigten Aktionär ist eine Anfechtung dieses Beschlusses bei einem Mangel der ihm angebotenen Entschädigung indessen meist abgeschnitten; dafür kann er sich diese in einem eigens dafür eingerichteten Spruchverfahren - notfalls auch durch Vollstreckung eines Leistungsurteils - vom Kompensationsverpflichteten nachbessern lassen.[40]

Dieser an späterer Stelle noch zu entfaltende Mechanismus des positiven Rechts belegt zunächst, daß der gesetzliche Verpflichtungsgrund des Kompensationsschuldverhältnisses keine bloße Prämisse dieser Untersuchung, sondern denkgesetzliche Voraussetzung des in UmwG und AktG positivierten Regelwerks ist.[41] Zugleich wirft eine solche gesetzliche Zurechnung des Eingriffs an den formal nicht unmittelbar Eingreifenden die Frage nach ihrem materialen Gerechtigkeitsgehalt auf; das Verschulden als regelmäßiges Zurechnungsprinzip scheidet schließlich von vornherein aus.[42]

Unbefriedigend wäre die Antwort, daß in der Mehrzahl der Fälle die betroffene Aktiengesellschaft, etwa als übertragender Rechtsträger einer Umwandlung, nach dem vollzogenen Strukturwandel nicht mehr existiert und daher als tauglicher Kompensationsschuldner von vornherein nicht in Betracht kommt. Dieser Sukzessionsgedanke könnte allein schon im Unternehmensvertragsrecht nicht zum Tragen kommen, denn dort besteht die beherrschte oder gewinnabführende Aktiengesellschaft nach der vertraglichen Konzernierung noch fort.[43]

aa) Aufopferungsprinzip als Zurechungsgrund? (Klöhn)

Bemerkenswert ist die unlängst von *Klöhn* unternommene Neuinterpretation der aktien- und umwandlungsrechtlichen Abfindungsansprüche als Aufopferungsentschädigung.[44] Allgemein ist das Aufopferungsprinzip auch im Zivilrecht an-

---

39 Die Wirksamkeit des gesetzlichen Kompensationsschuldverhältnisses ist freilich noch durch die insoweit aber vernachlässigbare Eintragung dieses Beschlusses ins Handelsregister bedingt; dazu ausf. unten unter § 4 II 1 a) bb).

40 Einzelheiten dazu unten unter § 4 II 1 b) und 2.

41 Gleichsinnig für das Unternehmensvertragsrecht *Zöllner*, GS Knobbe-Keuk, S. 369, 380 f.

42 Vgl. *Canaris*, Vertrauenshaftung, S. 468 ff. (zum Zurechungserfordernis in Abgrenzung zum Haftungsgrund) und 473 ff., insbes. 476 f. (zum Verschuldensprinzip und weiteren Zurechungsgründen).

43 Bei § 304 AktG ist nach h.M. nicht die abhängige Gesellschaft kompensationsverpflichtet, sondern das herrschende Unternehmen; zum Streitstand statt aller *Emmerich*/Habersack, § 304 Rdn. 22 f. m. w. Nachw.; s. auch noch unten unter § 2 II 1 a).

44 *Klöhn*, AG 2002, 443, 446 ff.

erkannt und vielfach gesetzlich konkretisiert,[45] paradigmatisch im Schadensersatzanspruch infolge Aggressivnotstands nach § 904 Satz 2 BGB.[46] Es begründet genau genommen kein eigenständiges Haftungsprinzip, sondern statuiert einen Zurechungsgrund:[47] Für die hinzunehmende Beeinträchtigung haftet dem Geschädigten nicht der unmittelbar Eingreifende selbst, sondern der durch den beeinträchtigenden Vorgang Begünstigte. Vor diesem Hintergrund wäre die systematische Neuinterpretation der Kompensationsansprüche auf den ersten Blick durchaus zu begrüßen, ließe sich so die gesetzliche Zurechnung doch ohne Not materiell begründen.[48]

Eine solche Begründung gelänge aber nur in Ansehung des negativen Aussagegehalts, daß die Aktiengesellschaft, deren Hauptversammlung den Mitgliedschaftseingriff legitimiert, nicht haftet. Nun muß die Umstrukturierung aber andererseits nicht stets und ausschließlich den drittbeteiligten Rechtsträger begünstigen; vielmehr schließen gerade die Konzernierungsfälle nicht aus, daß die Konzernspitze auf die Interessen der Untergesellschaft Rücksicht nimmt.[49] Jedenfalls aber wünscht die betroffene Aktiengesellschaft selbst den jeweiligen Strukturwandel, den ihre Hauptversammlung schließlich mit qualifizierter Mehrheit akzeptiert hat. Unbestritten läßt eine gesetzlich vorgeprägte Güterabwägung das mitgliedschaftliche Bestandsinteresse des individuellen Aktionärs zugunsten dieses Eingriffsinteresses weichen.[50] Das Güterabwägungsprinzip ist hingegen keineswegs nur im Aufopferungsrecht anzutreffen, sondern wurzelt in der Rechtsidee selbst.[51] Das Kompensationsschuldverhältnis ist somit lediglich aufopferungsähnlich, ebenso wie etwa die Nichtleistungskondiktion, deren Haftungsgrund gleichfalls dem Rechtsfortwirkungsprinzip entstammt.[52] Ein materi-

---

45 *Larenz/Canaris*, Schuldrecht II/2, § 85 II 2 (S. 661) enumeriert die §§ 904 Satz 2, 906 Abs. 2 Satz 2, 912 Abs. 2, 917 Abs. 2, 867 Satz 2, 962 Satz 3, 1005 BGB sowie einige Rechtsfortbildungsinstitute.

46 *Canaris*, Systemdenken, S. 54, 95 f.; *ders.*, Lücken, S. 74 f., 79 f.; *Bydlinski*, Privatrechtsprinzipien, S. 204; zur Entwicklung der Aufopferung im Zivilrecht vor allem aus historischer Sicht *Konzen*, insbes. S. 24 ff., jeweils m. w. Nachw.

47 Das betont *Canaris*, Systemdenken, S. 54 (leicht mißverständlich insoweit noch *ders.*, Lücken, S. 79), wobei *ders.*, Vertrauenshaftung, S. 469 f. grundlegend die Gegensätze Haftungsgrund (Gläubigersicht) und Zurechnungsgrund (Schuldnersicht) herausarbeitet; diesen Unterschied verkennt *Klöhn*, AG 2002, 443, 446.

48 Vgl. *Canaris*, Systemdenken, S. 95 f. zur Frage des Anspruchsschuldners bei § 904 Satz 2 BGB.

49 So zum Beherrschungsvertrag MünchKommAktG/*Altmeppen*, § 291 Rdn. 78 (str.).

50 Das Spannungsverhältnis entfaltet treffend *Klöhn*, AG 2002, 443, 447 f.

51 Grundlegend *Canaris*, Lücken, S. 110.

52 Zur Nichtleistungskondiktion statt aller *Larenz/Canaris*, Schuldrecht II/2, § 69 I 1 b) und c) (S. 170 f.).

aler Gerechtigkeitsgehalt der gesetzlich vorgegebenen Durchgriffszurechnung ist dadurch aber gerade nicht gewonnen.

bb) Risikoprinzip als Zurechnungsgrund

Auf dem Erkenntnisweg zum gesetzlich vorausgesetzten Zurechnungsprinzip sollte zunächst das positive Regelwerk in Blick genommen werden. Dabei ist die vertragliche Ausgestaltung des Kompensationsschuldverhältnisses als dessen "Wie" augenfällig, durch die sich dieses Institut wesentlich von den privatrechtlichen Aufopferungsansprüchen unterscheidet. Diese rechtstechnische Umsetzung wahrt nicht nur die Schranken-Schranke des grundrechtsrelevanten Mitgliedschaftseingriffs,[53] sondern zeugt zunächst einmal von der Möglichkeit, daß die Aktiengesellschaft für ihre Minderheitsaktionäre ein wirtschaftlich voll entschädigendes Kompensationsangebot des drittbeteiligten Rechtsträgers aushandelt. Wie bereits angedeutet, folgt ein solches Ergebnis aus dem Verhandlungsmodell, für den Fall, daß in Realität innere Vertragsgerechtigkeit vorherrscht.[54] So verhält es sich beispielsweise im übrigen Gesellschaftsrecht, soweit eine Umstrukturierung nur durch einstimmigen Gesellschafterbeschluß herbeigeführt werden kann bzw. - anders gewendet - wenn sämtliche Minderheitsgesellschafter ein Vetorecht haben.[55] Das Geschäftsführungsorgan "ihrer" Gesellschaft wird in einem solchen Fall nur einem Strukturwandel zustimmen, dem auch sie selbst beipflichten werden, und damit einen wirtschaftlich vollwertigen Vermögensausgleich für die mit deren Mitgliedschaftseinbuße einhergehenden Herrschaftsverluste aushandeln. Die stärkere Entpersonalisierung der gesellschafterlichen Verbundenheit in der Aktiengesellschaft findet indessen im Mehrheitsprinzip ihren Niederschlag, das diesen Wirkungsmechanismus außer Kraft setzt.[56] Freilich muß damit nicht zwingend eine Übervorteilung der Minderheits-

53 Dazu soeben unter a) cc) und für das Unternehmensvertragsrecht ausführlicher unten unter § 2 II 1 b).

54 Dazu für das Unternehmensvertragsrecht instruktiv *Fleischer*, ZGR 1997, 368, 389 ff., der insoweit vom "Vertragsmodell" spricht; ähnlich bereits *Wiedemann*, Die Unternehmensgruppe im Privatrecht, S. 62 ff.

55 So etwa nach h.M. im GmbH-Vertragskonzernrecht; s. Hachenburg/*Ulmer*, GmbHG, Anh § 77 Rdn. 211; Scholz/*Emmerich*, GmbHG, Anhang Konzernrecht, Rdn. 155 und 165; Baumbach/Hueck/*Zöllner*, GmbHG, Schlussanh I Rdn. 47; *ders.*, ZGR 1992, 193, 199 ff.; vgl. auch *Zeidler*, NZG 1999, 692, 694; dazu auch noch unten unter § 4 II 1 b) aa).

56 Die Strukturänderungsbeschlüsse in der Aktiengesellschaft bedürfen nur (mindestens) eines qualifizierten Mehrheitskonsenses nach §§ 65, 233 Abs. 2, 240 Abs. 1 UmwG, §§ 293 Abs. 1 Satz 2, 320 Abs. 1, 327a AktG; zu diesem Befund gleichsinnig *Luttermann*, BB 2001, 382, 383.

aktionäre einhergehen. Ist nämlich die beschlußkonstitutive Mehrheit des Aktionärskollektivs ebenso wie die Verwaltung der betroffenen Aktiengesellschaft im hier verstandenen Sinn desinteressiert, kommt es auch ohne gesetzliche Anordnung zu einem für die kompensationswilligen Aktionäre fairen Verhandlungsergebnis.

Wie aber bereits erwähnt, ist eine solche Konstellation nicht nur realitätsfern, sondern sie widerspricht vor allem der legislatorischen Sicht der Dinge. Das Gesetz geht nämlich davon aus, daß der drittbeteiligte Rechtsträger die Minderheitsaktionäre regelmäßig zu übervorteilen imstande ist, wenn es die angemessene Kompensation verbindlich anordnet[57] und für ihre Sicherstellung das Spruchverfahren bereithält. Es materialisiert die Vertragsgerechtigkeit, um einer typisierten Verhandlungssituation Rechnung zu tragen, in der der übernehmende Rechtsträger bei der Umwandlung, der andere Vertragsteil des Unternehmensvertrags, die Hauptgesellschaft bei der Eingliederung und der Hauptaktionär beim Squeeze Out von vornherein strukturell überlegen sind.[58] So ist wohl auch rechtstatsächlich der drittbeteiligte Rechtsträger im Regelfall bereits Aktionär in der betroffenen Aktiengesellschaft und stellt das beschlußkonstitutive Quorum in der Hauptversammlung dar, unmittelbar als Mehrheitsaktionär oder mittelbar durch rechtliche oder personelle Verflechtungen; denkbar ist aber auch eine wie auch immer geartete Einflußnahme auf den Entscheidungsprozeß der Verwaltung der Gesellschaft.[59] Aufgrund seiner strukturellen Überlegenheit beherrscht dieser Personenkreis das Risiko, daß ein Mitgliedschaftseingriff in der betroffenen Aktiengesellschaft ohne angemessenen Wertausgleich vonstatten geht und folglich dem desinteressierten Aktionär ein Vermögensschaden zugefügt wird. Dieses Risiko fällt also in den Zulänglichkeitsbereich des an der Umstrukturierung drittbeteiligten Rechtsträgers, es kann hingegen nicht der Aktiengesellschaft selbst zugerechnet werden. Das Risikoprinzip legitimiert damit materiell die gesetzlich angeordnete Zurechnung des (internen) Mitgliedschaftseingriffs an den (externen) Kompensationsschuldner.[60]

57 Dies bezeugt *e contrario* etwa die entbehrliche Abfindung bei Einstimmigkeit nach § 194 Abs. 1 Nr. 6 Alt. 1 UmwG; darauf hinweisend *Klöhn*, AG 2002, 443, 447.

58 Vorsichtig in diese Richtung GroßkommAktG/*Mülbert*, Vor §§ 118-147 Rdn. 190, Fn. 318 a.E; vgl. auch Lutter/*Lutter*, UmwG, § 5 Rdn. 18 mit Fn. 70; zu Materialisierungstendenzen der Vertragsfreiheit im allgemeinen Zivilrecht neuerdings grundlegend *Canaris*, AcP 200 (2000), 273, 282 ff.

59 Diesen Befund konzediert trotz abw. dogmatischer Verortung auch *Klöhn*, AG 2002, 443, 450 f.; dazu, daß etwa eine Abhängigkeitslage i.S.d. § 17 Abs. 1 AktG rechtstatsächlich bereits vor Beherrschungsvertragsabschluß in aller Regel vorliegt, statt aller *Emmerich*/Habersack, § 291 Rdn. 10 m. w. Nachw.

60 Zum Risikoprinzip als Zurechnungsprinzip nicht nur der Rechtsscheinshaftung prägnant *Canaris*, Vertrauenshaftung, S. 479 f.; vgl. *ders.*, Systemdenken, S. 54.

d) Abgrenzung zur Gegenleistung für Wertpapiererwerb und -übernahme nach WpÜG

Keine kompensationsauslösende Einbuße liegt vor, wenn Aktionäre das Erwerbsangebot bzw. die Übernahme- und Pflichtangebote eines (dritten) Bieters annehmen. In diesem Fall können sie sich freiwillig und individuell entscheiden, ob sie die angebotene Gegenleistung akzeptieren wollen oder nicht. Sie sollen sich gerade außerhalb der Hauptversammlung entscheiden können. Bei interessengeleiteter Betrachtung wird den Aktionären durch diese externe Unternehmenskontrolle (*corporate control*) ein Instrument an die Hand gegeben, ineffizientes Management "abzuwählen".[61] Der eingangs genannten Gefahr eines Mißbrauchs durch die Unternehmensleitung wird dadurch sogar entgegengewirkt.[62]

2. Systematisierung der Kompensationsansprüche desinteressierter Aktionäre

Die Kompensationsansprüche der mit Blick auf die beschlossene Strukturmaßnahme desinteressierten Aktionäre lassen sich unter zwei Gesichtspunkten ordnen; zum einen danach, ob der desinteressierte Aktionär die Gesellschaft mit der Strukturänderung verläßt oder nicht (dazu unten a), zum anderen nach der Wesensnotwendigkeit des Kompensationsanspruchs für die Strukturmaßnahme (dazu unten b).

a) Ausgleichsansprüche (i.e.S.) und Abfindungsansprüche

Kompensationsansprüche sind Ausgleichsansprüche; das wurde bereits dargelegt. Bei den Kompensationsansprüchen im Unternehmensvertragsrecht unter-

61 Dazu grundlegend *Manne*, 73 J. Pol. Econ. 110, 113 (1965); instruktiv zu dieser und weiteren theoretischen Erklärungen für Unternehmensübernahmen *Mülbert/Birke*, WM 2001, 705, 706 f.

62 Zuzugeben ist, daß sich mit einer Abschwächung der *principal/agent*-Beziehung zwischen Verband und Verwaltung diejenige zwischen Mehrheitsgesellschafter (Bieter) und Minderheitsaktionären intensiviert. Das *agency*-Problem verlagert sich damit lediglich. *Goshen/Kahan* sprechen in einem demnächst erscheinenden Beitrag insoweit einerseits vom *management problem*, andererseits vom *control problem*. Hier ist kein Raum, diese Wirkungszusammenhänge für das deutsche Aktien- und Kapitalmarktrecht fruchtbar zu machen. Es sei nur angemerkt, daß sich sowohl die Stellungnahmepflicht nach § 27 WpÜG (s. dazu unten unter § 1 II 2 c) aa)) als auch die Durchbrechungen der Neutralitätspflicht in § 33 Abs. 1 Satz 2, Abs. 2 WpÜG als legislatorischer Versuch interpretieren lassen, der Wechselwirkung von *management problem* und *control problem* Rechnung zu tragen; vgl. zur Teleologie eines Behinderungsverbots für das deutsche Aktienrecht *Mülbert/Birke*, WM 2001, 705, 709 ff.

scheidet das AktG zwischen Ausgleichsansprüchen i.e.S. (§ 304) und Abfindungsansprüchen (§ 305). Danach kommt ein Ausgleich i.e.S. zugunsten eines desinteressierten Aktionärs nur in Betracht, wenn er auch nach Wirksamwerden des Beherrschungs- bzw. Gewinnabführungsvertrags in der verpflichteten Gesellschaft bleibt, während er abgefunden wird, wenn er die Gesellschaft verläßt. Die Unterscheidung zwischen Ausgleichsansprüchen i.e.S. und Abfindungsansprüchen trägt über das Unternehmensvertragsrecht hinaus zu einer systematisierenden Strukturbildung bei. Es kann insoweit nicht darauf ankommen, ob die Aktiengesellschaft auch nach der Umstrukturierung noch fortbesteht. Vielmehr ist maßgeblich, ob der betreffende Aktionär am durch die Strukturmaßnahme herbeigeführten rechtlichen Schicksal seiner Gesellschaft partizipiert (Ausgleichsanspruch i.e.S.) oder aber ausscheidet (Abfindungsanspruch).[63]

Die Verschmelzung etwa führt ausweislich des § 2 UmwG zur Auflösung der übertragenden Aktiengesellschaft. Die ihren Aktionären gewährten Anteile oder Mitgliedschaften des übernehmenden oder neuen Rechtsträgers stellen einen Ausgleich i.e.S. für den Verlust der Mitgliedschaft in der (bisherigen) Aktiengesellschaft dar, denn die Aktionäre partizipieren, wenn sie sich regelmäßig auf diesen Umtausch einlassen, am rechtlichen Schicksal ihrer Gesellschaft.[64] Dieser primäre Ausgleichsanspruch i.e.S. kann sich in Form einer Barzuzahlung nach § 15 Abs. 1 UmwG dann zu einem sekundären Ausgleichsanspruch erweitern, wenn das Umtauschverhältnis der Anteile zu niedrig bemessen oder die Mitgliedschaft bei dem übernehmenden oder neuen Rechtsträger kein ausreichender Gegenwert für die eingebüßte Mitgliedschaft ist. Auch der Normtext des § 15 Abs. 1 UmwG - wenngleich anders als bei § 29 UmwG nicht die amtliche Überschrift - verwendet insoweit den Begriff des "Ausgleich[s]". Soweit nachfolgend von Ausgleichsansprüchen die Rede ist, seien damit Ausgleichsansprüche i.e.S. gemeint.

b) Essentielle und akzidentielle Kompensationsansprüche (Hoffmann-Becking)

Bei seiner kritischen Würdigung der MEZ/Aqua Butzke-Rechtsprechung hat *Hoffmann-Becking* eine weitere Differenzierung herausgearbeitet, die hier zu-

63 Anders *Hoffmann-Becking*, ZGR 1990, 482, 482 ff., der Ausgleichs- und Abfindungsansprüche als "Abfindungsansprüche" bezeichnet; ähnlich wie hier jedoch *Behnke*, S. 19 ff.

64 Dabei kann hier dahinstehen, daß die h.M. diese Ausgleichsansprüche dem mitgliedschaftlichen Bestandsschutz zuweist; dazu prägnant *Lutter/Drygala*, FS Kropff, S. 191, 200 f.. Daß die Beteiligung an dem aufnehmenden Rechtsträger nicht mehr mit der Beteiligung identisch ist, die der Aktionär ursprünglich erworben hat, wird schließlich auch von *Lutter/Drygala*, ebenda (S. 212) hervorgehoben.

nächst nur vorgestellt sei, bei der späteren Analyse indes näher aufzugreifen sein wird.[65] Danach mißt das positive Recht nur bestimmten Kompensationsansprüchen eine für die Strukturmaßnahme wesensnotwendige Bedeutung bei, etwa dem Ausgleichsanspruch beim Unternehmensvertrag, ohne den der Vertrag nach § 304 Abs. 3 Satz 1 AktG nichtig ist. Dagegen sind andere Kompensationsansprüche bloße Anhängsel der Umstrukturierung; diese steht oder fällt nämlich unabhängig davon, ob das entsprechende Ausgleichs- oder Abfindungsangebot im Umstrukturierungsvorhaben festgesetzt wurde; das bringt etwa § 305 Abs. 5 Satz 2 AktG zum Ausdruck. Erstere Gruppe der Kompensationsansprüche bezeichnet *Hoffmann-Becking* als essentiell, letztere als akzidentiell. Im Zuge der weiteren Untersuchung werden alle Kompensationsansprüche entweder der einen oder anderen Kategorie zugeordnet.

II. Information - Auskunftsrecht und Berichtspflicht im Informationssystem der Aktiengesellschaft

1. Informationssystem des Gesellschaftsrechts (K. Schmidt)

Das Informationssystem des Gesellschaftsrechts kennt zwei Kategorien von Informationsrechten:[66] individuelle und kollektive.[67] Erstere sind Ausfluß der Mitgliedschaft des einzelnen Gesellschafters, werden regelmäßig durch sein Verlangen aktualisiert und richten sich gegen den Verband, für den das Vertretungsorgan die Information zu erteilen hat (vgl. den Wortlaut der Grundnorm des § 716 BGB: "Ein Gesellschafter kann [...] sich von den Angelegenheiten der Gesell-

65 *Hoffmann-Becking*, GesR 2001, S. 55, 63 ff.

66 Die anderen für die Aktiengesellschaft (möglicherweise) relevanten Informationssysteme, insbes. des Kapitalmarkts und der Rechnungslegung, sowie branchenspezifische Informationsanforderungen interessieren hier nicht; s. dazu den Überblick bei GroßKommAktG/*Decher*, § 131 Rdn. 28-33 und *Hommelhoff*, ZGR 2000, 748, 749 ff., 752 ff.

67 Dazu grundlegend *K. Schmidt*, Informationsrechte, S. 15 ff. (mit Einführung der Terminologie); zur GbR bereits RGZ 148, 278, 279; ebenso *Wilde*, ZGR 1998, 423, 423 f.; *Hüffer*, ZIP 1996, 401, 404 ff.; *Groß*, AG 1997, 97, 100; terminologisch abw. GroßKommAktG/*Decher*, § 131 Rdn. 21 f., der kollektive Informationsrechte als organschaftliche Informationspflichten bezeichnet; bei der Aktiengesellschaft wohl anders *Hommelhoff*, ZGR 2000, 748, 751 f., der von den drei Säulen einberufungsbezogene Mitteilungspflichten, beschlußbezogene Erläuterungspflichten und Auskunftsanspruch des einzelnen Aktionärs spricht; kritisch auch GroßKommAktG/*Mülbert*, Vor §§ 118-147 Rdn. 217, Fn. 400.

schaft persönlich unterrichten [...]").[68] Letztere sind als Korrelat der Organverantwortlichkeit zu verstehen. Das Geschäftsführungsorgan hat den Verband, konstituiert durch das Kollektiv der Gesellschafter, ungefragt zu bestimmten Anlässen bzw. in bestimmten Abständen zu informieren, wobei Informationsadressat des Verbands dessen Willensbildungs- und/oder Kontrollorgan ist (vgl. auch insoweit den Wortlaut der Grundnorm des § 713 in Verbindung mit § 666 BGB: "[Die...] geschäftsführenden Gesellschafter [...sind...] verpflichtet, [die Gesellschaft... zu informieren]").[69] *K. Schmidt* hat institutionenbildend aufgezeigt, daß sich diese Zweispurigkeit der Informationsrechte in allen Gesellschaftsformen wiederfindet.[70] Sie ist also auch in der Aktiengesellschaft anzutreffen.

2. Informationsrechte in der Aktiengesellschaft

Die weiter zu untersuchenden Berichtspflichten und Auskunftsrechte sind Teil des umfassenderen verbandsrechtlichen Informationssystems der Aktiengesellschaft, das nachfolgend im Überblick vorgestellt werden soll.

a) Individuelle Informationsrechte

§ 131 AktG konkretisiert und begrenzt das mitgliedschaftliche Grundrecht auf Information für die Aktiengesellschaft.[71] Dieses als Auskunftsrecht legaldefinierte Mitgliedschaftsrecht steht dem Einzelaktionär nur in seiner Eigenschaft als Teilnehmer der Hauptversammlung zu. Es erklärt sich aus dem Zusammenspiel mit § 118 Abs. 1 AktG, wonach die Aktionärsrechte regelmäßig in der Hauptversammlung ausgeübt werden.[72] Das Auskunftsverlangen des Aktionärs, das

---

68 *K. Schmidt*, Informationsrechte, S. 21, 27.

69 *K. Schmidt*, Informationsrechte, S. 16, 18.

70 *K. Schmidt*, Informationsrechte, allgemein S. 14 und für die individuellen Informationsrechte S. 48 ff. sowie *Wohlleben*, Informationsrechte des Gesellschafters, insbes. S. 7 ff.; für die Aktiengesellschaft kritisch GroßKommAktG/*Mülbert*, Vor §§ 118-147 Rdn. 217, Fn. 400.

71 *K. Schmidt*, Informationsrechte, S. 48; s. auch *ders.*, Gesellschaftsrecht, § 21 III 1 a) (S. 624 f.); GroßKommAktG/*Mülbert*, Vor §§ 118-147 Rdn. 217 f.; *Hellwig*, FS Budde, S. 265, 298 f.; *Wiedemann*, Gesellschaftsrecht, S. 374; in diesem Sinne inzwischen auch BVerfG ZIP 1999, 1798, 1799 ("Wenger/Daimler-Benz"); der BGH spricht seit BGHZ 86, 1, 19 vom "auch grundgesetzlich geschützten Recht des Aktionärs[...]"; dritte Säule des aktienrechtlichen Informationssystems nach *Hommelhoff*, ZGR 2000, 748, 751 f.

72 *Hüffer*, ZIP 1996, 401, 405; vgl. zur Hauptversammlung als Mitgliederzusammenkunft auch GroßKommAktG/*Mülbert*, Vor §§ 118-147 Rdn. 10, 44 ff.; für eine Ver-

ausweislich der Norm nur tagesordnungsrelevante Gesellschaftsangelegenheiten umfassen soll, richtet sich gegen die Gesellschaft, für die der Vorstand handelt.[73] Speziellere Auskunftsrechte stellt das positive Recht für bestimmte Strukturänderungsbeschlüsse bereit.[74] Außerhalb der Hauptversammlung kann der einzelne Aktionär auch auszulegende Umstrukturierungspläne, -verträge und -berichte einsehen und Abschriften erhalten.[75]

b) Kollektive Informationsrechte der Aktiengesellschaft

Wie bereits dargelegt, schulden die Verwaltungsorgane kollektive Information nur der Aktiengesellschaft als Verband, nicht hingegen einzelnen Aktionären. Freilich betrifft diese "Informationsschuld" keine echte Rechtspflicht, die mit der soeben dargestellten Informationspflicht der Aktiengesellschaft als Korrelat des individuellen Informationsrechts des Aktionärs vergleichbar wäre. Während letztere nämlich eine solche im korporativen Außenverhältnis ist, geht es bei den kollektiven Informationsrechten um die Selbstinformation des Verbands. Der Sache nach regeln sie also eine innerverbandliche Zuständigkeitsverteilung, nicht indes korreliert mit ihnen ein subjektives Recht der Aktionäre.[76] Dennoch vermitteln kollektive Informationsrechte gerade auch einen Schutzreflex zu deren Gunsten. Den kollektiven Informationsrechten entsprechen die nachfolgend beschriebenen Organzuständigkeiten.

aa) Berichtspflichten i.w.S.

Berichtspflichten i.w.S. sind dadurch gekennzeichnet, daß das berichtende Organ als Gesamtorgan in Schriftform aus Anlaß eines bestimmten Einzelfallereignisses (zum Beispiel einer Strukturmaßnahme) bzw. eines regelmäßig wiederkehrenden Ereignisses (zum Beispiel eines Jahresabschlusses) das Anlaß gebende Ereignis beschreibt und erläutert oder - ohne Anlaß - periodisch (zum Beispiel anhand von Quartalsberichten) die Unternehmenstätigkeit (unter anderem an-

---

lagerung der Auskunftspraxis in eine Art schriftliches Vorverfahren *de lege ferenda* *Zöllner*, AG 2000, 145, 153.

73 *Kropff*, Begründung RegE, S. 185.

74 S. dazu i.e. unten unter § 2 III.

75 GroßKommAktG/*Mülbert*, Vor §§ 118-147 Rdn. 218; s. auch den Überblick bei GroßKommAktG/*Decher*, § 131 Rdn. 21 a.E. sowie *Henze*, BB 2002, 893, 893 mit Fn. 8/9.

76 Vor diesem Hintergrund ist die *Decher*'sche Terminologie von den organschaftlichen Informationspflichten in der Tat treffender; s. GroßKommAktG/*Decher*, § 131 Rdn. 21 f.; dennoch wird hier an die gängigere Terminologie *K. Schmidts* angeknüpft.

hand vorgegebener Kennzahlen) vergangenheits- und/oder zukunftsbezogen darstellt.

(1) Aufsichtsratsbezogene Berichtspflichten des Vorstands

Die Geschäftsführung durch den Vorstand wird im System der zweigliedrigen Unternehmensverwaltung der Aktiengesellschaft ausweislich des § 111 AktG durch den Aufsichtsrat überwacht. Dazu muß der Aufsichtsrat über die wesentlichen Aspekte der Unternehmenstätigkeit erst einmal ins Bild gesetzt sein, d.h., der Vorstand hat ihm nach Maßgabe des § 90 AktG Bericht zu erstatten.[77] Darüber hinaus soll der Aufsichtsrat im Bereich der Rechnungslegung vom Vorstand auf dem laufenden gehalten werden.[78]

(2) Hauptversammlungsbezogene Berichtspflichten des Vorstands[79]

(a) Berichte zur Vorbereitung gesetzlich ausgeformter Grundlagenbeschlüsse

Die formellen Voraussetzungen gesetzlich vorgesehener Grundlagenbeschlüsse sind im Aktien- und Umwandlungsrecht gem. §§ 23 Abs. 5 AktG, 1 Abs. 3 UmwG als *ius cogens* ausführlich geregelt. Namentlich an die informatorische Vorbereitung der Hauptversammlung mit Blick auf den zu fassenden Beschluß stellt das positive Recht bei Grundlagenentscheidungen hohe Anforderungen. Neben den sogleich unter (2) aufzuführenden ergänzenden Informationspflichten ist dabei das Erfordernis eines Vorstandsberichts hervorzuheben, das sich unter dem Einfluß des europäischen Gesellschaftsrechts herausgebildet hat.[80] Bereits der Wortlaut des 1978 in Umsetzung von Art. 29 Abs. 4 der Zweiten gesellschaftsrechtlichen (Kapital-) Richtlinie[81] eingeführten Berichts über den geplanten Bezugsrechtsausschluß bei Kapitalerhöhungen gegen Einlagen nennt die Begründung als Wesensmerkmal dieses Informationsinstruments: "[In dem Bericht hat der Vorstand...] den *Grund* für den [...] Ausschluß des Bezugsrechts [darzulegen...und auch den...] vorgeschlagene[n] Ausgabebetrag zu *begrün-*

77 *K. Schmidt*, Informationsrechte, S. 17 f.; *Lutter*, AG 1979, 83, 89 f.; *Hüffer*, ZIP 1996, 401, 404; *Wilde*, ZGR 1998, 423, 427 f.

78 Dazu übersichtlich *Wilde*, ZGR 1998, 423, 429.

79 Teilweise zweite Säule des aktienrechtlichen Informationssystems nach *Hommelhoff*, ZGR 2000, 748, 751 f. (Erläuterung der Beschlußvorlagen).

80 S. dazu *Habersack*, Europäisches Gesellschaftsrecht, Rdn. 186 ff. m. w. Nachw.

81 Zweite gesellschaftsrechtliche Richtlinie des Rates (Kapitalrichtlinie) v. 13.12.1976 (77/91/EWG), ABl. 1977, Nr. L 26/1; abgedruckt bei *Habersack*, Europäisches Gesellschaftsrecht, Rdn. 206 sowie *Schwarz*, Textsammlung, Sig. 2.

den."[82] Diese im weiteren noch näher zu analysierende Pflicht zur Vorwegbegründung durch einen Vorstandsbericht wurde 1983 für die Verschmelzung im Anschluß an Art. 9 der Dritten gesellschaftsrechtlichen (Fusions-) Richtlinie[83] vorgeschrieben und 1995 für das neue Umwandlungsrecht aktualisiert übernommen. Innerhalb und außerhalb des UmwG ist mittlerweile für alle grundlegenden Umstrukturierungen vorgeschrieben, daß der Vorstand über die Gründe für diese Maßnahme im Vorfeld der Hauptversammlung Bericht erstattet.[84]

Befürwortet man mit dem BGH das Erfordernis einer Zustimmung der Hauptversammlung der Muttergesellschaft zu Grundlagenentscheidungen in der Tochtergesellschaft unter dem Gesichtspunkt der sog. Konzernleitungskontrolle nach Leitsatz e) des Holzmüller-Urteils, richtet sich der Zustimmungsbeschluß nach den gleichen Regeln, die für einen entsprechenden Grundlagenbeschluß in der Muttergesellschaft selbst zu beachten wären.[85] Handelt es sich also um eine gesetzlich ausgeformte Grundlagenentscheidung in der Tochtergesellschaft, wird auch vor einem solchen uneigentlichen Holzmüller-Beschluß[86] in der Muttergesellschaft nach der jeweils einschlägigen gesetzlichen Bestimmung ein Vorstandsbericht für deren Hauptversammlung erforderlich sein.

(b) Bericht zur Vorbereitung eigentlicher Holzmüller-Beschlüsse (Lutter)

Der BGH hat in Leitsatz a) seines Holzmüller-Urteils außerhalb der gesetzlich ausgeformten Grundlagenentscheidungen eine Zuständigkeit der Hauptversammlung begründet, die mittlerweile zum gefestigten Bestand des Organisationsrechts der Aktiengesellschaft gehört.[87] Hinsichtlich des "Ob" eines danach erforderlichen Zustimmungsbeschlusses besteht Streit zwischen jenen, die mit dem BGH den Geltungsgrund der ungeschriebenen Hauptversammlungskompetenz im tiefen Eingriff in die Mitgliedschaftsrechte der Aktionäre erblicken (sog. Eingriffslösung), und jenen, die auf die Mediatisierung kollektiven Aktionärsein-

---

82 Hervorhebung durch Verfasser.

83 Dritte gesellschaftsrechtliche Richtlinie des Rates betreffend die Verschmelzung von Aktiengesellschaften (Fusionsrichtlinie) v. 9.10.1978, ABl. 1978, Nr. L 295/36; abgedruckt bei *Habersack*, Europäisches Gesellschaftsrecht, Rdn. 258 sowie *Schwarz*, Textsammlung, Sig. 3.

84 *Hoffmann-Becking*, GesR 2001, 55, 56 ff., insbes. 58.

85 BGHZ 83, 122, 122 f., Leitsatz e), 144 ("Holzmüller"); kritisch zur Gruppenleitung *Mülbert*, Aktiengesellschaft, S. 364 ff.; vgl. auch Emmerich/*Habersack*, Vor § 311 Rdn. 22 f. sowie GroßKommAktG/*Mülbert*, § 119 Rdn. 17-24, jeweils m. w. Nachw.

86 Terminologie nach *Weißhaupt*, NZG 1999, 804, 807; s. zum eigentlichen Holzmüller-Beschluß als der nicht gesetzlich ausgeformten Beschlußkategorie sogleich.

87 S. nur Emmerich/*Habersack*, Vor § 311 Rdn. 13-23 sowie GroßKommAktG/*Mülbert*, § 119 Rdn. 17-34, insbes. 20, jeweils m. w. Nachw.

flusses abstellen (sog. Konzerneingangskontrolle).[88] *Lutter* hat erstmals das "Wie" einer solchen Hauptversammlungszustimmung herausgearbeitet,[89] die als Institut der Rechtsfortbildung keine gesetzliche Ausformung erhalten hat, sondern eine ungeschriebene Beschlußkategorie darstellt und daher als eigentlicher Holzmüller-Beschluß bezeichnet werden kann.[90] Umstritten und höchstrichterlich noch ungeklärt ist dabei, ob ein eigentlicher Holzmüller-Beschluß durch einen ausführlichen Vorstandsbericht vorzubereiten ist.[91] Nach - hier nicht weiter zu vertiefender - zutreffender Ansicht rechtfertigt eine Gesamtanalogie zu Strukturentscheidungen des AktG und des UmwG das Postulat einer solchen ungeschriebenen Berichtspflicht.[92]

(c) Bericht zur Vorbereitung von Vorlagebeschlüssen nach § 119 Abs. 2 AktG?

Auch wenn der Vorstand Geschäftsführungsmaßnahmen freiwillig gem. § 119 Abs. 2 AktG der Hauptversammlung vorlegt, soll nach teilweise vertretener An-

---

88 Dazu übersichtlich Emmerich/*Habersack*, Vor § 311 Rdn. 14 f.; GroßKommAktG/*Mülbert*, § 119 Rdn. 29-33; *Weißhaupt*, NZG 1999, 804, 805 f.

89 *Lutter*, FS Fleck, S. 169 ff., insbes. 170; freilich aus Sicht seines eigenen Konzernrechtssystems; zu dieser Konzernrechtsdogmatik kritisch GroßKommAktG/*Mülbert*, § 119 Rdn. 31.

90 *Weißhaupt*, NZG 1999, 804, 807.

91 Mit Recht weisen *Hoffmann-Becking*, GesR 2001, S. 55, 58, Fn. 7 a.E. und *Henze*, BB 2002, 893, 895 darauf hin, daß diese Frage in BGH ZIP 2001, 416 ("Altana/Milupa") gerade nicht entschieden wurde; mißverständlich insoweit die Deutung bei *Schnorbus*, S. 59, der BGH habe der Entwicklung einer Rechtsfortbildung ungeschriebener Informationspflichten eine Absage erteilt.

92 Grundlegend *Lutter*, FS Fleck, S. 169, 176; ebenso LG Frankfurt, ZIP 1997, 1698, 1702; *Groß*, AG 1996, 111, 116 f.; Emmerich/*Habersack*, Vor § 311 Rdn. 26; MünchHdbAG/*Krieger*, § 69 Rdn. 11; Lutter/*Lutter*, UmwG, § 1 Rdn. 24; *Lutter/Leinekugel*, ZIP 1998, 805, 814 ff.; *v. Riegen*, S. 131 f.; *Tröger*, ZIP 2001, 2029, 2035 f.; *ders.* ZHR 165 (2001), 593, 600 ff.; *Weißhaupt*, NZG 1999, 804, 808; *Zeidler*, NZG 1998, 91, 93; ausdrücklich a.A. LG Hamburg AG 1997, 238; *Hüffer*, AktG, § 124 Rdn. 11; *Horbach*, BB 2001, 893, 897 f.; *Priester*, ZHR 163 (1999), 187, 200 f.; *Schnorbus*, S. 60; *Wilde*, ZGR 1998, 423, 452.
Zur dogmatischen Herleitung instruktiv *Mülbert*, Aktiengesellschaft, S. 395 f.; GroßKommAktG/*ders.*, § 119 Rdn. 23 ff.; Eine solche Gesamtanalogie verstößt einerseits nicht gegen das Analogieverbot des § 1 Abs. 2 UmwG und stellt darüber hinaus - soweit auf Regelungen von Berichtspflichten nach dem UmwG zurückgegriffen wird - eine zulässige Ausstrahlungswirkung des UmwG dar; vgl. Lutter/*Lutter*, UmwG, § 1 Rdn. 24. Dazu noch ausf. im Zusammenhang mit dem hiesigen Untersuchungsschwerpunkt unten unter § 7 II. Insoweit noch dogmatisch unreflektiert die rein am Informationsbedürfnis der Aktionäre ausgerichtete Begründung bei *Weißhaupt*, ebenda.

sicht ein besonderes Informationsbedürfnis der Aktionäre die Vorstandspflicht zu ausführlicher Vorabinformation rechtfertigen.[93] Dieser Zweckmäßigkeitserwägung kann aber keine normative Kraft zugeschrieben werden.[94] Einerseits ging der Gesetzgeber im Grundsatz davon aus, daß die Bekanntmachung der Tagesordnung und die Unterbreitung einer Beschlußempfehlung (s. dazu unten unter bb) den Aktionär hinreichend in die Lage versetzen, in der Hauptversammlung abzustimmen;[95] ein allgemeines Recht auf umfangreiche Vorabinformation läßt sich aus dem Stimmrecht der Aktionäre damit nicht ableiten.[96] Andererseits ist es der nicht zwingend zuständigen Hauptversammlung freigestellt, ob sie in der Sache entscheidet oder die Sachentscheidung von weiteren Informationen abhängig macht.[97] Eine Pflicht des Vorstands zur Berichterstattung vor Vorlagebeschlüssen nach § 119 Abs. 2 AktG kann hingegen nicht angenommen werden.

(d) Bericht zur Vorbereitung von Ermächtigungsbeschlüssen

Das Gesetz hat in den §§ 202 ff. AktG unter anderem für genehmigtes Kapital dem Interesse an flexibler Finanzplanung Rechnung getragen, indem es die Möglichkeit zu einem Ermächtigungsbeschluß eingeräumt hat.[98] Danach kann die Hauptversammlung den Vorstand im vorhinein zu einer späteren Kapitaler-

---

93 So eine Berichtspflicht annehmend LG Hamburg AG 1997, 238; besondere Bekanntmachungspflichten § 124 Abs. 2 Satz 2 AktG analog bejahend BGH ZIP 2001, 416, 417 f. ("Altana/Milupa"); OLG München WM 1996, 1462, 1464; *Lutter*, FS Fleck, S. 169, 176; MünchHdbAG/*Semler*, § 35 Rdn. 50; GroßKommAktG/*Werner*, § 124 Rdn. 49.

94 Ähnlich LG Düsseldorf AG 1999, 94, 95; *Groß*, AG 1996, 111, 115; *ders.*, AG 1997, 97, 101; *Tröger*, ZIP 2001, 2029, 2031; GroßKommAktG/*Mülbert*, § 119 Rdn. 51; KölnKomm/*Zöllner*¹, § 124 Rdn. 24 f.; vgl. den Hinweis auf die Rechtsunsicherheit im Hinblick auf das "Ob" der Holzmüller-Kompetenz, die den Vorstand in der Praxis in die Vorlage drängt, bei *Weißhaupt*, NZG 1999, 804, 809, der gegen OLG München WM 1996, 1462, 1464, befürwortet, auch auf die kollektive Vorabinformation jedenfalls die Verweigerungsmöglichkeit des Geheimnisschutzes nach § 131 Abs. 3 Nr. 1 AktG analog anzuwenden.

95 *Kropff*, Begründung RegE, S. 173 f.

96 Zumal das individuelle Informationsrecht des Aktionärs nach § 131 AktG Ausprägung eines Stammrechts aus der Mitgliedschaft des Aktionärs ist und sich nicht erst aus dem Stimmrecht ergibt; so zutreffend GroßKommAktG/*Mülbert*, Vor §§ 118-147 Rdn. 217 i.V.m. § 119 Rdn. 51; ähnlich *Tröger*, ZIP 2001, 2029, 2031.

97 GroßKommAktG/*Mülbert*, § 119 Rdn. 51.

98 S. zu Genese und wirtschaftlichem Normhintergrund des genehmigten Kapitals KölnKomm/*Lutter*, Vorb. § 202 Rdn. 1, 5; MünchHdbAG/*Krieger*, § 58 Rdn. 1; *Sinewe*, S. 127 f.

höhung ermächtigen. Soweit eine solche Vorabermächtigung den Ausschluß des Bezugsrechts umfassen soll, ist auch hier nach § 203 Abs. 1, 2 in Verbindung mit § 186 Abs. 4 Satz 2 AktG ein Vorstandsbericht unabdingbar.[99] Da die spätere Ausübung im Berichtszeitpunkt noch nicht konkretisiert werden kann, soll es dabei nach dem Siemens/Nold-Urteil des BGH genügen, wenn die geplante Kapitalerhöhung lediglich "allgemein umschrieben" wird.[100] Es liegt nahe, daß ein solcher Vorratsbericht das in der Norm vorausgesetzte Begründungscharakteristikum[101] kaum mehr enthält und damit einen Fremdkörper im System beschlußbezogener Vorstandsberichte darstellt.[102] Daher wird bisweilen verlangt, der Vorstand habe im Zeitpunkt der Ausübung des genehmigten Kapitals oder bei der nächsten Hauptversammlung den Aktionären einen Ergänzungsbericht zu unterbreiten.[103] Diese Rechtsfortbildung vermag allerdings nur dann zu überzeugen, wenn man dem hauptversammlungsbezogenen Berichtssystem der *lex lata* (auch) ein Kontroll-*telos* entnehmen kann.[104]

Während ein Vorratsbericht angesichts des legislatorisch anerkannten Flexibilitätsbedürfnisses bei den §§ 202 ff. AktG hinzunehmen ist, kann weder aus diesen Sondernormen noch aus der *ratio decidendi* von Siemens/Nold geschlossen werden, daß ein Ermächtigungsbeschluß - und damit ein Vorratsbericht - auch im Bereich der ungeschriebenen Hauptversammlungszuständigkeiten nach der Holzmüller-Doktrin zulässig ist.[105] Eine solche Verallgemeinerung verbietet

---

99 S. nur *Bosse*, ZIP 2001, 104, 104; *Sinewe*, ZIP 2001, 403, 403, jeweils m. w. Nachw.

100 BGHZ 136, 133, 139 ("Siemens/Nold").

101 S. dazu oben unter (a).

102 Dieses Unbehagen hat wohl das LG München AG 2001, 319 dazu bewogen, die Berichtsanforderungen zu verschärfen, wenn das nach § 202 Abs. 3 Satz 1 AktG zulässige Maximalvolumen ausgeschöpft wird; anders jedoch das LG Heidelberg BB 2001, 1809, 1810.

103 In ersterem Sinne v.a. KölnKomm/*Lutter*, § 203 Rdn. 20; *ders.*, BB 1981, 861, 863; erneut in Kritik an Siemens/Nold *ders.*, JZ 1998, 50, 51; *Hirte*, Bezugsrechtsausschluß, S. 121; dazu kritisch *Ekkenga*, AG 2001, 567, 617 sowie *Bosse*, ZIP 2001, 104, 106; in letzterem Sinne *Sinewe*, ZIP 2001, 403, 405 m. w. Nachw. *Tröger*, ZIP 2001, 2029, 2042 sieht in einer nachträglichen Informationspflicht allenfalls ein rechtspolitisches Desiderat, während die Überprüfung der Einhaltung der Ermächtigungsgrenzen auch durch die Angaben im Jahresabschluß nach § 160 Abs. 1 Nr. 4 AktG ermöglicht würden. Zur Kontrollfunktion der hauptversammlungsbezogenen Berichte s. aber unten unter 3 b) aa).

104 Dazu i.e. unten unter 3 b). Eine systematisch-teleologische Betrachtungsweise findet sich bei *Tröger*, ZIP 2001, 2029, 2041 f., der eine Kontrollfunktion ablehnt, und nur andeutungsweise bei *Sinewe*, S. 131 ff., 136 ff., 250 ff., insbes. 139.

105 GroßKommAktG/*Mülbert*, § 119 Rdn. 63 f., 67 f.; *Tröger*, ZIP 2001, 2029, 2038; LG Stuttgart WM 1992, 58, 61 f.; LG Karlsruhe ZIP 1998, 385, 387; ähnlich *Weißhaupt*, NZG 1999, 804, 808 i.V.m. 810 mit Fn. 112 sowie *Zeidler*, NZG 1998, 91,

sich einerseits, weil sowohl im Umkehrschluß aus § 179 Abs. 1 Satz 2 AktG als auch aus § 23 Abs. 5 AktG folgt, daß die Hauptversammlung ihre Zuständigkeiten nicht nur wahrnehmen kann, sondern auch muß.[106] Damit können prinzipiell weder Blindentscheide noch Vorratsbeschlüsse erlaubt sein, die die Letztentscheidung über "Ob" und "Wie" einer Umstrukturierung faktisch auf den Vorstand zurück delegieren würden.[107] Andererseits erklärt sich die Holzmüller-Kompetenz aus einer Gesamtanalogie zu Strukturentscheidungen des Aktien- und Umwandlungsrechts, deren Wertungsmodell eine ausführliche Vorwegbegründung der konkreten Umstrukturierung zwingend verlangt.[108] Der Vorratsbericht muß also auf die gesetzlich geregelten Fälle der §§ 203 Abs. 1, 2 bzw. 221 Abs. 4 in Verbindung mit § 186 Abs. 4 Satz 2 AktG beschränkt bleiben.

(3) Hauptversammlungsbezogene Berichtspflichten des Aufsichtsrats

Der Aufsichtsrat hat gegenüber der Hauptversammlung nur vereinzelte Berichtspflichten, etwa um sie über das Ergebnis seiner Prüfung des Jahresabschlusses, des Lageberichts und des Gewinnverwendungsvorschlags zu informieren.[109]

---

92 f.; a.A. *Bungert*, NZG 1998, 367, 370; Emmerich/*Habersack*, Vor § 311 Rdn. 25; MünchHdbAG/*Krieger*, § 69 Rdn. 9; *Lutter/Leinekugel*, ZIP 1998, 805, 811 ff.

106 Gleichsinnig *Grunewald*, AG 1990, 133, 134; GroßKommAktG/*Mülbert*, § 119 Rdn. 63, 68.

107 A.A. *Ekkenga*, AG 2001, 567, 617 mit Fn. 124, der der Hauptversammlung das Recht einräumen möchte, auch auf unzureichender Informationsgrundlage zu entscheiden (sog. Blindermächtigung). Dies mag im Rahmen des § 119 Abs. 2 AktG zutreffen (dazu bereits soeben sowie GroßKommAktG/*Mülbert*, § 119 Rdn. 51), nicht jedoch bei zwingender Hauptversammlungszuständigkeit. An diesem normativen Postulat ändert auch sein praktischer Befund (ebenda) nichts, Blindermächtigungen seien in der Praxis die Regel.

108 *Tröger*, ZIP 2001, 2029, 2039 f. befürwortet sogar bei den §§ 202 ff. AktG eine Einschränkung der Delegationsbefugnis, soweit die Schwelle zur Holzmüller-Kompetenz erreicht sei. Letztlich geht es dabei - wie er ebenda zutreffend ausführt - um eine Abwägung der gegensätzlichen Wertungsmodelle. Diese hat der Gesetzgeber in den §§ 202 ff. AktG abschließend vorgeprägt, so daß mit der h.M. diese Hauptversammlungszuständigkeiten ausnahmsweise stets im Wege der Vorabermächtigung wahrgenommen werden können; s. dazu nur *Hüffer*, AktG, § 202 Rdn. 20; ebenso sogar KölnKomm/*Lutter*, § 202 Rdn. 10; vgl. den differenzierten Abgleich mit normativen Grenzen der Ausübungsbefugnis aus Holzmüller-Doktrin und WpÜG (Neutralitätspflicht) bei *Ekkenga*, AG 2001, 567, 618 f.

109 Vgl. § 171 Abs. 2 AktG; dazu und zu weiteren Fällen *Wilde*, ZGR 1998, 423, 439 f.

bb) Ergänzende hauptversammlungsvorbereitende und -begleitende Informationspflichten des Vorstands[110]

Bekanntmachungspflichten des Vorstands betreffen gem. §§ 121 Abs. 3, 124 Abs. 1, 3 AktG die Einberufung der Hauptversammlung selbst sowie die Tagesordnung nebst Beschlußvorschlägen. Soll eine Satzungsänderung beschlossen werden, umfaßt die Bekanntmachung nach § 124 Abs. 2 Satz 2 Alt. 1 den gesamten Wortlaut der geplanten Neufassung, während bei Verträgen und Holzmüller-Maßnahmen nur der wesentliche Inhalt des Vertrags oder der Maßnahme in direkter bzw. analoger[111] Anwendung des § 124 Abs. 2 Satz 2 Alt. 2 AktG bekanntzumachen ist. Außerdem sind vor der Hauptversammlung Berichte sowie die wesentliche Dokumentation des Vertrags oder der Holzmüller-Maßnahme in den Geschäftsräumen der Gesellschaft zur Einsicht auszulegen. Eine qualifizierte Auslegungspflicht, die darüber hinaus den ganzen beschlußgegenständlichen Vertrag (bzw. mehrere Verträge) oder Plan - nicht nur seine wesentlichen Züge - umfassen würde, kann nur in den gesetzlich vorgesehenen Fällen (z.B. bei Unternehmensverträgen nach § 293f Abs. 1 Nr. 1 AktG), nicht jedoch bei Holzmüller-Maßnahmen angenommen werden.[112] Alle im Vorfeld ausgelegten Unterlagen müssen auch während der Hauptversammlung ausgelegt werden.[113] Neben dem sog. Rechenschaftsbericht[114] beziehen sich Erläuterungspflichten in der Sitzung der Hauptversammlung auf wesentliche Grundlagen- und Strukturmaßnahmen.[115] Das gilt auch für Holzmüller-Vorhaben,[116] während eine Erläuterungspflicht des Vorstands beim Squeeze Out, etwa analog § 293g Abs. 2 S. 1 AktG, nicht anzunehmen ist.[117]

---

110 U.a. erste Säule des aktienrechtlichen Informationssystems nach *Hommelhoff*, ZGR 2000, 748, 751 f. (Mitteilungspflichten im Zusammenhang mit der Einberufung der Hauptversammlung); tw. zweite Säule (Erläuterung der Beschlußvorlagen).

111 Zu dieser Analogie bei eigentlichen Holzmüller-Beschlüssen Emmerich/*Habersack*, Vor § 311 Rdn. 26; *Horbach*, BB 2001, 893, 897; *Tröger*, ZIP 2001, 2029, 2030 f.; *ders.* ZHR 165 (2001), 593, 599; *Weißhaupt*, NZG 1999, 804, 808; *Zeidler*, NZG 1998, 91, 93.

112 So ausdrücklich *Bungert*, NZG 1998, 367, 370; *Weißhaupt*, NZG 1999, 804, 808 f.; *Zeidler*, NZG 1998, 91, 93; zustimmend *Horbach*, BB 2001, 893, 898 f.; i.E. wohl ebenso Emmerich/*Habersack*, Vor § 311 Rdn. 26 i.V.m. 25; a.A. insbes. OLG München WM 1996, 1462, 1464.

113 S. §§ 179a Abs. 2 Satz 3, 293e Abs. 1, 319 Abs. 3 Satz 3 AktG sowie § 64 Abs. 1 Satz 1 UmwG.

114 S. §§ 176 Abs. 1 Satz 2 Alt. 2, 337 Abs. 3 AktG.

115 S. §§ 179a Abs. 2 Satz 4, 293g Abs. 2 sowie § 64 Abs. 1 Satz 2 UmwG.

116 S. nur *Weißhaupt*, NZG 1999, 804, 808 m. w. Nachw.

117 Geibel/Süßmann/*Grzimek*, WpÜG, § 327d Rdn. 4; *Vetter*, AG 2002, 176, 187; ähnlich *Grunewald*, ZIP 2002, 18, 19 sowie *Krieger* BB 2002, 53, 59; die etwaige Er-

c) *Auf dem Weg zum anlegerbezogenen Informationsrecht im Informationssystem des Verbands: Neuere Informationsinstrumente in der Aktiengesellschaft*

Das Kapitalmarktrecht sorgt unter anderem dafür, daß die Anleger-Aktionäre - nicht nur der börsennotierten Gesellschaften - im Hinblick auf ihre Investitions- und Desinvestitionsentscheidungen mit ausreichenden Informationen versorgt werden.[118] Vor allem gewichtige Literaturstimmen aus der Praxis verlangen, die Informationsversorgung der Anleger sei ausschließlich durch das Kapitalmarktrecht, nicht jedoch durch das Verbandsrecht zu leisten;[119] der Sache nach haben sie dabei das U.S.-amerikanische Regelungssystem im Auge, dessen maßgebliches Informationssystem durch die *federal securities laws*, namentlich den *Securities Exchange Act of 1934*, und nicht die *corporate laws* der Einzelstaaten bereitgestellt wird.[120] Indessen wird teilweise bei der Auslegung des Rechts auf Auskunft in der Hauptversammlung vertreten, § 131 Abs. 1 AktG solle auch Informationen umfassen, die für den Aktionär als Kleinanleger erforderlich sind und für eine sachgerechte Aktienanalyse und Unternehmensbewertung benötigt werden.[121] Wenn man den Aktionär des AktG 1965 mit *Mülbert* nicht nur als Verbandsmitglied, sondern auch als Vermögensanleger begreift,[122] ist eine solche Interpretation des individuellen Informationsrechts ein Gebot der Konsequenz. Dies ist nicht der Ort, die Herausbildung eines anlegerbezogenen Informationsrechts in der Aktiengesellschaft nachzuvollziehen oder gar in Frage zu

---

läuterung nach § 327d Satz 2 AktG durch den Hauptaktionär ist dem Vorstand zwar zuzurechnen, aber nicht Ausprägung eines kollektiven, sondern eines individuellen Informationsrechts; s. dazu sogleich unter c) bb).

118 Vgl. statt aller *Mülbert*, WM 2001, 2085, 2098 ff.

119 *Schiessl*, AG 1999, 442, 448; *ders.*, VGR 1999, 57, 66 ff. mit dem Vorschlag, die Anlegerinformation durch ein der *Securities Exchange Commission (SEC)* U.S.-amerikanischer Prägung vergleichbares Aktienaufsichtsamt überwachen zu lassen; für eine Kapitalmarktorientierung des Informationssystems auch *Seibt*, VGR 2000, S. 37, 43 f. sowie GroßKommAktG/*Decher*, § 131 Rdn. 15 f.; neuerdings eine solche der europäisierten *lex lata* entnehmend *Hirte*, ZHR 167 (2003), 8, 14 ff.

120 S. nur *Eisenberg*, Corporations, S. 264 ff.

121 So das KG in st.Rspr.: KG ZIP 1995, 1585, 1587 ("Allianz"); KG WM 1994, 1480, 1483 ("Allianz"); KG ZIP 1993, 1618, 1619 ("Siemens"); ebenso *Hommelhoff*, ZGR 2000, 748, 768; GroßKommAktG/*Mülbert*, Vor §§ 118-147 Rdn. 203; in diese Richtung bereits *Hopt*, Der Kapitalanlegerschutz im Recht der Banken, S. 309, 334; kritisch *Hüffer*, ZIP 1996, 401, 405, der auf den Gesichtspunkt des Tagesordnungsbezugs in § 131 Abs. 1 AktG hinweist und die Ableitung eines allgemeinen Rechenschaftsanspruchs ablehnt.

122 Grundlegend *Mülbert*, Aktiengesellschaft, 54 ff., 97 ff., 154 ff.; s. auch GroßKommAktG/*ders.*, Vor §§ 118-147 Rdn. 199 ff.

stellen. Ohne dogmatische Verortung seiner spezifischen Informationsinstrumente und positivrechtlichen Ausprägungen aus jüngerer Gesetzgebung wäre die vorliegende Skizze eines Informationssystems der Aktiengesellschaft gleichwohl unvollständig.

aa) Stellungnahme, insbesondere § 27 WpÜG

Während die meisten Informationsvorgaben des WpÜG das kapitalmarktrechtliche Informationssystem betreffen, etwa soweit sie den Inhalt der Angebotsunterlage nach § 11 Abs. 2 WpÜG vorschreiben,[123] geht es bei den Stellungnahmepflichten nach § 27 WpÜG auch um das Informationssystem des Verbandsrechts. Pflichtbegründend ist die Norm zwar für den Aufsichtsrat, der nach traditionellem Verbandsrecht als Überwachungsorgan nur ganz ausnahmsweise selbst informationspflichtig ist.[124] Seine Stellungnahmepflicht, die die Mitverantwortung für die Zielgesellschaft verdeutlichen und die Informationsbasis für die Angebotsempfänger erweitern soll,[125] ist daher eine eigenständige übernahme- und damit kapitalmarktrechtliche Pflicht.[126]

Was den Vorstand angeht, erweitert und konkretisiert § 27 WpÜG nach richtiger Ansicht nur eine bereits bestehende verbandsrechtliche Informationspflicht.[127] Das den Aktionären unterbreitete Angebot wertend zu kommentieren, oblag dem Vorstand nämlich schon vor der Kodifizierung des Übernahmerechts.[128] Soweit zur Begründung dieser Informationspflicht auf die in § 76 AktG verankerte Pflicht des Vorstands zur Wahrung des Verbandsinteresses zu-

---

123 Zwar wird der Bieter oftmals (Mehrheits-) Aktionär der Zielgesellschaft sein, dennoch wurzelt seine Informationspflicht nach § 11 Abs. 2 WpÜG auch dann nicht etwa im mitgliedschaftlichen Treuverhältnis, sondern in dem den §§ 145 ff. BGB immanenten Gebot, die *essentialia negotii* des Vertragsgegenstands festzulegen, um ein Angebot verbindlich zu gestalten; s. dazu nur *Geibel*/Süßmann, WpÜG, § 11 Rdn. 2, 8 m. w. Nachw.

124 Informationsadressat ist in diesen oben unter bb) (1) (c) genannten Fällen die Hauptversammlung.

125 Beschlußempfehlung und Bericht des Finanzausschusses, BT Drucks. 14/7477, S. 68; abrufbar unter http://dip.bundestag.de/parfors/parfors.htm.

126 Die grundlegende Empfehlung einer Aufsichtsratsmitwirkung findet sich bei *Hopt*, FS Lutter, S. 1361, 1382.

127 A.A. KölnKomm/*Hirte*, WpÜG, § 27 Rdn. 1; Geibel/Süßmann/*Schwennicke*, WpÜG, § 27 Rdn. 7 (eigenständige kapitalmarktrechtliche Stellungnahmepflicht); ebenso *Merkt*, ZHR 165 (2001), 224, 248.

128 *Grunewald*, WM 1989, 1233, 1237; *Hopt*, FS Rittner, 187, 203; *ders.*, FS Lutter, 1361, 1380 f.; *ders.*, ZGR 1993, 556; *ders.*, ZHR 161 (1997), 411; GroßKommAktG/*ders.*, § 93 Rdn. 129; *Kort*, FS Lutter, S. 1421, 1438 f.; *Mülbert*, IStR 1999, 83, 88; *ders.*, ZHR 165 (2001), 104, 125 ff.; *van Aubel*, S. 172 f.

rückgegriffen wird,[129] entspräche ihr das kollektive Informationsrecht der Zielgesellschaft, nicht das individuelle des einzelnen Aktionärs.[130] Dafür spricht allerdings nur der formale Gesichtspunkt, daß die Stellungnahme nicht durch ein Aktionärsverlangen, sondern durch das Angebot des Bieters auf Wertpapiererwerb oder -übernahme ausgelöst wird. Die Stellungnahmepflicht bezieht sich hier aber auf diesen außergesellschaftlichen Vorgang am Kapitalmarkt, der die Begründung einer rein internen Pflicht des Vorstands gegenüber der Gesellschaft nicht zu rechtfertigen vermag.[131] Auch liegt eine wertende Kommentierung des Angebots an die Aktionäre der Zielgesellschaft durch deren Management nicht im Interesse der Zielgesellschaft selbst, sondern im ureigensten Interesse der betroffenen Aktionäre. Die Zielgesellschaft schuldet ihnen nämlich die Würdigung des Angebots, weil sie auch auf ihre Investitionsinteressen Rücksicht nehmen muß. Durch die Stellungnahme der Zielgesellschaft steht den Aktionären eine wesentliche zusätzliche Entscheidungshilfe zur Verfügung.[132] Dogmatischer Bezugspunkt ist damit eine anlegerbezogene Dimension der Treupflicht des Verbands gegenüber seinen Mitgliedern,[133] die § 27 WpÜG nach zutreffender Ansicht klarstellt und konkretisiert. Folglich korreliert die Stellungnahmepflicht, die der Vorstand für die Zielgesellschaft erfüllt, mit den individuellen Informationsrechten der Aktionäre, die insoweit - anders als bei § 131 AktG - außerhalb der Hauptversammlung und ohne Verlangen des einzelnen Aktionärs aktualisiert werden.[134]

Mißt man § 27 WpÜG hinsichtlich der Stellungnahme des Vorstands deklaratorische bzw. konkretisierende Bedeutung bei, schuldet die Aktiengesellschaft ihren Anleger-Aktionären darüber hinaus eine solche Stellungnahme stets, wenn es die Treupflicht im Hinblick auf deren Investitionsentscheidungen verlangt, eine Zuständigkeit der Hauptversammlung aber gerade nicht eröffnet ist.[135] Das

---

129 *Grunewald*, WM 1989, 1233, 1237; GroßKommAktG/*Hopt*, § 93 Rdn. 129; *ders.*, FS Rittner, 187, 203.

130 In diesem Sinne von einer kapitalmarktrechtlichen Pflicht ausgehend auch Geibel/Süßmann/*Schwennicke*, WpÜG, § 27 Rdn. 7.

131 *Mülbert*, IStR 1999, 83, 88.

132 *Thoma*, NZG 2002, 105, 110.

133 *Mülbert*, ZHR 165 (2001), 104, 125.

134 Gleichsinnig wohl *Mülbert*, ZHR 165 (2001), 104, 125; GroßKommAktG/*ders.*, Vor §§ 118-147 Rdn. 199, 203; ähnlich *ders.* IStR 1999, 83, 88; eine treugestützte Informationspflicht der Vorstandsmitglieder unmittelbar gegenüber den einzelnen Aktionären annehmend *van Aubel*, S. 172 f.

135 *Mülbert*, ZHR 165 (2001), 104, 128 nennt als Beispiel, daß beim vollständigen Delisting nach der einschlägigen Börsenordnung ein Abfindungsangebot vorgeschrieben ist; a.A. zum vollständigen Delisting die h.M., die eine Holzmüller-Kompetenz befürwortet und konsequenterweise auf die ungeschriebenen Informationsanforde-

neue Informationsinstrument der Stellungnahme ergänzt damit § 131 AktG und wird vom Verband den einzelnen Aktionären geschuldet. Es fällt in die Kategorie der individuellen Informationsrechte in der Aktiengesellschaft.

bb) Besondere Informationsinstrumente beim Squeeze Out

Während das der Informationspflicht des Vorstands nach § 327b Abs. 1 Satz 2 AktG entsprechende Informationsrecht des Hauptaktionärs beim Squeeze Out nicht ein individuelles Informationsrecht im Sinne des § 131 AktG betrifft, sondern mit dem Auskunftsrecht des Abschlußprüfers nach § 320 Abs. 2 HGB korreliert,[136] kommt dem Squeeze Out-Bericht des Hauptaktionärs nach § 327c Abs. 2 AktG verbandsrechtliche Bedeutung zu. Dabei könnte man ihn als Ausprägung eines kollektiven Informationsrechts der Aktiengesellschaft verstehen; schließlich ist der Bericht des Hauptaktionärs in bewußter Anlehnung an die Vorstandsberichte zur Vorbereitung gesetzlich ausgeformter Grundlagenbeschlüsse konzipiert, insbesondere bei Eingliederung und Verschmelzung.[137] Jedoch bleiben Status und Struktur der Aktiengesellschaft selbst sowie ihr Verhältnis zum Hauptaktionär durch den Squeeze Out unberührt.[138] Dieses neu in den §§ 327a ff. AktG niedergelegte Rechtsinstitut gibt lediglich dem Mehrheitsaktionär ausnahmsweise ein Gestaltungsrecht zu Lasten der Aktionärsminderheit in die Hand.[139] Dafür hat der Mehrheitsaktionär unter anderem die auszuschließenden Kleinanleger vor Hauptversammlungsbeschluß über den Squeeze Out zu infor-

---

rungen zur Vorbereitung eines eigentlichen Holzmüller-Beschlusses abstellt (s. dazu oben unter bb) (1) (b) (ii)): So wohl neuerdings zudem ein Pflichtangebot postulierend der BGH, Urteil vom 25.11.2002 (II ZR 133/01; "Macrotron"), NJW 2003, 1032, 1034 ff. (dazu kritisch *Adolff/Tieves*, BB 2003, 797, 800 ff.); LG München I, AG 2000, 140, 141 (Vorinstanz); Emmerich/*Habersack*, Vor § 311 Rdn. 23 mit Fn. 92 m. w. Nachw. zum Meinungsstand.

136 Geibel/Süßmann/*Grzimek*, WpÜG, § 327b Rdn. 9; a.A. *Grunewald*, ZIP 2002, 18, 19, die dieses Informationsrecht als Durchbrechung des § 131 AktG begreift, also wohl verbandsrechtlich verortet; KölnKomm/*Hasselbach*, § 327b Rdn. 7 ff., insbes. 9 (*lex specialis* zu § 131 AktG).

137 S. Gesetzesbegründung in BT-Drucks. 14/7034, S. 73; abrufbar unter http://dip.bundestag.de/parfors/parfors.htm.; ebenso KölnKomm/*Hasselbach*, § 327a Rdn. 3; Geibel/Süßmann/*Grzimek*, WpÜG, § 327c Rdn. 4; *Krieger*, BB 2002, 53, 59; *Vetter*, AG 2002, 176, 187; zu diesem Schutzniveau im Vorfeld kritisch *Kallmeyer*, AG 2000, 59, 61.

138 Darauf hinweisend *Habersack*, ZIP 2001, 1230, 1236; *Vetter*, AG 2002, 176, 185; *ders.*, DB 2001, 743, 745; ebenso Geibel/Süßmann/*Grzimek*, WpÜG, § 327a Rdn. 6.

139 *Vetter*, AG 2002, 176, 185; ähnlich *Krieger*, BB 2002, 53, 58; dazu im Vorfeld kritisch *Habersack*, ZIP 2001, 1230, 1232 ff.

mieren.[140] Die Berichtspflicht nach § 327c Abs. 2 AktG läßt sich damit als Ausprägung der Treupflicht des Mehrheitsgesellschafters gegenüber der Minderheit der Kleinanleger interpretieren.[141] Ihr Korrelat sind folglich die individuellen Informationsrechte der Minderheitsaktionäre, nicht das kollektive Informationsrecht der Gesellschaft.

Indessen ist diese dogmatische Verortung für die etwaige Erläuterung durch den Mehrheitsaktionär in der Hauptversammlung nach § 327d Satz 2 AktG zweifelhaft. Einerseits deckt sich der Informationsgehalt wohl mit dem des Squeeze Out-Berichts; im wesentlichen wird die dort gegebene Information verständlicher gemacht oder ausführlicher vorgetragen werden.[142] Andererseits ist eine solche Erläuterung des Hauptaktionärs in der Hauptversammlung ausweislich des Normwortlauts nicht zwingend, sondern muß vom Vorstand zugelassen werden. Das erklärt sich daraus, daß die Hauptversammlung als Willensbildungsorgan der Gesellschaft grundsätzlich allein durch den Vorstand zu informieren ist.[143] Dieser ist beim Squeeze Out aber nicht stellungnahmepflichtig; letztlich, weil der Aktionärsausschluß nicht von der Unternehmensverwaltung, sondern vom Mehrheitsgesellschafter betrieben wird. Die einzigen Gründe, warum der Vorstand eine Erläuterung nach § 327d Satz 2 AktG zulassen kann und wird, sind damit die größere Sachnähe und das alleinige Sachinteresse des Hauptaktionärs.[144] Unabhängig davon trifft ausschließlich den Vorstand die Pflicht, für "seine" Gesellschaft in der Hauptversammlung den einzelnen Aktionären gegenüber auch die Auskünfte zum Squeeze Out nach § 131 AktG zu erteilen.[145] Vor diesem Hintergrund ist auch die Erläuterung des Hauptaktionärs so zu verstehen als habe sie der Vorstand abgegeben, der sie in der Hauptversammlung zuläßt.[146] Anders als bei den schon dargestellten Vorstandserläuterungen in der Hauptversammlung wird damit aber nicht die Gesellschaft informiert; vielmehr informiert die Gesellschaft ihre Minderheitsaktionäre, auf deren

---

140 Zum Kompensationsbezug dieser Information s. unten unter § 2 II 3.

141 *Grunewald*, ZIP 2002, 18, 20 erwähnt jedenfalls im Rahmen der Freiwilligkeit der Erläuterung des Hauptaktionärs nach § 327d Satz 2 AktG die Treubindungen zwischen Hauptaktionär und Minderheitsaktionären (entgegen der hier vertretenen Ansicht; s. sogleich).

142 So ausdrücklich *Grunewald*, ZIP 2002, 18, 19.

143 *Vetter*, AG 2002, 176, 187 nennt die Erläuterung des Hauptaktionärs daher auch einen Fremdkörper in der Hauptversammlung.

144 In diesem Sinne auch *Krieger*, BB 2002, 53, 59.

145 KölnKomm/*Hasselbach*, § 327d Rdn. 7; Geibel/Süßmann/*Grzimek*, WpÜG, § 327d Rdn. 4; *Krieger*, BB 2002, 53, 59; *Vetter*, AG 2002, 176, 187.

146 A.A. *Grunewald* ZIP 2002, 18, 21, die annimmt, auch die Stellungnahme in der Hauptversammlung habe allein der Hauptaktionär zu verantworten; in diesem Sinne wohl auch Geibel/Süßmann/*Grzimek*, WpÜG, § 327d Rdn. 4.

Anleger-, d.h. Vermögensinteressen sie im Rahmen ihrer Treupflicht auch Rücksicht zu nehmen hat. Als deren Ausprägung wird mithin § 327d Satz 2 AktG zu verstehen sein. Entsprechend ist der Wortlaut des Gesetzes auszulegen, wonach der Vorstand dem Hauptaktionär zur Erläuterung Gelegenheit geben "*kann*". Sind die Minderheitsaktionäre auch nach dem Squeeze Out-Bericht des Hauptaktionärs noch unzureichend informiert, folgt aus dieser anlegerbezogenen Dimension der Treupflicht der Gesellschaft gegenüber ihrer Aktionärsminderheit, daß die Gesellschaft eine Erläuterung durch den Hauptaktionär in der Hauptversammlung nicht nur zulassen *kann*, sondern zulassen *muß*.[147] Gegebenenfalls hat sie sogar darauf hinzuwirken, daß der Hauptaktionär eine solche Erläuterung abgibt. Jedenfalls ist sie der Gesellschaft zuzurechnen. Korrelat der Erläuterungspflicht sind damit die individuellen Informationsrechte der Minderheitsaktionäre gegenüber "ihrer" Gesellschaft. Die Erläuterung des Hauptaktionärs in der Hauptversammlung ergänzt somit das Auskunftsrecht des einzelnen Aktionärs nach § 131 AktG.

d) Eingrenzung: Berichtspflichten (i.e.S.) und Auskunftsrechte

Im Mittelpunkt dieser Untersuchung steht das auf den strukturändernden Hauptversammlungsbeschluß bezogene Informationssystem. Die weiteren Überlegungen beschränken sich daher auf Berichtspflichten i.e.S., d.h. auf jene des Vorstands oder des Hauptaktionärs beim Squeeze Out im Vorfeld eines Hauptversammlungsbeschlusses sowie auf das Auskunftsrecht des einzelnen Aktionärs in der Hauptversammlung nach § 131 AktG und entsprechenden Sondernormen. Diese Informationsrechte werden in Bezug genommen, soweit nachfolgend von Berichtspflichten und Auskunftsrechten die Rede ist.

3. Zu Funktion und allgemeiner ratio der Berichtspflichten und Auskunftsrechte

a) Informationszwecke in funktionaler Betrachtungsweise[148]

Information ist zweckorientiertes Wissen.[149] Mit dem so definierten Begriff kann einerseits ein Zustand, andererseits ein Prozeß gemeint sein; ein Zustand, wenn

147 Ähnlich Geibel/Süßmann/*Grzimek*, WpÜG, § 327d Rdn. 3; wohl auch *Vetter*, AG 2002, 176, 187; vorsichtig in diese Richtung auf der Grundlage einer treupflichtgestützten Informationspflicht des Hauptaktionärs gegenüber den Minderheitsaktionären *Grunewald* ZIP 2002, 18, 20.

148 Ganz anders zu den Funktionen des individuellen Informationsrechts etwa *Wohlleben*, S. 25 ff.

umschrieben werden soll, welchen Zweck das informierte Subjekt mit dem Wissen verfolgt; ein Prozeß, wenn darauf abgestellt wird, was mit der Weitergabe des Wissens von einem informierten auf ein insoweit uninformiertes Subjekt bezweckt ist. Der Informationszweck unterscheidet allerdings nicht danach, ob Information als Zustand oder als Prozeß verstanden wird. Bei der Auffächerung denkbarer Informationsfunktionen erscheint es daher zweckmäßig zu unterscheiden, ob eine Entscheidungssituation vorliegt oder nicht.

aa) Informationszwecke bei Entscheidungssituationen

Bei der Analyse der entscheidungsbezogenen Informationszwecke kann zunächst zwischen Präventiv- und Repressivzwecken unterschieden werden, je nachdem, ob das Wissen bis zum Entscheidungszeitpunkt verwendet werden soll oder danach.

(1) Präventivzwecke

(a) Entscheidungszweck (i.e.S.)

Vorrangiger Präventivzweck von Information im Hinblick auf eine zu einem späteren Zeitpunkt zu treffende Entscheidung ist die Schaffung einer Wissensbasis, die es dem Entscheidungssubjekt ermöglicht, die optimale Alternative auszuwählen. Das Wissen beugt damit einer Fehlentscheidung vor; daher paßt die Einordnung als präventiv. Der Sache nach soll die asymmetrische Informationsverteilung zu Lasten des Entscheidungssubjekts abgeschwächt oder - idealtypischerweise - eliminiert werden. Dabei kann die Entscheidungssituation zum einen abstrakter Natur sein, etwa wenn es darum geht, ein Vertragswerk optimal auszugestalten.[150] Zum anderen kann das Entscheidungssubjekt vor eine konkrete Entscheidungsfrage mit nur einer (z.B. Unterlassensalternative) oder mehreren Alternativen gestellt sein; so beispielsweise im Falle einer Investitionsentscheidung.[151] Kommt es hier zu Einschätzungsdivergenzen mehrerer Entscheidungssubjekte wegen ihrer individuell verschiedenen Präferenzfunktionen oder

---

149 So für die Betriebswirtschaftslehre grundlegend *Wittmann*, S 14.

150 Zu diesbzgl. Informationspflichten aus agencytheoretischer Sicht für das deutsche Recht grundlegend neuerdings *Fleischer*, Informationsasymmetrie im Vertragsrecht, S. 139 f. sowie 978 ff.; das dem entsprechende Informationsproblem wird agencytheoretisch gemeinhin als *hidden characteristics* bezeichnet; s. dazu ausf. *Küpper*, ebenda, insbes. S. 48.

151 Das dem entsprechende Informationsproblem wird agencytheoretisch gemeinhin als *hidden information* bezeichnet; s dazu ausf. *Küpper*, ebenda, insbes. S. 48 f.

aufgrund von Wissensgefällen, stellen sich als *ultima ratio* Fragen des Primärrechtsschutzes.

(b) Warnzweck

Selbst wenn das Entscheidungssubjekt imstande ist, optimal zu entscheiden, weil das ihm auch ohne zusätzliche Information bereits zur Verfügung stehende Wissen als Entscheidungsbasis ausreicht, kann dieses (insoweit redundante) oder zusätzliche Wissen dem Zweck dienen, dem Entscheidungssubjekt die besonderen Folgen der bevorstehenden Entscheidung mit Nachdruck vor Augen zu führen. Eine solche Warnfunktion kommt insbesondere dann in Betracht, wenn das Entscheidungssubjekt von der Entscheidung (auch) negativ betroffen sein kann.[152]

(2) Repressivzwecke

(a) Kontrollzweck

Wissen, das bereits vor dem Entscheidungszeitpunkt vorliegt oder weitergegeben wird, kann Zwecken dienen, die erst nach getroffener Entscheidung relevant werden. In erster Linie ist dabei die Kontrollfunktion der Information zu nennen. Kontrolle ist der Vergleich zwischen dem der Entscheidungsbasis *ex ante* zugrunde liegenden "Sei" bzw. "Soll" und dem *ex post* ermittelten "Ist".[153] Divergieren diese Vergleichsgrößen,[154] kann die Kontrolle i.w.S. zu Folgeentscheidungen führen. Je nachdem, ob eine positive oder negative Bewertung erfolgt,

---

152 Eine Warnfunktion des Vorstandsberichts betont im Hinblick auf Einfluß- und Wertverluste des Altaktionärs bei regulärer Kapitalerhöhung unter Bezugsrechtsausschluß GroßKommAktG/*Wiedemann*, § 186 Rdn. 117.

153 *Frese*, S. 916, definiert Kontrolle nur als "Soll"-"Ist"-Vergleich; zutreffend erweitert aber *Küpper*, S. 169, daß es bei Kontrollvergleichen nicht stets um Planungsgrößen ("Soll") geht. Mit dem Konjunktiv "Sei" sollen hier etwaiger Planung vorausgehende (evtl. auch implizite) Wirklichkeitsannahmen gemeint sein, die die Entscheidungsbasis mit ausmachen.

154 Dabei wird unterstellt, daß die Information über die "Ist"-Größe korrekt sei. Diesbzgl. agencytheoretisch als *hidden action* bezeichnete Informationsprobleme (s. *Küpper*, ebenda, insbes. S. 49) haben als juristischen Anknüpfungspunkt Fragen des Beweisrechts, sind also prozeßrechlicher Natur und bleiben hier von vornherein außer Betracht.

können sich daran entsprechende Anreize oder Sanktionen knüpfen.[155] In letzterem Falle ergeben sich als *ultima ratio* Fragen des Sekundärrechtsschutzes.[156]

(b) Vertrauenszweck

Ferner kann Information bei Entscheidungssituationen mit mehreren Entscheidungssubjekten für die Zeit nach getroffener Entscheidung Vertrauen und Akzeptanz gerade auch bei denjenigen schaffen, die eine gewisse Wissensasymmetrie zu ihren Lasten hinnehmen müssen.[157]

bb) Informationszwecke ohne Entscheidungsrechte der Informierten

Auch ohne Entscheidungsrechte liefert den Informationsadressaten ein erhöhter Grad an Wissen vorbehaltlich einer Überinformation mehr Transparenz.[158] Damit steht der Vertrauenszweck an oberster Stelle.[159] Darüber hinaus kann die Offenlegung der Entscheidungsparameter durch den Entscheidungsträger einen Disziplinierungszweck erfüllen.[160] Die Information von Personen, die sich au-

---

155 Zum Kontrollkonzept instruktiv *Küpper*, S. 169 - 180 sowie übersichtlich *Sjurts*, DBW 58 (1998), 283, 288, jeweils m. w. Nachw.

156 S. bspw. zur Kontrollfunktion der aktienrechtlichen Anfechtungsklage *Schiessl*, VGR 1999, S. 57 ff., insbes. 60 ff. m. w. Nachw.

157 S. nur *Sjurts*, DBW 58 (1998), 283, 288 ff. m. w. Nachw.
Von besonderer Bedeutung ist dabei das sog. *signaling*; s. dazu aus betriebswirtschaftlicher Sicht *Küpper*, S. 48 sowie rechtsökonomisch *Fleischer*, Informationsasymmetrie im Vertragsrecht, S. 124 f. und *Mülbert/Birke*, EBOR 3 (2002), 695, 728. Ein *signaling* ist es bspw., wenn nach neuem WpÜG (§ 27 Abs. 1 Satz 2 Nr. 4) Vorstand und Aufsichtsrat mit Blick auf ein Übernahmeangebot auch angeben müssen, wie sie mit ihren eigenen Beteiligungen an der Gesellschaft verfahren. Diese Information hat keinen unmittelbaren Aussagegehalt bzgl. der Angemessenheit des Angebots. Dennoch kann sie das Vertrauen in die Angaben bzgl. der Angemessenheit des Angebots verstärken oder zerstören. Obwohl das *signaling* schon vor Entscheidung erfolgt und auch die Vertrauenswirkung schon vor Entscheidung relevant ist, liegt ihr Schwerpunkt m.E. in der Akzeptanz der dann getroffenen Entscheidung. Deshalb wird das vertrauensbildende Wissen hier der Kategorie der repressiven Informationszwecke zugeordnet. Insoweit hemmt dieses Wissen die Entstehung von Zweifeln an der Entscheidung; daher paßt die Einordnung des Vertrauenszwecks als repressiv.

158 Aktuelle Überinformationstendenzen im Recht der Aktiengesellschaft monierend *Zöllner*, AG 2000, 145, 152 f.; *Wilde*, ZGR 1998, 423, 457 f.

159 Vgl. *Sjurts*, DBW 58 (1998), 283, 285 f.

160 Dazu *Grundmann*, FS Lutter, S. 61, 79 f., m. w. Nachw., der auch auf die im angloamerikanischen Kapitalmarktrecht vorherrschende Informationsbetrachtung des "*sunlight is the best disintergent*" hinweist.

ßerhalb der Entscheidungssituation befinden - namentlich der Öffentlichkeit - mag den Entscheidungsträger nämlich davon abhalten, seine Entscheidungskompetenz zu mißbrauchen. Schließlich kann Information eines außerhalb der Entscheidungssituation stehenden Adressatenkreises dessen *status quo* abrunden; sie ist damit Ausdruck des Respekts seitens des Entscheidungsträgers.[161]

b) Die allgemeine ratio der Berichtspflichten und Auskunftsrechte

Den soeben herausgearbeiteten funktional denkbaren Informationszwecken kommt im aktienrechtlichen Informationssystem der *lex lata* nicht ohne weiteres auch normative Geltungskraft zu. Bei einer normativen Betrachtungsweise soll nachfolgend lediglich die allgemeine *ratio* der Berichtspflichten und Auskunftsrechte als Orientierungspunkt festgelegt werden. Auf Besonderheiten bei einzelnen Umstrukturierungen oder Kompensationsbezug soll hingegen noch nicht eingegangen werden. Die Informationspflichten in der Aktiengesellschaft verlangen die Weitergabe von Wissen, betreffen folglich Information als Prozeß. Dabei geht es um die informatorische Vorbereitung eines Beschlusses der Hauptversammlung, also um Information mit Blick auf eine Entscheidungssituation.

aa) Das Berichtssystem - § 186 Abs. 4 Satz 2 AktG als Leitbild

Es wurde bereits ausgeführt, daß dem Vorstandsbericht bei ordentlicher Kapitalerhöhung unter Bezugsrechtsausschluß Leitbildcharakter für das Berichtssystem des AktG und des UmwG zukommt.[162] Das § 186 Abs. 4 Satz 2 AktG zugrunde liegende Informationsmodell ist daher für allgemeine teleologische Überlegungen zu hauptversammlungsbezogenen Berichtspflichten verallgemeinerungsfähig.

---

161 *Grundmann*, FS Lutter, S. 61, 80, weist auf die bloße Information als *status quo* der Arbeitnehmermitbestimmung hin. Soweit die von ihm angesprochenen Fälle auch Konsultationsrechte beinhalten, erfüllt die Information darüber hinaus den Zweck, eine Beeinflussung auf die Entscheidungsträger zu ermöglichen. Insoweit ist dann der präventive Entscheidungszweck der Information betroffen; s. dazu soeben.

162 S. schon oben unter 2 b) aa) (2) (a); ebenso für den Verschmelzungsbericht *Keil*, S. 54 f.; vgl. auch die Darstellung des Berichtssystems bei *Hoffmann-Becking*, GesR 2001, 55, 56 ff., der den Leitbildcharakter des § 186 Abs 4 Satz 2 hervorhebt.

(1) Präventivzwecke - Bericht zur Fundierung einer (unternehmerischen Ermessens-) Entscheidung

Nach einhelliger Auffassung dient der nach § 186 Abs. 4 Satz 2 AktG vorgeschriebene Vorstandsbericht in erster Linie der Fundierung einer Entscheidung der Hauptversammlung.[163] Teilweise wird in der Berichtspflicht sogar die normative Festschreibung eines unternehmerischen Ermessens dieses Willensbildungsorgans der Gesellschaft gesehen.[164] Dafür spricht, daß nach der legislatorischen Wertung die Beschlußfassung der Hauptversammlung grundsätzlich nur der vorherigen Bekanntgabe des Tagesordnungspunktes sowie einer Beschlußempfehlung ohne darüber hinausgehende Begründung bedarf.[165] Der ausnahmsweise Bericht mit Angabe der Gründe und des unternehmerischen Konzepts einer Entscheidungsalternative legt nahe, daß es eine allein richtige Entscheidung gerade nicht gibt.[166] Die Berichts- und damit Begründungspflicht ist insoweit als formelle Flankierung eines materiell ausschließlich negativen (insbes. hinsichtlich der Wahrung des Verbandszwecks) Anforderungen unterliegenden Hauptversammlungsbeschlusses zu würdigen. Jedenfalls steht der Entscheidungszweck der Berichtspflicht an oberster Stelle.

Hinzukommt unterstützend der Warnzweck.[167] In seinem Lichte erklärt sich auch die notwendige Auslegung und Bekanntmachung des schriftlichen Berichts im Vorfeld der Hauptversammlung, die es den Aktionären ermöglicht, sich zuvor - gegebenenfalls unter Hinzuziehung von Expertenrat - kundig(er) zu machen und festzulegen, ob sie an der Hauptversammlung teilnehmen oder sich dort vertreten lassen wollen.[168]

---

163 S. nur BGHZ 83, 319, 326 ("Holzmann"); BGHZ 107, 296, 302 ("Koch's Adler"); BGH WM 1990, 140, 141 f. ("DAT/Altana"); OLG München ZIP 1991, 726, 728 ("PWA"); *Hirte*, Bezugsrechtsausschluß, S. 86, 256; *Hüffer*, AktG, § 186 Rdn. 23; MünchHdbAG/*Krieger*, § 56 Rdn. 81; *Lutter*, ZGR 1979, 401, 408; *ders.*, BB 1981, 861, 863; GroßKommAktG/*Wiedemann*, § 186 Rdn. 117.

164 *Weißhaupt*, NZG 1999, 804, 810; vorsichtig in diese Richtung *Lutter* ZGR 1979, 401, 407 und KölnKomm/*ders.*, § 186 Rdn. 56.

165 *Kropff*, Begründung RegE, S. 173 f.; auch aus dem mitgliedschaftlichen Stimmrecht kann nicht etwa eine Pflicht zu genereller Vorabinformation der Hauptversammlung abgeleitet werden; s. GroßKommAktG/*Mülbert*, Vor §§ 118-147 Rdn. 217 i.V.m. § 119 Rdn. 51; ähnlich *Tröger*, ZIP 2001, 2029, 2031.

166 Vgl. der Hinweis von KölnKomm/*Lutter*, § 186 Rdn. 56, Plausibilität trete an die Stelle von "einzig und allein richtig".

167 So ausdrücklich GroßKommAktG/*Wiedemann*, § 186 Rdn. 117.

168 S. zu dieser hauptversammlungsvorbereitenden Informationspflicht des Vorstands bereits oben unter II 2 b) bb); ein schriftlicher Vorwegbericht wird aber bei § 186 Abs. 4 Satz 2 AktG teilweise in Frage gestellt; so von *Sinewe*, S. 255 ff. m. w. Nachw.

(2) Repressivzwecke - Bericht als Grundlage einer (richterlichen Sach-) Kontrolle?

Unproblematisch zu befürworten ist der Vertrauenszweck der Berichtspflicht, weil durch die Offenlegung der Gründe für die zur Beschlußfassung vorgelegte Entscheidungsalternative stets zugleich eine möglichst hohe Akzeptanz der Aktionäre herbeigeführt werden soll, gerade wenn diese - wie im Falle des Bezugsrechtsausschlusses - eine individuelle Einbuße hinnehmen müssen.[169]

Zu widersprechen ist hingegen der wohl h.M., die Berichtspflicht verfolge an erster Stelle neben dem Entscheidungszweck auch einen Kontrollzweck.[170] Der Kodifizierung der Berichtspflichten kann gerade nicht entnommen werden, daß der Gesetzgeber damit den entsprechenden Hauptversammlungsbeschluß an positive materiellrechtliche Anforderungen knüpfen und auf diese Weise eine richterliche Sachkontrolle des Mehrheitsbeschlusses verankern wollte.[171] Dagegen spricht zunächst subjektiv-teleologisch, daß der nationale Gesetzgeber in den meisten Fällen - wie auch bei § 186 Abs. 4 Satz 2 AktG - nur Vorgaben europäischer Richtlinien umsetzen wollte.[172] Selbst wenn man - im übrigen ohne jeden grammatikalischen oder entstehungsgeschichtlichen Anhalt - in den europarechtlichen Berichtsvorgaben auch das Postulat einer materiellrechtlichen Beschlußkontrolle erblicken wollte,[173] könnte darin andererseits im europäischen Rechtsvergleich allenfalls eine Kontrolle negativer Anforderungen (der beweglichen Schranken der Stimmrechtsmacht), etwa der Wahrung des Verbandszwecks, nicht jedoch eine positive Sachkontrolle nach Art der deutschen Kali & Salz-Rechtsprechung gesehen werden.[174] Im übrigen legt eine systematisch-teleologische Auslegung der Berichtspflicht ohnehin nahe, in ihr eine formale Absicherung einer unternehmerischen Ermessensentscheidung zu sehen;[175] dies umso mehr als nach der aktiengesetzlich vorgesehenen Zuständigkeitsordnung

169 *Bork*, ZGR 1993, 343, 350; *Priester*, ZGR 1990, 420, 427; GroßKommAktG/*Wiedemann*, § 186 Rdn. 117.

170 BGHZ 83, 319, 326 ("Holzmann"); *Keil*, S. 54; *Timm*, S. 75; *Hüffer*, AktG, § 186 Rdn. 23; *Hirte*, Bezugsrechtsausschluß, S. 86, 225; MünchHdbAG/*Krieger*, § 56 Rdn. 81; GroßKommAktG/*Wiedemann*, § 186 Rdn. 117.

171 *Mülbert*, Aktiengesellschaft, S. 332 f.; *Tröger*, ZIP 2001, 2029, 2041 f.; *Weißhaupt*, NZG 1999, 804, 810; ähnlich *Sinewe*, S. 255 ff.

172 *Mülbert*, Aktiengesellschaft, S. 333.

173 So *Habersack*, Europäisches Gesellschaftsrecht, Rdn. 199; ähnlich wie hier jedoch *Schwarz*, Europäisches Gesellschaftsrecht, Rdn. 621 f. m. w. Nachw.

174 *Mülbert*, Aktiengesellschaft, S. 337 f. sowie *Schwarz*, Europäisches Gesellschaftsrecht, Rdn. 622 mit Fn. 707; vgl. auch *Lutter*, Europäisches Unternehmensrecht, S. 52 f., jeweils m. w. Nachw.

175 So *Weißhaupt*, NZG 1999, 804, 810; s. auch soeben.

dem Informationsadressat Hauptversammlung - anders als dem Aufsichtsrat - primär Willensbildungs- und damit Entscheidungs-, nicht hingegen Kontrollkompetenz zukommt.[176] Das schließt freilich nicht aus, daß die im Bericht niedergelegten Prämissen und Gründe bei der richterlichen (negativen) Beschlußkontrolle beweiserheblich und regelmäßig sogar beweisentscheidend sind.[177] Diese Kontrollrelevanz des Berichts ist dann aber mehr Reflex denn *telos* der entsprechenden Vorstandspflicht.

bb) Das Auskunftsrecht - § 131 AktG als Grundnorm

Das Auskunftsrecht des einzelnen Aktionärs in der Hauptversammlung ist in § 131 AktG verankert. Details und Sondernormen der einzelnen Grundlagenbeschlüsse sind bei der Bestimmung der allgemeinen *ratio* des Auskunftsrechts entbehrlich.

(1) Präventivzweck - Auskunft zur Unterstützung des mitgliedschaftlichen Stimmrechts

Als Ausfluß der Mitgliedschaft ergänzt das Auskunftsrecht die Teilnahme des Aktionärs an der Hauptversammlung.[178] Zwar kann der Hauptversammlungsteilnehmer auch Fragen zu Tagesordnungspunkten ohne Entscheidungsbezug stellen und damit umfassend seine mitgliedschaftlichen Interessen informativ absichern. In erster Linie dient das Auskunftsrecht aber der sachgerechten Ausübung seines mitgliedschaftlichen Stimmrechts.[179] Dieser Entscheidungszweck der Auskunft ist gerade bei desinteressierten Kleinaktionären von besonderer Bedeutung, die

176 Gleichsinnig *Wilde*, ZGR 1998, 423, 436; vgl. auch den Hinweis von *Bosse*, ZIP 2001, 104, 107, beim Vorratsbericht zum genehmigten Kapital nehme die Kontrolle des Vorstandshandelns der Aufsichtsrat als "verlängerter Arm" der Hauptversammlung wahr.
Für den Vorratsbericht kann jedenfalls nach der nunmehr festgelegten allgemeinen *ratio* des Berichtssystems die oben unter 2 b) aa) (2) (d) aufgeworfene Frage nach dem Erfordernis eines Ergänzungsberichts verneint werden. Die Rechtsschutzlücke ist *de lege lata* hinzunehmen, der Vorratsbericht allerdings auf die gesetzlich vorgesehenen Ausnahmefälle zu beschränken.

177 Vgl. die differenzierte Darstellung bei GroßKommAktG/*Wiedemann*, § 186 Rdn. 118 m. w. Nachw.

178 *K. Schmidt*, Informationsrechte, S. 21; *Hüffer*, ZIP 1996, 401, 405; GroßKommAktG/*Mülbert*, Vor §§ 118-147 Rdn. 217 f.

179 GroßKommAktG/*Decher*, § 131 Rdn. 5; *Hüffer*, AktG, § 131 Rdn. 1 f., jeweils m. w. Nachw.

auf zusätzliche Informationen für ihr Stimmverhalten stärker angewiesen sind als Großaktionäre oder institutionelle Anleger.[180]

(2) Repressivzweck - Auskunft zur Kontrolle des Berichtsgegenstands

Soweit sich das Auskunftsrecht - wie häufig vor einem Grundlagenbeschluß - auf den Gegenstand des vorangegangenen Berichts bezieht, liegt es nahe, der Auskunft - anders als dem Bericht - auch einen Kontrollzweck zuzuschreiben. Vorauszuschicken ist dabei, daß beide Informationsquellen grundsätzlich unabhängig voneinander bestehen.[181] Dieses Nebeneinander von Bericht und Auskunft kann schon deshalb nicht in Frage gestellt werden, weil aufgrund der verschiedenen Informationskategorien berichtsberechtigt die Gesellschaft, auskunftsberechtigt jedoch der individuelle Aktionär ist.[182] Gleichwohl darf bei der Interpretation des Auskunftsrechts nicht aus formaljuristischen Gründen der Umstand unberücksichtigt bleiben, daß Adressat des der Gesellschaft geschuldeten Berichts die Hauptversammlung ist, die durch das Aktionärskollektiv konstituiert wird.[183] Der individuelle Aktionär hat folglich von der im Bericht schriftlich erstatteten Vorwegbegründung bereits Kenntnis, wenn er seine Auskunft begehrt. Aus diesem Befund wird zunehmend gefolgert, daß eine Information, die bereits Inhalt des Berichts geworden ist, nicht mehr "erforderlich" im Sinne des § 131 Abs. 1 Satz 1 AktG sei.[184] Dem wird man unter dem Vorbehalt zustimmen können, daß tatsächlich derselbe Informations*inhalt* abgefragt werden soll, d.h. dieselben Erklärungszeichen der Information. Hingegen ist eine Erläuterung, Ergänzung oder Plausibilisierung des bereits im Bericht dargestellten Informations*gehalts* - d.h. desselben Erklärungswerts der Information - gerade vom soeben beschriebenen Schutzzweck des Auskunftsrechts umfaßt.[185]

Unabhängig davon darf bei der teleologischen Bestandsaufnahme ein weiterer Zusammenhang nicht übersehen werden. Wenn nämlich ein Aktionär den Berichtsgegenstand, d.h. die zur Beschlußfassung vorgeschlagene Entschei-

---

180 So treffend GroßKommAktG/*Decher*, § 131 Rdn. 6.

181 GroßKommAktG/*Decher*, § 131 Rdn. 38; *Groß*, AG 1996, 111, 118; *Keil*, S. 57 ff.; *Lutter*, FS Fleck, S. 169, 180; *Wilde*, ZGR 1998, 423, 443.

182 S. zur grundlegenden Unterscheidung von kollektiven und individuellen Informationsrechten bereits oben unter 1.

183 Zur Hauptversammlung als Mitgliederzusammenkunft instruktiv GroßKommAktG/*Mülbert*, Vor §§ 118-147 Rdn. 46 ff. m. w. Nachw.

184 GroßKommAktG/*Decher*, § 131 Rdn. 39 f. (Wechselwirkung von Bericht und Auskunft); *Schiessl*, VGR 1999, S. 57, 66; *ders.*, AG 1999, 442; 448; ähnlich *Hüffer*, ZGR 2001, 833, 845; *Hirte*, ZHR 167 (2003), 8, 17 f.; vgl. auch *Groß*, AG 1996, 111, 118; *Zöllner*, AG 2000, 145, 153.

185 Ähnlich differenzierend wohl GroßKommAktG/*Decher*, § 131 Rdn. 40.

dungsalternative, hinterfragt, bringt er damit zum Ausdruck, daß er ihr nicht das notwendige Vertrauen schenkt. Vielmehr behält er sich so ausdrücklich vor, daß er den Beschluß gegebenenfalls auch noch nach getroffener Entscheidung nachprüfen (lassen) will.[186] Kontrollmaßstab ist dann positiv die im Bericht dargebotene Information. Der Aktionärsanspruch auf Auskunft über den Berichtsgegenstand verfolgt damit auch einen Kontrollzweck.

III. Kompensationsbezogene Information

1. Definition

a) Abgrenzung von der qualitativen Information: Quantitatives Wissen

Kompensationsbezogene Information ist Wissen, mit dem die Kompensation, also eine rein wertmäßige Entschädigung der desinteressierten Aktionäre für die teilweise oder vollständige Einbuße ihrer Mitgliedschaft beurteilt werden soll. Wie die Entschädigung selbst sind auch die Größen, aus denen sie resultiert, die mithin kompensationsbezogene Informationen darstellen rein quantitativ, namentlich die Daten zur Ermittlung des unternehmerischen Werts der eigenen Gesellschaft oder weiterer an der Umstrukturierung beteiligter Unternehmungen.[187] Vor allem Aussagen zur Unternehmensstrategie scheiden damit von vornherein als kompensationsbezogene Informationen aus. Auch dem Kerninhalt jeder Vorwegbegründung einer Grundlagenentscheidung, insbesondere der Offenlegung des ihr zugrunde liegenden unternehmerischen Konzepts,[188] fehlt konsequenterweise jeglicher[189] Kompensationsbezug.[190]

---

186 Zum Alternativverhältnis von Vertrauen und Kontrolle instruktiv *Sjurts*, DBW 58 (1998), 283, 283 ff. m. w. Nachw.

187 Zu den wesentlichen Informationsparametern s. noch unten unter § 2.

188 Dazu für den Vorstandsbericht grundlegend *Lutter*, FS Fleck, S. 169, 180.

189 Zur Frage, inwieweit die Unternehmensstrategie mittelbar für die Kompensation relevant sein kann, insbes. in Ansehung sog. Synergieeffekte bei Unternehmenszusammenschlüssen, s. *S. Götz,* Verbundvorteile bei der Verschmelzung börsennotierter Aktiengesellschaften, Diss. Mainz (erscheint demnächst)

190 Gleichsinnig insoweit von unternehmensrelevanten Daten sprechend *Henze*, ZIP 2002, 97, 105 f.; a.A. - die Abgrenzung von qualitativer und rein quantitativer Information für "illusorisch" haltend - *Grunewald*, ZIP 2002, 18, 21; ebenso *dies./Müller*, JZ 2001, 1120, 1131.
Zur Klarstellung: Quantitative Prognosen beruhen teilweise auch auf Annahmen bzgl. der Unternehmensstrategie, etwa bei Plangrößen für Kosten oder Umsatz. Deshalb ist abzugrenzen: Die Information ist nur insoweit qualitativ als sie sich

b) Abgrenzung von der qualitätsrelevant quantitativen Information: Unmittelbarer Kompensationszweck

aa) Allgemeines

Wie soeben ausgeführt, ist kompensationsbezogene Information zwar stets quantitativ. Gleichwohl ist umgekehrt quantitative Information nicht notwendigerweise kompensationsbezogen. Gerade quantitative Größen aus dem Bereich der Unternehmensbewertung sind vielmehr nur dann kompensationsbezogen, wenn sie unmittelbar dazu geeignet und bestimmt sind, die Ermittlung eines Kompensationsanspruchs zu dokumentieren. Ein Kompensationsanspruch ist aber ein Ausgleichsanspruch (i.w.S.), den das UmwG oder AktG an die infolge der Strukturentscheidung der Hauptversammlung hinzunehmende Einbuße der Mitgliedschaft knüpft.[191] Auch darüber hinaus kann ein Hauptversammlungsbeschluß zwar die "Verwässerung" des Stimmrechtseinflusses und/oder die Verminderung des (gedachten) Vermögensanteils des Aktionärs an "seiner" Gesellschaft herbeiführen, etwa wenn die ordentliche Kapitalerhöhung unter Bezugsrechtsausschluß einen zu niedrigen Ausgabebetrag für die "jungen" Aktien vorsieht (vgl. § 255 Abs. 2 AktG) oder ein "holzmüllerpflichtiger" Unternehmensverkauf[192] unter Wert erfolgt. Quantitative Informationen zur Würdigung des unternehmerischen Werts der Gesellschaft bzw. des zu veräußernden Unternehmens(teils) durften auch dann im Vorstandsbericht nach § 186 Abs. 4 Satz 2 AktG bzw. im Holzmüller-Bericht nicht fehlen. Die mitgliedschaftliche Einbuße ist in diesen Fällen aber nur mittelbar, weil keine individuellen Kompensationsansprüche der Aktionäre in Betracht kommen. Denn auch ein etwaiger Informationsmangel erstreckt sich ausschließlich auf die Qualität der Kapitalerhöhung bzw. des Unternehmensverkaufs. Wie schon bei einer schlichten, nicht hauptversammlungspflichtigen Geschäftsführungsmaßnahme, die für die Gesellschaft wirtschaftliche Nachteile bringt, verringert sich zwar auch hier mittelbar der (gedachte) Vermögensanteil jedes Aktionärs an "seiner" Gesellschaft. Dennoch sind ihm für diese Fälle gerade keine eigenen Kompensationsansprüche bereitgestellt, die er isoliert - etwa im Wege der Leistungsklage - geltend machen könn-

---

ausschließlich auf die unternehmensstrategische Prämisse bezieht. Beispiel: Die Aussage, man werde in Zukunft durch einen Unternehmenszusammenschluß ein neues Produktionsverfahren für Produkt A nutzbar machen können, ist qualitativ. Die Aussage, man werde aufgrund des neuen Produktionsverfahrens die Herstellkosten für Produkt A um 30% reduzieren können ist hingegen quantitativ.

191 S. dazu oben unter I 1 a).

192 Unternehmensverkauf nach h.M. "holzmüllerpflichtig"; s. nur MünchHdbAG/*Krieger*, § 69 Rdn. 8 m. w. Nachw. (str.).

te.[193] Hier kann er auch bei quantitativen Informationsmängeln von vornherein nur die beschlossene Veränderung insgesamt in Frage stellen, namentlich durch Anfechtung des entsprechenden Hauptversammlungsbeschlusses.[194] Besonderheiten der rechtlichen Behandlung derart qualitätsrelevant quantitativer Informationen gegenüber rein qualitativen Informationen scheiden jedenfalls aus.[195]

bb) Grenzfall: Übertragende Auflösung, insbesondere sale of asset-Squeeze Out

Zur Klarstellung sei das hiesige Verständnis von qualitätsrelevant quantitativer Information ergänzend am Grenzfall der sog. übertragenden Auflösung[196] demonstriert. Eine solche gestattet das Aktienrecht, wenn es in § 179a Abs. 3 AktG voraussetzt, daß die Hauptversammlung der (noch) werbend tätigen Gesellschaft das Gesellschaftsvermögen auf einen anderen Rechtsträger übertragen und - damit einhergehend - die Liquidation der Gesellschaft nach § 262 Abs. 1 Nr. 2 AktG beschließen kann.[197] Auch wenn der Anspruch jedes Aktionärs auf Beteiligung am Liquidationserlös (vgl. § 271 Abs. 1 AktG) als Ausfluß der Mitgliedschaft begriffen wird,[198] könnte man ihn der Sache nach den Kompensationsansprüchen für die vollständige Einbuße der Mitgliedschaft zuordnen. Da mit Blick auf eine Liquidation grundsätzlich jeder Aktionär im hier verstandenen Sinne desinteressiert ist, d.h. an einer Auflösung kein Eigeninteresse haben kann, sondern lediglich einen möglichst hohen Liquidationserlös anstrebt, scheidet eine Mißbrauchslage zu Lasten einiger desinteressierter Aktionäre von vornherein aus.[199] Dies gilt auch bei vorgeschaltetem Unternehmensverkauf, wenn der Erwerber ein gesellschaftsfremder Dritter ist.[200] Die in § 179a AktG vorgeschriebene Mitwirkung der in diesem gesetzestypischen Fall gleichgerichteten Hauptversammlung zwingt den Vorstand schließlich, mit dem Dritterwerber eine

193 Vgl. dazu noch unten unter § 4 II 1 b) und 2.

194 Zu den allgemeinen Rechtsfolgen bei Informationsmängeln s. unten unter § 3 II.

195 Ähnlich *Hirte*, ZHR 167 (2003), 8, 12 f. ("für das Konkurrenzverhältnis zwischen Anfechtungsklage und Spruchverfahren *unmittelbar spezifisch*"; Hervorhebung durch Verfasser); s. insbes. zur Kompensationsüberschreitung noch unten unter § 4 II 3 c).

196 Allgemeine Terminologie im Anschluß an *Lutter/Drygala*, FS Kropff, S. 191, 193 ff.

197 Unstr.; s. nur *Hüffer*, AktG, § 179a Rdn. 20 m. w. Nachw.

198 S. statt aller *Habersack*, Mitgliedschaft, S. 82 f.; *K. Schmidt*, Gesellschaftsrecht, § 19 III 3 c) aa) (S. 558).

199 In diesem Sinne instruktiv *Lutter/Drygala*, FS Kropff, S. 191, 202 f.; vgl. auch *Lutter*, ZHR 153 (1989), 446 ff.

200 *Lutter/Leinekugel*, ZIP 1999, 261, 263; *Mülbert*, Aktiengesellschaft, S. 179; *Wolf*, ZIP 2002, 153, 154.

möglichst hohe Gegenleistung auszuhandeln.[201] Daher muß weder der Beschluß über die Vermögensübertragung nach § 179a AktG noch der Auflösungsbeschluß selbst in dem Maße informatorisch vorbereitet werden wie dies sonst bei Strukturänderungen zum Schutz von Minderheitsaktionären vorgeschrieben ist.[202] Ist der Erwerber jedoch ein Mehrheitsgesellschafter oder ein von diesem abhängiges Unternehmen (sog. Moto-Meter-Konstellation)[203] kann man mit guten Gründen im Anschluß an *Lutter/Drygala* eine analoge Anwendung des umwandlungsrechtlichen Minderheitenschutzes befürworten und so insbesondere einen Vorstandsbericht entsprechend der §§ 8, 127, 192 UmwG verlangen.[204] Aber auch wenn man einen solchen *sale of asset*-Squeeze Out neben dem inzwischen neu eingeführten Minderheitsausschluß gem. §§ 327a-f AktG für zulässig erachtet,[205] fehlt der darauf bezogenen Vorabinformation der unmittelbare Kompensationsbezug im hier verlangten Sinn. Die Gegenleistung der isoliert zu betrachtenden Vermögensübertragung steht schließlich der (noch) werbend tätigen Gesellschaft zu, nicht ihren Aktionären.[206] Die quantitative Information zur Unternehmensbewertung betrifft damit unmittelbar nur die Qualität des Übertragungsbeschlusses und nur mittelbar die Ermittlung des Liquidationserlöses;

---

201 *Mülbert*, Aktiengesellschaft, S. 179.

202 Vgl. *Lutter/Drygala*, FS Kropff, S. 191, 203.

203 Terminologie nach den Leitentscheidungen des OLG Stuttgart ZIP 1995, 1515, 1517 ff. ("Moto Meter I") und AG 1997, 136, 137 f. ("Moto Meter II"); s. dazu *Dreher/Neumann*, EWiR 1997, 197 f.; verfassungsrechtlich für unbedenklich gehalten von BVerfG ZIP 2000, 1670, 1670 ff. ("Moto Meter").

204 Grundlegend *Lutter/Drygala*, FS Kropff, S. 191, 193 ff., zur Vorabinformation insbes. S. 198, gegen das OLG Stuttgart ZIP 1995, 1515, 1517 ff. ("Moto Meter I") und AG 1997, 136, 137 f. ("Moto Meter II") sowie zuvor das LG Stuttgart ZIP 1993, 514, 514 ff. sowie DB 1993, 473, 473 f.; eine Revision dagegen wurde vom BGH mit Beschluß v. 5.12.1994 (II ZR 8/94, unveröffentlicht) abgelehnt.

205 Emmerich/*Habersack*, § 320 Rdn. 8; *Wolf*, ZIP 2002, 153, 154 spricht vom Squeeze Out der §§ 327a ff. als zusätzlicher Option; a.A. möglicherweise *Schnorbus*, S. 63.

206 Anders *Wiedemann* ZGR 1999, 857, 861, der Vermögensübertragung und Liquidation in einer Einheitsbetrachtung würdigt.

sie ist qualitätsrelevant quantitativ.[207] Diese Konstellation ist hier folglich nicht zu vertiefen.[208]

2. *Ratio kompensationsbezogener Information*

a) *Primärer Kontrollzweck*

Die vorstehende Eingrenzung läßt Zweifel daran aufkommen, ob die oben herausgearbeiteten allgemeinen Normzwecke des Informationssystems in der Aktiengesellschaft ohne weiteres auf kompensationsbezogene Berichtspflichten und Auskunftsrechte übertragen werden können.[209] Funktional betrachtet kommt kompensationsbezogener Information in erster Linie die Aufgabe zu, den desinteressierten Aktionären die ihnen unterbreiteten Kompensationsangebote zu plausibilisieren.[210] Da das positive Recht Ausgleich und Abfindung zwar teilweise nach Art und Weise ("Wie"), nie aber nach Höhe ("Ob") ins Belieben des Kompensationsschuldners stellt, besteht für die Kompensationshöhe eine normative, weil gesetzlich vorausgesetzte Soll-Größe, die letzten Endes ausschließlich im Spruchverfahren zu erkennen ist.[211] Jede Information über die Ermittlung der tatsächlich angebotenen Entschädigung, also der Ist-Größe, ermöglicht den Informationsadressaten einen Soll/Ist-Vergleich. Es ist damit vom Standpunkt der hier vertretenen Theorie vom in der Mitgliedschaft wurzelnden gesetzlichen Kompensationsschuldverhältnis nur folgerichtig, kompensationsbezogener In-

207 Die desinteressierten Aktionäre sind also auf die Anfechtung des Übertragungsbeschlusses angewiesen, wenn ein erheblicher Mangel dieser qualitätsrelevant quantitativen Information vorliegt. Die analoge Anwendung des Spruchverfahrens scheidet von vornherein aus. So i.E. auch *Krieger*, BB 2002, 53, 54; *Lutter/Drygala*, FS Kropff, S. 191, 215; LG Stuttgart, DB 1993, 473, 473 f.; a.A. *Wolf*, ZIP 2002, 153, 157 ff.; vgl. auch BayObLG ZIP 1998, 2002 ("Magna Media"). S. zur Behandlung der Rechtsfolgen allgemeiner Informationsmängel noch unten unter § 3 II.

208 Befürwortete man zur Ergänzung des Anspruchs auf Beteiligung am Liquidationserlös zudem einen ungeschriebenen Abfindungsanspruch gegen den Mehrheitsaktionär, etwa analog § 327b AktG, ergäben sich keine Unterschiede zu den dazu unten unter § 2 II 3 und §§ 6 ff. erfolgenden Ausführungen. S. zur Frage des ungeschriebenen Abfindungsanspruchs das ergebnisoffene Kurzreferat bei *Schnorbus*, S. 60 ff.

209 S. zu den allgemeinen Normzwecken von Berichtspflicht und Auskunftsrecht oben unter II 3 b).

210 Das wird noch ausf. unten unter § 2 darzustellen sein.

211 Dazu noch unten unter § 4 II 2.

formation einen primären Kontrollzweck auch normativ zuzuschreiben.[212] Die desinteressierten Aktionäre sollen sich darüber ein Bild verschaffen können, ob das ihnen unterbreitete Kompensationsangebot wirklich ihren gesetzlichen Entschädigungsanspruch umfassend ausfüllt. So verstanden löst kompensationsbezogene Information damit das Spannungsverhältnis auf, welches zwischen gesetzlichem Verpflichtungsgrund ("Ob") und vertraglicher Einkleidung ("Wie") von Ausgleich und Abfindung prinzipiell besteht.

Das muß selbst für Berichte gelten, die nach hier vertretener Ansicht als Grundlage einer (richterlichen Sach-) Kontrolle grundsätzlich außer Betracht bleiben können. Für kompensationsbezogene Berichtsteile verlangt nämlich bereits die Erwägung eine Ausnahme von der Regel des primären Entscheidungszwecks eines Berichts, derzufolge ein formal korrekter, umfassender Bericht einer Mehrheitsentscheidung in Situationen unternehmerischen Ermessens hinreichende Legitimationskraft verleiht. Dies trifft immer dann zu, wenn keine einzig richtige Alternative bereitsteht und die Funktionsgrenze der ohnehin sachferneren Gerichte damit überschritten ist.[213] Für Ausgleich und Abfindung steht aber sehr wohl ein einzig richtiger Umfang fest. Dieser läßt sich aus dem verfassungsrechtlich fundierten Gebot einer vermögensmäßig vollwertigen Entschädigung der Mitgliedschaftseinbuße ableiten und kann im Spruchverfahren allgemeinverbindlich erkannt werden.[214] Ob und in welcher Höhe eine Entschädigung angeboten wird, ist damit keineswegs in das unternehmerische Ermessen gestellt. Kompensationsbezogene Informationen in Berichten dienen damit ebenso wie entsprechende Auskünfte einem Kontrollzweck.

Soweit die Informationsadressaten meinen, im Soll/Ist-Vergleich wesentliche Abweichungen zu erkennen, können sie diese in einem Spruchverfahren korrigieren lassen oder sonstige sekundäre Rechtsbehelfe in Erwägung ziehen.[215] Wenn sie zur Überzeugung gelangen, daß Soll- und Ist-Größe wesentlich übereinstimmen, vertrauen sie auf die Gesetzmäßigkeit der angebotenen Entschädigung infolge der in Bericht und Auskunft dargelegten Angebotsermittlung. Zu beachten ist, daß die im letztgenannten Fall kompensationsbezogene Information freilich auch dem zum Kontrollzweck komplementären Vertrauenszweck dient.

---

212 Ähnlich *Mülbert*, FS Ulmer, S. 433, 446, der aus der Funktionsbestimmung seine kritische Rekonstruktion der MEZ/Aqua Butzke-Rechtsprechung herleitet; für den Squeeze Out ähnlich *H. Schmidt*, FS Ulmer, S. 543, 551 f.; ganz anders das Verständnis der Kontrollfunktion bei *Bayer*, Corporate Governance, S. 137, 150 f.; ebenso bereits *ders.*, VGR 1999, S. 35, 53; s. zum Meinungsstand noch ausf. unten unter § 8 II 2 b).

213 S. dazu schon oben unter II 3 b) aa) (1).

214 Dazu ausf. unten unter § 4 II.

215 Dazu ausf. unten unter § 4 II.

b) Entscheidungszweck?

aa) Kollektiver Entscheidungszweck bezüglich des "Ob" der Umstrukturierung?

Soweit über die Qualität des zur Entscheidung anstehenden Strukturwandels informiert werden muß, bleibt ein Kompensationsbezug der Information *ex definitione* außer Betracht.[216] Können kompensationsbezogene Berichtspflichten oder Auskunftsrechte also jenseits dieser definitorischen Grenze überhaupt noch präventiven Zwecken dienen, insbes. einen Entscheidungszweck und damit die Beeinflussung des "Ob" der Umstrukturierung intendieren? Aus rechtspraktischer Sicht wird man eine ähnliche Frage wohl bejahen können; nämlich die, ob kompensationsbezogene Informationen tatsächlich die Entscheidung mancher Informationsadressaten über das "Ob" der Strukturänderung beeinflussen. Das legt als erkenntnisleitend ein Hin-und-Her-Wandern des Blicks zwischen der Frage nach empirischer Entscheidungsrelevanz und normativem Entscheidungszweck von Kompensationsangebot einerseits und kompensationsbezogener Information andererseits nahe.[217]

Zunächst einmal kann die praktische Entscheidungsrelevanz der angebotenen Kompensation selbst nicht ernstlich bestritten werden. So würde beispielsweise eine Umfrage unter Kleinaktionären, ob sie ihre Zustimmung zu einer vorgeschlagenen Verschmelzung von der Höhe des angebotenen Umtauschverhältnisses abhängig machen, auf die Bejahung einer überwältigenden Mehrheit stoßen. Mit einem derartigen empirischen Befund wäre aber für die Beantwortung der normativen Ausgangsfrage nichts gewonnen. Wollte ein Aktionär etwa wegen eines zu niedrigen Umtauschverhältnisses gegen die Beschlußvorlage votieren, könnte er dadurch lediglich die Erfolgsaussichten der vorgeschlagenen Verschmelzung verringern, hätte also bestenfalls - wenn nämlich der Beschlußvorschlag von der Hauptversammlung nicht akzeptiert wird - seinen *status quo* gesichert, für den er vermögensmäßig aber ohnehin auch bei Erfolg der Beschlußvorlage vollwertig zu entschädigen ist; in der Praxis nicht selten durch Nachbesserung im Spruchverfahren - im Beispielsfall also im Wege der Barzuzahlung nach § 15 UmwG.[218] Entsprechend ist auch dem inneren System des Gesetzes ein Entscheidungszweck des Kompensationsangebots selbst fremd, wenn es Fälle der Kompensationsunterschreitung, also der zu niedrigen Entschädi-

---

216 S. zu diesen Abgrenzungen soeben unter 1.

217 Vgl. zum Unterschied zwischen normativer und empirischer Betrachtungsweise z.B. *Mülbert*, Generalbericht, S. 43, 48 einerseits und 49 f. andererseits.

218 Dazu ausf. unten unter § 2 I 1.

gung,[219] ganz generell - hier nach § 14 Abs. 2 UmwG - als Anfechtungsgründe ausschließt und damit das "Ob" der Umstrukturierung von der Kompensationsfrage gänzlich entkoppelt.[220]

Richtet sich daran anknüpfend der Blick wieder zurück auf die tatsächlichen Zusammenhänge, wird auch die Entscheidungsrelevanz kompensationsbezogener Information anzunehmen sein, wenngleich in gegenüber den Kompensationsangeboten selbst abgeschwächter Form.[221] So führt wahrscheinlich ein und dasselbe Umtauschverhältnis *ceteris paribus* bald zu mehr und bald zu weniger Zustimmung bei den Kleinaktionären, je nachdem, ob ihnen die darauf bezogenen Erläuterungen in Bericht und Auskunft nachvollziehbar erscheinen oder nicht. Das soeben dargestellte innere System des Gesetzes, demzufolge über die Beschlußvorlage unabhängig von dem Kompensationsangebot zu entscheiden ist, ließe sich indessen mit der Annahme eines Entscheidungszwecks kompensationsbezogener Informationen nicht vereinbaren.[222]

bb) Individueller Entscheidungszweck bezüglich der Optionen des desinteressierten Aktionärs?

Damit verbleibt die Frage nach einem enger verstandenen Entscheidungszweck, der sich nicht auf die Umstrukturierung selbst bezieht, sondern die Entscheidungsoptionen des desinteressierten Aktionärs in Blick nimmt. Von rechtstatsächlichen Erwägungen ausgehend könnte man nämlich vermuten, daß ein Aktionär die Entscheidung über seine Partizipation am Strukturwandel oder aber das Ausscheiden aus der Gesellschaft von den damit verbundenen unterschiedlichen Kompensationsangeboten, Ausgleich und Abfindung, sowie den darauf bezogenen Informationen abhängig macht.[223] Das innere System des Gesetzes reflektiert eine solche nur auf wertmäßigem Interesse basierende Entscheidungsalternative aber keineswegs. Bei Mehrheitseingliederung und Squeeze Out scheidet sie schon formal aus, weil nur ein Ausscheiden und damit die Abfindung der Minderheitsaktionäre in Betracht kommt. Soweit im Umwandlungsrecht eine Entscheidung über Partizipation oder Austritt eröffnet ist, knüpfen

219 Zur Systematisierung der Kompensationsmängel s. unten unter § 4 I.
220 Zu den Anfechtungsausschlußnormen s. noch unten unter § 4 II 2 c) und 3.
221 So auch *Vetter*, FS Wiedemann, S. 1323, 1333.
222 So ausdrücklich für den Squeeze Out-Bericht Geibel/Süßmann/*Grzimek*, WpÜG, § 327c Rdn. 4 a.E.
223 Daraus einen überschießenden Normzweck abfindungswertbezogener Information ableitend BGHZ 146, 179, 183 ("MEZ"); BGH NJW 2001, 1428, 1428 ("Aqua Butzke"); zustimmend *Bärwaldt*, GmbHR 2001, 251, 251 f.; insoweit ebenso Semler/Stengel/*Kalss*, UmwG, § 210 Rdn. 5; dazu ausf. unten unter § 8.

letzteres sowie die damit verbundene Abfindung an qualitative, nie quantitative Voraussetzungen an.[224] Entscheidend ist allerdings darüber hinaus, daß durch beide Kompensationsformen, Ausgleich und Abfindung, die teilweise oder vollständige Mitgliedschaftseinbuße wirtschaftlich voll entschädigt werden muß.[225] Anders gewendet können sich nach der Vorstellung des Gesetzes Ausgleich und Abfindung wertmäßig *ex praemissione* gar nicht unterscheiden. Soweit in den gesetzlichen Grenzen - insoweit trägt die vertragliche Komponente des "Wie" freilich den berechtigten Interessen des Kompensationsschuldners Rechnung -[226] etwa ein Abfindungsangebot angenommen wurde, später im Spruchverfahren aber für eine Nachbesserung erkannt wird, steht sogar dem vorher abgefundenen Aktionär nach ganz h.M. ein Ergänzungsanspruch zu.[227] Dies ist vom Boden der hier vertretenen These vom gesetzlichen Kompensationsschuldverhältnis nur folgerichtig. Die Entscheidung über Partizipation oder Austritt hat der Aktionär nach der gesetzlichen Wertung ausschließlich nach qualitativen Informationen - also ungeachtet der Ausgleichs- oder Abfindungsangebote - zu fällen.[228] Kompensationsbezogener Information kommt damit unter keinem denkbaren Gesichtspunkt ein (normativer) Entscheidungszweck zu.[229]

cc) Disziplinierungszweck

Die soeben konstatierte tatsächliche Entscheidungsrelevanz des Kompensationsangebots deutet auf einen Informationszweck hin, der oben bei den Informationsfunktionen, die sich nicht auf Entscheidungen beziehen, bereits angeklungen ist.[230] Eine über die Beschlußvorlage entscheidende Verwaltung der Gesell-

224 S. dazu ausf. unten unter § 2 I.
225 Verfassungsrechtlich wegweisend BVerfGE 14, 263, 284 ("Feldmühle"); BVerfGE 100, 289, 304 f. ("DAT/Altana").
226 S. oben unter I 1 a) aa).
227 Darauf in diesem Zusammenhang hinweisend *Witt*, WuB II N. § 210 UmwG 1.01 [S. 289 f.]; s. zu dieser ganz h.M. nur für das Umwandlungsrecht: Kallmeyer/*Meister/Klöcker*, UmwG, § 311 Rdn. 4; Widmann/Mayer/*Schwarz*, UmwG, § 311 Rdn. 22; referierend Lutter/*Krieger*, UmwG, § 311 Rdn. 3; für das Unternehmensvertragsrecht: *Emmerich*/Habersack, § 305 Rdn. 86; *Hüffer*, AktG, § 305 Rdn. 32; MünchKommAktG/*Bilda*, § 305 Rdn. 127; a.A. etwa KölnKomm/*Koppensteiner*, § 305 Rdn. 56.
228 Gleichsinnig *Henze*, ZIP 2002, 97, 105, 106; *ders.*, BB 2002, 893, 898.
229 Ähnlich *Henze*, ZIP 2002, 97, 105, 106; *ders.*, BB 2002, 893, 898; *Vetter*, FS Wiedemann, S. 1323, 1332 f.; *Witt*, WuB II N. § 210 UmwG 1.01 [S. 289 f.]; differenzierend *H. Schmidt*, FS Ulmer, S. 543, 551; a.A. BGHZ 146, 179, 183 ("MEZ"); BGH NJW 2001, 1428, 1428 ("Aqua Butzke"); *Bärwaldt*, GmbHR 2001, 251, 251 f.; s. dazu ausf. unten unter § 8.
230 S. oben unter II 3 a) bb).

schaft, die dem Beschlußorgan Hauptversammlung die Umstrukturierung unterbreitet, kann durch möglichst nachvollziehbare Erläuterungen über die Ermittlung des Kompensationsangebots die Wahrscheinlichkeit einer Hauptversammlungszustimmung erhöhen. Dies gilt umso mehr, je zahlreicher Kleinaktionäre - in aller Regel also desinteressierte Aktionäre - an der (Publikums-) Aktiengesellschaft beteiligt sind. Wollen Vorstand und Aufsichtsrat eine ins Auge gefaßte Strukturänderung nicht gefährden, haben sie nach diesem Wirkungszusammenhang einen Anreiz, ein möglichst vollwertiges Entschädigungsangebot des Kompensationsschuldners auszuhandeln und dessen Ermittlung zur Überzeugung der Aktionäre darzulegen. Kompensationsbezogener Information kommt damit ein Disziplinierungszweck mit je nach Fallgestaltung unterschiedlichem Gewicht zu.

IV. Zu untersuchende Konstellationen

Die vorstehenden Ausführungen haben ergeben, wie Kompensation und Information der desinteressierten Aktionäre zu verstehen ist und was kompensationsbezogene von sonstigen Informationen unterscheidet. So verbleibt noch die einzelnen Strukturänderungen zu nennen, welche Kompensationsansprüche auslösen (können) und damit kompensationsbezogene Information in Berichten und Auskünften verlangen. Aus dem Umwandlungsrecht betrifft dies die Verschmelzung (§§ 2 ff. UmwG), die Spaltung (§§ 123 ff. UmwG) sowie den Formwechsel (§§ 190 ff. UmwG).[231] Für das Aktienrecht bilden die Unternehmensverträge des § 291 Abs. 1 AktG (Beherrschungs- und Gewinnabführungsvertrag), die Eingliederung (§§ 319 ff. AktG) sowie der Squeeze Out (§§ 327a ff. AktG) den Gegenstand der weiteren Untersuchung.

V. Zum weiteren Gang der Untersuchung

In einem ersten Teil soll die rechtliche Ausgangslage bei Informations- und Kompensationsmängeln herausgearbeitet werden. Dabei sind zunächst die kompensationsbezogenen Berichtspflichten und Auskunftsrechte bei den soeben zusammengestellten Umstrukturierungen sowie ihre positivrechtliche Verankerung im europäischen und nationalen Recht zu beschreiben, um den mangelfreien

231 Die qualifizierten Fälle der Vermögensübertragung nach den §§ 174 ff. UmwG seien nicht besonders erwähnt, zumal bei Vollübertragung (§ 176 UmwG) ohnehin das zur Verschmelzung, bei Teilübertragung (§ 177 UmwG) das zur Spaltung Ausgeführte gilt.

Idealfall voranzustellen (§ 2). Sodann ist die rechtliche Behandlung von Mängeln gesondert für das System der Informationsrechte einerseits (§ 3) sowie dasjenige der Kompensationsansprüche andererseits (§ 4) zu analysieren. Dem sei jeweils eine Systematisierung der Informations- bzw. Kompensationsmängel vorangestellt (je I.). Abschließend sollen diese isolierten Analysen in einem Zwischenergebnis zusammengefaßt werden (§ 5).

Der zweite Teil der Arbeit unternimmt die Synthese. Ausgangspunkt ist die grundsätzliche Anfechtbarkeit des Strukturänderungsbeschlusses bei Informationsmängeln (§ 6). In einem ersten Abschnitt werden dabei die Lösungsansätze behandelt, welche die Anfechtungsklage modifizieren (§ 7). In einem zweiten Abschnitt soll die vom BGH entwickelte Lösung des partiellen Anfechtungsausschlusses kritisch beleuchtet werden (§ 8). Schließlich ist in einem dritten Abschnitt ein eigener Lösungsvorschlag vorzutragen (§ 9).

Zum Schluß der Arbeit werden in § 10 die wesentlichen Ergebnisse der Untersuchung in Thesen zusammengefaßt.

1. Teil: Analyse der Ausgangslage – Kompensationsbezogene Informationsrechte, Informationsmängel und Kompensationsmängel in der Aktiengesellschaft

§ 2 Die Kompensationsansprüche und darauf bezogenen Berichtspflichten sowie Auskunftsrechte im einzelnen

Ausgangspunkt einer gesonderten Analyse der rechtlichen Ausgangslage mit Blick auf Informationsmängel einerseits und Kompensationsmängel andererseits muß eine knappe Beschreibung des gesetzlichen Systems der Kompensationsansprüche und der darauf bezogenen Berichtspflichten und Auskunftsrechte bei den einzelnen Umstrukturierungen bilden. Dabei sind entsprechend der im vorigen Kapitel getroffenen Prämissen jeweils die Voraussetzungen und Parteien des Kompensationsschuldverhältnisses festzulegen und die Kompensationsansprüche näher zu qualifizieren. Auch die darauf bezogenen Informationsvorgaben sollen skizzenhaft dargelegt und dogmatisch eingegrenzt werden, um den mangelfreien Idealfall kompensationsbezogener Information voranzustellen.[232]

I. Kompensationsbezogene Berichtspflichten nach dem UmwG

1. Verschmelzungsbericht und Spaltungsbericht

a) Richtlinien-angeglichenes (allgemeines) Verschmelzungs- und Spaltungsrecht

Das Verschmelzungs- und Spaltungsrecht im neuen UmwG beruht auf einer eigenständigen Kodifizierungsentscheidung des nationalen Gesetzgebers,[233] setzt aber zugleich gemeinschaftsrechtliche Richtlinien um und stellt damit europäisiertes Gesellschaftsrecht dar. 1982 wurde die auf Art. 44 Abs. 2 lit. g EG[234] gestützte Dritte gesellschaftsrechtliche Richtlinie aus dem Jahre 1978 (Fusions-

---

232 Zur möglichen Tatbestandsreduktion für das Sonderrecht der börsennotierten Aktiengesellschaft s. andeutungsweise § 9 I 1 c) mit Fn. 975.

233 Vgl. Lutter/*Lutter*, UmwG, Einl. Rdn. 20.

234 Zitierweise gem. EuGH Slg. 1999, Heft 5, I.

richlinie; nachfolgend als "FusionsRL" bezeichnet)[235] betreffend die Verschmelzung von Aktiengesellschaften in den §§ 339 - 353 AktG a.F. umgesetzt.[236] Die 1982 erlassene, ebenfalls auf Art. 44 Abs. 2 lit. g EG gestützte Sechste gesellschaftsrechtliche Richtlinie (Spaltungsrichtlinie; nachfolgend als "SpaltungsRL" bezeichnet)[237] sollte die Umgehung der in der FusionsRL verankerten Schutzstandards verhindern,[238] mußte in Deutschland in Ermangelung des Instituts der Spaltung vor der zunächst partiellen Einführung bei den von der Treuhandanstalt verwalteten Unternehmen im Jahre 1991[239] aber nicht umgesetzt werden. Das zum 1.1.1995 in Kraft getretene neue UmwG von 1994 leistet eine Kodifikation, die weit über die Richtlinienvorgaben hinausgeht und auch den Formwechsel sowie die Beteiligung von Rechtsträgern weiterer Gesellschaftsformen umfaßt. Bezieht sich seine Anwendung jedoch auf die Verschmelzung oder Spaltung, an der ausschließlich Aktiengesellschaften beteiligt sind, nämlich als übertragender sowie übernehmender Rechtsträger, so ist damit der Umsetzungsbefehl der Richtlinien unmittelbar betroffen, vgl. Art. 1 Abs. 1 FusionsRL (in Verbindung mit Art. 1 Abs. 1 SpaltungsRL). Auch wenn die Artt. 2 Abs. 1, 21 Abs. 1 SpaltungsRL nur eine Aufspaltung im Sinne der §§ 1 Abs. 1 Nr. 2, 123 Abs. 1 UmwG nennen, liegen ausweislich Art. 25 SpaltungsRL auch Vorgänge im Anwendungsbereich der Richtlinie, bei denen die gespaltene Gesellschaft nicht aufhört zu bestehen. Damit sind auch die Abspaltung (§ 123 Abs. 2 UmwG) und die Ausgliederung (§ 123 Abs. 3 UmwG), bei denen nur einzelne Vermögensteile auf den neuen oder übernehmenden Rechtsträger übertragen werden können, an den Richtlinienvorgaben auszurichten.[240] Indem das UmwG insgesamt erheblich über den Umsetzungsbefehl der Richtlinien hinausgeht, stellt es zwar eine komplexe Gemengelage rein nationalen und angeglichenen Rechts dar. Doch der Gesetzgeber hat durch die verweisende Regelungstechnik für das Verschmelzungs- und Spaltungsrecht zum Ausdruck gebracht, daß die nicht-rechtsformspezi-

---

235 Dritte Richtlinie des Rates vom 9. Oktober 1978 (78/855/EWG), ABl. Nr. L 295 vom 20.10.1978, S. 36; abgedruckt bei *Habersack*, Europäisches Gesellschaftsrecht, Rdn. 258; *Schwarz*, Textsammlung, Sig. 3.

236 Vgl. Verschmelzungsrichtlinie-Gesetz vom 25. Oktober 1982, BGBl. I 1982, S. 1425.

237 Sechste Richtlinie des Rates vom 17. Dezember 1982 (82/891/EWG), ABl Nr. L 378 vom 31.12.1982, S. 47; abgedruckt bei *Habersack*, Europäisches Gesellschaftsrecht, Rdn. 259; *Schwarz*, Textsammlung, Sig. 6.

238 *Habersack*, Europäisches Gesellschaftsrecht, Rdn. 234 f.; *Lutter*, Europäisches Unternehmensrecht, S 196; *Schwarz*, Europäisches Gesellschaftsrecht, Rdn. 674.

239 Gesetz über die Spaltung der von der Treuhandanstalt verwalteten Unternehmen (SpTrUG) vom 5. April 1991, BGBl. I S. 854.

240 *Schwarz*, Europäisches Gesellschaftsrecht, Rdn. 680; i.E. ebenso *Habersack*, Europäisches Gesellschaftsrecht, Rdn. 245-247.

fischen allgemeinen Vorschriften dort auch dann wie Richtlinien-angeglichenes Recht auszulegen sind, wenn andere Rechtsträger als Aktiengesellschaften (vgl. § 3 UmwG) verschmolzen oder gespalten werden.[241] Für einen hier relevanten Umwandlungsvorgang, an dem eine Nicht-Aktiengesellschaft als übernehmender Rechtsträger beteiligt ist, setzen diese nicht-rechtsformspezifischen Regelungsbereiche des UmwG die Richtlinie überschießend um und sind also auszulegen wie bei der ausschließlichen Beteiligung von Aktiengesellschaften. Das allgemeine Verschmelzungs- und Spaltungsrecht des UmwG ist damit prinzipiell richtlinienkonform auszulegen, fakultativ auch durch den EuGH.[242] Diesem Befund soll die nachfolgende Beschreibung des verschmelzungs- und spaltungsrechtlichen Gesetzessystems der Kompensationsansprüche und darauf bezogenen Informationsrechte Rechnung tragen.

b) Ausgleichsbezogene Information im Verschmelzungs- und Spaltungsbericht

aa) Verschmelzungs- und spaltungsrechtliche Ausgleichsansprüche

Durch die Verschmelzung geht nach §§ 2, 20 Nr. 1 UmwG das Vermögen des übertragenden Rechtsträgers, für vorliegende Zwecke also der Aktiengesellschaft, als Ganzes auf einen übernehmenden oder neuen Rechtsträger über. In letzter Konsequenz führt die perfekte Verschmelzung zum Erlöschen der über-

241 So ausdrücklich *Habersack*, Europäisches Gesellschaftsrecht, Rdn. 211 (Verschmelzung), 236 (Spaltung), 247; dies konzediert trotz abw. Ergebnisses zunächst auch *Schnorbus*, WM 2000, 2321, 2324 f.; ähnlich Widmann/Mayer/ *Schwarz*, UmwG, Einf UmwG Rdn. 8.3 a.E.; eher ablehnend hingegen *Schwarz*, Europäisches Gesellschaftsrecht, Rdn. 641 mit Fn. 778 (Verschmelzung) und 677 (Spaltung), der darauf hinweist, der Gesetzgeber habe lediglich Vorschlägen aus der Unternehmenspraxis Rechnung tragen, nicht jedoch eine Gleichbehandlung mit direkten Richlinienumsetzungen herbeiführen wollen. Dies hätte er auch durch Parallelisierung der Normen i.S.e. nachrichtlichen Übernahme wie im Falle des Formwechsels bewerkstelligen können. Augenfällig ist gerade im Unterschied dazu die Verweisungstechnik i.S.e. "Vor-Die-Klammer-Ziehens" (insoweit von Verweisungsanalogien sprechend *Canaris*, Lücken, S. 24). Diesem systematisch-teleologischen Befund steht das zusätzliche Motiv keineswegs entgegen, auch die Vorschläge aus der Unternehmenspraxis zu berücksichtigen. S. auch unten unter 2 a).

242 Eine Vorlagebefugnis nimmt neuerdings jedenfalls der BGH ZIP 2002, 1075 an; zum hier nicht zu vertiefenden Meinungsstand bei überschießender Richtlinienumsetzung s. *Habersack*, Europäisches Gesellschaftsrecht, Rdn. 39a sowie *ders./Mayer*, JZ 1999, 913, 914 f.; methodisch grundlegend zur richtlinienkonformen Auslegung neuerdings *Canaris*, FS Bydlinski, S. 47, 52 ff.; s. zuvor bereits *Lutter*, JZ 1992, 593, insbes. 604 ff., *ders.*, FS Everling, S. 765; prägnant Lutter/*ders.*, UmwG, Einl. Rdn. 21 ff.

tragenden Aktiengesellschaft[243]; das stellt § 20 Nr. 2 UmwG klar. Die Aktionäre gehen damit ihrer Mitgliedschaften verlustig. Für diese vollständige Mitgliedschaftseinbuße werden sie in erster Linie durch die Anteile am übernehmenden oder neuen Rechtsträger entschädigt, die ihrer bisherigen Beteiligung wertmäßig entsprechen. Dieser primäre Ausgleichsanspruch ist in Artt. 5 Abs. 2 lit. b, 23 Abs. 1 FusionsRL, §§ 5 Abs. 1 Nr. 3, 36 Abs. 1 Satz 1 UmwG in Form des Umtauschverhältnisses als einer wesentlichen Mindestvoraussetzung des Verschmelzungsvorhabens verankert. Da die von Art. 14 GG geschützte alte Mitgliedschaft sein Geltungsgrund ist, sind bei idealtypisch angemessenem Umtauschverhältnis die neuen Anteile wertmäßig mit der alten Beteiligung identisch.[244] Nur wenn ausnahmsweise alle Aktionäre auf volle Kompensation verzichten oder von vornherein keine Minderheitsaktionäre vorhanden sind, kann einmal eine sog. nichtverhältniswahrende Verschmelzung in Betracht kommen.[245] Da aber auch bei der verhältniswahrenden Verschmelzung ein einzig richtiges Umtauschverhältnis schwerlich festzulegen ist,[246] stellt § 15 (in Verbindung mit § 36 Abs. 1 Satz 1) UmwG einen Anspruch auf Barzuzahlung bereit, die auch schon in Art. 5 Abs. 2 lit. b FusionsRL und § 5 Abs. 1 Nr. 3 UmwG als zum Umtauschangebot ergänzende Möglichkeit zur angemessenen Kompensation vorgesehen ist. Wiewohl die Barzuzahlung nach legislatorischer Vorstellung dazu dienen soll, durch einen Spitzenausgleich in Geld ein handhabbares Umtauschverhältnis zu schaffen,[247] besteht auch darüber hinaus stets ein solcher sekundärer Ausgleichsanspruch auf Barzuzahlung, wenn die Aktio-

---

243 Soweit nicht näher ausgeführt, sei nachfolgend mit "Aktiengesellschaft" nur der übertragende Rechtsträger in Bezug genommen.

244 Besonders eindringlich Schmitt/Hörtnagl/*Stratz*, UmwG, § 5 Rdn. 6 (Aus Art. 14 GG folgendes Idealbild: "Nullsummenspiel") und § 15 Rdn. 5; leicht mißverständlich insoweit Kallmeyer/*Marsch-Barner*, UmwG, § 5 Rdn. 7, der auf den Gleichbehandlungsgrundsatz (vgl. § 53a AktG) der Anteilsinhaber der übertragenden Gesellschaft untereinander sowie den Anteilsinhabern der übernehmenden Gesellschaft gegenüber abstellt.

245 Str.; zust. insbes. Lutter/*Lutter*, UmwG, § 5 Rdn. 18 a.E. (unter Hinweis auf §§ 8 Abs. 3, 9 Abs. 3 und 15 UmwG); ebenso Schmitt/Hörtnagl/*Stratz*, UmwG, § 5 Rdn. 6; abl. bspw. Widmann/*Mayer*, UmwG, § 5 Rdn. 20, der vom Dogma der Anteilsgewährpflicht spricht; dieses Dogma ist mit *Stratz*, ebenda, insoweit zu befürworten als ein Anteilstausch als Wesensmerkmal der Verschmelzung unabdingbar ist; das läßt aber die freiwillige Veränderbarkeit seiner Wertrelationen unberührt; s. dazu sogleich.

246 Illustrativ vom "prinzipiell [D]elikateste[n]" spricht insoweit *Priester*, DNotZ 1995, 427, 438; ähnlich Lutter/*Lutter*, UmwG, § 5 Rdn. 18.

247 Kallmeyer/*Marsch-Barner*, UmwG, § 3 Rdn. 13; Schmitt/Hörtnagl/*Stratz*, UmwG, § 5 Rdn. 28.

näre durch die neu erhaltenen Anteile nicht voll kompensiert wurden.[248] Da die Barzuzahlung zur Praktikabilisierung des Umtauschverhältnisses regelmäßig schon im Verschmelzungsvertrag festgesetzt zu werden pflegt, wird letzteres sogar der Hauptanwendungsfall von § 15 Abs. 1 UmwG sein.[249] Dem entsprechend ist seine Voraussetzung lediglich die Unangemessenheit des Umtauschverhältnisses (einschließlich einer etwaig im Verschmelzungsvertrag bereits festgelegten Barzuzahlung). Kein materielles Erfordernis ist nämlich trotz entsprechender Gesetzesformulierung der Ausschluß der Anfechtungsklage nach § 14 Abs. 2 UmwG, weil er seinerseits die Unangemessenheit des Umtauschverhältnisses voraussetzt.[250] Zudem ist in diesem Fall jeder Aktionär der übertragenden Aktiengesellschaft anspruchsberechtigt, einerlei ob er Widerspruch erhoben oder seine Zustimmung zum Verschmelzungsbeschluß verweigert hat. Aus dem primären wie sekundären Ausgleichsanspruch ist der übernehmende oder neue Rechtsträger verpflichtet. Die Verschmelzung steht und fällt mit der Festlegung des Umtauschverhältnisses im Verschmelzungsvertrag;[251] der primäre Anspruch auf die der bisherigen Mitgliedschaft wertmäßig entsprechende Beteiligung am übernehmenden oder neuen Rechtsträger ist mithin essentieller Ausgleichsanspruch.[252] Zwar ist der sekundäre Anspruch auf Barzuzahlung damit unmittelbar verknüpft. Die vorherige Festlegung einer Zuzahlung ist aber nicht für die Verschmelzung wesensnotwendig, wenngleich § 5 Abs. 1 Nr. 3 die Barzuzahlung bei unangemessener Umtauschrelation als Mindestvoraussetzung des Verschmelzungsvertrags darstellt.[253] Der Zuzahlungsanspruch läßt die Verschmelzung als solche nämlich unberührt und besteht als Ausfluß der bisherigen Mitgliedschaft ungeachtet der Tatsache, ob er im Vertrag festgelegt ist oder nicht. Letzterenfalls konkretisiert ihn § 15 UmwG lediglich. Der sekundäre Ausgleichsanspruch auf Barzuzahlung ist damit akzidentiell.

---

248 Ähnlich Lutter/*Lutter*, UmwG, § 5 Rdn. 17; Kallmeyer/*Marsch-Barner*, UmwG, § 5 Rdn. 22.

249 Im übrigen ist zum Spitzenausgleich im Verschmelzungsvertrag anders als bei der richterlichen Zuzahlungsfestlegung (§ 15 Abs. 1 a.E. UmwG) zu beachten, daß dieser 10% des Wertes der zu gewährenden Anteile nicht übersteigen darf (§§ 54 Abs. 4, 68 Abs. 3, 78, 87 Abs. 2 Satz 2 UmwG).

250 So treffend Kallmeyer/*Marsch-Barner*, UmwG, § 15 Rdn. 4; mißverständlich insoweit Widmann/Mayer/*Heckschen*, UmwG, § 15 Rdn. 8.

251 Kallmeyer/*Marsch-Barner*, UmwG, § 3 Rdn. 12 ("begriffsnotwendig"); Schmitt/Hörtnagl/*Stratz*, UmwG, § 5 Rdn. 6 ("Wesensmerkmal"); Widmann/*Mayer*, UmwG, § 5 Rdn. 20 ("Dogma der Anteilsgewährungspflicht").

252 Vgl. grundlegend *Hoffmann-Becking*, GesR 2001, S. 55, 63 f. (Umtausch als Essentiale der Verschmelzung).

253 A.A. möglicherweise Kallmeyer/*Marsch-Barner*, UmwG, § 3 Rdn. 13: "...[Außer zum Spitzenausgleich] dürfen weder Geld noch Sachwerte gewährt werden".

Die Auf- und Abspaltung im Sinne des § 123 Abs. 1 und 2 UmwG ist rechtstechnisch der Verschmelzung vergleichbar, weil dabei die Aktiengesellschaft ihr Vermögen ganz oder teilweise auf andere Rechtsträger überträgt, an denen die (bisherigen) Aktionäre nun entsprechend ihrer Mitgliedschaftseinbuße zu beteiligen sind. Dem entsprechend sehen Artt. 3 Abs. 2 lit. b, 22 Abs. 1 SpaltungsRL - inhaltsgleich den in der FusionsRL festgelegten Mindestvorgaben für das Spaltungsvorhaben - die Festlegung des Umtauschverhältnisses und gegebenenfalls der Höhe der Barzuzahlung vor. §§ 125 Satz 1, 135 Abs. 1 UmwG verweisen folgerichtig auch auf die §§ 5 Abs. 1 Nr. 3, 15 UmwG. Die Beteiligung an den neuen oder übernehmenden Rechtsträgern stellt damit auch im Spaltungsrecht den primären und essentiellen, die Barzuzahlung den sekundären und akzidentiellen Ausgleichsanspruch dar.

Lediglich die Ausgliederung (§ 123 Abs. 3 UmwG) kann hier außer Betracht bleiben, weil durch sie kein Anteilstausch stattfindet und damit keine unmittelbaren Kompensationsansprüche bereitgestellt werden.[254] Informationen im Ausgliederungsbericht zur Bewertung des Ausgliederungsvorhabens sind daher von vornherein stets qualitätsrelevant quantitativ also keineswegs spezifisch im Sinne dieser Untersuchung.

bb) Ausgleichsbezogene Informationsvorgaben

In Umsetzung von Artt. 9 Abs. 1, 23 Abs. 1 FusionsRL verlangen §§ 8 Abs. 1 Satz 1, 36 Abs. 1 Satz 1 UmwG im Vorfeld des Hauptversammlungsbeschlusses über die Verschmelzung einen "ausführlichen schriftlichen Bericht". Die Parallele zum Bezugsrechtsausschluß, der gem. Art. 29 Abs. 4 Zweite gesellschaftsrechtliche (Kapital-) Richtlinie[255], § 186 Abs. 4 Satz 2 AktG nur schlicht einen "schriftlichen Bericht" voraussetzt, zeigt schon bei grammatikalischer Interpretation, daß dieses Leitbild der Berichtspflicht nur einen Minimalstandard für den Verschmelzungsbericht darstellt.[256] Wie dort soll aber die Hauptversammlung auch hier aufgrund ausreichender Information einen möglichst "richtigen" Beschluß über die Verschmelzung fassen; im Vordergrund steht also der Entscheidungszweck.[257] Dies gilt nach hier vertretener Ansicht freilich nur für die quali-

254 Lutter/*Teichmann*, UmwG, § 125 Rdn. 10; Schmitt/*Hörtnagl*/Stratz, UmwG, § 125 Rdn. 15.

255 Zweite gesellschaftsrechtliche Richtlinie des Rates (Kapitalrichtlinie) v. 13.12.1976 (77/91/EWG), ABl. 1977, Nr. L 26/1; abgedruckt bei *Habersack*, Europäisches Gesellschaftsrecht, Rdn. 206; *Schwarz*, Textsammlung, Sig. 2.

256 Darauf hinweisend *Bayer*, AG 1988, 323, 327.

257 *Habersack*, Europäisches Gesellschaftsrecht, Rdn. 222; Lutter/*Lutter*, UmwG, § 8 Rdn. 5, 14, 19 a.E.; *Schwarz*, Europäisches Gesellschaftsrecht, Rdn. 646; Wid-

tative, nicht indes für die kompensationsbezogene Information, die eine Plausibilisierung und damit die Kontrolle der sowie das Vertrauen in die angebotene Entschädigung fördern soll.[258]

Nach Art. 9 Abs. 1 FusionsRL, § 8 Abs. 1 Satz 1 UmwG muß "insbesondere das Umtauschverhältnis [...] rechtlich und wirtschaftlich erläutert und begründet werden [...]". Dreh- und Angelpunkt der Umtauschrelation ist dabei die Bewertung der an der Verschmelzung beteiligten Unternehmungen. Bei Beteiligung verbundener Unternehmen kann § 8 Abs. 1 Satz 3 UmwG entnommen werden, daß auch die Unternehmenswerte "wesentlicher" Tochtergesellschaften gesondert zu erläutern sind.[259] Der Stichtag, an dem die Bewertung erfolgt ist, muß angegeben werden und für jeden Rechtsträger übereinstimmen.[260] Auch die Vergleichbarkeit der Bewertungsmethoden ist darzulegen, wobei jeweils nur die Anwendung der Ertragswertmethode nicht begründungspflichtig ist.[261] Ergibt sich aber aus den Erläuterungen im Bericht, daß die angewendete Bewertungsmethode betriebswirtschaftlich nicht zu beanstanden ist, darf freilich auch eine andere Methode herangezogen werden; das folgt schon aus der Methodenneutralität des gesetzlichen Regelwerks, die § 12 Abs. 1 Satz 2 Nr. 1 und 2 UmwG klarstellt.[262] Jede konkrete Offenlegung der Wertermittlung muß für die Aktionäre eine Plausibilisierung darstellen, ihnen jedoch nicht die genaue Nachrechnung ermöglichen.[263] Bei der Ertragswertmethode kommt es dabei neben der

---

mann/*Mayer*, UmwG, § 8 Rdn. 9; Kallmeyer/*Marsch-Barner*, UmwG, § 8 Rdn. 1; Schmitt/Hörtnagl/*Stratz*, UmwG, § 8 Rdn. 4; BGH WM 1990, 2073, 2074; BGHZ 107, 296, 304 ff. ("Koch's Adler"); vgl. zur "Richtigkeitsgewähr" der Willensbildung durch Hauptversammlungsbeschlüsse instruktiv *Habersack*, AcP 189 (1989), 403 ff.

258 Dazu schon oben unter § 1 III 2.

259 So Lutter/*Lutter*, UmwG, § 8 Rdn. 41, mit dem Vorschlag, die "Wesentlichkeit" der Beteiligung an der Wesentlichkeitsschwelle i.S.d. Holzmüller-Rspr. festzumachen.

260 Lutter/*Lutter*, UmwG, § 8 Rdn. 28 und § 5 Rdn. 21 m. w. Nachw.; vgl. zur Problematik des richtigen Stichtags ausf. *Hoffmann-Becking*, FS Fleck, S. 105, 114 f.

261 So die h.M.; s. etwa Lutter/*Lutter*, UmwG, § 8 Rdn. 21 m. w. Nachw.; a.A. Sagasser/Bula/Brünger/*Sagasser/Ködderitzsch*, Umwandlungen, Kap. J Rdn. 88.

262 So die Begründung des Regierungsentwurfs, BR Drucks. 75/74, S. 95; BGHZ 71, 40, 51; BGHZ 116, 359, 371; BGH DB 1993, 1615, 1616; OLG Zweibrücken WM 1995, 980, 981; vgl. auch Lutter/*Lutter*, UmwG, § 5 Rdn. 23 ff.
Auf die der Methodenneutralität zugänglichen Bewertungsmethoden ist in diesem Beitrag aber nicht einzugehen; mithin auch nicht auf die Frage, ob Verbundvorteile bei Kompensationsansprüchen zu berücksichtigen sind; dazu ausf. *S. Götz*, Verbundvorteile bei der Verschmelzung börsennotierter Aktiengesellschaften, Diss. Mainz (erscheint demnächst).

263 Kallmeyer/*Marsch-Barner*, UmwG, § 8 Rdn. 6; Schmitt/Hörtnagl/*Stratz*, UmwG, § 8 Rdn. 10; *Keil*, S. 76; *Mertens*, AG 1990, 20, 28; OLG Karlsruhe WM 1989,

Bewertung nicht-betriebsnotwendiger Vermögensgegenstände auf eine Kapitalwertberechnung, also eine Prognoseentscheidung sowohl mit Blick auf die künftigen Einnahmenüberschüsse als auch auf den Risikoanteil des herangezogenen Diskontierungszinssatzes an.[264] Interne Planzahlen können so zusammengefaßt werden, daß das in § 8 Abs. 2 UmwG normierte Geheimhaltungsinteresse gewahrt bleibt.[265] Diese Informationsbegrenzung im UmwG ist nicht etwa richtlinienkonform restriktiv auszulegen,[266] weil die auch geheimhaltungsbedürftige Wertermittlungsdetails umfassende Verschmelzungsprüfung gem. §§ 9 ff. UmwG mit Art. 10 FusionsRL eine in der Richtlinie verankerte Flankierung etwaiger Unschärfen des Berichts bereitstellt. Damit eröffnet sie nämlich die Möglichkeit, auf die einer unbegrenzten Offenlegung gegenläufigen Vertraulichkeitsinteressen der beteiligten Unternehmen Rücksicht zu nehmen.[267] Schließlich ist gem. Art. 9 Abs. 2 FusionsRL, § 8 Abs. 1 Satz 2 UmwG "[a]uf besondere Schwierigkeiten bei der Bewertung [...] hinzuweisen". Darunter werden regelmäßig Einschätzungsunsicherheiten im Rahmen der Zukunftsprognose verstanden.[268]

Ähnlich dem Verschmelzungsbericht sind nach Artt. 7 Abs. 1 und 2, 22 Abs. 1 SpaltungsRL, §§ 127, 135 Abs. 1 UmwG auch die ausgleichsbezogenen Informationsvorgaben für den Spaltungsbericht ausgestaltet. Soweit die Anteile am übernehmenden oder neuen Rechtsträger im Verhältnis der bisherigen Beteiligungen auf die Aktionäre der übertragenden Aktiengesellschaft verteilt werden (sog. verhältniswahrende Auf- oder Abspaltung), wird das Wertverhältnis der Mitgliedschaften untereinander lediglich fortgeschrieben. Es bedarf dann weder einer Unternehmensbewertung noch muß die Anteilsaufteilung näher erläutert werden.[269] Gem. § 128 UmwG ist aber auch eine nichtverhältniswahrende Auf- oder Abspaltung zulässig, etwa wenn die Anteilsinhaber des übertragenden Rechtsträgers zu den Aktionären der übernehmenden Gesellschaft hinzutreten. In einem solchen Fall sind sowohl das Umtauschverhältnis als auch der Maßstab

---

1134, 1138; OLG Hamm DB 1989, 1616, 1617; LG Frankenthal WM 1989, 1854, 1857.

264 S. dazu i.e. die Grundsätze zur Durchführung von Unternehmensbewertungen des Instituts der Wirtschaftsprüfer (IDW), niedergelegt in Standard S 1, IDW-Fachnachrichten 2000, 415.

265 Dazu ausf. Widmann/*Mayer*, UmwG, § 8 Rdn. 12, 47 ff. m. w. Nachw.

266 So aber *Habersack*, Europäisches Gesellschaftsrecht, Rdn. 230 a.E.; ähnlich Lutter/*Lutter*, UmwG, § 127 Rdn. 46.

267 I.E. ebenso Widmann/*Mayer*, UmwG, § 8 Rdn. 12, 47 ff.; Kallmeyer/*Marsch-Barner*, UmwG, § 8 Rdn. 30 ff.; Schmitt/Hörtnagl/*Stratz*, UmwG, § 8 Rdn. 23 ff.

268 Dazu ausf. *Engelmeyer*, S. 84 m. w. Nachw.

269 Lutter/*Hommelhoff*, UmwG, § 127 Rdn. 29; Schmitt/*Hörtnagl*/Stratz, UmwG, § 125 Rdn. 5; Kallmeyer/*Kallmeyer*, UmwG, § 127 Rdn. 7.

für die Aufteilung der neuen Anteile ausführlich zu erläutern, was eine Darlegung der Unternehmensbewertung in einem sog. Bewertungsbericht entsprechend den Anforderungen für den Verschmelzungsbericht erforderlich macht.[270]

c) *Abfindungsbezogene Information im Verschmelzungs- und Spaltungsbericht*

aa) *Verschmelzungs- und spaltungsrechtliche Abfindungsansprüche*

Jenseits der in der FusionsRL festgesetzten Vorgaben sieht das Verschmelzungsrecht des UmwG mit §§ 29 Abs. 1, 36 Abs. 1 UmwG auch das Ausscheiden von Minderheitsaktionären gegen Abfindung vor. Anders als beim Ausgleich knüpfen sich daran aber sowohl eine materielle als auch eine formelle Anforderung. In materieller Hinsicht verlangt § 29 Abs. 1 UmwG alternativ die Bindung der neuen Beteiligung an Verfügungsbeschränkungen (Satz 2) oder die Übertragung des Vermögens auf einen neuen oder aufnehmenden Rechtsträger, der nicht Aktiengesellschaft oder KGaA ist (Satz 1). Im letzteren Fall einer sog. Mischverschmelzung kommt die legislatorische Vorstellung zum Ausdruck, daß der Wechsel der Rechtsform für die Aktionäre einen derart tiefen Eingriff in die mitgliedschaftliche Herrschaftsmacht darstellt, daß sie sich kategorisch gegen jede weitere Partizipation am Schicksal ihrer Gesellschaft entscheiden können müssen.[271] Um andererseits aber auch den übernehmenden Rechtsträger als Kompensationsschuldner nicht im Ungewissen zu lassen, statuiert die Norm als formelle Voraussetzung, daß nur diejenigen Aktionäre anspruchsberechtigt sind, welche gegen den Verschmelzungsbeschluß der übertragenden Aktiengesellschaft ihren Widerspruch zur Niederschrift erklärt haben.[272] Zwar ist der Abfindungsanspruch als Vereinbarung ausgestaltet und setzt voraus, daß jeder anspruchsberechtigte Aktionär das Abfindungsangebot nach § 31 UmwG fristgemäß angenommen hat. Auch ist der übernehmende Rechtsträger zu dessen Abgabe nach § 29 Abs. 1 UmwG verpflichtet; ohne Abfindungsangebot wird der Registerrichter die Verschmelzung regelmäßig nicht eintragen; auch kommt es auf einen Widerspruch wegen des möglichen Einberufungsfehlers gem. § 29 Abs. 2 UmwG nicht an.[273] Gleichwohl geht die zweite Alternative des § 32 UmwG von einem wirksamen Verschmelzungsbeschluß trotz fehlenden Abfin-

---

270 Dazu statt aller Kallmeyer/*Kallmeyer*, UmwG, § 127 Rdn. 8 m. w. Nachw.

271 S. nur Kallmeyer/*Marsch-Barner*, UmwG, § 29 Rdn. 2.

272 Vgl. zu diesem Erfordernis ausf. *Hoffmann-Becking*, ZGR 1990, 482, 487 f. m. w. Nachw.

273 Lutter/*Grunewald*, UmwG, § 29 Rdn. 21; Widmann/Mayer/*Vollrath*, UmwG, § 29 Rdn. 44.

dungsangebots aus. Wesensnotwendig ist das Angebot für die Verschmelzung folglich nicht. Ein Anspruch auf angemessene Abfindung besteht als akzidentieller Kompensationsanspruch ohnedies.[274] Die Ausgestaltung als Vertrag stellt lediglich eine rechtstechnische Umsetzung dar, läßt den gesetzlichen Verpflichtungsgrund des Kompensationsanspruchs, der in der Mitgliedschaft wurzelt, aber unberührt.[275] Die notwendigen Willenserklärungen können vom berechtigten Aktionär somit notfalls eingeklagt und nach § 894 ZPO vollstreckt werden.[276]

Artt. 5 Abs. 2, 22 Abs. 1 SpaltungsRL sehen bei der nichtverhältniswahrenden Auf- und Abspaltung die Möglichkeit einer Barabfindung ausscheidender Aktionäre vor. Da das UmwG in § 128 für Veränderungen des Aufteilungsmaßstabs aber ohnehin die Zustimmung aller Aktionäre verlangt, besteht ein Bedarf für Minderheitenschutz durch die Gewährung von Abfindungsansprüchen nur für die verhältniswahrende Auf- und Abspaltung.[277] Entsprechend stellen die §§ 125 Abs. 1, 135 Abs. 1 UmwG durch Verweis auf § 29 UmwG hierfür auch einen akzidentiellen Abfindungsanspruch bereit.

bb) Abfindungsbezogene Informationsvorgaben

"[...D]ie Höhe einer anzubietenden Barabfindung [muß im Verschmelzungs- bzw. Spaltungsbericht] rechtlich und wirtschaftlich erläutert und begründet werden [...]", so §§ 8 Abs. 1 Satz 1, 36 Abs. 1 bzw. §§ 127 Abs. 1 Satz 1, 135 Abs. 1 UmwG. Angesichts des gesetzlichen Geltungsgrunds der Abfindung ist im Bericht darzulegen, daß der anspruchsberechtigte Aktionär für seine bisherige Aktienbeteiligung angemessen, d.h. voll kompensiert wird.[278] Während bei der Umtauschrelation das Verhältnis der Werte der beteiligten Unternehmungen, insbesondere die Gleichheit der Bewertungsmethoden, im Mittelpunkt der Darstellung steht, geht es hier um den "richtigen" Wert der eingebüßten Aktienbeteiligung.[279] Dennoch gilt das zur Angemessenheit des Umtauschverhältnisses Ausgeführte entsprechend.[280] Lediglich der Bewertungsstichtag ist in § 30 Abs. 1 UmwG mit dem "Zeitpunkt der Beschlußfassung" verbindlich festgelegt. Dies

274 Vgl. grundlegend *Hoffmann-Becking*, GesR 2001, S. 55, 64.
275 Vorsichtig in diese Richtung *Habersack*, Mitgliedschaft, S. 253 f.; s. dazu oben unter § 1 I 1 a) sowie die Nachw. bei §§ 304, 305 AktG unter II 1 b).
276 Schmitt/Hörtnagl/*Stratz*, UmwG, § 29 Rdn. 16; ansatzweise in diese Richtung auch Widmann/Mayer/*Vollrath*, UmwG, § 29 Rdn. 44 a.E.; s. dazu auch unter § 4 II 1 b).
277 *Engelmeyer*, S. 413 f. mit Fn. 27 m. w. Nachw zur Entstehungsgeschichte.
278 Schmitt/Hörtnagl/*Stratz*, UmwG, § 30 Rdn. 3; Kallmeyer/*Müller*, UmwG, § 30 Rdn. 5.
279 Lutter/*Lutter*, UmwG, § 5 Rdn. 19.
280 Lutter/*Lutter*, UmwG, § 8 Rdn. 27 a.E.; Kallmeyer/*Marsch-Barner*, UmwG, § 8 Rdn. 22; Schmitt/Hörtnagl/*Stratz*, UmwG, § 8 Rdn. 19.

muß bei einem abweichenden Bewertungszeitpunkt für die Ermittlung der Umtauschrelation berücksichtigt werden.[281] Zudem sollten klarstellend die gesetzlichen Ausschlußfristen des § 31 UmwG mitgeteilt werden.[282]

2. *Umwandlungsbericht*

a) *Europarechtliche Determinanten des Rechtsformwechsels?*

In den §§ 190 ff. regelt das UmwG als weiteren Umwandlungstyp den Wechsel der Rechtsform und verläßt damit den gegenständlichen Anwendungsbereich von FusionsRL und SpaltungsRL. Bei der überschießenden Umsetzung dieser Richtlinien in Ansehung des persönlichen Anwendungsbereichs kann - wie bereits erwähnt - der Verweisungstechnik im rechtsformunabhängigen allgemeinen Verschmelzungs- und Spaltungsrecht die Zielsetzung entnommen werden, auch die nicht vom Anwendungsbereich der Richtlinien umfaßten Umwandlungskonstellationen seien unterschiedslos ebenso wie europäisierte auszulegen.[283] Beim Rechtsformwechsel führt diese am äußeren System der gesetzlichen Umsetzung ausgerichtete Betrachtung dagegen zu einem anderen Ergebnis. Während nämlich die legislatorische Intention eines Gleichlaufs mit dem Richtlinien-angeglichenen Recht durch die Verweisungstechnik des "Vor-Die-Klammer-Ziehens" zum Ausdruck gebracht werden kann,[284] läßt sich eine schlichte Harmonisierung auch mittels einer parallelen Ausgestaltung sich entsprechender Normen bewerkstelligen, etwa durch nachrichtliche Übernahme des Normwortlauts.[285] Ersteres ist dabei legislatorisch effizienter. Entscheidet sich der Gesetzgeber gleichwohl für die letztere, umständlichere Variante, verfolgt er damit naheliegenderweise das Darstellungsziel, einen vom Richtlinien-angeglichenen Recht abgesetzten, autonomen Regelungsbereich zu schaffen. Auffallend ist, daß für den Formwechsel in erster Linie diese Variante gewählt, d.h. nicht grundsätzlich auf das Richtlinien-angeglichene Verschmelzungs- oder Spaltungsrecht verwiesen wur-

---

281 Dazu statt aller Lutter/*Lutter*, UmwG, § 8 Rdn. 28.

282 Widmann/*Mayer*, UmwG, § 8 Rdn. 28; Kallmeyer/*Marsch-Barner*, UmwG, § 8 Rdn. 22; Schmitt/Hörtnagl/*Stratz*, UmwG, § 8 Rdn. 19.

283 S. oben 1 a); insoweit von Verweisungsanalogien als Element der Rechtsfortbildung *secundum legem* sprechend *Canaris*, Lücken, S. 24.

284 So ausdrücklich für das allgemeine Verschmelzungs- und Spaltungsrecht *Habersack*, Europäisches Gesellschaftsrecht, Rdn. 211 (Verschmelzung), 236 (Spaltung), 247; dies konzediert trotz abw. Ergebnisses zunächst auch *Schnorbus*, WM 2000, 2321, 2324 f.; ähnlich Widmann/Mayer/*Schwarz*, UmwG, Einf UmwG Rdn. 8.3 a.E.; eher ablehnend hingegen *Schwarz*, Europäisches Gesellschaftsrecht, Rdn. 641 mit Fn. 778 (Verschmelzung) und 677 (Spaltung).

285 Vgl. die Beschreibungen bei *Schnorbus*, S. 45 f. m. w. Nachw.

de. Soweit eine parallele Normgestaltung im Recht des Formwechsels und im Verschmelzungs- und Spaltungsrecht zu verzeichnen ist, wird zwar auch eine harmonische Interpretation geboten sein.[286] Gleichwohl muß das Recht des Formwechsels weder richtlinienkonform ausgelegt werden, noch kann darüber in letzter Instanz der EuGH entscheiden.[287] Vielmehr sind die §§ 190 ff. UmwG nicht europäisiertes, sondern rein nationales Recht.[288]

b) Kompensationsansprüche beim Rechtsformwechsel

Die Kompensationsansprüche beim Formwechsel verhalten sich parallel zu den verschmelzungsrechtlichen Ausgleichs- und Abfindungsansprüchen. Beim bloßen Wechsel der Rechtsform bleibt zwar die Identität des Rechtsträgers gewahrt, und auch ein Vermögensübergang findet deshalb nicht statt (vgl. § 202 Abs. 1 Nr. 1 UmwG);[289] wie bei der Verschmelzung aber verlieren die Aktionäre ihre Mitgliedschaft in der formwechselnden Aktiengesellschaft und werden zum Ausgleich dafür nach §§ 194 Nr. 3, 202 Abs. 2 Nr. 2 UmwG an ihrem Rechtsträger neuer Rechtsform beteiligt. Dem entsprechend muß im Umwandlungsbeschluß gem. § 194 Nr. 4 UmwG die neue Beteiligung als Ausgleichsanspruch für die Einbuße der bisherigen Aktionärsmitgliedschaft verankert werden. Auch ist dieser primäre Ausgleich für die Umwandlung der Mitgliedschaft wesensnotwendig, der Anspruch auf ihn daher essentiell. Soweit die neue Beteiligung im Vergleich zur ursprünglichen Aktienbeteiligung quantitativ zu niedrig bemessen ist oder qualitativ keinen ausreichenden Gegenwert darstellt, hat jeder Anteilsinhaber gem. § 196 UmwG nach dem Vorbild des § 15 UmwG gegen den Rechtsträger neuer Rechtsform einen sekundären Ausgleichsanspruch auf Barzuzahlung.[290] Dieser ist nicht einmal als Mindestbestandteil des Umwandlungsbeschlusses verankert und schon von daher akzidentiell.

Bei § 29 UmwG wurde bereits die legislatorische Vorstellung erwähnt, daß der Wechsel der Rechtsform für die Aktionäre einen derart tiefen Eingriff in die Mitgliedschaft darstellt, daß sie sich kategorisch gegen jede weitere Partizipation am Schicksal ihrer Gesellschaft entscheiden können müssen.[291] Dem entspricht

286 In diesem Sinne etwa Schmitt/Hörtnagl/*Stratz*, UmwG, § 192 Rdn. 2 und 7; Widmann/*Mayer*, UmwG, § 192 Rdn. 30.

287 S. zu dieser nicht ganz unstreitigen Schlußfolgerung die w. Nachw. oben unter 1 a).

288 H.M.; s. nur Lutter/*Lutter*, UmwG, Einl. Rdn. 21 m. w. Nachw; gänzlich a.A. neuerdings *Hirte*, ZHR 167 (2003), 8, 15 f., der auch insoweit die Qualität "adoptierten" europäischen Rechts befürwortet.

289 S. nur Kallmeyer/*Meister/Klöcker*, UmwG, § 190 Rdn. 6.

290 Dazu ausf. Lutter/*Decher*, UmwG, § 196 Rdn. 2 und 7 ff. m. w. Nachw.

291 S. nur Kallmeyer/*Marsch-Barner*, UmwG, § 29 Rdn. 2.

sachlich § 207 UmwG, der dem austrittswilligen Aktionär einen Barabfindungsanspruch unter der weiteren formellen Voraussetzung zuspricht, daß er seinen Widerspruch gegen den Umwandlungsbeschluß zur Niederschrift erklärt hat. Zwar beruht dieser Anspruch rechtstechnisch auf der nach § 209 UmwG ordnungs-, insbesondere fristgemäßen Annahme des Abfindungsangebots, das die formwechselnde Aktiengesellschaft gem. § 194 Abs. 1 Nr. 6 UmwG generell im Umwandlungsbeschluß zu unterbreiten hat. Dennoch geht das UmwG in § 212 Satz 2 Alt. 1 von einem wirksamen Formwechsel auch ohne ein solches Angebot aus. Ein Anspruch der widersprechenden Aktionäre auf volle Entschädigung für die bisherige Aktienbeteiligung besteht als akzidentieller Abfindungsanspruch vielmehr auch dann.[292] Verpflichtungsgrund ist schließlich die fortwirkende Mitgliedschaft, nicht die rechtstechnische Umsetzung der Kompensation mittels Vertrags.[293]

c) Kompensationsbezogene Informationsvorgaben

Im neuen UmwG wurde der Schutz der Aktionäre der formwechselnden Aktiengesellschaft auf das Niveau der Verschmelzungsvorschriften angehoben, namentlich was die Vorabinformation im Umwandlungsbericht anlangt.[294] Zwar schöpft die Berichtspflicht beim Formwechsel anders als dort ihr normatives Geltungspostulat nicht aus dem Europarecht; gleichwohl ist eine harmonisierende Interpretation von § 192 und § 8 UmwG schon aufgrund der parallelen Normstruktur geboten.[295] Dem entsprechend muß die Berichterstattung gem. § 192 Abs. 1 Satz 1 UmwG auch die rechtliche und wirtschaftliche Erläuterung der künftigen Beteiligung der Anteilsinhaber an dem Rechtsträger umfassen. Anders als im Verschmelzungsrecht besteht hinsichtlich der Beteiligungsverhältnisse am Rechtsträger neuer Rechtsform wegen der Identität der Rechtsträger aber grundsätzlich kein besonderer Erläuterungsbedarf.[296] Im Normalfall müssen allenfalls rechtsqualitative Veränderungen der Mitgliedschaften dargelegt werden.[297] Gleichfalls ist im Bericht regelmäßig eine Barzuzahlung nach § 196 UmwG

292 So ausdrücklich Kallmeyer/*Meister/Klöcker*, UmwG, § 207 Rdn. 7.

293 Vorsichtig in diese Richtung *Habersack*, Mitgliedschaft, S. 253 f.; a.A. Kallmeyer/*Meister/Klöcker*, UmwG, § 207 Rdn. 42; s. dazu schon oben unter § 1 I 1 a) sowie die Nachw. bei §§ 304, 305 AktG unten unter II 1 b).

294 Dazu ausf. Lutter/*Decher*, UmwG, Vor § 190 Rdn. 7 m. w. Nachw.

295 So ausdrücklich Schmitt/Hörtnagl/*Stratz*, UmwG, § 192 Rdn. 2 und 7; Widmann/*Mayer*, UmwG, § 192 Rdn. 30; s. dazu bereits oben unter 2 a).

296 Lutter/*Decher*, UmwG, § 196 Rdn. 2; *Veil*, S. 179.

297 LG Heidelberg DB 1996, 1768, 1770; Kallmeyer/*Meister/Klöcker*, UmwG, § 192 Rdn. 9 m. w. Nachw.

nicht anzusprechen.[298] Eine ausführliche Plausibilisierung der Bewertung wie im Verschmelzungsbericht ist hinsichtlich der Ausgleichsansprüche aber insbesondere dann erforderlich, wenn eine von den bisherigen Beteiligungsverhältnissen abweichende Verteilung der Anteile am Rechtsträger neuer Rechtsform erfolgt (sog. nichtverhältniswahrender Formwechsel), etwa wenn Aktionäre anläßlich des Formwechsels aus der Gesellschaft ausscheiden.[299]

Obwohl § 192 anders als § 8 Abs. 1 Satz 1 UmwG nicht ausdrücklich eine Pflicht zur Erläuterung einer nach § 207 UmwG anzubietenden Barabfindung statuiert und auch die partielle Verweisung in § 192 Abs. 1 Satz 2 UmwG diesen Normbestandteil gerade nicht in Bezug nimmt, ist für diesen Konkretisierungsmangel der ausführlichen Berichtspflicht kein Sachgrund ersichtlich. In harmonisierender Auslegung ist daher auch im Umwandlungsbericht zu begründen, daß die anzubietende Barabfindung einen austrittsberechtigten Aktionär umfassend für seine Mitgliedschaftseinbuße kompensiert.[300] Davon zu unterscheiden sind die an späterer Stelle zu erörternden Rechtsfolgen eines kompensationsbezogenen Informationsmangels mit Blick auf diesen akzidentiellen Abfindungsanspruch.[301] Wechselt die Aktiengesellschaft ihre Form, ohne dabei Kapitalgesellschaft zu bleiben (§ 238 Satz 2 UmwG), muß dem Umwandlungsbericht darüber hinaus gem. § 192 Abs. 2 UmwG eine Vermögensaufstellung beigefügt werden. Diese Offenlegung des "wirklichen Werts" der formwechselnden Aktiengesellschaft soll den Aktionären zudem als Grundlage zur Beurteilung des Abfindungsangebots dienen.[302]

---

298 Lutter/*Decher*, UmwG, § 192 Rdn. 25; vgl. auch Widmann/Mayer/*Vollrath*, UmwG, § 196 Rdn. 5; a.A. Kallmeyer/*Meister/Klöcker*, UmwG, § 192 Rdn. 9.

299 Widmann/*Mayer*, UmwG, § 192 Rdn. 43; Schmitt/Hörtnagl/*Stratz*, UmwG, § 192 Rdn. 14; Lutter/*Decher*, UmwG, § 192 Rdn. 24 sowie § 196 Rdn. 9.

300 So i.E. die h.M.; s. nur *Bayer*, ZIP 1997, 1613, 1622; Lutter/*Decher*, UmwG, § 192 Rdn. 31 ff.; Kallmeyer/*Meister/Klöcker*, UmwG, § 192 Rdn. 9; Widmann/*Mayer*, UmwG, § 192 Rdn. 44; Schmitt/Hörtnagl/*Stratz*, UmwG, § 192 Rdn. 15; KG AG 1999, 126, 128 (Vorinstanz "Aqua Butzke") (zust. *Zeidler*, NZG 1999, 510, 511); a.A. OLG Karlsruhe NZG 1999, 604, 605 (Vorinstanz "MEZ" mit zust. Anm. *Bungert*).

301 S. dazu noch ausf. den 2. Teil dieser Untersuchung; mißverständlich insoweit die Darstellung bei Schmitt/Hörtnagl/*Stratz*, UmwG, § 192 Rdn. 15.

302 So ausdrücklich Lutter/*Decher*, UmwG, § 192 Rdn. 52; s. zum schillernden (subjektiven) *telos* ausf. *ders.*, ebenda, Rdn. 52 - 54 sowie Widmann/*Mayer*, UmwG, § 192 Rdn. 53 - 57, jeweils m. w. Nachw.

II. Kompensationsbezogene Berichtspflichten nach dem AktG

1. Unternehmensvertragsbericht

a) Ausgleich und Abfindung im Vertragskonzern

aa) Geltungsgrund: Qualifizierter Mitgliedschaftseingriff bei den Unternehmensverträgen des § 291 AktG

Unternehmensverträge bedürfen nach § 293 Abs. 1 AktG der Zustimmung durch die Hauptversammlung der verpflichteten Aktiengesellschaft, weil sie auf eine Änderung ihres Verbandszwecks gerichtet sind.[303] Als qualifizierten Eingriff in die Mitgliedschaft ihrer Aktionäre betrachtet das Gesetz aber ausschließlich die Unternehmensverträge des § 291 AktG; nur für sie schreiben die §§ 304, 305 AktG Kompensationsansprüche vor. Mittels eines Gewinnabführungs- und/oder Beherrschungsvertrags kann das herrschende Unternehmen die abhängige Aktiengesellschaft weitgehend nach seinen Zwecken ausrichten und dabei Mitverwaltungs- und Vermögensrechte ihrer außenstehenden Aktionäre erheblich beschneiden. Im Falle eines Gewinnabführungs- oder eines ihm gem. § 291 Abs. 1 Satz 2 AktG entsprechenden Geschäftsführungsvertrags fällt ein Bilanzgewinn bei der verpflichteten Aktiengesellschaft nicht an; das mitgliedschaftliche Dividendenrecht (vgl. § 58 Abs. 4 AktG) ihrer Aktionäre läuft damit leer.[304] Dazu kann auch ein (isolierter) Beherrschungsvertrag führen, wenn das herrschende Unternehmen von seinem Weisungsrecht nach § 308 AktG derart Gebrauch macht, daß bei der beherrschten Aktiengesellschaft erst gar kein Gewinn erwirtschaftet wird.[305] Darüber hinaus beeinträchtigt der Vertragskonzern im Sinne des § 291 AktG stets auch die mitgliedschaftlichen Herrschaftsrechte außenstehender Aktionäre in der verpflichteten Aktiengesellschaft.[306] Obwohl er prägnant auch als wirtschaftlicher Fusionstatbestand charakterisiert wird,[307] behalten diese anders als bei der Verschmelzung ihre "geschwächten" Mitgliedschaften und werden zunächst nicht am herrschenden Unternehmen beteiligt. Kompensationsansprüche sind demnach wegen qualifizierter Eingriffe in mitgliedschaftliche Vermögens- sowie Herrschaftsrechte gesetzlich vorgeschrieben.

---

303 *Mülbert*, Aktiengesellschaft, S. 162 ff.; *ders.*, ZHR 163 (1999), 1, 25.

304 *Hüffer*, AktG, § 304 Rdn. 1; *Emmerich*/Habersack, § 304 Rdn. 5; *Emmerich*/Sonnenschein/Habersack, § 21 I 2 (S. 305 f.); *Kuhlmann/Ahnis*, E Rdn. 203.

305 *Hüffer*, AktG, § 304 Rdn. 1; *Emmerich*/Habersack, § 304 Rdn. 6; *Kuhlmann/Ahnis*, E Rdn. 203.

306 MünchKommAktG/*Bilda*, § 304 Rdn. 9 m. w. Nachw.

307 So etwa von MünchKommAktG/*Altmeppen*, § 291 Rdn. 202.

bb) Kompensationsgläubiger: Außenstehende = Desinteressierte Aktionäre

Die zu kompensierenden Aktionäre sind in §§ 304, 305 AktG als außenstehende benannt. Weitere Festlegungen hat der Gesetzgeber bewußt nicht vorgenommen.[308] Einmütig wird mithin trotz aller Unterschiede im Detail eine am Kompensationszweck ausgerichtete Definition befürwortet. Danach sind alle Aktionäre der Gesellschaft "außenstehend" mit Ausnahme des anderen Vertragsteils und derjenigen Aktionäre, die bei wirtschaftlicher Betrachtung "in seinem Lager" stehen.[309] Dabei kann es entgegen der h.M. weniger darauf ankommen, ob diese Zurechnung zum herrschenden Unternehmen rechtlich fundiert ist.[310] Vielmehr sind Aktionäre dann keine außenstehenden, wenn sie ihr Interesse (auch) am (Konzern-) Interesse des herrschenden Unternehmens ausrichten.[311] Im Regelfall werden beide Ansätze zu übereinstimmenden Beurteilungen führen, weil ein rationaler Aktionär der Untergesellschaft das Konzerninteresse nur dann zumindest teilweise zu seinem Eigeninteresse macht, wenn er auch aufgrund wenigstens mittelbarer rechtlicher Beziehungen zur Konzernspitze vom Konzernerfolg profitiert. Die nach hiesiger interessengeleiteter Betrachtung entwickelte Figur des desinteressierten Aktionärs erweist sich jedenfalls als taugliches und wegen seiner Verallgemeinerungsfähigkeit sogar vorzugswürdiges Definitionskriterium.

cc) Ausgleichsanspruch nach § 304 AktG

(1) Anspruchsinhalt und Anspruchsschuldner

Verbleiben die desinteressierten Aktionäre in der verpflichteten Aktiengesellschaft, müssen sie für den Eingriff in ihr Dividendenrecht (vgl. § 58 Abs. 4 AktG) kompensiert werden.[312] Im Falle des Gewinnabführungsvertrags läuft dieses mitgliedschaftliche Vermögensrecht vollständig leer, und den desinteressierten Aktionären muß zum Ausgleich eine wiederkehrende Geldleistung als Quasi-Dividende zufließen (§ 304 Abs. 1 Satz 1 AktG). Als feste Ausgleichszahlung ist eine solche angemessen, wenn sie den auf der Grundlage der bisherigen Ertragslage bei hypothetischer Vollausschüttung prognostizierten künftigen Erträ-

308 *Kropff*, Begründung RegE, S. 385.

309 Ähnlich *Emmerich*/Habersack, § 304 Rdn. 16; *Emmerich*/Sonnenschein/Habersack, § 21 II 1 a) (S. 308); MünchKommAktG/*Bilda*, § 304 Rdn. 19; MünchHdbAG/*Krieger*, § 70 Rdn. 41; KölnKomm/*Koppensteiner*, § 304 Rdn.12.

310 So aber die h.M.; s. vorige Fn.

311 S. zur Figur des desinteressierten Aktionärs bereits oben unter § 1 I 1 b).

312 BGH WM 1998, 867, 868 ("ABB II"); *Emmerich*/Habersack, § 304 Rdn. 7; *Hüffer*, AktG, § 304 Rdn. 1; MünchKommAktG/*Bilda*, § 304 Rdn. 9.

gen entspricht (§ 304 Abs. 2 Satz 1 AktG).[313] Der feste Ausgleich stellt damit ausschließlich auf den Ertragswert der Unternehmung der verpflichteten Aktiengesellschaft ab. Ausnahmsweise scheint das Gesetz an dieser Stelle also seine Methodenneutralität zugunsten der Ertragswertmethode aufzugeben.[314] Eine Einflußnahme der Konzernspitze auf den Kompensationsinhalt durch Dividendenpolitik läßt dagegen der variable Ausgleich zu, welcher sich im Falle einer Aktiengesellschaft oder KGaA als herrschendem Unternehmen an der Umtauschrelation der Vertragsparteien bei einer fiktiven Verschmelzung orientiert (§ 304 Abs. 2 Satz 2 AktG).[315] Beim (isolierten) Beherrschungsvertrag ist den desinteressierten Aktionären für die Gefahr einer Dividendenverhinderung in der verpflichteten Aktiengesellschaft eine garantierte Mindestdividende in Höhe des Betrags zuzusichern, der bei Abschluß eines Gewinnabführungsvertrags als fester oder variabler Ausgleich geschuldet wäre (§ 304 Abs. 1 Satz 2 AktG). Nach zutreffender Ansicht richten sich die Ausgleichsansprüche des § 304 AktG gegen den anderen Vertragsteil, dem der unternehmensvertraglich legitimierte Eingriff in die mitgliedschaftliche Dividendenposition zuzurechnen ist.[316]

(2) Essentieller Ausgleichsanspruch de lege lata: Kritik an § 304 Abs. 3 Satz 1 AktG

Fehlt eine Ausgleichsklausel im Beherrschungs- oder Gewinnabführungsvertrag gänzlich, ist er ausweislich des § 304 Abs. 3 Satz 1 AktG nichtig. Die in den Gesetzesmaterialien enthaltene Begründung für den Nichtigkeitsausschluß bei lediglich unangemessener Ausgleichsregelung, mit Vernichtung des Vertrags sei regelmäßig keinem der Beteiligten gedient,[317] spricht eigentlich auch dann gegen diese strenge Rechtsfolge, wenn eine Ausgleichsbestimmung ganz fehlt.[318] *Koppensteiner* vermutet, der Gesetzgeber habe den Ausgleich als Mindestsicherung der in der Gesellschaft verbleibenden Aktionäre zwingend bereitstellen

---

313 Zur Fiktion der Vollausschüttung kritisch etwa *Emmerich*/Habersack, § 304 Rdn. 31 f. m. w. Nachw.

314 So ausdrücklich *Emmerich*/Habersack, § 304 Rdn. 37; KölnKomm/*Koppensteiner*, § 304 Rdn. 32; dagegen aber noch sogleich.

315 *Emmerich*/Habersack, § 304 Rdn. 46; *Hüffer*, AktG, § 304 Rdn. 15; dazu kritisch *Mülbert*, Aktiengesellschaft, S. 293 f. sowie KölnKomm/*Koppensteiner*, § 304 Rdn. 38 ff.

316 So i.E. die h.M.; s. nur *Hüffer*, AktG, § 304 Rdn. 4; *Emmerich*/Habersack, § 304 Rdn. 22; KölnKomm/*Koppensteiner*, § 304 Rdn. 15; MünchKommAktG/*Bilda*, § 304 Rdn. 32; s. zum Gerechtigkeitsgehalt dieser Zurechnung nach hier vertretener Ansicht oben unter § 1 I 1 c).

317 *Kropff*, Begründung RegE, S. 395.

318 So treffend KölnKomm/*Koppensteiner*, § 304 Rdn. 58.

wollen.[319] Er relativiert sogleich, der Nichtigkeitsgrund der fehlenden Ausgleichsklausel sei darüber hinaus leicht feststellbar, weshalb es kaum zur Handelsregistereintragung komme.[320] Dem kann zwar nicht widersprochen werden. Die Frage nach der *ratio* der Nichtigkeitsfolge ist damit aber im Wege einer *petitio principii* umgangen und weiterhin unbeantwortet. Vom hier vertretenen Standpunkt aus ist auch keine vernünftige *ratio* ersichtlich;[321] der Ausgleichsanspruch steht den desinteressierten Aktionären schließlich nach der hier vertretenen These vom in der Mitgliedschaft wurzelnden gesetzlichen Kompensationsschuldverhältnis unabhängig davon zu, ob eine entsprechende Klausel im Vertrag vorgesehen ist oder nicht.[322] Gerade der Vergleich mit der für das Verschmelzungsvorhaben essentiellen Umtauschrelation zeigt, daß demgegenüber der Ausgleich nach § 304 AktG weder begriffs- noch wesensnotwendiger Bestandteil eines Beherrschungs- oder Gewinnabführungsvertrags ist. Die §§ 304 f. AktG sind gerade nicht in die Definitionsnorm des § 291 AktG inkorporiert,[323] während bei der Verschmelzung der Anteilstausch bereits in § 2 UmwG als begriffsbildend verankert ist. Dennoch schreibt § 304 Abs. 3 Satz 1 AktG den Ausgleich als essentiellen Kompensationsanspruch fest.[324] Allenfalls *de lege ferenda* sollte die Norm unberücksichtigt bleiben.[325]

dd) Abfindungsanspruch nach § 305 AktG

Da die desinteressierten Aktionäre der Untergesellschaft trotz des Ausgleichsanspruchs weiterhin in ihrer mitgliedschaftlichen Herrschaftsposition beeinträchtigt bleiben, sollen sie die Gesellschaft auch gegen Abfindung verlassen können.[326] § 305 Abs. 1 AktG bestimmt ausdrücklich den anderen Vertragsteil als Abfindungsschuldner. Abs. 2 statuiert dabei den Vorrang der Naturalkompensation in

---

319 KölnKomm/*Koppensteiner*, § 305 Rdn. 3.

320 KölnKomm/*Koppensteiner*, § 304 Rdn. 58.

321 Zurückhaltend in diese Richtung auch *Hoffmann-Becking*, GesR 2001, S. 55, 65; ähnlich kritisch *Henze*, GesR 2001, S. 39, 53.

322 S. dazu schon oben unter § 1 I 1 a) und sogleich unter b).

323 Darauf hinweisend etwa *Hüffer*, AktG, § 291 Rdn. 13.

324 *Hoffmann-Becking*, GesR 2001, S. 55, 65.

325 Gleichsinnig *Hoffmann-Becking*, GesR 2001, S. 55, 66 und 67, der § 304 Abs. 3 § 305 Abs. 5 anpassen will; hinzunehmende rechtspolitische Fehler grenzt von Lücken grundlegend ab *Canaris*, Lücken, S. 71 ff.; auch rechtspolitisch überzeugt ist letztlich aber KölnKomm/*Koppensteiner*, § 304 Rdn. 58 a.E.

326 *Kropff*, Begründung RegE, S. 397; BGH WM 1998, 867, 868 ("ABB II"); MünchKommAktG/*Bilda*, § 304 Rdn. 9 und § 305 Rdn. 2; *Emmerich*/Habersack, § 305 Rdn. 1; *Hüffer*, AktG, § 305 Rdn. 1; *Röhricht*, ZHR 162 (1998), 249, 254 ff.

seinen Aktien.[327] Der desinteressierte Aktionär soll also nach der Wertung des Gesetzes wenn möglich die Chance bekommen, mitgliedschaftlichen Einfluß gerade in der Gesellschaft auszuüben, die "seine" bisherige Gesellschaft beherrscht.[328] Die Barabfindung ermöglicht den desinteressierten Aktionären eine Neuinvestition und vermittelt ihnen damit ein gleichwertiges Kompensationsniveau.[329] Abs. 3 setzt in beiden Fällen die Angemessenheit der Abfindung voraus, was im Lichte der von Art. 14 GG geschützten Mitgliedschaft als Geltungsgrund der Kompensationsansprüche wie stets als voller Wertausgleich zu verstehen ist.[330] Für die Abfindung in Aktien kommt es auf die Umtauschrelation bei fiktiver Verschmelzung an; es müssen also beide vertragsbeteiligten Unternehmungen bewertet werden, wie sich aus § 305 Abs. 3 Satz 1 AktG ergibt. Bei der Barabfindung ist die Bewertung der Unternehmung der verpflichteten Aktiengesellschaft ausreichend (vgl. § 305 Abs. 3 Satz 2 AktG). Auch das völlige Fehlen einer Abfindungsklausel im Vertragswerk hindert nicht die Wirksamkeit des Beherrschungs- oder Gewinnabführungsvertrags; das stellt § 305 Abs. 5 AktG klar. Der Abfindungsanspruch ist mithin akzidentiell.[331]

b) Absage an die These vom echten Vertrag zugunsten Dritter

Nach h.M. sind die desinteressierten Aktionäre aus dem Beherrschungs- oder Gewinnabführungsvertrag - mithin *ex voluntate* - kompensationsberechtigt.[332] Da vertragsbeteiligt das andere Unternehmen und die verpflichtete Aktiengesellschaft sind, deutet diese Ansicht die Unternehmensverträge des § 291 Abs. 1 AktG insoweit als echte Verträge zugunsten Dritter im Sinne des § 328 BGB.[333] Namentlich eine dort vorgesehene Abfindung in Aktien sei Gegenleistung eines Tauschvertrags; eine Barabfindung wird als Kaufpreis interpretiert.[334] Das dem

---

327 Etwas mißverständlich insoweit KölnKomm/*Koppensteiner*, § 305 Rdn. 3 und MünchKommAktG/*Bilda*, § 305 Rdn. 2, die von einer Art "Natural*restitution*" sprechen.

328 *Kropff*, Begründung RegE, S. 397.

329 *Hüffer*, AktG, § 305 Rdn. 14.

330 Verfassungsrechtlich wegweisend BVerfGE 14, 263, 284 ("Feldmühle"); BVerfGE 100, 289, 304 f. ("DAT/Altana").

331 *Hoffmann-Becking*, GesR 2001, S. 55, 65.

332 H.M.; s. nur *Mülbert*, Aktiengesellschaft, S. 495; MünchKommAktG/*Bilda*, § 305 Rdn. 8; *Emmerich*/Habersack, § 305 Rdn. 5 ff./25 und § 304 Rdn. 22; KölnKomm/*Koppensteiner*, § 305 Rdn. 4, jeweils m. w. Nachw.

333 So auch BGHZ 135, 374, 380 ("Guano").

334 Hierzu v.a *Hommelhoff*, FS Claussen, 1997, S. 129, 134 f.

Aktionär im Unternehmensvertrag entsprechend eingeräumte Optionsrecht werde durch dessen Abfindungsverlangen ausgeübt.[335]

Diese vertragliche Betrachtung der Rechtsnatur der Kompensationsansprüche im Unternehmensvertragsrecht kann sich allenfalls auf die Begrifflichkeiten in den §§ 304 f. AktG stützen. So wird immer wieder damit argumentiert, daß in § 305 Abs. 5 Satz 2 die Abfindung doch als "vertraglich zu gewährende" erscheint.[336] Ins Wanken gerät diese h.M. indessen, wenn keinerlei Abfindung vereinbart wurde und das Gesetz ebenda eine richterliche Festsetzung im Spruchverfahren bereitstellt.[337] Hierfür und bei vorzeitiger Beendigung des Unternehmensvertrags wird die Vertragsthese schließlich auch durchbrochen und ein gesetzliches Schuldverhältnis ausnahmsweise als Verpflichtungsgrund für den Kompensationsanspruch anerkannt.[338]

Allein der Gesetzeswortlaut vermag eine vertragliche Rechtsnatur von Ausgleich und Abfindung nicht zu begründen. So ist beispielsweise auch eine Mehrheitseingliederung ausweislich des Wortlauts von § 320 Abs. 2 Satz 1 Nr. 2 AktG dadurch gekennzeichnet, daß die Hauptgesellschaft Abfindung "anbietet"; gleichwohl wird der entsprechende Abfindungsanspruch einmütig als gesetzlicher qualifiziert.[339] Nach richtiger Ansicht wurzeln jedoch auch die unternehmensvertraglichen Kompensationsansprüche im grundrechtlich geschützten Mitgliedschaftsverhältnis der desinteressierten Aktionäre zur verpflichteten Aktiengesellschaft.[340] Wenn diese mit dem herrschenden Unternehmen einen Beherr-

---

335 BGHZ 135, 374, 380 ("Guano"); BayObLGZ 1987, 209, 212 f.; OLG Celle AG 1974, 405, 406 f.; MünchKommAktG/*Bilda*, § 305 Rdn. 9; *Emmerich*/Habersack, § 305 Rdn. 22; *Hüffer*, AktG, § 305 Rdn. 3; KölnKomm/*Koppensteiner*, § 305 Rdn. 4.

336 KölnKomm/*Koppensteiner*, § 305 Rdn. 4.

337 Ähnlich *Klöhn*, AG 2002, 443, 448.

338 BGHZ 135, 374, 380 ("Guano"); OLG Düsseldorf AG 1990, 490, 490 f.; AG 1995, 85, 86; ZIP 1996, 1610, 1611 f.; MünchKommAktG/*Bilda*, § 305 Rdn. 7, 28-30; *Emmerich*/Habersack, § 305 Rdn. 7; vgl. auch BVerfG WM 1999, 433, 435.

339 Unstr.; s. nur Emmerich/*Habersack*, § 320b Rdn. 3 und § 320a Rdn. 3 a.E.; *Hüffer*, AktG, § 320b Rdn. 2; KölnKomm/*Koppensteiner*, § 320 Rdn. 18; *Koppensteiner* erkennt den hier aufgezeigten Widerspruch und begründet die unterschiedliche rechtsdogmatische Qualifizierung der Abfindung bei der Eingliederung mit dem automatischen Übergang der Minderheitsaktien gem. § 320a AktG. Bei dieser Begründung bleibt aber das Abstraktionsprinzip unberücksichtigt. Überdies spricht der Seitenblick ins Eingliederungsrecht angesichts der fortwirkenden Mitgliedschaft als einheitlicher Geltungsgrund für die gesetzliche Rechtsnatur auch der Kompensation im Unternehmensvertragsrecht.

340 *Zöllner*, GS Knobbe-Keuk, S. 369, 380 f.; *Ammon*, FG Prax 1998, 121, 122 f.; *Hüffer*, AktG, § 305 Rdn. 4b; *Kort*, ZGR 1999, 402, 408 f.; ähnlich für den GmbH-Vertragskonzern schon *ders.*, S. 153; *Luttermann*, JZ 1997, 1183, 1183 f.; *Röhricht*,

schungs- oder Gewinnabführungsvertrag abschließt, resultieren daraus die soeben unter aa) (1) beschriebenen qualifizierten Einbußen mitgliedschaftlicher Rechtspositionen der desinteressierten Aktionäre. Der Vertrag wirkt also zunächst einmal zu Lasten Dritter,[341] die sodann durch den anderen Vertragsteil, dem der Eingriff zuzurechnen ist, entschädigt werden müssen.[342] Dabei darf nicht außer Acht gelassen werden, daß der andere Vertragsteil im Regelfall Mehrheitsaktionär ist, d.h. auf beiden Seiten des Verhandlungstisches "den Ton angibt". Die Vorstellung vom freien Aushandeln gerechter Ausgleichs- und Abfindungsklauseln, mit denen der andere Vertragsteil die mitgliedschaftlichen Dividenden- und Herrschaftsrechte in der Untergesellschaft "abkauft", ist bloße Fiktion.[343]

Der hiesigen Betrachtung der Kompensationsansprüche als verfassungsrechtlich fundierte gesetzliche Entschädigung für einen qualifizierten Mitgliedschaftseingriff widerspricht die vertragliche Einkleidung indes keineswegs. Im Gegenteil: Rechtstatsächlich besehen wird auch ein *ex lege* bestehender Anspruch regelmäßig im Einvernehmen mit dem Anspruchsschuldner von diesem freiwillig geleistet werden, ohne daß man deshalb einen vertraglichen Verpflichtungsgrund annähme. Hinzukommt ein legitimes Interesse, Modalitäten der Erfüllung auch eines gesetzlichen Anspruchs - also dessen "Wie" - vertraglich zu regeln. Die Vereinbarung einer Schadenspauschalierung etwa verändert anders als Anerkenntnis und Novation nicht die Rechtsnatur des zugrunde liegenden Schadensersatzanspruchs. Über diesen praktischen Befund hinaus findet zudem aus normativer Sicht die Beschränkung des Mitgliedschaftseingriffs durch die Kompensationspflicht ihrerseits ihre Schranken am berechtigten Schutz des Kompensationsschuldners (Schranken-Schranke). Entsprechend können die Vertragsparteien, *de facto* also der andere Vertragsteil, Modalitäten der Kompensationsleistung vertraglich bestimmen. Ist beispielsweise eine Aktiengesellschaft kompensationsverpflichtet, kann sie nach § 304 Abs. 2 Satz 2 AktG einen variablen Ausgleich vertraglich durchsetzen und so ihre Kompensationsbela-

---

ZHR 162 (1998), 249, 256 f.; ähnlich *Wiedemann*, Die Unternehmensgruppe im Privatrecht, S. 66 ff.; *Fleischer*, ZGR 1997, 368, 389 ff.; wohl auch BGH NZG 1998, 379, 380 (Abschluß des Beherrschungsvertrags als lediglich auslösendes Moment); wie hier trotz abw. dogmatischer Begründung (s. dazu oben unter § 1 I 1 c)) *Klöhn*, AG 2002, 443, 446 ff.

341 So ausdrücklich *Luttermann*, JZ 1997, 1183, 1184.

342 Zum Prinzip der Zurechnung (Risikobeherrschung kraft struktureller Überlegenheit) nach hier vertretener Auffassung s. bereits oben unter § 1 I 1 c).

343 Von einem In-Sich-Geschäft sprich in diesem Zusammenhang *Röhricht*, ZHR 162 (1998), 249, 257.

stung durch Gewinnthesaurierung abfedern.[344] Das Angebot auf Barabfindung darf der andere Vertragsteil gem. § 305 Abs. 4 AktG befristen. Damit anerkennt das Gesetz sein Interesse, baldmöglichst Klarheit darüber zu erhalten, in welcher Höhe er tatsächlich belastet wird.[345] Die regelmäßig durch Abfindungsverlangen ausgeübte Verkaufs- bzw. Tauschoption gegen Abfindung bindet im Verkaufs- bzw. Tauschvertrag auch den beteiligten Aktionär und bietet dem anderen Vertragsteil schließlich die Gewißheit, dessen Aktien erwerben zu können.[346]

Insgesamt schafft also die vertragliche Einkleidung der Art und Weise der Erfüllung der Ausgleichs- und Abfindungspflichten gem. §§ 304 f. AktG einen optimalen Interessenausgleich zwischen den Parteien des auch im Unternehmensvertragsrecht *gesetzlichen* Kompensationsschuldverhältnisses.[347]

c) Kompensationsbezogene Informationsvorgaben

Im Unternehmensvertragsbericht müssen nach § 293a Abs. 1 Satz 1 Hs. 1 AktG auch Art und Höhe des Ausgleichs und der Abfindung wirtschaftlich und rechtlich erläutert werden. Die Norm hat § 8 UmwG zum Vorbild.[348] Dies ist für die in Rede stehenden Beherrschungs- und Gewinnabführungsverträge des § 291 Abs. 1 AktG auch rechtspolitisch nicht zu beanstanden.[349] Es kann also generell auf die kompensationsbezogenen Informationsvorgaben für den Verschmelzungsbericht verwiesen werden. Auch im Unternehmensvertragsbericht ist somit die Unternehmensbewertung nach dem Ertragswertverfahren zu plausibilisieren.[350] Eine Verwendung abweichender Bewertungsmethoden ist darüber hinaus

344 *Emmerich*/Habersack, § 304 Rdn. 46/48; *Hüffer*, AktG, § 304 Rdn. 15; dazu kritisch KölnKomm/*Koppensteiner*, § 304 Rdn. 38 ff.

345 MünchKommAktG/*Bilda*, § 305 Rdn. 102.

346 Vgl statt aller *Emmerich*/Habersack, § 305 Rdn. 29 m. w. Nachw.

347 Hinzunehmen ist insoweit die zugegeben umständliche Durchsetzung der Kompensationsansprüche im Klagewege: Der desinteressierte Aktionär müßte vorbehaltlich des Spruchverfahrens erst einmal gesondert auf Abgabe eines Kompensationsangebots klagen (vgl. § 894 ZPO); ähnlich bei § 29 UmwG Schmitt/Hörtnagl/*Stratz*, UmwG, § 29 Rdn. 16; zur Kritik an diesem Umweg KölnKomm/*Koppensteiner*, § 305 Rdn. 4; s. dazu auch noch unten unter § 4 II 1 b) sowie 2.

348 Begründung RegE, BT-Drucks. 12/6699, S. 178; abrufbar unter http://dip.bundestag.de/parfors/parfors.htm.

349 Zur heftigen Kritik i.ü. *Emmerich*/Habersack, § 293a Rdn. 7; *Hüffer*, AktG, § 293a Rdn. 4 ("Überregulierung"); für eine teleologische Reduktion im Falle der "anderen Unternehmensverträge" des § 292 AktG daher MünchKommAktG/*Altmeppen*, § 293a Rdn. 6; ähnlich *Bungert*, DB 1995, 1384, 1385 f.

350 MünchKommAktG/*Altmeppen*, § 293a Rdn. 43; *Emmerich*/Habersack, § 293a Rdn. 25-27; *Hüffer*, AktG, § 293a Rdn. 15; jeweils m. w. Nachw.

begründungspflichtig.[351] Die gesetzliche Methodenneutralität könnte allenfalls für die feste Ausgleichszahlung nach § 304 Abs. 1 Satz 1 angesichts des Wortlauts von Abs. 2 Satz 1 AktG zugunsten des Ertragswertverfahrens bestritten werden.[352] Dagegen spricht aber die dortige Wendung "mindestens".[353] Es muß damit auch ein anderweitig ermittelter höherer Unternehmenswert zur Ausgleichsberechnung unter Zugrundelegung der Vollausschüttungshypothese in die Zukunft projiziert werden können, soweit dies aus betriebswirtschaftlicher Sicht *lege artis* geschieht.[354] Eine Wertermittlung der Unternehmung des anderen Vertragsteils kann im Falle des festen Ausgleichs und der Barabfindung unterbleiben, weil sich beide Kompensationsformen ausschließlich am Unternehmenswert der verpflichteten Aktiengesellschaft orientieren.[355] Da Abfindung und Ausgleich gleichermaßen an den Wert der Unternehmung(en) anknüpfen und prinzipiell gleichwertig nebeneinander stehen, haben beide Kompensationsansprüche dieselbe Informationsbasis.[356]

2. *Erweiterter Eingliederungsbericht*

a) *Abfindungsanspruch*

Als stärkste Form der Konzernierung und Vorstufe zur Verschmelzung ermöglicht die Eingliederung eine Transformation der eingegliederten Aktiengesellschaft in eine "rechtlich selbständige Betriebsabteilung" der Hauptgesellschaft.[357] Dabei kann eine bis zu fünfprozentige Aktionärsminderheit der einzugliedernden Aktiengesellschaft mit Perfektionierung des Eingliederungsvorgangs gem. § 320a AktG ihre Mitgliedschaft(en) an die Hauptgesellschaft verlieren

---

351 S. nur *Emmerich*/Habersack, § 293a Rdn. 26; zur Zulässigkeit unterschiedlicher Wertermittlungsmethoden etwa MünchKommAktG/*Bilda*, § 304 Rdn. 73, § 305 Rdn. 62; *Hüffer*, AktG, § 305 Rdn. 20; KölnKomm/*Koppensteiner*, § 305 Rdn. 36.

352 So ausdrücklich *Emmerich*/Habersack, § 304 Rdn. 37; KölnKomm/*Koppensteiner*, § 304 Rdn. 32.

353 Eine Auslegung dahingehend, den Parteien bleibe es unbenommen, eine höhere Ausgleichszahlung zu vereinbaren, steht nicht im Einklang mit der soeben erläuterten These vom gesetzlichen Kompensationsschuldverhältnis; so aber OLG Düsseldorf AG 1984, 216, 219 ("ATH/Rheinstahl") sowie MünchHdbAG/*Krieger*, § 70 Rdn. 67.

354 Ähnlich KölnKomm/*Koppensteiner*, § 304 Rdn. 64.

355 Darauf hinweisend KölnKomm/*Koppensteiner*, § 293 Rdn. 27.

356 In diesem Sinne auch LG Hamburg AG 1995, 517, 518; *Emmerich*/Habersack, § 304 Rdn. 38; a.A. etwa LG Frankfurt a.M. AG 1996, 187, 189; *Lutter/Drygala*, AG 1995, 49, 50 ff.; MünchKommAktG/*Bilda*, § 304 Rdn. 73; *Hüffer*, AktG, § 304 Rdn. 11a.

357 *Kropff*, Begründung RegE, S. 429, 431.

(sog. Mehrheitseingliederung). Für diesen Eingriff muß die Hauptgesellschaft die ausgeschiedenen Aktionäre gem. § 320b AktG angemessen - d.h. voll - abfinden.[358] Obgleich auch hier die Abfindung ausweislich der §§ 320 Abs. 2 Satz 1 Nr. 2, 320b Abs. 2 AktG *angeboten* werden muß, ist die Kompensationspflicht sogar nach allgemeiner Meinung *ex lege* begründet.[359] Ganz wie im Verschmelzungsrecht kommt es bei der Regelabfindung in Aktien der Hauptgesellschaft (§ 320b Abs. 1 Satz 2 AktG) auf die korrekte Umtauschrelation an, wobei Spitzenbeträge in bar ausgeglichen werden können.[360] Die ausgeschiedenen Aktionäre sollen nicht gezwungen werden, in einer abhängigen Hauptgesellschaft wiederum Aktionäre zu werden und können in diesem Fall gem. § 320b Abs. 1 Satz 3 AktG auch für eine Barabfindung optieren.[361] Auch was die Zuordnung dieser Ansprüche anlangt, steht die Eingliederung zwischen Verschmelzung und Beherrschungsvertrag. Da die Aktionäre mit der Eingliederung notwendig ihre Mitgliedschaften verlieren, ist die Abfindung in Aktien der Hauptgesellschaft wie auch der verschmelzungsrechtliche Anteilstausch essentieller Kompensationsanspruch.[362] Als akzidentiell muß dagegen die Barabfindung(soption) betrachtet werden.[363]

b) Abfindungsbezogene Informationsvorgaben

Der Eingliederungsbericht nach § 319 Abs. 3 Satz 1 Nr. 3 AktG, welchen der Vorstand der Hauptgesellschaft vor deren Zustimmungsbeschluß (vgl. § 319 Abs. 2 AktG) stets zu erstatten hat, wird im Falle der Mehrheitseingliederung gem. § 320 Abs. 4 Sätze 2 und 3 AktG erweitert. Danach muß entsprechend der kompensationsbezogenen Berichtsvorgaben im Umwandlungs- und Unternehmensvertragsrecht auch die Abfindung nach § 320b AktG erläutert und begründet werden.[364] Insoweit ist Adressat aber nicht das Aktionärskollektiv der Hauptgesellschaft, der ihr Vorstand den Bericht schuldet, sondern zu informie-

358 Zu dieser Verknüpfung statt aller Emmerich/*Habersack*, § 320b Rdn. 3 und § 320a Rdn. 3 a.E.

359 S. nur Emmerich/*Habersack*, § 320b Rdn. 3 und § 320a Rdn. 3 a.E.; *Hüffer*, AktG, § 320b Rdn. 2; KölnKomm/*Koppensteiner*, § 320 Rdn. 18.

360 MünchKommAktG/*Grunewald*, § 320b Rdn. 10; Emmerich/*Habersack*, § 320b Rdn. 12.

361 *Kropff*, Begründung RegE, S. 425.

362 *Hoffmann-Becking*, GesR 2001, S. 55, 67.

363 Zum rechtspolitischen Desiderat einer einheitlichen Abfindungsregelung s. nur Emmerich/*Habersack*, § 320b Rdn. 9 a.E. m. w. Nachw.

364 S. statt aller Emmerich/*Habersack*, § 320 Rdn. 16 mit entsprechenden Verweisen auf die Thematik der bewertungsbezogenen Information im Unternehmensvertragsbericht nach § 293a AktG.

ren sind die Minderheitsaktionäre der einzugliedernden Aktiengesellschaft, deren Hauptversammlung gleichfalls über die Eingliederung zu beschließen hat (Eingliederungsbeschluß, vgl. § 319 Abs. 1 AktG). Während mit der Berichtspflicht in der Hauptgesellschaft ein kollektives Informationsrecht korreliert, darf dies in Ansehung der einzugliedernden Gesellschaft bezweifelt werden. Ihr Vorstand ist schließlich lediglich auslegungs- nicht jedoch berichtspflichtig, wie sich aus § 320 Abs. 4 Satz 3 in Verbindung mit § 319 Abs. 3 Satz 3 AktG ergibt. Die Berichtspflicht läßt sich insoweit aber als Ausprägung der Treupflicht des Mehrheitsaktionärs gegenüber der Aktionärsminderheit interpretieren.[365] Ihr Korrelat sind demnach die individuellen Informationsrechte der Minderheitsaktionäre. Dem erweiterten Eingliederungsbericht kommt somit eine Doppelfunktion zu.

3. Squeeze Out-Bericht

Der Squeeze Out bewirkt gem. § 327e Abs. 3 Satz 1 AktG den Übergang von Aktien der Minderheitsaktionäre auf den Hauptaktionär, der ihnen dafür nach §§ 327a Abs. 1, 327b AktG eine angemessene Barabfindung schuldet. Anders als bei Unternehmensvertrag und Eingliederung kommt eine Naturalkompensation, etwa durch Anteile an einer anderen Gesellschaft, nicht in Betracht.[366] Nach legislatorischer Intention soll im Einklang mit der verfassungsrechtlichen Auslegung des Wertgehalts der Mitgliedschaft auch beim Squeeze Out die Einbuße mitgliedschaftlicher Vermögens- und Verwaltungsrechte wirtschaftlich voll kompensiert werden.[367] Dieser entstehungsgeschichtliche Befund entspricht systematisch-teleologisch der hier vertretenen These vom in der Mitgliedschaft wurzelnden gesetzlichen Kompensationsschuldverhältnis.[368] Zwar legt der Hauptaktionär die Barabfindung nach § 327b Abs. 1 Satz 1 Hs. 1 AktG fest, Spielräume kommen ihm dabei aber in der Konsequenz dieser These nicht zu. Vielmehr geht das Gesetz zunächst einmal vom "vernünftigen Hauptaktionär" aus, der gesetzeskonform seine Kompensationsschuld angemessen - und damit voll - erfüllen möchte.[369] Überdies ist die Abfindungsgewährung in § 327a Abs.

---

365 S. zur Parallele beim Squeeze Out-Bericht oben unter § 1 II 2 c) bb); vgl. auch sogleich.

366 Dazu kritisch Geibel/Süßmann/*Grzimek*, WpÜG, § 327a AktG Rdn. 5.

367 Begründung RegE, BT-Drucks. 14/7034, S. 72; abrufbar unter http://dip.bundestag.de/parfors/parfors.htm.

368 Vgl. dazu oben unter § 1 I 1 a) cc).

369 Zur Kritik am gesetzlichen Festlegungsprimat des Hauptaktionärs Geibel/Süßmann/*Grzimek*, WpÜG, § 327b AktG Rdn. 2; vgl. auch die Erwägungen zur Rechtsnatur der Kompensationsklauseln im Unternehmensvertrag des § 291 AktG oben unter 2 b).

1 AktG als Essentiale des Squeeze Out verankert; die Barabfindung ist damit essentieller Kompensationsanspruch.

Dogmatisch wurde der Squeeze Out-Bericht des Hauptaktionärs nach § 327c Abs. 2 AktG schon bei den Grundüberlegungen dieser Arbeit als Korrelat der individuellen Informationsrechte der Minderheitsaktionäre qualifiziert.[370] Er ist strukturell den Regelungen über Vorstandsberichte im Unternehmensvertrags- und Eingliederungsrecht nachempfunden,[371] mit denen er hinsichtlich der Angaben über die Angemessenheit der Barabfindung insoweit harmonisiert werden sollte als etwa auch auf besondere Bewertungsschwierigkeiten hinzuweisen ist (vgl. §§ 293a Abs. 1 Satz 2, 320 Abs. 4 Satz 2 Hs. 2 AktG).[372] Anders als dort geht es jedoch beim Squeeze Out-Bericht des Hauptaktionärs in Abweichung vom Leitbild des § 186 Abs. 4 Satz 2 AktG ausschließlich um die Weitergabe kompensationsbezogener Informationen. Daher weisen insoweit auch mehrere Kommentatoren im Einklang mit der hier für solche Informationen generell vertretenen Ansicht darauf hin, daß dieser Bericht nicht bezweckt, eine Entscheidungsgrundlage für die Aktionäre zu schaffen.[373] Vielmehr gehe es allenfalls darum, die Minderheitsaktionäre neben der Angemessenheit der Abfindung noch über die rechtlichen Voraussetzungen dieses Gestaltungsrechts des Mehrheitsaktionärs zu informieren.[374] Die Berichtspflicht verfolgt demnach von vornherein keinen Entscheidungszweck; das unternehmerische Ermessen liegt allein beim Hauptaktionär, nicht beim Aktionärskollektiv.[375]

---

370 S. dazu ausf. oben unter § 1 II 2 c) bb).

371 Begründung RegE, BT-Drucks. 14/7034, S. 73; abrufbar unter http://dip.bundestag.de/parfors/parfors.htm.

372 Es bedarf also entgegen *Steinmmeyer/Häger*, WpÜG, § 327c AktG Rdn. 7 keiner Analogie.

373 Vgl. zum Entscheidungszweck bereits oben unter § 1 II 3, insbes. b) aa) (1) sowie III 2 b).

374 So ausdrücklich Geibel/Süßmann/*Grzimek*, WpÜG, § 327c Rdn. 4 a.E.; zum Squeeze Out als Gestaltungsrecht des Mehrheitsaktionärs zu Lasten der Aktionärsminderheit zutreffend KölnKomm/*Hasselbach*, § 327a Rdn. 3; *Vetter*, AG 2002, 176, 185; ähnlich *Krieger*, BB 2002, 53, 58; dazu im Vorfeld der Gesetzesnovelle kritisch *Habersack*, ZIP 2001, 1230, 1232 ff.

375 Daher bedarf es hier auch keiner sachlichen Rechtfertigung; diese ist vielmehr legislatorisch vorgeprägt; wie hier *Vetter*, DB 2001, 743, 744; *Krieger*, BB 2002, 53, 55; differenzierend a.A. *Habersack*, ZIP 2001, 1230, 1237.

III. Kompensationsbezogene Auskunftsrechte

Für die kompensationsbezogenen Auskunftsrechte der Aktionäre gilt § 131 AktG. Dabei ist zunächst einmal auch die Angemessenheit der Kompensation tagesordnungspunktrelevante Gesellschaftsangelegenheit im Sinne des § 131 Abs. 1 Satz 1 AktG.[376] Vor dem Hintergrund des berichtsbedingt hohen Informationsniveaus kann aber einerseits weder eine Wiederholung des kompensationsbezogenen Berichts*inhalts* noch eine darüber hinausgehende Detaillierung "erforderlich" im Sinne der Norm sein. Trotzdem müssen gerade den weniger mit einschlägigen Bewertungsmethoden vertrauten Kleinaktionären Verständnisfragen zum kompensationsbezogenen Berichts*gehalt* gestattet sein.[377] Es ist zwar nicht erforderlich, die Auskunftsadressaten in die Lage zu versetzen, die Höhe der Kompensation selbst nachzurechnen, sie müssen sie aber doch für plausibel halten können.[378] Geht es dabei um eine Barabfindung oder die feste Ausgleichszahlung nach § 304 Abs. 1 Satz 1, Abs. 2 Satz 1 AktG, so genügt das Verständlichmachen der Unternehmensbewertung "ihrer" Aktiengesellschaft. In allen anderen Fällen bedarf es aber auch entsprechender Auskünfte über den weiteren an der Strukturmaßnahme beteiligten Rechtsträger. Ist dieser mit der betroffenen Aktiengesellschaft im Sinne des § 15 verbunden, begründet § 131 Abs. 1 Satz 2 AktG ein auf ihn bezogenes Auskunftsrecht der Aktionäre. Das stellen die spezialgesetzlichen Auskunftserweiterungen der §§ 8 Abs. 1 Satz 4, 64 Abs. 2 UmwG, § 293g Abs. 3, § 320 Abs. 1 Satz 3 in Verbindung mit § 319 Abs. 3 Satz 4 AktG klar, denen lediglich für die praktisch weniger häufigen verbundexternen Umstrukturierungen konstitutive Bedeutung zukommt.[379] Dabei

---

376 S. statt aller ausf. GroßKommAktG/*Decher*, § 131 Rdn. 223 (Unternehmensverträge), 228 f. (Umstrukturierungen nach UmwG) m. w. Nachw.; a.A. wohl nur Schmitt/Hörtnagl/*Stratz*, UmwG, § 30 Rdn. 8; ganz anders neuerdings *Hirte*, ZHR 167 (2003), 8, 14 ff., dem zufolge § 131 Abs. 1 AktG durch kapitalmarktrechtlich-europäische Informationspflichten verdrängt werde.

377 Gleichsinnig, wenngleich restriktiver GroßKommAktG/*Decher*, § 131 Rdn. 227; zur Unterscheidung zwischen Informations*inhalt* und Informations*gehalt* im Zusammenhang mit der Wechselwirkung von Bericht und Auskunft s. bereits oben unter § 1 II 3 b) bb) (2).

378 In diese Richtung OLG Düsseldorf ZIP 1999, 793, 794; OLG Hamm ZIP 1999, 798, 801 ("Thyssen/Krupp"); OLG München WM 1997, 1939, 1943 ("SSI/Rieter"); Lutter/*Lutter*, UmwG, § 8 Rdn. 14; Lutter/*Decher*, UmwG, § 192 Rdn. 10; GroßKommAktG/*ders.*, § 131 Rdn. 222/226; vgl. auch *Groß*, AG 1996, 111, 118.

379 Ähnlich Lutter/*Grunewald*, UmwG, § 64 Rdn. 6; Kallmeyer/*Marsch-Barner*, UmwG, § 8 Rdn. 28, 64 Rdn. 6; Schmitt/Hörtnagl/*Stratz*, UmwG, § 64 Rdn. 5; *Emmerich*/Habersack, § 293g Rdn. 11; Emmerich/*Habersack*, § 319 Rdn. 23; Widmann/Mayer/*Rieger*, UmwG, § 64 Rdn. 11; *Hüffer*, AktG, § 293g Rdn. 3, § 319 Rdn. 12; *Ebenroth*, Auskunftsrecht, S. 62 ff.; a.A. (auch bzgl. nicht verbun-

muß der Aktionär auch über alle Umstände in den anderen Unternehmungen unterrichtet werden, aus denen sich die Angemessenheit der Kompensation ergeben kann.[380] Auskunftsverpflichtet bleibt in jedem Falle die Aktiengesellschaft, für die ihr Vorstand handelt. Der hat in Ansehung des anderen Rechtsträgers eine Informationsbeschaffungspflicht wahrzunehmen, die regelmäßig auch das Hinzuziehen einer kundigen Hilfsperson aus der dortigen Unternehmensleitung zur Hauptversammlung bedeutet.[381] Verweigert sich der andere Rechtsträger entgegen der vorvertraglichen Nebenpflicht zur Auskunft,[382] ist auch der Aktiengesellschaft die Information ihrer Aktionäre faktisch unmöglich; dann entfällt ausnahmsweise nach § 275 Abs. 1 BGB auch ihre (kompensationsbezogene) Auskunftspflicht.[383] Der Vorstand kann die Frage in einem solchen Fall mit Nichtwissen beantworten.[384]

§ 3 Der Informationsmangel

Nachfolgend sind die Rechtsfolgen zu skizzieren, welche sich aus einer Verletzung von Informationsrechten in der Aktiengesellschaft ergeben. Dabei geht es zunächst allein um eine analytische Darlegung der rechtlichen Behandlung nicht-kompensationsbezogener Informationsmängel. Informationen, die sich spezifisch auf Ausgleichs- oder Abfindungsansprüche der desinteressierten Aktionäre beziehen, werden noch gesondert im zweiten Teil dieser Arbeit zu betrachten sein.

---

dener Unternehmen nur deklaratorisch) GroßKommAktG/*Decher*, § 131 Rdn. 258; gänzlich anders neuerdings *Hirte*, ZHR 167 (2003), 8, 14 ff., dem zufolge kapitalmarktrechtlich-europäische Informationspflichten des UmwG und darüber hinaus § 131 Abs. 1 AktG verdrängen.

380 MünchKommAktG/*Altmeppen*, § 293g Rdn. 16; *Emmerich*/Habersack, § 293g Rdn. 22; *Hüffer*, AktG, § 293g Rdn. 3; Kallmeyer/*Marsch-Barner*, UmwG, § 64 Rdn. 6; Lutter/*Grunewald*, UmwG, § 64 Rdn. 6; Widmann/Mayer/*Rieger*, UmwG, § 64 Rdn. 12; a.A. (kein kompensationsbezogenes Auskunftsrecht) soweit ersichtlich nur Schmitt/Hörtnagl/*Stratz*, UmwG, § 30 Rdn. 8.

381 Unstr.; s. nur *Kropff*, Begründung RegE, S. 382; Lutter/*Grunewald*, UmwG, § 64 Rdn. 7; *Hüffer*, AktG, § 293g Rdn. 4; Schmitt/Hörtnagl/*Stratz*, UmwG, § 64 Rdn. 6, jeweils m. w. Nachw.

382 Eine solche vorvertragliche Auskunftspflicht wird von der h.M. vertreten, s. etwa BayObLG 1974, 484, 488; *Emmerich*/Habersack, § 293g Rdn. 17 (aus § 242 BGB); restriktiver etwa Lutter/*Grunewald*, UmwG, § 64 Rdn. 7.

383 Unstr.; s. statt aller Kallmeyer/*Marsch-Barner*, UmwG, § 64 Rdn. 7 sowie *Emmerich*/Habersack, § 293g Rdn. 18, jeweils m. w. Nachw.

384 S. zur Beantwortung mit Nichtwissen generell *Zöllner*, AG 2000, 145, 153.

I. Arten von Informationsmängeln

Einer Analyse des Informationsmängelrechts in der Aktiengesellschaft ist die rechtstatsächliche Betrachtung der unterschiedlichen Varianten mangelhafter Information voranzustellen. Die Systematisierung der Informationsmängel, welche die kombinatorisch denkbaren Mangelkategorien zum Ausgangspunkt nimmt, soll über eine Darstellungsvereinfachung hinaus nämlich auch normative Anknüpfungspunkte bereitstellen. Einerseits erlaubt sie eine Abstufung der vom Unwertgehalt des Informationsmangels abzuleitenden Vorwerfbarkeit einer Informationsrechtsverletzung. Andererseits stellt die Analyse der Erkennbarkeit eines Informationsmangels durch die Informationsadressaten ein Differenzierungskriterium bereit, welches bei der Rechtsfolgenanalyse noch erhebliche Bedeutung erlangen wird.

1. Fehlinformation[385]

Bei der hier als Fehlinformation bezeichneten Mangelkategorie erfolgt zwar eine Informationsweitergabe, die übermittelte Information entspricht aber nicht der Wahrheit. Es wird etwa behauptet, die Fremdfinanzierung einer geplanten Maßnahme sei gesichert, obwohl dies nicht der Fall ist.

Hinsichtlich der Vorwerfbarkeit von Fehlinformationen ist danach zu unterscheiden, ob das weitergegebene wahrheitswidrige Wissen eine Tatsache, eine Zukunftsaussage oder ein Werturteil betrifft.

Fehlinformationen betreffen vor allem, aber nicht nur, Tatsachenäußerungen. Tatsachen werden gemeinhin als intersubjektiv nachweisbare Vergangenheits- oder Gegenwartserscheinungen definiert.[386] Wer eine Tatsache verlautbart, gibt damit zumindest auch vor, sich über ihren Wahrheitsgehalt vergewissert zu haben. Kommt es zu einer Fehlinformation, wird den informierenden Vorstandsmitgliedern also mehr als nur leichte Fahrlässigkeit vorzuwerfen sein.

Da bei Zukunftsaussagen ein Gegenwartsbeweis naturgemäß nicht geführt werden kann, stellen diese trotz prognosegegenläufiger Wirklichkeitsentwicklung in Anlehnung an die U.S.-amerikanische *bespeaks caution doctrine* wohl

---

385 Im U.S.-amerikanischen Recht würde man hier wohl von *affirmative misrepresentation* sprechen; vgl. nur *Jennings/Marsh/Coffee/Seligman*, Securities Regulation, S. 1004, Fn. 26.

386 S. statt aller *Larenz/Canaris*, Schuldrecht BT II/2, § 79 I 2 a) (S. 464 ff.) m. w. Nachw.

schon keine Fehlinformation dar, solange ein konkreter Risikovorbehalt mit der Information verknüpft wurde.[387]

Wie Tatsachen können auch Werturteile des informierenden Vorstands im Hinblick auf die Lage der Unternehmung der Aktiengesellschaft, die nicht der wahren subjektiven Einschätzung der Vorstandsmitglieder entsprechen, als Fehlinformation gewertet werden, wenn sie den Eindruck vermitteln, auf einer tatsächlichen Grundlage zu beruhen. Dann ist die falsche Meinungsäußerung schließlich irreführend.[388] In diesen Fällen ist den Vorstandsmitgliedern zudem Vorsatz vorzuwerfen.

Ferner kann ohne weiteren Begründungsaufwand festgestellt werden, daß eine Fehlinformation vorbehaltlich offenkundiger Widersprüche in der Regel keinen Anlaß gibt, an ihr zu zweifeln. Dieser Informationsmangel ist für die Informationsadressaten folglich besonders schwer erkennbar.

2. Informationsfehler

Gemessen an der optimalen Informationsversorgung in der Aktiengesellschaft kann ein Informationsmangel ferner hervorgerufen werden, wenn eine Wissensweitergabe unterbleibt. Anders als bei der Fehlinformation, die auch freiwillig, etwa im Bereich der sog. Investor Relations, erfolgen kann, setzt der Vorwurf eines solchen Informationsunterlassens grundsätzlich[389] ein Recht auf und, damit korrelierend, eine Pflicht zur Information notwendig voraus.

---

387 Vgl. die U.S.-amerikanische Rechtslage zu sog. *forward-looking statements*: Dazu die sog. *bespeaks caution doctrine*; s. grundlegend Romani v. Shearson Lehman Hutton, 929 F.2d 875, 879 (1st Cir. 1991); inzwischen in *safe harbor rules* positivrechtlich ausdifferenziert durch den *Private Securities Litigation Reform Act of 1995*, dem die § 21E des *Securities Exchange Act of 1934* und § 27A des *Securities Act of 1933* entsprechen; abrufbar im Internet unter http://www.law.uc.edu/CCL/34Act/sec21E.html sowie http://www.law.uc.edu/CCL/33Act/sec27A.html.

388 Vgl. die U.S.-amerikanische Rechtslage zu sog. "*soft*" or "*puffing*" *statements*: Grundlegend dazu der U.S. Supreme Court in Virginia Bankshares, Inc. v. Sandberg, 501 U.S. 1083, 1991; vgl. auch *Jennings/Marsh/Coffee/Seligman*, Securities Regulation, S. 1045 ff. m. w. Nachw.

389 Ausnahme ist die sogleich zu definierende Kategorie des Informationsdefizits.

a) Informationsausfall[390]

Erfolgt entgegen einer Informationspflicht keinerlei Information, bleibt also ein Bericht ganz aus bzw. wird eine Auskunft nicht erteilt, ist dieser Informationsausfall dem unmittelbar (im Falle von kollektiven Informationsrechten) bzw. mittelbar (im Falle von individuellen Informationsrechten) informationspflichtigen Vorstand vorwerfbar. Schließlich gehört zur ordentlichen Geschäftsleitersorgfalt nach § 93 Abs. 1 Satz 1 AktG mindestens, daß sich die Vorstandsmitglieder generell darüber kundig machen, in welchen Fällen sie zu informieren haben.[391] Eine nicht erteilte Auskunft ist selbst dem wenig aufmerksamen Aktionär gut erkennbar. Jedem nur mit minimalen Rechtskenntnissen ausgestatteten Durchschnittsaktionär dürfte überdies auffallen, daß ein Vorstandsbericht ganz fehlt, obwohl er an sich rechtlich geboten wäre.

b) Informationsunterschreitung[392]

Findet zwar eine Berichterstattung statt bzw. folgt auf das Auskunftsbegehren eine Erläuterung, ist die darin weitergegebene Information aber gleichwohl unvollständig, liegt ein Teilunterlassen vor. Verändert sich dabei der Informationsrest nicht, sondern fehlt lediglich eine zusätzliche Information als eigenständige Sinneinheit entgegen einer darauf bezogenen Informationspflicht, läßt sich dieses Teilunterlassen als Informationsunterschreitung kennzeichnen. So verlangt beispielsweise die wirtschaftliche Begründung einer Umstrukturierung in den Vorstandsberichten nach allgemeiner Meinung auch die Erörterung *in concreto* gegebener Alternativen, bei einem Unternehmensvertrag etwa den Vergleich mit ursprünglich anvisierten alternativen Vertragsgestaltungen oder Vertragspartnern.[393] Unterbleibt ein entsprechender negativer Abgleich dieser letztlich nicht favorisierten Alternativen mit dem Beschlußvorschlag, wird dessen positiv dargelegte Begründung im übrigen gleichwohl nicht falsch. Vielmehr stellt sich das Teilunterlassen als pflichtwidrige Unterversorgung mit Information dar. Dieser Kategorie sind auch alle diejenigen Fälle unterlassener Wissensweitergabe zuzu-

390 Im U.S.-amerikanischen Recht würde man hier wohl von *total nondisclosure* sprechen; vgl. nur *Jennings/Marsh/Coffee/Seligman*, Securities Regulation, S. 1004, Fn. 26.

391 S. zur Vorstandspflicht zu gesetzmäßiger Unternehmensleitung GroßKommAktG/*Hopt*, § 93 Rdn. 79/98 m. w. Nachw.

392 Im U.S.-amerikanischen Recht könnte man hier wohl von *partial nondisclosure* sprechen; vgl. nur *Jennings/Marsh/Coffee/Seligman*, Securities Regulation, S. 1004, Fn. 26.

393 S. dazu statt aller *Emmerich*/Habersack, § 293a Rdn. 19 m. w. Nachw.

ordnen, welche der Vorstand rechtswidrig auf Geheimnisschutz stützt, der als Informationsschranke in § 131 Abs. 3 Nr. 1 AktG allgemein sowie in den §§ 8 Abs. 2 UmwG, 293a Abs. 2 AktG speziell seine positivrechtliche Ausprägung erfahren hat.[394] Obschon sämtliche derartigen Fälle qualifizierten Teilunterlassens hinter dem Maßstab des § 93 Abs. 1 Satz 1 AktG zurückbleiben, weil der Vorstand sich nicht nur über das "Ob", sondern auch über das "Wie" der Information in der von ihm verwalteten Aktiengesellschaft kundig zu machen hat,[395] wiegt ihr Unwertgehalt weniger schwer als derjenige sonstiger Mangelkategorien. Dem Vorstand ist eine Informationsunterschreitung daher auch nur leicht vorwerfbar. Damit korreliert eine besonders gute Erkennbarkeit dieses Informationsmangels für die informierten Aktionäre. Diese haben nun schließlich ein unvollständiges und nicht - wie im Fall des Informationsausfalls - gar kein Bild vor sich. Ihr Informationsbedürfnis erfährt damit eine positive Verstärkung.[396]

c) Informationsdefizit[397]

Fehlt innerhalb einer informativen Sinneinheit ein Informationsbestandteil und wird dadurch der Gesamtsinn wesentlich verändert, so kommt ein solches als Informationsdefizit kategorisiertes Teilunterlassen einem oben als Fehlinformation bezeichneten positiven Tun gleich. Dabei kann es nicht darauf ankommen, ob die Gesamtinformation pflichtschuldig oder freiwillig weitergegeben wurde. Wird also beispielsweise wahrheitsgemäß behauptet, Fremdkapitalgeber hätten einer Maßnahme Kredite zugesichert, dabei aber verschwiegen, daß dies zu einem Zinssatz weit über dem vergleichbaren Marktzins geschah, entspricht dies wertungsmäßig der wahrheitswidrigen Behauptung einer Kreditzusage. Entsprechend schwer wiegt in Ansehung eines Informationsdefizits auch das Vorwerfbarkeitsurteil zu Lasten des Vorstands. Hinzukommt, daß die Informationsadressaten hier gleichfalls kein unvollständiges, sondern ein stimmiges, aber falsches Bild vor Augen haben, ein solches Teilunterlassen also praktisch nicht erkennen können.

---

394 Zu dieser nicht ganz unstr. Betrachtung der Informationsschranke s. nur *Weißhaupt*, NZG 1999, 804, 809 m. w. Nachw.

395 S. zur Vorstandspflicht zur gesetzmäßigen Unternehmensleitung GroßKommAktG/*Hopt*, § 93 Rdn. 79/98 m. w. Nachw.

396 Ähnlich *Luttermann*, BB 2001, 382, 383; wohl auch *Klöhn*, AG 2002, 443, 446, der für das Fehlen des Kompensationsangebots einen "Warneffekt" annimmt.

397 Im U.S.-amerikanischen Recht würde man hier wohl von *half truths* sprechen; vgl. nur *Jennings/Marsh/Coffee/Seligman*, Securities Regulation, S. 1008.

3. Informationsüberschreitung

Ein Informationsmangel liegt ferner dann vor, wenn eine Information erteilt wurde, obwohl sie wegen vorrangiger Geheimhaltungsinteressen des Verbands hätte verweigert werden müssen. Wann die Verweigerungsbefugnis in eine Informationsverweigerungspflicht des Vorstands umschlägt, ist allerdings umstritten. Zum einen wird auf den Maßstab der Verschwiegenheitspflicht nach § 93 Abs. 1 Satz 2 AktG abgestellt;[398] zum anderen wird eine teleologische Reduktion von § 131 Abs. 3 Nr. 1[399] (und Nr. 5)[400] dahingehend befürwortet, daß der Vorstand eine Informationsweitergabe nicht nur verweigern "*darf*", sondern auch verweigern *muß*. Da eine solche Informationsüberschreitung zwar definitionsgemäß den Verband schädigt, nicht aber die desinteressierten Aktionäre, steht ihre Analyse nicht im Vordergrund der hier angestellten Überlegungen und bedarf daher keiner weiteren Vertiefung.

4. Zusammenfassende Bewertung

Die soeben systematisierten Mangelkategorien lassen sich hinsichtlich Vorwerfbarkeit und Erkennbarkeit in zwei parallel verlaufende Intensitätsstufen einteilen. Schwere Vorwerfbarkeit und Erkennbarkeit kann sowohl Fehlinformationen als auch Informationsdefiziten zugeschrieben werden, während ein Informationsausfall ebenso wie eine Informationsunterschreitung nur leicht vorwerfbar und überdies gut erkennbar ist.

II. Rechtsfolgen von Informationsmängeln

Bei der rechtlichen Behandlung von Mängeln des Berichts oder der Auskunft,[401] also beschlußbezogenen Informationsmängeln, ist danach zu unterscheiden, ob die zu erbringende Information noch eingefordert werden soll oder nicht. In ersterem Falle ist die Frage aufzuwerfen, ob - und bejahendenfalls wie - eine ordnungsgemäße Berichterstattung oder Auskunftserteilung notfalls auch zwangs-

398 BGHZ 36, 121, 131; *Hüffer*, AktG, § 131 Rdn. 23; MünchHdbAG/*Semler*, § 37 Rdn. 29.

399 GroßKommAktG/*Decher*, § 131 Rdn. 292.

400 KölnKomm/*Zöllner*, § 131 Rdn. 32; *Wohlleben*, S. 157.

401 *Lutter*, JZ 2000, 837, 838 zufolge bieten die heute eingehend und sorgfältig ausgearbeiteten Berichte, die der Hauptversammlung vorgelegt werden, keine Angriffsfläche mehr, während das unbeschränkte Fragerecht umso mehr ins Zentrum der Politik der "professionals" rücke.

weise noch durchgesetzt werden können. Kommt ein solcher Primärrechtsschutz nicht (mehr) in Betracht, ist zu prüfen, ob der Strukturänderungsbeschluß wegen des Informationsmangels angefochten werden kann oder ob jedenfalls sonstige Mittel des Sekundärrechtsschutzes bereitstehen, über die die Informationsrechtswidrigkeit sanktioniert werden kann.[402] Für hiesige Zwecke soll dabei auf die Handlungsmöglichkeiten und Rechtsbehelfe eines desinteressierten Aktionärs besonderes Augenmerk gelegt werden.

1. Primärrechtsschutz

a) Primäranspruch auf kollektive Information: Leistungsklage auf ordnungsgemäße Bericht(snach)erstattung

aa) Relevante Fälle: Informationsausfall und -unterschreitung

Das Rechtsschutzziel einer Leistungsklage auf Berichterstattung wird - wenn überhaupt -[403] darin bestehen, eine Informationsunterversorgung zu beheben. Beruht ein Berichtsmangel also auf Fehlinformationen oder Informationsdefiziten, kommt eine Leistungsklage praktisch nicht in Betracht. Wenngleich falsch, vermittelt der Bericht in diesen Fällen schließlich ein vollständiges Bild; die Informationsadressaten können den Mangel daher schwer erkennen und kaum rechtzeitig[404] einen mangelfreien Bericht verlangen.[405] In Betracht kommt das Einklagen eines Berichts(teils) hingegen bei Informationsausfall oder -unterschreitung.

bb) Materiellrechtliches Problem: Erfüllungszeitraum der Berichtspflicht

Die schriftliche Berichterstattung beginnt nach den einschlägigen Vorschriften mit der Einberufung der Hauptversammlung.[406] Ab diesem Zeitpunkt ist der Bericht auszulegen und auf Aktionärsverlangen in Abschrift zu übersenden.[407] We-

---

402 Ähnlich unterscheidet *K. Schmidt*, Informationsrechte, S. 43; jedoch weist er alle nachfolgenden Behelfe der Sanktionsseite des Informationsrechts zu und bezeichnet hier sog. Sekundäransprüche als reaktive Sanktionen.

403 Von "bloßer Theorie" des Primärrechtsschutzes bei den Informationspflichtverletzungen spricht *Hoffmann-Becking*, GesR 2001, S. 55, 62.

404 S. zum engen Zeitfenster eines solchen Rechtsbehelfs sogleich.

405 S. dazu ausf. soeben unter I.

406 § 63 Abs. 1 Nr. 4 UmwG, §§ 293f Abs. 1 Nr. 3 Alt. 1, 319 Abs. 3 Satz 1 Nr. 3, 327c Abs. 3 Nr. 3 AktG.

407 S. zu dieser hauptversammlungsvorbereitenden Vorstandspflicht ausf. oben unter § 1 II 2 b) bb); vgl. auch Kallmeyer/*Marsch-Barner*, UmwG, § 8 Rdn. 5.

gen des Entscheidungs- und Warnzwecks der Berichtspflicht muß die Berichterstattung schriftlich verkörpert sein und zeitlich vorher erfolgen.[408] Dadurch soll den Aktionären nämlich ermöglicht werden, sich vorher - gegebenenfalls unter Hinzuziehung von Expertenrat - kundig(er) zu machen und auch festzulegen, ob sie an der Hauptversammlung teilnehmen oder sich dort vertreten lassen wollen.[409] Zudem können sie zumeist überhaupt erst durch die schriftliche Vorwegberichterstattung sinnvolle und sachlich zielführende Auskunftsbegehren formulieren.[410]

Diese Zwecke würden unterlaufen, wenn unterbliebene Bericht(steil)e (mündlich) in der Hauptversammlung nachgeschoben werden könnten. Mit Recht lehnt die ganz h.M. daher eine solche Heilungsmöglichkeit mit Ausnahme unwesentlicher Ergänzungen oder nachträglicher Veränderungen ab.[411] Genau genommen muß die Berichtspflicht allerdings auch nach Einberufung noch solange erfüllt werden können, als der fehlende Bericht(steil) schriftlich nacherstattet wird und diese Nacherstattung dem Entscheidungs- und Warnzweck der Berichtspflicht noch genügt. Wird etwa die Hauptversammlung zehn Wochen vor dem Versammlungstermin einberufen, ist im Hinblick auf die genannten Normzwecke *ceteris paribus* nicht einzusehen, warum nicht auch sechs Wochen vor diesem Termin die Nacherstattung eines Bericht(steil)s noch erfolgen können soll. Daß der Gesetzgeber für die hauptversammlungsbezogenen, anders als für die zeitlich flexibleren aufsichtsratsbezogenen Berichtspflichten ein Zwangsgeldverfahren nach § 407 AktG gerade nicht eröffnet hat, könnte zwar dahingehend gedeutet werden, daß er von einem unverrückbaren Erfüllungszeit*punkt* ausgegangen ist. Dieser Einwand aus dem äußeren System heraus vermag indessen den dargestellten systematisch-teleologischen Befund eines Erfüllungszeit*raums* auch dieser Berichtspflichten nicht zu überlagern.[412] Eine starre legislatorische Wertung darf hingegen nicht übersehen werden; mit der Vorgabe der Mindesteinberufungsfrist des § 123 Abs. 1 AktG hat der Gesetzgeber die maximale Einschränkung der Dispositionsfreiheit der Aktionäre auf einen Monat vor

---

408 Zu den Berichtszwecken s. bereits oben unter § 1 II 3 b) aa).

409 Dazu für den Bericht nach § 186 Abs. 4 Satz 2 AktG immer noch grundlegend *Lutter*, ZGR 1979, 401, 410.

410 So etwa MünchKommAktG/*Altmeppen*, § 293a Rdn. 65; *Emmerich*/Habersack, § 293a Rdn. 26.

411 Lutter/*Lutter*, UmwG, § 8 Rdn. 55; besonders ausf. MünchKommAktG/*Altmeppen*, § 293a Rdn. 65; Kallmeyer/*Marsch-Barner*, UmwG, § 8 Rdn. 35; *Emmerich*/Habersack, § 293a Rdn. 41; *Keil*, S. 59 f.; a.A. etwa *Bayer*, AG 1988, 322, 330.

412 Der Auslegung aus dem äußeren System geht insoweit die (systematisch-teleologische) Auslegung aus dem inneren System vor; dazu grundlegend *Canaris*, Systemdenken, S. 90 ff. mit Fn. 23 a.E.

dem Hauptversammlungstermin festgelegt.[413] Dies ist bei der gebotenen teleologischen Reduktion der einschlägigen Vorschriften zu berücksichtigen. Eine schriftliche Nacherstattung eines Berichts(teils) muß damit Entscheidungs- und Warnzweck genügen und spätestens einen Monat vor Hauptversammlung erfolgen.

cc) Prozessuale Probleme, insbesondere Parteirollen

Aus dem soeben Ausgeführten folgt in prozessualer Hinsicht einerseits, daß einer Leistungsklage nicht deshalb das Rechtsschutzbedürfnis fehlt, weil die Aktionäre in der Hauptversammlung noch Auskünfte begehren können.[414] Andererseits zwingt das für eine Berichtsnacherstattung verbleibende enge Zeitfenster zu schnellem Handeln. Wenn überhaupt sinnvoll, kommt ein Einklagen des fehlenden Berichts(teils) daher nur im Wege des einstweiligen Rechtsschutzes in Betracht; an einem Verfügungsgrund i. S. v. § 935 ZPO würde der Antrag auf einstweilige Verfügung dann freilich nicht scheitern.

Die Festlegung der Parteirollen richtet sich nach der im Grundlagenteil vorgenommenen dogmatischen Verortung der betreffenden Berichtspflichten.[415] Der besondere Fall des Squeeze Out-Berichts des Hauptaktionärs nach § 327c Abs. 2 AktG wurde als Ausprägung der Treupflicht des Mehrheitsgesellschafters gegenüber der Minderheit der Kleinanleger sowie als Korrelat deren individueller Informationsrechte interpretiert.[416] Konsequenterweise muß damit der individuelle Kleinaktionär den Hauptaktionär auf Bericht(snach)erstattung verklagen können. Entsprechend der in § 131 Abs. 4 AktG ausgeprägten informationellen Gleichbehandlung der Aktionäre sind im Erfolgsfall auch diese solchermaßen zu informieren. Probleme der Partei- und Prozeßfähigkeit ergeben sich dabei nicht.

Anders liegen die Dinge bei den hauptversammlungsbezogenen Vorstandsberichten, die der Vorstand als Gesamtorgan der Aktiengesellschaft schuldet.[417] Was die Aktivseite der Anträge auf Leistungsverfügung aus dem kollektiven Informationsrecht angeht, wird die parteifähige Aktiengesellschaft gem. § 112 AktG durch den Aufsichtsrat vertreten; die grundsätzlich unzulässige *actio pro socio* muß auch hier dem einzelnen Aktionär verschlossen bleiben.[418] Auf der

---

413 *Kropff*, Begründung RegE, S. 172.

414 Zum Verhältnis von Berichtspflicht und Auskunftsrecht s. bereits oben unter § 1 II 3 b) bb) (2).

415 S. dazu oben unter § 1 II 2.

416 S. dazu oben unter § 1 II 2 c) bb).

417 S. dazu oben unter § 1 II 1 und 2 b) aa) (2).

418 Zur grdsl. unzulässigen *actio pro socio* statt aller *Habersack*, DStR 1998, 533, 533 sowie GroßKommAktG/*Mülbert*, Vor §§ 118-147 Rdn. 227-230 m. w. Nachw.; für

Passivseite ist streitig, ob der Vorstand als (Gesamt-)Organ auch (teil-)rechtsfähig und damit gem. § 50 ZPO parteifähig sein kann. [419] Dafür sprechen jedenfalls die Formulierungen in UmwG und AktG, die den Vorstand, nicht die Vorstandsmitglieder, als zur Berichterstattung verpflichtet beschreiben. Dagegen wird angeführt, daß der Vorstand als Organ nicht verpflichtungsfähig sei; vielmehr müßten die (berichtsunwilligen) Vorstandsmitglieder im Hinblick auf ihren Anstellungsvertrag zur Gesellschaft im Außenverhältnis einzeln verklagt werden.[420] Soweit sog. gemeinsame Berichte zulässig sind,[421] darf überdies nicht unberücksichtigt bleiben, daß stets nur der Vorstand der betroffenen Aktiengesellschaft bzw. seine Mitglieder, nicht jedoch die Unternehmensleitung des weiterhin beteiligten Rechtsträgers der Aktiengesellschaft gegenüber informationspflichtig sind.[422] *Mertens* verneint die Klagbarkeit kollektiver Informationsrechte mit der Behauptung, diese sei rechtspolitisch unerwünscht und angesichts eines berichtsunwilligen Vorstands zudem sinnlos.[423] Letztgenannter Befund kann auch bei einem Antrag auf einstweilige Verfügung gegen die einzelnen Vorstandsmitglieder nicht ganz ausgeräumt werden. Die Mitwirkungshandlung jedes einzelnen Vorstandsmitglieds - zumindest durch eigenhändige Unterschriftsleistung auf der Berichtsurkunde gemäß § 126 Abs. 1 BGB -[424] ist schließlich als Wissenserklärung eine unvertretbare Handlung,[425] die aus dem Anstellungsverhältnis zur Gesellschaft zwangsweise nicht vollstreckt werden

---

eine generelle Individualklage *de lege ferenda Lutter*, JZ 2000, 837, 841; zur *actio pro socio* des einzelnen Aufsichtsratsmitglieds s. ausf. *Stodolkowitz*, ZHR 154 (1990), 1, 14 f.

419 So *Bork*, ZIP 1991, 137, 139 f., 141; *Hommelhoff*, ZHR 143 (1979), 288, 305 ff.; wohl auch *Lutter/Krieger*, Rechte und Pflichten des Aufsichtsrats, Rdn. 709 (S. 268 f.); a.A. *Flume*, Die juristische Person, § 11 V (S. 405 ff.); *Kort*, AG 1987, 193, 195; offengelassen von *Wilde*, ZGR 1998, 423, 434.

420 *Stodolkowitz*, ZHR 154 (1990), 1, 7 f.; im Anschluß an *Flume*, Die juristische Person, § 11 V (S. 405 ff.); *K. Schmidt*, Informationsrechte, S. 16 ff.; vgl. *ders.*, ZZP 92 (1979), 212, 221, 224 ff.

421 §§ 8 Abs. 1 Satz 1 Hs. 2, 127 Satz 1 Hs. 2 UmwG, § 293a Abs. 1 Satz 1 Hs. 2 AktG.

422 So ausdrücklich Kallmeyer/*Marsch-Barner*, UmwG, § 8 Rdn. 4 a.E.

423 *Mertens*, ZHR 154 (1990), 24, 33.

424 Für die schriftliche Unterzeichnungspflicht sämtlicher Vorstandsmitglieder die ganz h.M.; z.B. Lutter/*Lutter*, UmwG, § 8 Rdn. 8 f.; *Emmerich*/Habersack, § 293a Rdn. 18; *Hüffer*, AktG, § 293a Rdn. 10; MünchHdbAG/*Krieger*, § 70 Rdn. 28; a.A. MünchKommAktG/*Altmeppen*, § 293a Rdn. 29; kritisch auch *Bungert*, DB 1995, 1384, 1389.

425 Statt aller Lutter/*Lutter*, UmwG, § 8 Rdn. 9; *Emmerich*/Habersack, § 293a Rdn. 16, jeweils m. w. Nachw.

könnte; das verbietet nämlich § 888 Abs. 3 ZPO.[426] Insgesamt ist es auch praktisch kaum vorstellbar, daß der Aufsichtsrat eine Klagemöglichkeit ernsthaft in Erwägung zieht; schließlich ist die Berichtsunwilligkeit des Vorstands bzw. einzelner seiner Mitglieder Anlaß genug, die entsprechenden Organwalter - im äußersten Fall alle - aus wichtigem Grund nach § 84 Abs. 3 AktG abzuberufen.[427]

dd) Reformbestrebungen

De lege ferenda empfiehlt die Regierungskommission Corporate Governance, das Auskunftserzwingungsverfahren nach § 132 AktG auch auf die Verletzung von Berichtspflichten zu erstrecken mit der Maßgabe, daß ein Aktionärsquorum einen Antrag auf Berichtserzwingung stellen kann.[428] Nicht bezweifelt werden soll, daß das rasche FGG-Verfahren vorzugswürdig ist. Die nach hier vertretener klassischer Informationsrechtsdogmatik berichtsberechtigte Gesellschaft könnte dann aber unmöglich Antragstellerin und Antragsgegnerin zugleich sein. Der Kommissionsvorschlag läßt ferner offen, wie sich die mangelnde zivilprozessuale Durchsetzbarkeit der Berichtspflicht gegen Vorstandsmitglieder mit dem dann an sich entsprechend anwendbaren § 132 Abs. 4 Satz 2 AktG vertragen soll.

b) Primäranspruch auf individuelle Information: Auskunftserzwingung, insbes. § 132 AktG

aa) Auskunftserzwingung bei Informationsausfall und -unterschreitung (§ 132 AktG)

Mit § 132 stellt das AktG einen besonderen Behelf zur Durchsetzung des mitgliedschaftlichen Primäranspruchs auf Information bereit, durch den nach der Intention des historischen Gesetzgebers die zeitaufwendige zivilprozessuale Leistungsklage auf Auskunft zugunsten eines raschen, sachgerechten und günstigen Verfahrens nach den Regeln der freiwilligen Gerichtsbarkeit abgelöst werden sollte.[429] Dieses können der Aktionär, der die Auskunft in der Hauptversammlung begehrt hat, sowie jeder widersprechende Aktionär gem. § 132 Abs. 2 AktG innerhalb von zwei Wochen beantragen. Darüber hinaus ist der Primärrechtsschutz im Wege der allgemeinen Leistungsklage ausgeschlossen, soweit der

426 MünchKommAktG/*Altmeppen*, § 293a Rdn. 31; *Hüffer*, AktG, § 293a Rdn. 8.
427 MünchKommAktG/*Altmeppen*, § 293a Rdn. 31; *Bungert*, DB 1995, 1384, 1388; *Emmerich*/Habersack, § 293a Rdn. 11; *Hüffer*, AktG, § 293a Rdn. 8.
428 *Baums*, Bericht der Regierungskommission Corporate Governance, Rdn. 139 a.E.
429 *Kropff*, Begründung RegE, S. 189.

sachliche Anwendungsbereich der Norm reicht.[430] Folgt man der h.M., die hierunter ausschließlich Informationsausfall und -unterschreitung faßt,[431] begegnet die Beschränkung der Klagbarkeit durch die *lex specialis* auch angesichts der verfassungsrechtlichen Wurzel des individuellen Informationsrechts keinen Bedenken.[432] Gerade die leichtere Erkennbarkeit dieser Mangelkategorien vermag nämlich die kurze Zweiwochenfrist als verfassungsgemäße Inhalts- und Schrankenbestimmung im Sinne des Art. 14 Abs. 1 Satz 2 GG zu rechtfertigen.[433]

Das Ergebnis dieser Normdeutung, die sich an der verfassungsrechtlichen Wurzel des Auskunftsrechts orientiert, ist bei genauem Hinsehen bereits durch den Gesetzestext selbst vorgezeichnet.[434] Nach § 132 Abs. 1 Satz 1 AktG entscheidet das Gericht, "ob" - nicht wie - der Vorstand die Auskunft zu geben hat. In § 132 Abs. 2 Satz 2 AktG wird für den Fristbeginn auf die Hauptversammlung Bezug genommen, in der die Auskunft "abgelehnt" - nicht falsch oder ungenügend erteilt - worden ist. Diese eindeutigen Wortlautgrenzen hat der historische Gesetzgeber auch bewußt gewählt, denn er wollte über die genannten Gründe der Verfahrensökonomie hinaus in Abkehr von § 112 Abs. 3 Satz 2 AktG 1937 gerade die Auskunftsverweigerung dem pflichtgemäßen Ermessen des Vorstands entziehen und der richterlichen Kontrolle zuweisen.[435] Ausschlaggebend muß daneben die systematisch-teleologische Wertung sein, wonach eine Verfahrensbeschleunigung nur bei der in erster Linie rechtlichen Beurteilung der Erforderlichkeit einer Auskunft bzw. des Vorliegens eines Verweigerungsgrundes Sinn macht. Nur bei solchermaßen Rechtsfragen auslösenden Informationsmängeln läßt sich ohne aufwendige Tatsachenermittlung zu einer raschen Entscheidung kommen. Vor allem aber: Nur insoweit lassen sich die kurze Frist und ihre Anknüpfung an den Hauptversammlungstermin mit der

---

430 Letzteres ergibt sich aus dem Grundsatz *lex specialis derogat legi generali*, da bei paralleler Anwendung die strengere Spezialnorm leerlaufen würde; statt aller *Bydlinski*, Methodenlehre, S. 465; s. dazu und zur Widersprüchlichkeit der h.M. sogleich m. w. Nachw.

431 OLG Dresden AG 1999, 274, 276; LG Dortmund AG 1999, 133, 133; LG Köln AG 1991, 38, 38; LG Berlin WM 1990, 978, 983; GroßKommAktG/*Barz*³, § 132 Rdn. 2; *Baumbach/Hueck*, AktG, § 132 Rdn. 2; *Henn*, Rdn. 894; *Ebenroth*, Auskunftsrecht, S. 143; Geßler/Hefermehl/*Eckardt*/Kropff, § 132 Rdn. 27; *Wilde* ZGR 1998, 423, 443 f.; *Messer*, FS Quack, S. 321, 333; KölnKomm/*Zöllner*, § 132 Rdn. 5; offengelassen von *Baums*, Bericht der Regierungskommission Corporate Governance, Rdn. 142.

432 S. zu den Grundlagen des § 131 bereits oben unter § 1 II 2 a).

433 S. zu den Mangelkategorien ausf. oben unter I.

434 Eine ausf. Beleuchtung der Wortlautdiskussion einschließlich europarechtlicher Seitenblicke bietet *Hellwig*, FS Budde, S. 265, 275 f.

435 *Kropff*, Begründung RegE, S. 189.

leichteren Erkennbarkeit des qualifizierten Informationsunterlassens für die Aktionäre (verfassungsmäßig) rechtfertigen.

bb) Auskunftserzwingung bei Fehlinformation und Informationsdefiziten - § 132 AktG analog oder allgemeine Leistungsklage? (Hellwig)

Offen bleibt die Frage, wie der Aktionär zur richtigen Auskunft gelangt, wenn eine Unterrichtung durch den Vorstand erfolgte, aber mit Fehlinformationen oder Informationsdefiziten behaftet war. Nach soeben bekräftigter h.M. ist ihm dann der spezielle Rechtsbehelf der Erzwingung nach § 132 AktG verschlossen. Namentlich *Hellwig* verlangt mit beachtlichen Sachargumenten eine Anwendung der Vorschrift auch für diese Informationsmängel.[436] Er versucht die Begründung mit einer weiten Normzweckbetrachtung und einem Rückgriff auf das Gebot verfassungskonformer Auslegung. Methodenehrlich ließe sich seine Auffassung angesichts der - wie dargelegt - klaren Wortlautgrenzen jedoch allenfalls *praeter legem*, also im Wege einer Analogie, vertreten.[437] Hiergegen spricht allerdings sogleich, daß die Kategorien der Fehlinformation und jene des qualifizierten Informationsunterlassens eben nicht vergleichbar sind.[438] Gerade Fehlinformationen und Informationsdefizite können von den Aktionären nur schwer erkannt werden. Die starre Zweiwochenfrist macht hier also gar keinen Sinn. Dies konzediert auch *Hellwig* und schlägt vor, den Fristlauf in Abwandlung von § 132 Abs. 2 Satz 2 AktG erst mit Kenntnis der Aktionäre von der unrichtigen Auskunft beginnen zu lassen.[439] Doch stellt sich angesichts der schweren Vorwerfbarkeit dieser Mangelkategorien die Frage, welcher Gerechtigkeitsgehalt der Frist dann überhaupt noch zukommt.[440] Auch die *ratio* der Verfahrensbeschleunigung kommt angesichts des naturgemäß ermittlungsaufwendigeren Tatsachenproblems, die richtige Information erkennen zu können, nicht in Betracht.

---

436 *Hellwig*, FS Budde, S. 265, 277 ff.; ähnlich *Hüffer*, AktG, § 132 Rdn. 4a; *Quack*, FS Beusch, S. 663, 669; MünchHdbAG/*Semler*, § 37 Rdn. 53; vgl. *K. Schmidt*, Informationsrechte, S. 51: "[Die Formulierung in § 132 Abs. 1 Satz 1 AktG] ist irreführend [...D]as Gericht entscheidet über das *Leistungsbegehren* des Aktionärs. Es liegt eine im FGG-Verfahren zu erhebende Leistungs-"Klage" [...] vor"; sympathisierend auch GroßKommAktG/*Decher*, § 132 Rdn. 7.

437 S. statt aller *Larenz/Canaris*, Methodenlehre, S. 163, wonach auch die verfassungskonforme Auslegung die Wortsinngrenze zu beachten hat (nicht ganz unstr.; s. die Nachw. ebenda).

438 Dazu schon ausf. oben unter I; zu den Analogievoraussetzungen s. nur *Larenz/Canaris*, Methodenlehre, S. 202 ff. m. w. Nachw.

439 *Hellwig*, FS Budde, S. 265, 285.

440 Vgl. zu den Vorwerfbarkeitsstufen bereits oben unter I.

Diese Unstimmigkeiten weisen auf jenen Prüfungspunkt der von *Hellwig* der Sache nach vertretenen Analogie hin, welcher einem Interessenvergleich gemeinhin als vorgreiflich erachtet wird: genau genommen fehlt nämlich eine Lükke.[441] Eine solche ergibt sich nämlich nur aus einer unzutreffenden Schlußfolgerung der h.M. Zutreffend beschränkt diese zwar den Anwendungsbereich des speziellen § 132 AktG auf die Fälle des qualifizierten Informationsunterlassens. Entgegen dem Grundsatz *lex specialis derogat legi generali*[442] schließt sie die allgemeine Leistungsklage als *lex generalis* (und *priori*)[443] aber über den Anwendungsbereich der *lex specialis* hinaus auch für die Kategorie der Fehlinformation aus.[444] Dieser Verstoß gegen den Spezialitätsgrundsatz läßt sich nicht etwa damit rechtfertigen, daß dem informationsinteressierten Aktionär die vom Ausschluß unberührten Feststellungs- und Anfechtungsklagen zur Verfügung stünden.[445] Diese sind gerade keine Behelfe des Primärrechtsschutzes.[446] Mit der Feststellungsklage kann der Aktionär nur festgestellt bekommen, daß - nicht inwiefern - die ihm erteilte Auskunft unrichtig war. Mit demselben (negativen) Wissensstand verläßt er schlimmstenfalls auch den erfolgreichen Anfechtungsprozeß. Das grundrechtlich geschützte Informationsrecht muß aber vom Aktionär erst recht dann primär verfolgt werden können, wenn er falsch oder defizitär unterrichtet wurde.[447] Schließlich weisen diese Mangelkategorien eine schwere Vorwerfbarkeit auf.[448] Sie stellen damit auch einen besonders tiefen Eingriff in das Mitgliedschaftsrecht auf Information dar.

---

441 Das zweistufige Prüfungsprogramm zur Bestimmung einer Analogie ist eine Hilfskonstruktion; letztlich sind bereits bei der Lückenfeststellung die Teleologie des Gesetzes und das Gebot der Gleichbehandlung des Gleichsinnigen zu berücksichtigen; *Larenz/Canaris*, Methodenlehre, S. 220; *Bydlinski*, Methodenlehre, S. 473 f.; zu dieser Zirkularität von Lückenfeststellung und Lückenausfüllung grundlegend *Canaris*, Lücken, S. 71 ff., 148 ff.

442 *Bydlinski*, Methodenlehre, S. 465; *Larenz/Canaris*, Methodenlehre, S. 88 f., jeweils m. w. Nachw.

443 Vgl. zur allgemeinen Leistungsklage als *lex generalis* die Rechtslage vor Existenz des § 132 AktG 1965; dazu BGHZ 32, 159, 161 f.: "Daß die Durchsetzung eines solchen Auskunftsanspruchs in der Zwangsvollstreckung Schwierigkeiten bereiten kann, nimmt diesem Anspruch wie auch in anderen Fällen nicht die Klagbarkeit".

444 S. statt aller GroßKommAktG/*Decher*, § 132 Rdn. 9 m. w. Nachw.

445 So etwa OLG Dresden AG 1999, 274, 276; LG Dortmund AG 1999, 133, 133; LG Köln AG 1991, 38, 38; LG Berlin WM 1990, 978, 983; GroßKommAktG/*Barz*[3], § 132 Rdn. 2; *Baumbach/Hueck*, AktG, § 132 Rdn. 2; *Henn*, Rdn. 894; *Ebenroth*, Auskunftsrecht, S. 143; Geßler/Hefermehl/*Eckardt*/Kropff, § 132 Rdn. 27; KölnKomm/*Zöllner*, § 132 Rdn. 5.

446 Dazu eingehend *Hellwig*, FS Budde, S. 265, 271 ff.

447 Dazu eindringlich *Hellwig*, FS Budde, S. 265, 281 f. mit abw. Ergebnis.

448 S. oben unter I.

Sein Rechtsschutzziel auf richtige Information muß der Aktionär infolgedessen im Wege der allgemeinen Leistungsklage als *lex generalis* durchsetzen können.[449] Rechtsschutzbedürftig kann dabei freilich nicht nur der Aktionär sein, dem die falsche Auskunft erteilt wurde, sondern nach der Wertung des in § 131 Abs. 4 AktG ausgeprägten Gleichbehandlungsgebots jeder Aktionär, der auch nur mittelbarer Adressat der Fehlunterrichtung war.[450] Als zeitliche Schranke kommt mithin allein die Verwirkung in Betracht.[451]

2. *Sekundärrechtsschutz*

a) Eintragungshindernis Informationsausfall (Fehlender Bericht)

Mit Recht wird der Grundsatz formuliert, daß Informationsmängel die Eintragung der beschlossenen Strukturänderung ins Handelsregister nicht verhindern können.[452] Schließlich soll die Prüfung des Registerrichters die einzutragende Tatsache im Hinblick auf Drittinteressen außenstehender Gläubiger sowie der Öffentlichkeit schützen. Informationsrechte verfolgen dagegen den Schutz der Interessen der einzelnen Aktionäre bzw. des Verbands.[453] Neben der Publizitäts- und Vertrauensschutzfunktion ist aber auch eine begrenzte Kontrollfunktion des

---

449 S. nur *Habersack*, Mitgliedschaft, S. 341; MünchHdbAG/*Wiesner*, § 18 Rdn. 7 m. w. Nachw. Der verfassungsrechtliche Begründungsaufwand von *Hellwig*, FS Budde, S. 265, 282 ist streng genommen überschießend, denn auf einen individuellen Primäranspruch aus dem Freiheitsgrundrecht muß angesichts der vorhandenen *lex generalis* und *priori* gar nicht erst zurückgegriffen werden. Sein subjektiv-teleologischer Einwand (ebenda) unter Hinweis auf *Kropff*, Begründung RegE, S. 189, der Gesetzgeber selbst habe das Verfahren nach der Zivilprozeßordnung als nicht geeignet bewertet, vermag nicht den objektiven, vom Wortlaut getragenen Gesetzessinn zu überlagern; s. dazu die übersichtliche Darlegung bei *Larenz/Canaris* Methodenlehre, S. 137 ff., 149 ff.; noch eindeutiger *Canaris*, Systemdenken, S. 91 Fn. 23 a.E. und *Bydlinski*, Methodenlehre, S. 562 f.

450 Gleichsinnig auf dem Boden der von ihm der Sache nach vertretenen Analogie *Hellwig*, FS Budde, S. 265, 283 f.

451 Wie soeben ausgeführt, kann eine entsprechende Anwendung der Zweiwochenfrist des § 132 Abs. 2 Satz 2 AktG mangels Vergleichbarkeit der Interessenlagen nicht in Betracht kommen; gleichsinnig *Werner*, FS Heinsius, S. 911, 927 f., der diese Frist streng auf § 132 AktG beschränken will und so etwa auch nicht auf die negative Feststellungsklage der Gesellschaft anwendet.

452 So GroßKommAktG/*K. Schmidt*, § 241 Rdn. 26, § 243 Rdn. 72 sowie etwa im Verschmelzungsfalle Lutter/*Lutter*, UmwG, § 8 Rdn. 56, jeweils m. w. Nachw.

453 Zur *ratio* der Informationsrechte s. bereits oben unter § 1 II 1 und 3 b).

Handelsregisters im Hinblick auf rechtliche Mindeststandards anzuerkennen.[454] Diese Grenze unterschreiten die Fälle des gänzlich fehlenden Berichts; für sie ist eine Ausnahme vom genannten Grundsatz zugunsten eines Eintragungshindernisses zu machen. Auch wenn ein solcher Informationsausfall nicht zur Nichtigkeit des Hauptversammlungsbeschlusses führen mag,[455] stellt er aus Sicht des Registerrichters doch einen Rechtsmangel dar, der so evident ist, daß er nicht sehenden Auges hingenommen werden darf.[456] Für Publikumsaktiengesellschaften wird überdies gelegentlich angeführt, die Wahrnehmung der Aktionärs- und Gesellschaftsinteressen liege stets auch im öffentlichen Interesse und somit sei die Verkehrsschutzfunktion des Handelsregisters ohnehin betroffen.[457]

Im seltenen Fall eines gänzlich fehlenden Berichts sollte bei den meisten Umstrukturierungsvorgängen, für die grundsätzlich eine Registersperre bis zum erfolglosen Ablauf der Anfechtungsfrist bzw. des Anfechtungsprozesses besteht und das Gesetz eine Negativerklärung hierüber verlangt,[458] auch ein Freistellungsverfahren nach § 16 Abs. 3 UmwG oder vergleichbaren Bestimmungen außer Betracht bleiben. Ein Informationsausfall im Hinblick auf die Berichtspflicht des Vorstands bzw. des Hauptaktionärs beim Squeeze Out hindert in der Konsequenz die Eintragung der Umstrukturierung ins Handelsregister kategorisch.[459]

---

454 Grundlegend *Lutter*, NJW 1969, 1873, 1875 f.; ähnlich GroßKommAktG/*Wiedemann*, § 181 Rdn. 25 a.E.; KölnKomm/*Zöllner*[1], § 241 Rdn. 25, § 243 Rdn. 38 ("Eintragungswidrigkeit" als eigene Beschlußmangelkategorie).

455 Unstr.; Lutter/*Lutter*, UmwG, § 8 Rdn. 54; Schmitt/Hörtnagl/*Stratz*, UmwG, § 8 Rdn. 31; MünchKommAktG/*Altmeppen*, § 293a Rdn. 66; *Emmerich*/Habersack, § 293a Rdn. 31.

456 Zum Registergericht als "Rechtsaufsichtsbehörde" und diesem Evidenzgedanken prägnant GroßKommAktG/*Wiedemann*, § 181 Rdn. 25 a.E. m. w. Nachw.

457 MünchKommAktG/*Altmeppen*, § 293a Rdn. 72; GroßKommAktG/*Wiedemann*, § 181 Rdn. 25 a.E.

458 §§ 16 Abs. 2, 125 Satz 1, 198 Abs. 3 UmwG, §§ 319 Abs. 5, 320 Abs. 1, 327e Abs. 2 AktG.

459 Dazu grundlegend *Lutter*, NJW 1969, 1873, 1875 ff.; ebenso MünchKommAktG/*Hüffer*, § 241 Rdn. 8; exakt bei Informationsmängeln weitergehend MünchKomm AktG/*Altmeppen*, § 293a Rdn. 72, der auch jenseits des evidenten Informationsausfalls bei Mängeln des Unternehmensvertragsberichts ein Eintragungshindernis befürwortet.

b) Anfechtungsklage

Jeder beschlußbezogene Informationsmangel,[460] einerlei ob er sich auf den Bericht oder die Auskunft bezieht, stellt einen Gesetzesverstoß im Sinne des § 243 Abs. 1 Alt. 1 AktG dar und begründet damit die Anfechtbarkeit des betreffenden Strukturänderungsbeschlusses.[461] Das gilt nicht nur für Strukturänderungen des AktG; auch das UmwG geht stillschweigend davon aus, daß gegen Umwandlungsbeschlüsse bei einer Aktiengesellschaft Anfechtungsklage nach § 243 AktG erhoben wird, wenn es in den §§ 14 Abs. 1, 195 Abs. 1 UmwG Klagen gegen solche Beschlüsse einer § 246 AktG vergleichbaren Monatsfrist unterstellt.[462] In rechtstatsächlicher Hinsicht ist dabei bemerkenswert, daß die Anfechtungsklage nicht nur unter den bei Informationsmängeln in Betracht kommenden Rechtsbehelfen am weitaus häufigsten zum Zuge kommt; vielmehr rügen die Kläger ganz generell in den allermeisten Anfechtungsprozessen jedenfalls auch Informationspflichtverletzungen.[463]

aa) Kein Vorrang des Primärrechtsschutzes

(1) de lege lata

Ob die Anfechtungsklage unter dem Vorbehalt vorherigen Primärrechtsschutzes steht, wird - soweit ersichtlich - nur für die Fälle diskutiert, in denen eine Auskunftserzwingung nach § 132 AktG in Betracht kommt.[464]

Befürworter argumentieren zunächst mit dem Wortlaut des § 132 Abs. 1 Satz 1 AktG, wonach über die Auskunftserzwingung auf Antrag "ausschließlich" das

460 Ausnahme ist die Informationsüberschreitung; hier kommt allenfalls ein Schadensersatzanspruch der Gesellschaft gegen die Vorstandsmitglieder in Betracht; vgl. oben unter I 3.

461 Unstr.; s. zu den Berichtsmängeln etwa BGHZ 107, 296, 302 f.; Lutter/*Lutter*, UmwG, § 8 Rdn. 54; Lutter/*Priester*, UmwG, § 128 Rdn. 54; Kallmeyer/*Marsch-Barner*, UmwG, § 8 Rdn. 33; Schmitt/Hörtnagl/*Stratz*, UmwG, § 8 Rdn. 31; *Emmerich*/Habersack, § 293a Rdn. 40; zurückhaltend MünchKommAktG/*Altmeppen*, § 293a Rdn. 66; s. zu den Auskunftsmängeln etwa BGHZ 36, 121, 139; GroßKommAktG/*Decher*, § 131 Rdn. 381 f.; *Hüffer*, AktG, § 131 Rdn. 44; vgl. auch den prägnanten Überblick bei GroßKommAktG/*K. Schmidt*, § 243 Rdn. 34 f. m. w. Nachw.

462 So ausdrücklich statt aller *Henze* ZIP 2002, 97, 101 f.

463 S. den Befund bei *Schiessl*, VGR 1999, S. 57, 67 und die Nachw. bei GroßKommAktG/*Decher*, § 131 Rdn. 50 mit Fn. 51.

464 Nach hier vertretener h.M. bei Informationsausfall und - unterschreitung; s. dazu ausf. oben unter 1 b).

Landgericht des Gesellschaftssitzes entscheidet.[465] Zwar ist zuzugeben, daß sich die Bedeutung des Begriffs "ausschließlich" nicht in der prozessualen Zuständigkeitsregelung erschöpft.[466] Dennoch nimmt bei unbefangener Wortlautauslegung auch der materielle Regelungsgehalt einen interpretationsfesten Anwendungsbereich der Norm in Bezug. Nur soweit entschieden werden soll, "ob der Vorstand die Auskunft zu geben hat", ist die Klageerzwingung im FGG-Verfahren nach § 132 AktG durch die Vorschrift selbst als vorrangig vorgegeben. Der Vorrang besteht damit nur gegenüber dem ebenfalls in Frage stehenden Behelf des Primärrechtsschutzes, der zivilprozessualen Leistungsklage.[467] Über das Verhältnis zu Sekundärrechtsbehelfen wird also positivrechtlich keine Aussage getroffen.

Auch der darüber hinaus vorgebrachte (vermeintliche) Wille des historischen Gesetzgebers, der Anfechtungsklage stets die Klageerzwingung "vorzuschalten",[468] vermag eine systematisch-teleologische Auslegung der Norm nicht zu ersetzen.[469] Keine Rückschlüsse lassen sich aus § 132 Abs. 2 Satz 1 AktG ziehen; denn daß jeder anfechtungswillige Aktionär auch nach § 132 AktG vorgehen kann, reflektiert lediglich die Parallelität von Primär- und Sekundärrechtsschutz.[470] Auf dem Erkenntnisweg zum objektiven *telos* wird zutreffend auf die systematische Unstimmigkeit hingewiesen, daß das Auskunftserzwingungsverfahren im Zeitpunkt des Ablaufs der einmonatigen Anfechtungsfrist aus rein zeitlichen Gründen noch nicht entschieden sein könne.[471] Wäre § 132 AktG als Vorschaltrechtsbehelf konzipiert, müßte mit der Antragstellung im Klageerzwingungsverfahren auch der Lauf der Anfechtungsfrist nach § 246 AktG unterbrochen oder doch zumindest gehemmt werden. Eine solche Regelung widerspräche aber wiederum der Konzeption dieser Frist als materieller Präklusions-

---

465 So die früher h.M.; etwa GroßKommAktG/*Barz*[3], § 132 Rdn. 9; *Baumbach/Hueck*, AktG, § 132 Rdn. 7; *Ebenroth*, Auskunftsrecht, S. 160; Geßler/Hefermehl/*Eckardt*/Kropff, § 132 Rdn. 8 ff.; *Godin/Wilhelmi*, AktG, § 132 Anm. 4.

466 Insoweit noch zutreffend *Werner*, FS Heinsius, S. 911, 918.

467 Diese Wortlautgrenze verkennt *Werner*, FS Heinsius, S. 911, 918 f.

468 Vgl. *Kropff*, Begründung RegE, S. 188 f.; der eindeutige Wille eines Vorrangbehelfs auch gegenüber der Anfechtungsklage kann aber den Gesetzesmaterialien nicht entnommen werden; ebenso etwa BGHZ 86, 1, 3.

469 Zu diesem methodischen Befund prägnant *Larenz/Canaris*, Methodenlehre, S. 137 ff., 149 ff.; noch eindeutiger *Canaris*, Systemdenken, S. 91 Fn. 23 a.E. und *Bydlinski*, Methodenlehre, S. 562 f.; im allgemeineren bürgerlich-rechtlichen Zusammenhang ebenso *Habersack/Schürnbrand*, JuS 2002, 833, 836.

470 Ähnlich KölnKomm/*Zöllner*[1], § 131 Rdn. 98; a.A. *Werner*, FS Heinsius, S. 911, 919.

471 S. etwa GroßKommAktG/*Decher*, § 132 Rdn. 10; KölnKomm/*Zöllner*[1], § 131 Rdn. 97; *Hüffer*, AktG, § 243 Rdn. 119.

frist.[472] Jedenfalls kann es nicht legislatorisch intendiert sein, daß der Aktionär zusätzlich zu dem Antrag nach § 132 AktG eine Anfechtungsklage "auf Verdacht" erhebt und damit im Hinblick auf ein erfolgloses Auskunftserzwingungsverfahren ein erhöhtes Kostenrisiko eingeht.[473]

Der entscheidende systematisch-teleologische Gesichtspunkt beschränkt sich nicht auf die partielle Frage nach dem Verhältnis der Anfechtungsklage zu § 132 AktG, sondern betrifft ihre dogmatische Einordnung ganz generell. Nach richtiger Ansicht kommt ihr nämlich stets, d.h. auch wenn sie im Falle der Aktionärsanfechtung vorrangig im Dienste des individuellen Rechtsschutzes steht, die Aufgabe einer objektiven Rechtmäßigkeitskontrolle zu.[474] Das erfolgreiche Anfechtungsurteil sanktioniert dem entsprechend nicht nur im Interesse des klagenden Aktionärs oder der Gesellschaft, an deren Stelle ein Organ(mitglied) klagt, die rechtswidrige Beschlußlage durch rückwirkend (*erga omnes*) gestaltende Kassation,[475] sondern jeweils auch im Interesse der nicht klagenden Aktionäre bzw. des nicht klagenden Verbands. Dieser Kontroll- und Sanktionscharakter unterscheidet die Anfechtungsklage maßgeblich von allen anderen primären und sekundären Rechtsbehelfen.[476] Vor diesem Hintergrund kann dem Anfechtungskläger nicht ohne weiteres entgegengehalten werden, es sei kein Primärrechtsschutz eingelegt worden. Dies ginge dann nämlich zu Lasten der nicht klagen-

---

472 S. zur materiellen Bedeutung dieser Frist nur GroßKommAktG/*K. Schmidt*, § 246 Rdn. 13-15 m. w. Nachw.

473 Daher bejaht die heute ganz h.M. eine Parallelität von § 132 AktG und Anfechtung; s. etwa BGHZ 86, 1, 3; GroßKommAktG/*K. Schmidt*, § 243 Rdn. 34; GroßKommAktG/*Decher*, § 132 Rdn. 10; *Hüffer*, AktG, § 243 Rdn. 119, § 132 Rdn. 2; KölnKomm/*Zöllner*[1], § 131 Rdn. 98; *Quack*, FS Beusch, S. 663, 668; a.A. nur *Werner*, FS Heinsius, S. 911, 915 f., 918 ff.

474 Zur Doppelnatur der Anfechtungsklage als Behelf individuellen Aktionärsschutzes und objektiver Rechtmäßigkeitskontrolle s. GroßKommAktG/*K. Schmidt*, § 246 Rdn. 11 und § 245 Rdn. 4, 10; *ders.*, Informationsrechte, S. 45; *Hüffer*, AktG, § 245 Rdn. 3; zur Organähnlichkeit des Aktionärs als Anfechtunskläger grundlegend *Lutter*, AcP 180 (1980), 84, 143; zur allgemeinen Kontrollfunktion der Anfechtungsklage insbes. BGHZ 107, 296, 308 ("Koch's Adler"); *Lutter*, ZGR 1978, 347, 349; *ders.*, NJW 1969, 1873, 1877 f.; *Hirte*, BB 1988, 1469, 1470; *Noack*, AG 1989, 78, 83; *Bayer*, VGR 1999, S. 35, 36 ff.; a.A. GroßKommAktG/*Mülbert*, Vor §§ 118-147 Rdn. 205-207 (rein individualrechtliches Verständnis des Anfechtungsrechts); *Zöllner*, ZGR-Sonderheft 12, S. 147, 156 ff.; *ders.* AG 2000, 145, 146; ähnlich *Habersack*, Mitgliedschaft, S. 230; kritisch auch *Schiessl*, VGR 1999, S. 57, 61 f.

475 Unstr. Wirkung des Anfechtungsurteils; s. nur GroßKommAktG/*K. Schmidt*, § 248 Rdn. 5 m. w. Nachw.

476 Die Beschlußvernichtung *ex tunc* ausdrücklich als Sanktion kennzeichnend etwa *Hüffer*, AktG, § 243 Rdn. 17; zur entgegengesetzten Würdigung der Thematik im Schadensrecht s. unten unter c) bb) (3).

den, aber ebenso durch den Behelf der Anfechtungsklage geschützten Interessenträger. Zwar stellen auch die gesetzlichen Anforderungen an die Anfechtungsbefugnis nach § 245 AktG letztlich Regelungen dar, welche der Kontrollfunktion der Anfechtung entgegengesetzt sind. *Praeter legem* kann eine solche Einschränkung aber gerade nicht postuliert werden; ein der anfechtungsrechtlichen Doppelnatur gegenläufiger Vorrang des Primärrechtsschutzes als gesetzliches Wertungsprinzip ist, wie gezeigt, auch nicht aus § 132 AktG ableitbar.[477]

(2) de lege ferenda

Auf den ersten Blick steht dem nicht entgegen, der Anfechtungsklage *de lege ferenda* die zwingende Geltendmachung des Primäranspruchs auf Information "vorzuschalten", wie es namentlich *Schiessl* für den Bereich des § 132 AktG verlangt.[478] Fraglich ist dabei, wie dieser Vorrang die objektive Kontrollfunktion systemstimmig einschränkend im Hinblick auf den klägerbezogen möglichen Primärrechtsschutz in die Anfechtungsregelungen eingefügt werden kann. Ein auf die kollektiven Informationsrechte ausgedehnter § 132 AktG wäre keineswegs der richtige Ort für eine solche Regelung.[479] Sonst bliebe weiterhin offen, wie die materielle Präklusionsfrist des § 246 Abs. 1 AktG darauf abzustimmen ist. Während diese die objektive Komponente im aktienrechtlichen Beschlußmängelsystem darstellt,[480] verbleibt als einzig möglicher Ort einer subjektiven Anfechtungsschranke die in § 245 AktG geregelte Klagebefugnis.[481] Dabei könnte dem Anfechtungskläger im Hinblick auf den ihm *in concreto* möglichen und zumutbaren, aber unterlassenen Behelf des Primärrechtsschutzes die Klage verschlossen bleiben. Der unterlassene Primärrechtsschutz kann ihm bei Wahrung der Verhältnismäßigkeit derart aber nur vorgeworfen werden, wenn er die Informationsrechtswidrigkeit rechtzeitig erkennen konnte. Dies wird allenfalls bei Informationsausfall und -unterschreitung anzunehmen sein. Dabei müßten Aufsichtsratsmitglieder im Rahmen des § 245 Nr. 5 ebenso weiterhin anfech-

477 Gleichsinnig wohl GroßKommAktG/*Decher*, § 132 Rdn. 10 mit dem etwas vagen Hinweis, beide Verfahren hätten ein unterschiedliches Ziel und ein ungleiches Gewicht.

478 *Schiessl*, VGR 1999, S. 57, 68; andeutungsweise bereits *ders.*, AG 1999, 442, 447 f.; ebenso *Krieger*, ZHR 163 (1999), 343, 362.

479 Die Ausweitung des Anwendungsbereichs von § 132 AktG auf alle Informationspflichtverletzungen wird postuliert von *Baums*, Bericht der Regierungskommission Corporate Governance, Rdn. 139 a.E.; dazu kritisch bereits oben unter 1 a) cc) a.E.

480 So treffend *Noack*, AG 1989, 78, 83.

481 S. zur Anfechtungsbefugnis sogleich unter bb).

tungsbefugt bleiben wie Aktionäre im Rahmen des § 245 Nrn. 1 und 2 AktG im Falle von Fehlinformationen bzw. Informationsdefiziten.

Auf den zweiten Blick reduziert sich die regelbare Konstellation damit wieder auf das Verhältnis der Anfechtungsklage zu § 132 AktG.[482] Um sich seine Anfechtungsbefugnis bei Auskunftsausfall bzw. -unterschreitung zu erhalten,[483] käme der Aktionär letztlich aber auch *de lege ferenda* nicht umhin, die Anfechtungsklage "auf Verdacht" zu erheben. Zwar könnte man ihn bei erfolglosem Auskunftsverfahren wegen Rücknahme der Anfechtungsklage spezialgesetzlich von der Kostentragungspflicht des § 269 Abs. 3 Satz 2 ZPO entbinden, um dieser Anfechtungsklage "auf Verdacht" das Kostenrisiko zu nehmen und so äußere Systemstimmigkeit zu verleihen. Richtigerweise kommt es aber auch darauf nicht an, weil das Prozeßgericht noch vor mündlicher Verhandlung der Anfechtungsklage ohnehin gemäß § 148 ZPO bis zur Entscheidung des Auskunftsverfahrens aussetzt.[484] Hinsichtlich des rechtspolitischen Postulats verbleibt dann aber die Frage des *cui bono*. Dem Anliegen einer Verfahrensbeschleunigung würde damit jedenfalls entgegengewirkt.[485] Bei alledem sollte die Anfechtungsklage also auch *de lege ferenda* vom Auskunftsverfahren gem. § 132 AktG unabhängig bleiben.[486]

bb) Ausformungen der Anfechtungsbefugnis des klagenden Aktionärs (Gesetzeslücken in § 245 Nr. 1 AktG)

Wenn man richtigerweise der Anfechtungsklage objektive Kontrollfunktion auch zugunsten der nicht klagenden Interessenträger beimißt,[487] kommt der Befugnis zur Anfechtung nach § 245 AktG - wie bereits angedeutet - eine einschränkende

482 So auch der Vorschlag von *Schiessl*, VGR 1999, S. 57, 68.

483 So die tatbestandlich von § 132 AktG in Bezug genommenen Fälle; s. dazu ausf. soeben unter 1 b).

484 Nach h.M. besteht Bindungswirkung der Entscheidung im Auskunftsverfahren und Aussetzungspflicht des Gerichts im Anfechtungsprozeß; s. dazu statt aller GroßKommAktG/*K. Schmidt*, § 243 Rdn. 34 a.E. m. w. Nachw.; a.A. etwa LG Frankenthal AG 1989, 253, 255; selbst wenn man keine Bindungswirkung annähme und das Gericht nicht zur Aussetzung für verpflichtet hielte, würde bei lebensnaher Betrachtung das Gericht von seiner Aussetzungsmöglichkeit nach § 148 ZPO aus ökonomischen Gründen sowie zur Vermeidung widersprüchlicher Entscheidungen Gebrauch machen; s. dazu GroßKommAktG/*Decher*, § 132 Rdn. 11 f.

485 So zutreffend *Baums*, Gutachten F z. 63. DJT, S. 135.

486 Ebenso *Baums*, Gutachten F z. 63. DJT, S. 134 f.

487 S. nur soeben unter aa) sowie die in der Einleitung a.A. aufgestellte Prämisse.

Aufgabe zu.[488] Sie soll als einzig subjektive Anfechtungsschranke Popularklagen ausschließen, indem sie die zulässigen Kläger im Gestaltungsprozeß "herausfiltert".[489] Gleichwohl bestimmt die Anfechtungsbefugnis im aktienrechtlichen Anfechtungsprozeß nicht etwa eine Sachurteilsvoraussetzung, sondern sie legitimiert nach h.M. den Inhaber des Rechts zur Anfechtung als eines privaten Gestaltungsrechts.[490] Fehlt sie, ist die Anfechtungsklage folglich durch Sachurteil abzuweisen.

Mit Blick auf Anfechtungsklagen desinteressierter Aktionäre, die in der Hauptversammlung erschienen sind, ist zunächst eine Normzweckbetrachtung vorzunehmen, um anschließend den für die Klagebefugnis nach § 245 Nr. 1 AktG prinzipiell erforderlichen Widerspruch bei Informationsmängeln für zwei Konstellationen kritisch zu beleuchten.

(1) Zur ratio des Widerspruchserfordernisses nach § 245 Nr. 1 AktG: Zerstörung eines Rechtsscheins statt Verwirkungsverhinderung

Bei unbefangener Lektüre des Widerspruchserfordernisses nach § 245 Nr. 1 AktG könnte man meinen, es diene der Rechtssicherheit. Dann wäre die Regelung aber überflüssig, denn beliebig lange muß mit einer Anfechtungsklage sowieso nicht gerechnet werden; für Gewißheit hinsichtlich der endgültigen Bestandskraft des Hauptversammlungsbeschlusses sorgt bereits die kurze Klagefrist des § 246 Abs. 1 AktG von einem Monat ab Beschlußfassung.[491] Diese Frist bildet die objektive Komponente im aktienrechtlichen Beschlußmängelsystem, während der Widerspruch als subjektive Anfechtungsschranke an den klagenden Aktionär anknüpft.[492] Wer sich mit einer historischen Auslegung begnügt,[493] müßte das widerspruchslose Schweigen des in der Hauptversammlung erschienenen Aktionärs mit der Amtlichen Begründung von 1884 als "Billigung des Be-

488 S. dazu besonders instruktiv GroßKommAktG/*K. Schmidt*, § 245 Rdn. 3 f. und 10 m. w. Nachw.

489 Ähnlich GroßKommAktG/*K. Schmidt*, § 245 Rdn. 2; KölnKomm/*Zöllner*[1], § 245 Rdn. 77; *Hirte*, BB 1988, 1469, 1472.

490 BGH WM 1992, 1404, 1405; *Hüffer*, AktG, § 245 Rdn. 2; KölnKomm/*Zöllner*[1], § 245 Rdn. 2; *Noack*, AG 1989, 78, 83 f.; a.A. GroßKommAktG/*K. Schmidt*, § 245 Rdn. 6 f. (i.E. aber dennoch Abweisung als unbegründet wegen mit der Nichtigkeitsklage einheitlichen Streitgegenstands); *Teichmann*, JuS 1990, 269, 271.

491 So *Noack*, AG 1989, 78, 82 f.

492 So treffend *Noack*, AG 1989, 78, 83.

493 S. zum Verhältnis von subjektivem und objektivem *telos* jedoch *Larenz/Canaris*, Methodenlehre, S. 137 ff., 149 ff.; noch eindeutiger *Canaris*, Systemdenken, S. 91 Fn. 23 a.E.; und *Bydlinski*, Methodenlehre, S. 562 f.

schlusses" verstehen.[494] Doch auch ein stillschweigender Verzicht auf die Anfechtungsklage wäre eine Willenserklärung. Der Aktionär, der keinen Widerspruch erklärt, wird sich aber regelmäßig gar keine Gedanken darüber machen, daß er auf die Anfechtung zulässig verzichten kann,[495] geschweige denn einen diesbezüglichen Willen bilden. Sein Schweigen bleibt damit als Geltungsanordnung außer Betracht.[496] Eine ausdrückliche gesetzliche Erklärungsfiktion des unterlassenen Widerspruchs ist hingegen in § 245 Nr. 1 AktG nicht bereitgestellt.[497] Nach allgemeiner Meinung wird das Widerspruchserfordernis daher inzwischen als spezielle Ausprägung des Verbots eines *venire contra factum proprium* aufgefaßt, demzufolge der Aktionär bei Schweigen seine Anfechtungsbefugnis *ex lege* verwirke.[498]

Mag man sich damit auf den ersten Blick zufrieden geben, erscheint diese Zweckdeutung bei Anwendung der Rechtsregel auf die in Rede stehende Konstellation gleichwohl fragwürdig: Das widerspruchslose Hinnehmen der Beschlußfassung als *factum proprium*, zu dem sich eine spätere Aktionärsklage in Widerspruch setzt? Zwischen diesen beiden Ereignissen besteht doch gar kein negatorisches Verhältnis.[499] Richtig ist allerdings, daß das Gesetz die Widerspruchseinlegung aus der Sicht des späteren Anfechtungsklägers als Obliegenheit ausgestaltet, deren Verletzung den Verlust des Anfechtungsrechts zur Folge

---

494 Allgemeine Begründung zum Gesetz betreffend die Kommanditgesellschaften auf Aktien und die Aktiengesellschaft, Aktenstück vom 7. März 1884, abgedruckt bei *Schubert/Hommelhoff,* Aktienrechtsreform 1984, S. 467; GroßKommAktG/*K. Schmidt*, § 245 Rdn. 19, Fn. 57 vermag jedoch bereits diese eindeutige Formulierung i.S.d. sogleich aufgeführten h.M. zu interpretieren.

495 Zur Verzichtbarkeit des konkreten Anfechtungsrechts s. nur KölnKomm/*Zöllner*[1], § 243 Rdn. 14 a.E.

496 Ebenso *Noack*, AG 1989, 78, 79; *Hüffer*, AktG, § 245 Rdn. 13; zur Willenserklärung als Geltungsanordnung *Canaris*, Vertrauenshaftung, S. 427 ff. (vgl. zum Parallelfall eines erklärungsgleichen Schweigens bei § 362 HGB auch S. 217 ff.) ; prägnant *ders.*, NJW 1984, 2281, 2281 f.

497 Gleichsinnig MünchKommAktG/*Hüffer*, § 245 Rdn. 31; *Noack*, AG 1989, 78, 79.

498 *Hüffer*, AktG, § 245 Rdn. 13; MünchKommAktG/*ders.*, § 245 Rdn. 32; GroßKommAktG/*K. Schmidt*, § 245 Rdn. 19; *Noack*, AG 1989, 78, 79 f. (Widerspruch als "Verwirkungsverhinderung"); *Baums*, Gutachten F z. 63. DJT, S. 75 (kritische Anmerkungen allerdings zum nicht erschienenen Aktionär); *Schwarz*, ZRP 2000, 330, 336; offengelassen von KölnKomm/*Zöllner*[1], § 245 Rdn. 35 ff.

499 So zu den parallelen Fällen im bürgerlichen Recht (§§ 149 Satz 2, 254 BGB, § 362 HGB und kaufmännisches Bestätigungsschreiben) schon *Singer*, S. 31 ff., insbes. 34. Ein negatorisches Verhältnis bestünde jedoch zwischen Zustimmung zum Beschluß und späterer Anfechtungsklage; nicht einmal damit ist notwendig die Anfechtungsbefugnis ausgeschlossen; s. dazu nur *Hüffer*, AktG, § 245 Rdn. 24 a.E. m. w. Nachw.

hat.[500] Diese Widerspruchsobliegenheit ist aber wiederum unabdingbar, um die spätere Klageerhebung als Selbstwiderspruch zu deuten. Die Betrachtung ist damit zirkulär; zur Darlegung des *venire contra factum proprium* muß die Obliegenheitsnorm akzeptiert werden, für deren *ratio* durch die Rechtsregel selbst nichts gewonnen ist.[501]

Zur Erhellung der eigentlichen *ratio* mag die Einsicht beitragen, daß dem erschienenen und anfechtungswilligen Aktionär der Widerspruch zur Niederschrift des Notars nicht etwa sich selbst, dem Notar oder dem Organ Hauptversammlung gegenüber obliegt; materieller Adressat des Widerspruchs ist vielmehr zunächst die Gesellschaft, gegen die nach § 246 Abs. 2 Satz 1 AktG auch die spätere Anfechtungsklage zu richten ist.[502] Bemerkenswert ist, daß der Aktionär den Widerspruch sogar noch vor Schluß der Hauptversammlung erheben soll, in der die Aktionäre nicht etwa als Organteile, sondern als Verbandsmitglieder zusammenkommen.[503] Damit sind auch die zur Hauptversammlung erschienenen Mitaktionäre Widerspruchsadressaten. Bedenkt man zudem, daß die Teleologie der §§ 243 ff. AktG ein Interesse an Bestandsschutz nur anfechtbarer Hauptversammlungsbeschlüsse für schutzwürdig erachtet, ergibt sich durch die Widerspruchsvorgabe in § 245 Nr. 1 AktG eine Abrundung der mitgliedschaftlichen Sonderverbindung zwischen späterem Anfechtungskläger und erschienenen Mitaktionären sowie "seiner" Gesellschaft im Hinblick auf deren schutzwürdiges Vertrauen in den Bestand des Beschlossenen. Erscheint der Aktionär in der Hauptversammlung und nimmt an der Beschlußfassung teil, einerlei ob er für den Beschlußvorschlag votiert oder nicht, entsteht *ceteris paribus* der Rechtsschein, daß er den Beschluß trotz anscheinender Anfechtbarkeit als rechtmäßige Willensbildung des Verbands gelten lassen will. Auf diesen Rechtsschein können Gesellschaft und erschienene Mitaktionäre vertrauen und selbst prüfen, ob sie den Beschluß in Bestandskraft erwachsen lassen wollen oder die anscheinenden Anfechtungsgründe für gravierend halten. Erhebt der Aktionär jedoch Widerspruch zur notariellen Niederschrift nach § 245 Nr. 1 AktG, so zerstört er diesen Rechtsschein seiner typischen Hauptversammlungsteilnahme, indem er for-

---

500 *Noack*, AG 1989, 78, 78.

501 So gegen die Interpretation bürgerlich-rechtlicher Obliegenheitsverletzungen als rechtsgeschäftliche Verpflichtungstatbestände bereits instruktiv *Canaris*, Vertrauenshaftung, S. 198 ff.; *ders.*, FS Wilburg, S. 77, 83 f.; ihm folgend *Singer*, S. 34, jeweils m. w. Nachw.

502 *Noack*, AG 1989, 78, 81 m. w. Nachw.

503 Dazu prägnant GroßKommAktG/*Mülbert*, Vor §§ 118-147 Rdn. 46 ff. m. w. Nachw.

malisiert verlautbart, daß er gegen die Rechtmäßigkeit des Beschlusses Bedenken hat.[504]

(2) Verdeckte Gesetzeslücke: Kein Widerspruchserfordernis bei Fehlinformation und Informationsdefiziten (teleologische Reduktion von § 245 Nr. 1 AktG)

Der soeben aufgezeigte Rechtsscheinstatbestand umfaßt genau genommen zwei Elemente: zur typischen Hauptversammlungsteilnahme des späteren Anfechtungsklägers - mit der Formulierung des Gesetzes: seinem Erscheinen - muß der Anschein einer regelwidrigen Beschlußlage hinzukommen. Erst durch letztgenanntes Element kann die Teilnahme des Aktionärs überhaupt als Rechtsschein seines Verzichts auf Bestandsverhinderung gedeutet werden. Ansonsten entspräche schließlich die Regellage und damit die Rechtmäßigkeit des Beschlusses auch der Rechtsscheinslage. Umgekehrt kann damit ein nicht erkennbarer Beschlußmangel die Aktionärsteilnahme niemals als darauf bezogenen Anfechtungsverzicht erscheinen lassen. Ebensowenig kann sich ein entsprechendes Vertrauen bilden, das durch Widerspruch zerstört werden müßte. § 245 Nr. 1 AktG ist damit teleologisch auf die Fälle zu reduzieren,[505] bei denen der mit der Anfechtungsklage gerügte Beschlußfehler überhaupt erkennbar war.[506] In die-

---

504 Grundlegend zum Rechtsscheinsgedanken *Canaris*, Vertrauenshaftung, insbes. S. 197 ff., der am insoweit vergleichbaren bürgerlichrechtlichen Fall des § 362 HGB die Zerstörung eines Rechtsscheins durch Erklärung aufzeigt; weiterer Vergleichsfall einer formalisierten Vertrauenszerstörung ist die negative Publizität des Handelsregisters gem. § 15 Abs. 1 und 2 Satz 1 HGB; s. dazu instruktiv *Canaris*, Handelsrecht, § 5 I Rdn. 2 ff.

505 Methodisch unklar das Postulat nach "Restriktion" von MünchKommAktG/*Hüffer*, § 245 Rdn. 32; im hiesigen Sinne (zur Möglichkeit dieser Terminologie *Bydlinski*, Methodenlehre, S. 480) verstanden, läßt er das restriktionsleitende *telos* vermissen, während eine restriktive Auslegung an den Wortlautgrenzen endet und damit die hier erkannte verdeckte Lücke nicht zu schließen vermag; s. zu letzterem statt aller *Canaris*, Lücken, S. 88 f. sowie *Larenz/Canaris*, Methodenlehre, S. 174 f.

506 So i.E. die inzwischen wohl h.M., die durch ein Verständnis des Widerspruchs als Verhinderung einer Verwirkung durch *venire contra factum proprium* freilich keine dogmatisch befriedigende Begründung für diese Einschränkung gewinnen kann; etwa GroßKommAktG/*K. Schmidt*, § 245 Rdn. 19; *Noack*, AG 1989, 78, 82; MünchKommAktG/*Hüffer*, § 245 Rdn. 32; im Anschluß an KölnKomm/*Zöllner*[1], § 245 Rdn. 42 und 57; mißverständlich *Baums*, Bericht der Regierungskommission Corporate Governance, Rdn. 147, ein Begründungserfordernis des Widerspruchs deswegen ablehnend, weil Anfechtungsmängel oftmals erst nach Hauptversammlung endeckt würden; richtigerweise verbietet sich das Begründungserfordernis schon, weil die vertrauenszerstörende Wirkung des Widerspruchs ohne jegliche Begründung eintritt.

sem Sinne kann auch die Entbehrlichkeit des Widerspruchs in § 245 Nr. 3 AktG verstanden werden; dort in Bezug genommene Beschlußfehler wegen Erstrebens von Sondervorteilen zeichnen sich mit einer solchen Regelmäßigkeit durch mangelnde Erkennbarkeit aus, daß der Gesetzgeber diesen Befund sogar verallgemeinert und als widerspruchsfreien Befugnisgrund normiert hat.[507]

Bezogen auf mögliche Informationsmängel kann nach der zuvor getroffenen Systematisierung der Mangelkategorien entschieden werden.[508] Sind der Bericht oder die Auskunft also mit Fehlinformationen oder Informationsdefiziten behaftet und demzufolge schwer bis überhaupt nicht erkennbar, ist der zur Hauptversammlung erschienene Aktionär auch ohne vorherigen Widerspruch anfechtungsbefugt.

(3) Offene Gesetzeslücke: Kein "halbherziger" Widerspruch bei Auskunftsmängeln wegen Informationsunterschreitung (teleologische Extension von § 245 Nr. 1 AktG)

Die vertrauenszerstörende Wirkung des Widerspruchs ist in § 245 Nr. 1 AktG abstrakt-typisierend ausgestaltet. Der Widerspruch vermag damit nur das abstrakte Vertrauen in die typische Hauptversammlungsteilnahme eines Aktionärs zu zerstören. Sein Erscheinen in der Hauptversammlung wird typisierend als Verzicht auf Bestandsverhinderung des dort gefaßten Beschlusses wegen der anscheinenden Regelwidrigkeiten gedeutet. Das schließt es freilich nicht aus, einem konkreten Aktionärsverhalten in der Hauptversammlung einen gesteigerten Vertrauenstatbestand zuzuschreiben. Paradebeispiel dafür ist die Auskunftsunterschreitung. Definitionsgemäß bleibt die Gesellschaft, vertreten durch den informierenden Vorstand, dem fragenden Aktionär eine im Hinblick auf die gestellte Frage wesentliche Information schuldig.[509] Kennzeichnend ist weiterhin, daß der Fragesteller und die sonstigen, nach der in § 131 Abs. 4 AktG ausgeprägten informationellen Gleichbehandlung ebenso erläuterungsberechtigten Hauptversammlungsteilnehmer diese Informationsunterversorgung leicht erkennen können. Geben sie sich damit zufrieden, entsteht der Rechtsschein, sie wollten den Beschluß jedenfalls wegen der Auskunftsunterschreitung nicht in Frage stellen. "Ihrer" Gesellschaft gegenüber stellt dies einen gesteigerten Vertrauenstatbestand dar, der durch Nachfragen in Ausübung des Auskunftsrechts als *contrarius actus* jederzeit zerstört werden kann. Unterbleibt seitens der

---

507 KölnKomm/*Zöllner*[1], § 245 Rdn. 56; GroßKommAktG/*K. Schmidt*, § 245 Rdn. 19 und 29; *Noack*, AG 1989, 78, 82.

508 S. dazu oben unter I.

509 Dazu gehört auch der Fall einer unberechtigten Auskunftsverweigerung; s. zu dieser Mangelkategorie ausf. oben unter I 2 b).

Hauptversammlungsteilnehmer ein solches Nachfragen, obwohl es möglich und zumutbar wäre, kann auch ein Widerspruch zur Niederschrift diesen qualifizierten Rechtsschein nicht mehr zerstören.[510] Im Hinblick auf die Auskunftsunterschreitung erscheint der Widerspruch dann als "halbherzig". Ihretwegen kann in teleologischer Extension[511] von § 245 Nr. 1 AktG folglich auch ein widersprechender Aktionär nicht anfechten.[512]

cc) Zusammenhang zwischen Grund (Informationsmangel) und Gegenstand (Beschluß) der Anfechtung: Kausalität und Relevanz statt Kausalität oder Relevanz

(1) Das eigentliche Problem: Offene Gesetzeslücken in § 243 Abs. 4 AktG

Das positive Recht bestimmt in § 243 Abs. 1 AktG, daß ein Hauptversammlungsbeschluß "*wegen*" Gesetzes- oder Satzungsverletzung anfechtbar ist. Ein die Informationsrechtswidrigkeit begründender Gesetzesverstoß haftet dem Beschlußinhalt nicht unmittelbar an, sondern betrifft das der Beschlußfassung vorausgehende Verfahren. Damit stellt sich die Frage, ob ein Beschluß "*wegen*" des Informationsmangels gefaßt wurde. Der gesetzlich verlangte Zusammenhang zwischen Verstoß und Beschluß ("*wegen*") müßte bei isolierter Wortlautauslegung dieser Bestimmung jedenfalls nicht zwingend im Sinne eines Kausalitätsnachweises zwischen Informationsmangel und dem konkreten Ergebnis des Beschlusses gedeutet werden.[513] Ein systematischer Seitenblick auf das in § 243

510 Bürgerlichrechtlicher Vergleichsfall als "besonderer" Vertrauenstatbestand wäre etwa die handelsrechtliche Anscheinsvollmacht (z.B. weiterhin Verwenden des Firmenbriefbogens), die nur mittels eines *actus contrarius* zerstört werden kann (z.B. konkrete Mitteilung an die Kontrahenten des *falsus procurator*), während die negative Publizität des Handelsregisters lediglich den "allgemeinen" Vertrauenstatbestand, der in der "Praktizierung" einer bestimmten - inzwischen geänderten - Rechtslage liegt (z.B. Erlöschen einer Handlungsvollmacht), zu beseitigen vermag; dazu grundlegend *Canaris*, Handelsrecht, § 5 II 2 b) Rdn. 36 ff.

511 Zu dieser methodischen Figur s. *Canaris*, Lücken, S. 89 ff.; kritisch *Bydlinski*, Methodenlehre, S. 475, der die Unterscheidung von teleologischer Extension und Analogie für unnötig hält.

512 So i.E. auch die h.M., die mal mit konkludentem Anfechtungsverzicht, mal mit Rechtsmißbrauch oder zirkulär mit dem Verbot des *venire contra factum proprium* argumentiert und sich so in eine unübersichtliche Einzelfallkasuistik begibt: RGZ 167, 151, 158; LG Braunschweig BB 1991, 856, 857 ("VW"); LG Heidelberg ZIP 1997, 1790, 1791 ("SAP"); LG Mainz AG 1988, 169, 170; zur Kasuistik ausf. GroßKommAktG/*Decher*, § 131 Rdn. 393-397 m. w. Nachw.; ebenso *Werner*, FS Heinsius, S. 911, 913; KölnKomm/*Zöllner*[1], § 131 Rdn. 97.

513 Ebenso *Messer*, FS Quack, S. 321, 328.

Abs. 4 AktG verankerte Beweisverwertungsverbot erhellt jedoch, daß das Gesetz im Grundsatz davon ausgeht, daß sich auch Verfahrensfehler im Beschlußergebnis auswirken müssen. Ansonsten wäre die dortige Ausnahmeregelung überflüssig, wonach im Falle rechtswidriger Auskunftsverweigerung der Beschluß anfechtbar bleibt, wenn - durch Hauptversammlungsbeschluß oder Aktionärserklärung nachweisbar - auch bei rechtmäßigem Alternativverhalten keine andere Beschlußfassung ergangen wäre. Dem kann ohne weiteres die legislatorische Wertung entnommen werden, daß zum einen ein Verfahrensmangel im Grundsatz für das konkrete Beschlußergebnis kausal sein muß und zum anderen entgegen der regulären Beweislastverteilung nicht der Anfechtungskläger den Kausalitätsnachweis zu erbringen, sondern die Gesellschaft die vermutete Kausalität zu widerlegen hat.[514]

Gleichwohl wäre es vorschnell, aus der Ausnahmeregelung des § 243 Abs. 4 AktG mit einem *argumentum e contrario* auf alle dort nicht *expressis verbis* in Bezug genommenen Fälle zu schließen.[515] Daß nur für den Fall der Auskunftsverweigerung und nur im Hinblick auf die Beweismittel des Hauptversammlungsbeschlusses bzw. der Aktionärserklärung die Kausalitätsvermutung als unwiderlegbar positiviert ist, erklärt sich nämlich aus dem Umstand, daß eine entsprechende BGH-Entscheidung gesetzlich umgesetzt wurde, ohne dabei den partiellen Fall von der dahinter stehenden *ratio decidendi* zu abstrahieren.[516] Die Gesetz gewordene Ausnahmeregelung weist mithin offene Lücken auf, welche im Wege der teleologischen Extension auszufüllen sind.[517]

Nun streiten sich - ohne Offenlegung des methodischen Vorgehens - bei der hierzu notwendigen Ermittlung der *ratio legis* die Relevanztheorien und die Kausalitätstheorien mit jeweils hier nicht interessierenden Binnendifferenzierun-

---

514 So schon GroßKommAktG/*Schilling*[3], § 243 Rdn. 10; ebenso *Schiessl*, VGR 1999, S. 57, 75; GroßKommAktG/*Decher*, § 131 Rdn. 384, 389; *Messer*, FS Quack, S. 321, 329; *Hoffmann-Becking*, GesR 2001, S. 55, 59 f.; *Windbichler*, in: Mißbräuchliches Aktionärsverhalten, S. 35, 45; mit zusätzlichen historischen Argumenten *Joussen*, AG 2000, 241, 254; von "Kausalität" spricht ausdrücklich auch das KG NZG 1999, 508, 510 (Vorinstanz "Aqua Butzke"). *Zöllner*, AG 2000, 145, 148 mit Fn. 38 - gegen *Schiessl*, ebenda - bezeichnet diesen systematisch-teleologischen Ausgangsbefund als mangelnde Kenntnisnahme einer "überall zur Kenntnis genommenen Lehre". Jedoch bleibt er die dogmatische Begründung schuldig, seine grundlegende Variante der Relevanztheorie, die sich - wie sogleich zu demonstrieren ist - nur partiell auf Wertungen des positiven Rechts zurückführen läßt, sei inzwischen zu Gewohnheitsrecht erstarkt.

515 So mit Recht schon KölnKomm/*Zöllner*[1], § 243 Rdn. 89.

516 BGHZ 36, 121, 139; zu weiteren genetischen Argumenten *Joussen*, AG 2000, 241, 254.

517 S. dazu grundlegend *Canaris*, Lücken, S. 89 ff.

gen.[518] In Anlehnung an *K. Schmidt* sind beide vermeintlich konträren Theorieansätze zu versöhnen und im Recht der Informationsmängel nutzbar zu machen.[519] Die Kernaussagen beider Lehren lassen sich nämlich durch zwei Induktionsschlüsse aus dem gesetzlich geregelten Tatbestand gewinnen; dies sei nachfolgend demonstriert.

(2) Auskunftsmängel: Unwiderlegbarkeit der vermuteten Kausalität (Relevanztheorie)

Wenn das Gesetz zum einen die Unwiderlegbarkeit der vermuteten Kausalität in § 243 Abs. 4 AktG an die Verweigerung einer Auskunft knüpft, ist damit nicht irgendein Verfahrensmangel in Bezug genommen. Vielmehr stellt das Auskunftsrecht - wie mehrfach ausgeführt - als Recht auf individuelle Information ein mitgliedschaftliches Teilhaberecht dar; seine Verletzung greift unmittelbar in die Mitgliedschaft ein.[520] Ins Allgemeine gewendet muß also nicht nur die Verweigerung einer Auskunft die Unwiderlegbarkeit der Kausalitätsvermutung nach sich ziehen, sondern jeder Verfahrensfehler, durch den unmittelbar in ein mitgliedschaftliches Teilhaberecht eingegriffen wird.[521] Damit korrespondiert insoweit auch die von *Zöllner* begründete und inzwischen von der h.L. und st.Rspr. übernommene Relevanztheorie, wonach ein als relevant gewürdigter Verfahrensverstoß ungeachtet der Kausalitätsfrage stets die Beschlußanfechtung rechtfertigt.[522] Die Relevanz wiederum wird jedenfalls von dieser h.M. dann angenommen, wenn der Schutzzweck der verletzten Verfahrensvorschrift die Partizi-

---

518 Einen guten Überblick bieten GroßKommAktG/*K.Schmidt*, § 243 Rdn. 21 ff. und GroßKommAktG/*Decher*, § 131 Rdn. 383 ff. jeweils m. w. Nachw.; prägnant auch *Hüffer*, ZGR 2001, 833, 848; *de lege ferenda* bewußt offengelassen von *Baums*, Gutachten F z. 63. DJT, S. 76 f. sowie *ders.*, Bericht der Regierungskommission Corporate Governance, Rdn. 135.

519 GroßKommAktG/*K. Schmidt*, § 243 Rdn. 25 ff., der eine Dreiteilung vornimmt in Formalfehler ohne Teilhaberechte, bei denen konkrete Kausalität zu verlangen ist, Verfahrensfehler ohne konkrete Eingriffe in Teilhaberechte, bei denen die Kausalitätsvermutung auf der Basis potentieller Kausalität widerlegt werden kann, und Verletzung von Teilhaberechten, bei denen die Kausalität unwiderleglich vermutet wird.

520 S. nur *Habersack*, Mitgliedschaft, S. 341 ff.

521 Ähnlich GroßKommAktG/*K. Schmidt*, § 243 Rdn. 33 f.

522 Grundlegend KölnKomm/*Zöllner*[1], § 243 Rdn. 81 ff.; *ders.* AG 2000, 145, 148; zustimmend MünchKommAktG/*Hüffer*, § 243 Rdn. 30; *ders.*, AktG, § 243 Rdn. 13; *ders.*, ZGR 2001, 833, 848; differenzierend GroßKommAktG/*K. Schmidt*, § 243 Rdn. 25, 36 f., jeweils m. w. Nachw.; ebenso inzwischen der BGH in seiner Sachsenmilch III-Entscheidung ZIP 2002, 172, 172; dazu knapp *Henze*, BB 2002, 893, 900 f. sowie differenzierend *Tröger*, NZG 2002, 211, 212.

pations- und Informationsinteressen der Aktionäre sicherstellen will.[523] Nimmt man das Gesetz ernst und induziert aus seiner Vorgabe - der Auskunftsverweigerung - muß das Relevanzkriterium allerdings enger verstanden und nur für unmittelbare Mitgliedschaftseingriffe befürwortet werden. Aber auch mit dieser Präzisierung stellt jeglicher Auskunftsmangel, nicht nur die Auskunftsverweigerung als Informationsunterlassen, einen relevanten Verfahrensfehler dar und schneidet der Gesellschaft den Gegenbeweis fehlender Kausalität von vornherein ab.[524]

(3) Berichtsmängel: Qualifizierte Widerlegbarkeit der vermuteten Kausalität (Theorie von der potentiellen Kausalität)

(a) Allgemeines

Wenn das Gesetz zum anderen in § 243 Abs. 4 AktG die Verwertung der beiden Beweismittel Hauptversammlungsbeschluß und Aktionärserklärung verbietet, kommt darin die legislatorische Einschätzung zum Ausdruck, daß die konkrete Kausalität im Sinne einer *condicio sine qua non*-Formel auch über unmittelbare Eingriffe in mitgliedschaftliche Teilhaberechte hinaus keinen vernünftigen Maßstab zur Beurteilung von Verfahrensfehlern bildet.[525] Es kann nach der in dieser Tatbestandsvariante getroffenen Aussage nicht darauf ankommen, ob im konkreten Fall das Beschlußergebnis auch bei rechtmäßigem Alternativverhalten dasselbe gewesen wäre. Vielmehr muß es auf eine Kausalitätshypothese ankommen. Ansonsten könnte die Kausalitätsvermutung immer schon dann erfolgreich widerlegt werden, wenn der Großaktionär mit Eigeninteresse, welcher ohnehin bereits über die notwendigen Informationen verfügt, trotz des Verfahrensverstoßes das erforderliche Abstimmungsquorum stellt und zumindest konkludent auf die Wahrung der Verfahrensvorschrift verzichtet.[526] Soweit man das Relevanzerfordernis entgegen h.M. eng versteht und in Konsequenz des vorgetragenen Induktionsschlusses aus der gesetzlich geregelten Tatmodalität der Auskunftsverweigerung nur unmittelbare Eingriffe in mitgliedschaftliche Teil-

---

523 KölnKomm/*Zöllner*[1], § 243 Rdn. 94 ff., insbes. 96.

524 Ähnlich GroßKommAktG/*K. Schmidt*, § 243 Rdn. 34 m. w. Nachw.

525 Unstr.; statt aller prägnant *Hopt*, Gesellschaftsrecht, Rdn. 970.

526 Gegen eine solche Übervorteilung ausdrücklich BGHZ 107, 296, 306 f.; BGHZ 119, 1, 18 f.; BGHZ 122, 211, 239; *Zöllner*, ZGR-Sonderheft 12, S. 147, 155; *Schiessl*, AG 1999, 442, 447; *ders.*, VGR 1999, 57, 75; GroßKommAktG/*Decher*, § 131 Rdn. 383 a.E.; a.A. *Messer*, FS Quack, S. 321, 331 ff.; *Krieger*, ZHR 163 (1999), 343, 362; *Joussen*, AG 2000, 241, 254 f.

haberechte darunter faßt,[527] darf auch darüber hinaus eine solche Widerlegung der Kausalitätsvermutung den Normzweck der Verfahrensvorschrift nicht leerlaufen lassen, indem eine feste Mehrheit darüber disponieren kann. Um der genannten legislatorischen Wertung Rechnung zu tragen, muß es vielmehr bei mehr als nur formalen Verfahrensregeln auf die Betrachtung der potentiellen Kausalität ankommen wie sie die früher ständige Rechtsprechung in allen Fällen vertreten hat.[528] Danach kann die Kausalitätsvermutung aus dem Blickwinkel des (imaginären) objektiv urteilenden Aktionärs entkräftet werden, wenn dieser wie der Mehrheitsaktionär Kenntnis aller für die Beurteilung maßgebenden Umstände gehabt und gleichwohl ebenso abgestimmt hätte.

Für hiesige Zwecke verbleibt die Würdigung der Berichtsmängel und ihrer Bedeutung für den Beschluß. Wie im Grundlagenteil ausgeführt, korreliert mit der Berichtspflicht des Vorstands gerade kein mitgliedschaftliches Teilhaberecht, sondern das kollektive Informationsrecht des Verbands.[529] Dem hier aufgrund der Vorgaben des § 243 Abs. 4 AktG eng verstandenen Relevanzerfordernis unterfällt ein Berichtsmangel mithin nicht; die Kausalitätsvermutung im Hinblick auf die Beschlußfassung kann damit prinzipiell widerlegt werden. Bliebe man dabei stehen, würde der mit der Berichtspflicht intendierte Entscheidungszweck leerlaufen, wenn eine solche Widerlegung durch die konkrete Aktionärsmehrheit erfolgen könnte.[530] Diese hätte es ansonsten auch in der Hand, ganz auf einen Bericht zu verzichten. Namentlich dem Großaktionär, welcher etwa anderer Vertragsteil des Beherrschungsvertrags ist, käme eine solche Kausalitätswiderlegung entgegen. Er selbst ist hinreichend informiert und kann überdies daran interessiert sein, die von ihm verfolgte Konzernpolitik im Dunkeln zu lassen.[531] Daß dies dem Entscheidungszweck der Berichtspflicht zuwiderliefe, zeigen ausdrücklich der § 8 Abs. 3 UmwG nachgebildete § 293a Abs. 3 AktG sowie entsprechende Bestimmungen, wonach nur sämtliche Aktionäre auf den Bericht verzichten können. Die Kausalität eines Berichtsmangels für die Beschlußfas-

---

527 Auf den Schutzzweck der Verfahrensnorm stellt die Relevanztheorie ganz generell als relevanzbildend ab; s. nur KölnKomm/*Zöllner*[1], § 243 Rdn. 94 ff.; differenzierend wie hier, jedoch die Kategorie der Teilhaberechte weiter fassend GroßKommAktG/*K. Schmidt*, § 243 Rdn. 33 ff.

528 BGHZ 122, 211, 239; BGHZ 107, 296, 307; dazu prägnant *Henze*, BB 2002, 893, 900.

529 S. dazu oben unter § 1 II 1 und 2 b).

530 Zur Normzweckanalyse s. oben unter § 1 II 3 b).

531 Vgl. *Schiessl*, VGR 1999, 57, 75.

sung läßt sich damit nur bei Zugrundelegung potentieller Kausalität widerlegen.[532]

(b) Konkretisierung des Standards potentieller Kausalität de lege lata und de lege ferenda (materiality-Test)

Mit Recht weisen gewichtige Stimmen aus der Praxis darauf hin, daß sich mit diesem Standard des objektiv urteilenden Aktionärs bei vernünftiger Handhabung vernünftige Resultate erzielen lassen.[533]

Etwas weit geht jedoch die Konkretisierung von *Schiessl* und *Krieger*, die die Kausalitätsvermutung immer nur dann für nicht entkräftet halten, wenn die ordnungsgemäße Information "eine solche Sensation wäre, daß bei realistischer Würdigung ernsthaft mit einer abweichenden Beschlußfassung hätte gerechnet werden müssen".[534] Indessen würde dadurch die gesetzlich vorgegebene Kausalitätsvermutung in ihr Gegenteil verkehrt. Allenfalls *de lege ferenda* wäre an eine solche Umkehrung der Vermutungsregel zu denken.

Der von *Schiessl* und *Krieger* vorgeschlagene Standard entspricht wohl dem für qualifiziertes Informationsunterlassen (*failure to disclose*) im U.S.-amerikanischen Recht strengeren Standard des *materiality*-Tests. Ein solcher Test wird in unterschiedlichen Bereichen des U.S.-amerikanischen Kapitalmarktrechts, namentlich für das Insiderhandelsverbot der auch hierzulande bekannten *Rule 10b-5* sowie für die Haftung wegen Informationsmängeln in sog. *proxy statements*[535] nach *Rule 14a-9*[536] zur Eingrenzung der entscheidungswesentlichen Information verwendet.[537] Der letztgenannte Anwendungsfall betrifft das Informationssystem der *corporation* und damit - den Rechtsvergleich legitimierend - materielles Verbandsrecht. Der Sache nach geht es mit *materiality* um ein Krite-

532 Anders trotz ähnlicher Differenzierung wie hier GroßKommAktG/*K. Schmidt*, § 243 Rdn. 35, der wohl auch die kollektiven Informationsrechte unter seinen Begriff des Teilhaberechts faßt.

533 So namentlich *Schiessl*, VGR 1999, S. 57, 75; ähnlich GroßKommAktG/*Decher*, § 131 Rdn. 389.

534 *Schiessl*, VGR 1999, S. 57, 76; *ders.*, AG 1999, 442, 447; *Krieger*, ZHR 163 (1999), 343, 362.

535 Mit sog. *proxy statements* werden Stimmrechtsvollmachten (*proxies*) für die Aktionärsversammlungen (*meeting of shareholders*) eingeworben; s. dazu instruktiv *Eisenberg*, Corporations, S. 285 ff.

536 Jeweils *Rules and Regulations under the Securities Exchange Act of 1934*; abrufbar unter http://www.law.uc.edu/CCL/34ActRls/rule10b-5.html (zu Rule 10b-5) und http://www.sec.gov/divisions/corpfin/forms/14a.htm (zu Rule 14a-9).

537 Zu weiteren Anwendungsfällen s. *Jennings/Marsh/Coffee/Seligman*, Securities Regulation, S. 1001.

rium potentieller Kausalität.[538] Hinsichtlich eines qualifizierten Informationsunterlassens (*failure to disclose*) wird der gebotenen Information *materiality* oftmals nur zugeschrieben, wenn sie so *"essentially extraordinary in nature"* ist, daß ein *"substantial effect"* auf den Entscheidungsprozeß als *"reasonably certain"* erscheint.[539] Dem entspräche wohl der von *Schiessl* und *Krieger* vorgeschlagene Standard. Einen bundesweit verbindlichen Standard, der jedenfalls auch für sonstige Informationsmängel (insbes. *misrepresentation*) anzuwenden ist, hat der U.S. Supreme Court allerdings in seiner bekannten TSC-Entscheidung im Hinblick auf Informationsdefizite fixiert:[540] *"There must be a substantial likelihood that the disclosure of the omitted fact would have been viewed by the reasonable investor as having significantly altered the "total mix" of information made available"* .

In freier und erweiternder Umsetzung sind die Komponenten dieser Zurechnungsregel zum einen der Vergleich des Verhältnisses eines Gesamtbündels an zur Verfügung gestellten Informationen (*total mix of information made available*) mit und ohne die in Streit stehende unterlassene bzw. fehlerhafte Information und zum anderen die Prognose, daß die Abweichung beider Größen mit erheblicher Wahrscheinlichkeit (*substantial likelihood*) aus Sicht des vernünftigen Aktionärs bedeutsam sei. Ein solcher Maßstab dürfte wohl schon *de lege lata* zur Konkretisierung der in § 243 Abs. 4 AktG vorausgesetzten potentiellen Kausalität geeignet sein.[541] Die von der Regierungskommission Corporate Governance *de lege ferenda* vorgeschlagene Neueinführung eines Satzes 2, der diesen Standard verankert,[542] wäre bei alledem von eher klarstellender Bedeutung.

---

538 Ähnlich auch *Jennings/Marsh/Coffee/Seligman*, Securities Regulation, S. 1004 gegen den Versuch *materiality* und *reliance* zu unterscheiden in List v. Fashion Park, Inc., 340 F.2d 457.

539 So die Eingangsbetrachtung von Judge Waterman in der zum Insiderrecht ergangenen Leitentscheidung S.E.C. v. Texas Gulf Sulphur Co., 401 F.2d 833.

540 Für eine *Rule 14a-9*-Konstellation TSC Industries, Inc. v. Northway, Inc., 426 U.S. 438; ebenso für eine *Rule 10b-5*-Konstellation Basic Incorporated v. Levinson, 485 U.S. 224; abgedruckt in *Jennings/Marsh/Coffee/Seligman*, Securities Regulation, S. 990 ff. bzw. 1011 ff.

541 So auch GroßKommAktG/*Decher*, § 131 Rdn. 389 f.; *de lege ferenda Baums*, Gutachten F z. 63. DJT, S. 132; sowie der 63. DJT, s. DB 2000, 2108, 2109.

542 "Wegen unrichtiger, unvollständiger oder verweigerter Erteilung von Informationen kann ein Beschluß der Hauptversammlung jedoch nur angefochten werden, wenn wegen der wesentlichen Bedeutung der Information anzunehmen ist, daß die richtig und vollständig erteilte Information das Verhalten eines objektiv urteilenden Aktionärs beeinflußt hätte." s. *Baums*, Bericht der Regierungskommission Corporate Governance, Rdn. 140.

dd) *Sonstiges zu informationsmangelbezogenen Anfechtungsklagen de lege ferenda*

Neben den bereits genannten rechtspolitischen Vorschlägen seien zur Vervollständigung der hiesigen Skizze zwei weitere erwähnt, welchen aufgrund ihrer zahl- und einflußreichen Befürworter eine nicht unerhebliche Umsetzungswahrscheinlichkeit zukommt. Die Regierungskommission Corporate Governance empfiehlt, für informationsmangelbezogene Anfechtungsklagen einen Mindestanteilsbesitz zu fordern.[543] Dies erscheint im Hinblick auf die Verortung des individuellen Informationsrechts in der grundrechtlich geschützten Mitgliedschaft bei Auskunftsmängeln verfassungsrechtlich bedenklich. Da hingegen mit der Berichtspflicht kein subjektives Recht des einzelnen Aktionärs korreliert, dürfte ein angemessenes Quorum zur Beschlußanfechtung wegen Berichtsmängeln auch dann unproblematisch sein, wenn das Auskunftserzwingungsverfahren nach § 132 AktG nicht auf die Verletzung sonstiger Informationsrechte erstreckt wird.[544]

Zöllner wagt den Vorstoß, angesichts des zunehmenden Informationsniveaus solle man die Anfechtbarkeit bei Informationsmängeln reduzieren, ohne dafür eine Ersatzsanktion zu bieten.[545] Soweit die Intensivierung der Informationsvorgaben kapitalmarktrechtliche Gründe hat und er entsprechende Informationspflichten für nicht anfechtungsrelevant hält, überschneidet sich sein Vorschlag mit jenem namhafter Vertreter aus der Praxis, welche insgesamt - vergleichbar dem U.S.-amerikanischen Gesellschaftsrecht - das Informationssystem der börsennotierten Aktiengesellschaft dem Kapitalmarktrecht zuordnen wollen.[546]

---

543 *Baums*, Bericht der Regierungskommission Corporate Governance, Rdn. 139.

544 A.A. *Baums*, Bericht der Regierungskommission Corporate Governance, Rdn. 139.

545 *Zöllner*, AG 2000, 145, 152 f.; gegen die aktuellen Überinformationstendenzen auch *Wilde*, ZGR 1998, 423, 457 f.

546 *Schiessl*, AG 1999, 442, 448; *ders.*, VGR 1999, 57, 66 ff. mit dem Vorschlag, die Anlegerinformation durch ein der *Securities Exchange Commission (SEC)* U.S.-amerikanischer Prägung vergleichbares Aktienaufsichtsamt überwachen zu lassen; für eine Kapitalmarktorientierung des Informationssystems auch *Seibt*, VGR 2000, S. 37, 43 f. sowie GroßKommAktG/*Decher*, § 131 Rdn. 15 f.

c) *Strafrechtliche und zivilrechtliche Sanktionsmechanismen*

aa) *Strafbarkeit von Vorstandsmitgliedern für qualifizierte Fehlinformationen und Informationsdefizite (§§ 313 Abs. 1 Nr. 1 UmwG, 400 Abs. 1 Nr. 1 AktG)*

Eines strafrechtlichen Vergehens machen sich Vorstandsmitglieder nach §§ 313 Abs. 1 Nr. 1 UmwG, 400 Abs. 1 Nr. 1 AktG schuldig, wenn sie die Verhältnisse der Gesellschaft einschließlich ihrer Beziehungen zu verbundenen Unternehmen unrichtig wiedergeben oder verschleiern. Der Begriff des Informationsträgers wird gemeinhin weit gefaßt; mit Verhältnissen sind alle Daten und Umstände gemeint, die für die Beurteilung der Unternehmung der Gesellschaft erheblich sind oder sein können.[547] Die Tathandlung umschreibt Fehlinformationen als auch fehlinformationsäquivalentes Informationsunterlassen (Informationsdefizite).[548] Als Tatmittel sind in beiden Vorschriften Auskünfte in der Hauptversammlung, in § 313 Abs. 1 Nr. 1 UmwG auch die einzelnen Berichte des UmwG genannt. Mit Darstellungen im Sinne des § 400 Abs. 1 Nr. 1 AktG sind Informationsgesamtheiten über den Vermögensstand der Gesellschaft gemeint, die den Eindruck der Vollständigkeit erwecken.[549] Mithin sind auch die Berichte nach dem AktG von der Strafbarkeit der Norm umfaßt, soweit sie sich auf wirtschaftliche Aspekte beziehen.[550] Weiterhin ist die strafbarkeitsbegründende Fehlinformation dadurch qualifiziert, daß das jeweilige Vorstandsmitglied vorsätzlich fehlinformiert haben muß (vgl. § 15 StGB).[551] Die Straftatbestände sind folglich nur dazu geeignet, eine besonders schwerwiegende Informationsrechtswidrigkeit

---

547 S. nur Kallmeyer/*Marsch-Barner*, UmwG, § 313 Rdn. 4; GroßKommAktG/*Otto*, § 400 Rdn. 28.

548 S. nur Lutter/*Kuhlen*, UmwG, § 313 Rdn. 15; GroßKommAktG/*Otto*, § 400 Rdn. 13(Fehlinformation)/15(Informationsdefizite); GroßKommAktG/*Decher*, §131 Rdn. 410 (Ausschluß auch des qualifizierten Teilunterlassens in Form einer Auskunftsverweigerung); zur hiesigen Terminologie dieser Mangelkategorien s. bereits oben unter I.

549 GroßKommAktG/*Otto*, § 400 Rdn. 34; a.A. Baums Bericht der Regierungskommission Corporate Governance, Rdn. 184, wo die Einschränkung bzgl. des Vermögensstands nur auf "Übersichten" i.S.d. Norm bezogen wird; zustimmend Groß, WM 2002, 477, 483 f.

550 GroßKommAktG/*Otto*, § 400 Rdn. 36.

551 Bedingter Vorsatz genügt jedoch, s. dazu statt aller Kallmeyer/*Marsch-Barner*, UmwG, § 313 Rdn. 11.

zu sanktionieren; einen umfassenden Sanktionsmechanismus halten sie hingegen nicht bereit.[552]

bb) Schadensersatzansprüche desinteressierter Aktionäre

(1) Schadensersatzansprüche gegen die Gesellschaft oder den Hauptaktionär

(a) Auskunftsmängel

Gegen die Gesellschaft kommen Schadensersatzansprüche der einzelnen Aktionäre ausschließlich bei Verletzungen des Auskunftsrechts nach § 131 AktG und seinen erweiternden Spezialregelungen in Betracht. Aus diesem individuellen, d.h. in der Mitgliedschaft wurzelnden Informationsrecht sind die einzelnen Aktionäre schließlich berechtigt und ist die Gesellschaft verpflichtet.[553] Erfüllt die Gesellschaft ihre Auskunftspflicht mangelhaft, verletzt sie damit zugleich ihre mitgliedschaftliche Treupflicht gegenüber den Aktionären. Soweit es also um die Pflichtverletzung geht und ein Vorstandsverschulden der Gesellschaft entsprechend § 31 BGB zugerechnet werden kann, ist die Mitgliedschaft auch in ihrer Dimension als Rechtsverhältnis - und nicht lediglich als subjektives Recht - betroffen.[554] Die Verletzung dieser Sonderrechtsbeziehung begründet in Verbindung mit § 280 Abs. 1 BGB den Ersatzanspruch der Aktionäre.[555] Die durch das 4. Finanzmarktförderungsgesetz neu ins WpHG eingefügten § 37b und § 37c sind trotz der grundsätzlich anderen kapitalmarktlichen Schutzrichtung der Gesamtkodifikation in ihren jeweils zweiten Haftungstatbeständen (Abs. 1 Nr. 2) spezielle Ausprägungen dieses verbandsrechtlichen Haftungsgrunds. Ersatzberechtigte sind hier nämlich entgegen der insoweit mißverständlichen Formulierung des Gesetzes nicht Dritte, sondern im Zeitpunkt des haftungsauslösenden

---

552 Vgl. zur praktisch geringen Rolle sowie Strafanzeigen aus jüngerer Praxis GroßKommAktG/*Decher*, § 131 Rdn. 409 a.E. mit Fn. 888.

553 S. zur dogmatischen Weichenstellung bereits oben unter § 1 II 1 und 2 a).

554 Zu diesen zwei Seiten der Mitgliedschaft ausf. *Habersack*, Mitgliedschaft, S 62 ff.; ebenso *K. Schmidt*, Gesellschaftsrecht, § 21 V 4 (S. 651 f.); *ders.*, JZ 1991, 157, 157 ff. insbes. 160 f.; vgl. auch *Habersack*, DStR 1998, 533, 537 sowie *Hadding*, FS Kellermann, S. 91, 91 ff.

555 Ehedem erfolgte die Herleitung mittels positiver Vertragsverletzung; dazu *K. Schmidt.*, JZ 1991, 157, 160 f. sowie *Habersack*, DStR 1998, 533, 537; exakt zur Verletzung des § 131 wie hier *Habersack*, Mitgliedschaft, S. 341 f.; zurückhaltend GroßKommAktG/*Decher*, § 131 Rdn. 408; KölnKomm/*Zöllner*[1], § 131 Rdn. 102; a.A. Geßler/Hefermehl/*Eckardt*/Kropff, § 131 Rdn. 173.

Informationsversagens Bereits-Aktionäre.[556] Die Verletzung der *ad hoc*-Publizität des § 15 Abs. 1 WpHG stellt ihnen gegenüber mithin die Verletzung der mitgliedschaftlichen Treupflicht in ihrer anlegerbezogenen Dimension dar.[557] Im Umkehrschluß vermag die positivrechtliche Spezialnorm folglich die verbleibenden Bedenken gegen den hier vertretenen Schadensersatzanspruch auszuräumen.[558]

(b) Berichtsmängel

Keine einschlägige Anspruchsgrundlage zur Herleitung von Schadensersatzansprüchen wegen Berichtsmängeln stellt die zivilrechtliche Prospekthaftung dar. Selbst wenn man die beschlußbezogenen Berichte auch als Prospekte in diesem Sinne begreifen wollte, ist der Schutzzweck dieses Haftungsinstituts auf die Anleger, also auf die Noch-Nicht-Aktionäre im Hinblick auf ihre Anlageentscheidung ausgerichtet,[559] nicht indes auf die Bereits-Aktionäre, die über die Strukturänderung beschließen sollen.

Aus Berichtsmängeln kann gegen die Gesellschaft genau genommen ohnehin kein Schadensersatzanspruch hergeleitet werden. Gerade die Gesellschaft ist nämlich nach hier vertretener klassischer Informationsrechtsdogmatik aus der Berichtspflicht des Vorstands berechtigt;[560] ein Schadensersatzanspruch der Aktionäre gegen sie liefe daher - auch im Wege einer etwaigen Zurechnung von Vorstandsverschulden - dem Schutzzweck des kollektiven Informationsrechts zuwider.

Was Mängel des Squeeze Out-Berichts angeht, ist seine besondere dogmatische Verortung im individuellen Informationsrecht zu berücksichtigen.[561] So kann der einzelne Aktionär wegen Berichtsmängeln auch Schadensersatzansprüche gegen den Hauptaktionär aus einer Verletzung der mitgliedschaftlichen Sonderrechtsbeziehung in Verbindung mit § 280 Abs. 1 BGB herleiten.[562]

---

556 Richtigerweise ist gleichfalls die erste Haftungsalternative (Abs. 1 Nr. 1) betroffen, soweit ein Bereits-Aktionär weitere Aktien hinzukauft; dies ist für diese Erklärung aber nicht konstitutiv, weil insoweit freilich der Gesetzeswortlaut "Dritte" den hier vorgenommenen Rückschluß nicht zwingend nahelegt.

557 Vgl. zur Einwirkung kapitalmarktrechtlicher Informationsvorschriften auf § 131 jüngst *Seibt*, VGR 2000, S. 37, 45 ff. sowie *Wüsthoff*, S. 157 ff.

558 Insbes. gegen die Zurückhaltung von GroßKommAktG/*Decher*, § 131 Rdn. 408.

559 S. nur *Groß*, WM 2002, 477, 479 m. w. Nachw.

560 S. zur dogmatischen Weichenstellung bereits oben unter § 1 II 1 und 2 b).

561 S. dazu oben unter § 1 II 2 c) bb).

562 Entsprechend der Schadensersatzansprüche der einzelnen Aktionäre gegen die Gesellschaft wegen Auskunftsmängeln; s. dazu soeben.

(2) Schadensersatzansprüche gegen Vorstandsmitglieder

(a) Auskunftsmängel (Habersack/Schmolke)

Der gegen die Gesellschaft gerichtete Individualanspruch der Aktionäre auf Auskunft ist durch den Vorstand zu erfüllen.[563] Auch wenn dabei der Vorstandsvorsitzende oder das jeweils sachkundige Ressortmitglied die Aktionäre unterrichtet bzw. unterrichten soll, muß sich das der Gesamtvorstand, d.h. sämtlichen anderen Organwalter, unter dem Gesichtspunkt des eigenen Organisationsverschuldens "zurechnen" lassen, es sei denn sie widersprechen oder es liegt ein ausdrücklich gegenteiliger Beschluß des Gremiums vor.[564] Zwar richtet sich auch ein Sekundäranspruch wegen einer Verletzung des individuellen Informationsrechts in erster Linie gegen die primärverpflichtete Gesellschaft; dennoch beruht der Auskunftsmangel auf einem Versagen der Vorstandsmitglieder, und es kann ein Bedürfnis bestehen, diese den einzelnen Aktionären gegenüber haften zu lassen. Speziell für das Umwandlungsrecht wird allgemein angenommen, daß die Schadensersatzhaftung nach §§ 25, 205 UmwG auch diese Fälle erfaßt.[565]

Im übrigen wird als allgemeingültige Lehre versucht, einem solchen Bedürfnis mit den Haftungsmechanismen des Deliktsrechts Rechnung zu tragen. So bejaht die h.M. im Aktienrecht den Schutzgesetzcharakter des § 131 AktG und eröffnet den Aktionären einen Ersatzanspruch nach § 823 Abs. 2 BGB.[566] Angesichts der auch verfassungsrechtlich geschützten Mitgliedschaft als Wurzel des in § 131 AktG ausgeprägten Informationsrechts kann dem jedenfalls nicht mit dem eher pragmatischen Einwand von *Zöllner* entgegengetreten werden, in der Konsequenz des in § 131 Abs. 4 AktG ausgeprägten Gleichbehandlungsgebots müßten letztlich alle in der Hauptversammlung anwesenden Aktionäre anspruchsberechtigt sein; die Schutzgesetzeigenschaft sei daher besser zu verneinen.[567] Auch seine restriktive Argumentation, das Auskunftsrecht diene dem un-

563 S. zur Informationsrechtsdogmatik bereits oben unter § 1 II 2 a).

564 Unstr.; s. statt aller GroßKommAktG/*Decher*, § 131 Rdn. 90 m. w. Nachw.; zu dieser "Kollegialhaftung" sogleich.

565 So namentlich von Lutter/*Grunewald*, UmwG, § 25 Rdn. 11; ähnlich Kallmeyer/*Marsch-Barner*, UmwG, § 25 Rdn. 6; Lutter/*Decher*, UmwG, § 205 Rdn. 17 (sogar zu Berichtsmängeln), jeweils m. w. Nachw.

566 GroßKommAktG/*Decher*, § 131 Rdn. 407; Geßler/Hefermehl/*Eckardt*/Kropff, § 131 Rdn. 172; a.A. KölnKomm/*Zöllner*[1], § 131 Rdn. 100 f.; *Werner*, FS Heinsius, S. 911, 927, Fn. 53.

567 KölnKomm/*Zöllner*[1], § 131 Rdn. 101.

eigennützigen Stimmrecht im Verbandsinteresse,[568] ist mit der hier vertretenen Informationsrechtsdogmatik nicht in Einklang zu bringen.[569]

Habersack erklärt die Herausbildung der schutzgesetzlichen Haftungsvariante aus der älteren Verbandsrechtsdogmatik, die eine auf der mitgliedschaftlichen Sonderrechtsbeziehung basierende Haftung des Verbands gegenüber seinen Mitgliedern noch nicht entwickelt hatte, und bewertet sie als Verlegenheitslösung.[570] In Ausformung der Mitgliedschaft als "sonstiges", auch in seinen einzelnen Ausprägungen absolut geschütztes Recht könne eine Verletzung des Auskunftsrechts Sekundärverpflichtungen sogar im Sinne des Abs. 1 von § 823 BGB begründen.[571] Sicher kann man die Mitgliedschaft mit guten Gründen den absoluten Rechten zuordnen, weist doch das positive Recht die mit ihrer Ausübung verbundenen Befugnisse wie beispielsweise ihre regelmäßige Übertragbarkeit, das Stimmrecht, den Dividendenanspruch und dergleichen *ausschließlich* den einzelnen Aktionären zu.[572] Deliktsrechtlich besehen legt diese Ausschlußfunktion der Mitgliedschaft einen Eingriff in ihren Zuweisungsgehalt als tatbestandsmäßig im Sinne des § 823 Abs. 1 BGB nahe, wenn er von einem Dritten vorgenommen wurde.[573]

Anders liegen die Dinge hingegen, wenn ein Ersatzanspruch gegen Mitglieder eines Gesellschaftsorgans hergeleitet werden soll. Jedenfalls soweit die fragliche Verletzungshandlung - wie die mangelhafte Auskunft in der Hauptversammlung - ein rein innerverbandsrechtlicher Akt ist, könnte man gesellschaftsrechtlich gesehen das Haftungsinstrumentarium des Deliktsrechts ganz generell als Verlegenheitslösung betrachten.[574]

Einen Ausweg aus dieser Verlegenheit eröffnet das unlängst von *Schmolke* entwickelte Haftungsmodell, mit dem er einen direkten Schadensersatzanspruch

568 KölnKomm/*Zöllner*[1], § 131 Rdn. 100.

569 Vgl. zum hier vertretenen Informationssystem bereits oben unter § 1 II.

570 *Habersack*, Mitgliedschaft, S. 342.

571 *Habersack*, Mitgliedschaft, S. 343 f. mit erheblichen Einschränkungen.

572 BGHZ 110, 323, 327 ("Schärenkreuzer"); RGZ 100, 274, 278; *Habersack*, Mitgliedschaft, S. 139 ff.; *Larenz/Canaris*, Schuldrecht II/2, § 76 II 4 e) (S. 394); *K. Schmidt*, JZ 1991, 157, 158 f.; *ders.*, Gesellschaftsrecht, § 21 V 4 (S. 652); a.A. schon ein subjektives Recht verneinend *Hadding*, FS Kellermann, S. 91, 103 f.; *ders.*, FS Reinhardt, S. 249, 255 ff.; *ders.*, FS Steindorff, S. 31, 38.

573 RGZ 100, 274, 278 (Dritter bringt rechtswidrig Gesellschaftsanteil zur Zwangsversteigerung); *Larenz/Canaris*, Schuldrecht II/2, § 76 II 4 e) (S. 394 f.) (Bsp.: Börsendienst verbreitet unzutreffende Informationen über eine Aktiengesellschaft).

574 So zutreffend *Larenz/Canaris*, Schuldrecht II/2, § 76 II 4 e) (S. 395); ähnlich skeptisch *Reuter*, FS Lange, S. 719, 721 ff.; a.A. BGHZ 110, 323, 334 f. ("Schärenkreuzer"); ausf. ebenso *Habersack*, Mitgliedschaft, S. 187 ff.; *K. Schmidt*, JZ 1991, 157, 160 f.

der einzelnen Gesellschafter gegen die Organwalter aus dem Verbandsrecht selbst herleitet.[575] Dreh- und Angelpunkt seines Konzepts ist die Analyse der Haftungskette Mitglied-Verband-Organ-walter. Nur im Fall eines Funktionsdefizits in dieser Haftungskette kommt eine Direkthaftung der Organwalter gegenüber den Verbandsmitgliedern in Betracht. Schadensersatzansprüche der Aktionäre wegen Auskunftsmängeln gegen Vorstandsmitglieder verhalten sich nach dieser Ansicht also subsidiär zur vorrangigen Ersatzpflicht der Aktiengesellschaft.

(b) Berichtsmängel (Baums)

Besondere Schwierigkeiten bereitet die Herleitung eines Schadensersatzanspruchs der Aktionäre gegen Vorstandsmitglieder wegen eines Berichtsmangels. Im einschlägigen Schrifttum findet sich jedenfalls - soweit ersichtlich - kein Hinweis auf Ersatzleistungen für Berichtspflichtverletzungen. Lediglich die Fehlunterrichtung im Bericht wird auch unter die spezielle Schadensersatznorm der §§ 25, 205 UmwG gefaßt.[576] Darüber hinaus scheidet generell eine unmittelbare Organwalterhaftung nach *Schmolke* mangels durchgehender Haftungskette aus, weil die Aktionäre nicht der Gesellschaft, sondern ausschließlich diese dem Vorstand gegenüber berichtsberechtigt ist und somit keine unmittelbar zwischen Mitglied und Verband bestehende Pflicht verletzt sein kann. Da die kollektiven Informationsrechte gerade nicht in der Mitgliedschaft wurzeln, könnte auch eine deliktsrechtliche Verlegenheitslösung hier nicht weiterhelfen. Allenfalls in Anlehnung an *Baums* wäre zu überlegen, ob nicht den Berichtspflichten des Vorstands gegenüber dem Verband eine Schutzwirkung zugunsten der Aktionäre zukommt.[577] Auch er setzt dafür aber der Sache nach eine unmittelbare Einwirkung des Vorstands in mitgliedschaftliche Rechtspositionen der Aktionäre voraus. Eine solche könnte wohl nur bei einer besonders gravierenden Fehlinformation im Bericht angenommen werden. So läßt sich resümierend nur für das Umwandlungsrecht festhalten, daß eine Schadensersatzhaftung nach §§ 25, 205 UmwG auch die Fälle mangelhafter Informationserteilung in den Vorstandsberichten erfaßt.[578]

---

575 *Schmolke,* Organwalterhaftung für Eigenschäden von Kapitalgesellschaftern, Diss. Mainz (erscheint demnächst).

576 So namentlich von Lutter/*Grunewald*, UmwG, § 25 Rdn. 11; Lutter/*Decher*, UmwG, § 205 Rdn. 17; ähnlich Kallmeyer/*Marsch-Barner*, UmwG, § 25 Rdn. 6, jeweils m. w. Nachw.

577 *Baums*, Geschäftsleitervertrag, S. 243 ff.

578 Lutter/*Decher*, UmwG, § 205 Rdn. 17; Lutter/*Grunewald*, UmwG, § 25 Rdn. 11.

(c) Qualifizierte Fehlinformationen

Selten wird zu beweisen sein, daß ein Vorstandsmitglied in Auskunft oder Bericht durch eine Fehlinformation oder ein ihr entsprechendes Teilunterlassen in einer gegen die guten Sitten verstoßenden Weise die Aktionäre vorsätzlich schädigen wollte. Eine deliktische Haftung der Vorstandsmitglieder nach § 826 BGB muß daher bei unseren Überlegungen nicht vertieft werden.[579] Die angesprochenen Straftatbestände der §§ 313 Abs. 1 Nr. 1 UmwG, 400 Abs. 1 Nr. 1 AktG werden jedoch allgemein als Schutzgesetze im Sinne des § 823 Abs. 2 BGB auch zugunsten der fehlinformierten Aktionäre begriffen.[580] Eine Haftung der hiergegen verstoßenden Vorstandsmitglieder wegen qualifizierter Fehlinformation kann also ausnahmsweise in Betracht kommen.[581]

(3) Individualschaden: Probleme seiner normativen Zurechnung

Selbst wenn einer der soeben erwähnten Haftungsgründe Gesellschaft, Hauptaktionär oder Vorstandsmitglieder ersatzpflichtig machen sollte, stellt die Frage der Haftungsausfüllung eine nicht minder hohe Hürde für die schadensersatzrechtliche Sanktionierung[582] einer beschlußbezogenen Informationsrechtswidrigkeit auf.[583]

Zunächst kann der einzelne Aktionär nur seinen individuellen Schaden ersetzt verlangen, nicht dagegen den sog. Reflexschaden, also den Schaden der Gesellschaft, soweit er quotal auf ihn entfiele.[584] Ein Eigenschaden des Aktionärs könnte z.B. durch einen infolge Auskunftsmangels von der Hauptversammlung zu niedrig festgestellten Jahresabschluß begründet werden, weil dadurch der ausschüttungsfähige Bilanzgewinn und folglich die auf den einzelnen

579 Für Informationsmängel i.R.d. Regel-/*ad hoc*-Publizität ebenso *Groß*, WM 2002, 477, 484; ähnlich *Rieckers*, BB 2002, 1213, 1217.

580 *Groß*, WM 2002, 477, 483; Lutter/*Kuhlen*, UmwG, § 313 Rdn. 6; Kallmeyer/*Marsch-Barner*, UmwG, § 313 Rdn. 2; GroßKommAktG/*Otto*, § 400 Rdn. 4.

581 Zur geringen praktischen Relevanz auch dieser Anspruchsgrundlagen jedoch *Reichert/Weller*, ZRP 2002, 49, 52/54 m. w. Nachw.

582 Allerdings ist dem deutschen Schadensrecht grundsätzlich kein Sanktionscharakter i.e.S. eigen. Jedoch gäbe es bei umfassendem Schadensersatz wegen Informationsmängeln keine Schutzlücke bzgl. Gesellschaft und Aktionären. Insoweit wäre die Informationsrechtswidrigkeit dann im untechnischen Sinne sanktioniert. S. dazu noch sogleich im Text.

583 Kritisch auch *Hoffmann-Becking*, GesR 2001, S. 55, 62.

584 Unstr.; s. etwa RGZ 158, 248, 255; BGH NJW 1987, 1077, 1079; GroßKommAktG/*Decher*, § 131 Rdn. 407; *Larenz/Canaris*, Schuldrecht II/2, § 76 II 4 e) (S. 394); KölnKomm/*Zöllner*[1], § 131 Rdn. 100.

Aktionär entfallende Dividende geringer ist als bei rechtmäßigem Alternativverhalten.[585]

Selbstverständlich muß in diesem Fall im Rahmen der haftungsausfüllenden Kausalität dargelegt werden, daß die Hauptversammlung bei ordnungsgemäßer Unterrichtung der Aktionäre einen höheren Jahresüberschuß festgestellt hätte, der einzelne Aktionär also eine konkrete Dividendeneinbuße zu beklagen hat. Von dieser Darlegungslast entbindet den ersatzbegehrenden Aktionär auch nicht etwa der Rechtsgedanke des § 243 Abs. 4 AktG.[586] Anders als die Anfechtung eines rechtswidrigen Beschlusses will das Schadensersatzrecht die Informationsrechtswidrigkeit nicht im eigentlichen Sinne sanktionieren, sondern lediglich hierdurch schuldhaft verursachte Vermögenseinbußen ausgleichen.[587] Die haftungsausfüllende Kausalität ist dafür unentbehrlich. Mit dem fehlenden Sanktionscharakter des Schadensrechts kann schließlich auch begründet werden, daß - anders als im Anfechtungsrecht - über § 254 BGB grundsätzlich das Prinzip des Vorrangs des Primärrechtsschutzes Geltung erlangt. Dem entsprechend muß es sich etwa der um sein Auskunftsrecht gebrachte Aktionär als Mitverschulden anrechnen lassen, wenn er die Möglichkeit einer gerichtlichen Durchsetzung des Primäranspruchs auf Information unterläßt.[588] Auch im Rahmen der sekundären Rechtsbehelfe ist gem. § 254 BGB zu berücksichtigen, wenn eine erfolgversprechende Beschlußanfechtung den Schaden noch abgewendet oder doch zumindest vermindert hätte. Eine solche Schadensminderungsobliegenheit der ersatzbegehrenden Aktionäre wird freilich bei den Informationsmängeln zu verneinen sein, die sich durch eine schwere Erkennbarkeit auszeichnen.

Bemerkenswert ist die unter dem Stichwort des Rechtswidrigkeitszusammenhangs von *Zöllner* postulierte Beschränkung des bei Auskunftsmängeln ersatzfähigen Schadens auf die ursächliche Verknüpfung mit einer nachteiligen Stimmrechtsausübung.[589] In der Konsequenz dieser Betrachtungsweise wären alle diejenigen Schäden von der Haftung auszuschließen, welche dadurch entstehen, daß der Aktionär wegen des Informationsmangels seine Aktien verkauft bzw. neue Aktien hinzuerwirbt. Eine solche Argumentation könnte allenfalls mit einem Verständnis des Auskunftsrechts als bloßem Anhängsel des Stimmrechts begründet werden. Nach richtiger Ansicht soll das individuelle Informationsrecht aber sämtliche Mitgliedschaftsrechte des Aktionärs unterstützen.[590] Begreift man

585 Bsp. von KölnKomm/*Zöllner*[1], § 131 Rdn. 100.
586 So ausdrücklich KölnKomm/*Zöllner*[1], § 131 Rdn. 100.
587 S. dazu ausf. *Larenz*, Schuldrecht I, § 27 I (S. 421 ff.).
588 *Habersack*, Mitgliedschaft, S. 343.
589 KölnKomm/*Zöllner*[1], § 131 Rdn. 100 a.E.
590 S. nur GroßKommAktG/*Mülbert*, Vor §§ 118-147 Rdn. 217 m. w. Nachw.

den Aktionär mit *Mülbert* unter anderem als Vermögensanleger,[591] fällt auch die Entscheidung über Investition und Desinvestition in den Schutzbereich der Mitgliedschaft. Damit wäre der durch den informationsbedingt nachteiligen Verkauf oder Erwerb von Aktien entstandene Schaden ersatzfähig.[592] Die partiell verbandsrechtliche Rechtsnatur der speziellen §§ 37b, 37c WpHG stützt diese Sicht.[593] Gerade Probleme der normativen Schadensberechnung sowie des Mitverschuldens bei Verletzung der *ad hoc*-Publizität, die sich bei bei börsennotierten Aktiengesellschaften ergeben, sind folglich mit der Schadensthematik bei Auskunftsmängeln wertungsmäßig zu parallelisieren.[594]

cc) Schadensersatzansprüche der Gesellschaft

Als Anspruchsgegner für Schadensersatzansprüche der Gesellschaft wegen beschlußbezogener Informationsmängel kommen einzig die Mitglieder des informierenden Vorstands in Betracht.[595] Ihre dem Verband nach § 93 Abs. 1 Satz 1 AktG geschuldete Geschäftsleitersorgfalt gebietet zumindest gesetzeskonformes Verhalten.[596] Der Gesellschaft gegenüber sind sie damit dem Grunde nach auch bei jeglicher Informationsrechtswidrigkeit gemäß § 93 Abs. 2 AktG ersatzpflichtig, einerlei, ob ihnen ein Auskunfts- oder ein Berichtsmangel vorzuwerfen ist. Dabei gilt für Berichtsmängel wie für Auskunftsmängel vorbehaltlich eines ausdrücklichen Widerspruchs bzw. eines gegenteiligen Gremiumsbeschlusses eine wechselseitige "Zurechnung" des Informationsverhaltens einzelner an sämtliche Vorstandsmitglieder unter dem Gesichtspunkt eigenen Organisationsverschuldens.[597]

---

591 Grundlegend *Mülbert*, Aktiengesellschaft, S. 97 ff.; prägnant GroßKommAktG/*ders.*, Vor §§ 118-147 Rdn. 199-203.

592 Ebenso i.E. GroßKommAktG/*Decher*, § 131 Rdn. 407.

593 S. dazu auch schon oben unter (1) (a).

594 S. zum Schadensproblem bei §§ 37b, 37c WpHG *Mülbert*, JZ 2002, 826, 834 f.; *Fleischer*, BB 2002, 1869, 1869 ff., insbes. 1872 ff.; *ders./Kalss*, AG 2002, 329, 334 ff.

595 Beim Squeeze Out scheiden Schadensersatzansprüche der Gesellschaft gegen den Hauptaktionär von vornherein aus. Wie oben unter § 1 II 2 c) bb) dargestellt, betrifft sein diesbzgl. Bericht ausschließlich das Mitgliedschaftsverhältnis zwischen ihm und den Minderheitsaktionären.

596 GroßKommAktG/*Hopt*, § 93 Rdn. 79/98 m. w. Nachw.

597 Zu den Berichtspflichten s. nur Kallmeyer/*Marsch-Barner*, UmwG, § 8 Rdn. 2; Schmitt/Hörtnagl/*Stratz*, UmwG, § 8 Rdn. 5; *Emmerich*/Habersack, § 293a Rdn. 16; differenzierend a.A. MünchKommAktG/*Altmeppen*, § 293a Rdn. 32-34; *Hüffer*, AktG, § 293a Rdn. 8/10; zur Auskunft s. oben unter bb) (2) (a) sowie GroßKommAktG/*Decher*, § 131 Rdn. 406 (etwas weiter); *Hüffer*, AktG, § 131 Rdn. 6 f. (Beschluß).

Bei Berichtsmängeln stellt sich die Organwalterhaftung stets als Direktanspruch der Gesellschaft wegen Verletzung einer ihr gegenüber unmittelbar bestehenden Berichtspflicht dar. Bei Auskunftsmängeln muß unterschieden werden. Zum einen kann die Inanspruchnahme der Gesellschaft durch die unmittelbar auskunftsberechtigten Aktionäre einen Regreßanspruch gegen die Vorstandsmitglieder begründen.[598] Zum anderen kann der Gesellschaft ein eigener Schaden entstehen, wenn der Vorstand eine Auskunft zu ihrem Nachteil rechtswidrig, also trotz Vorliegens eines Verweigerungsgrunds im Sinne des § 131 Abs. 3 Nr. 1 AktG erteilt.[599] Im Regelfalle aber vermag die Gesellschaft - wenn überhaupt - Ersatz nur für die Verfahrenskosten eines nicht-schadensersatzrechtlichen Rechtsstreits wegen des Informationsmangels, namentlich der Anfechtungsklage, im Wege der Organwalterhaftung zu liquidieren.[600]

d) (Positive) Feststellungsklage als Ergänzungsrechtsbehelf

Eine (positive)[601] Feststellungsklage des Aktionärs oder der Gesellschaft, die darauf gerichtet ist, einen Informationsmangel festzustellen, muß den Anforderungen des § 256 ZPO genügen. Die konkreten Informationsrechtsverhältnisse zwischen Aktionär und auskunftspflichtiger Gesellschaft bzw. Gesellschaft und (dem) berichtspflichtigen Vorstand(smitgliedern)[602] sind zweifelsohne feststellungsfähig.[603] Ein Feststellungsinteresse kann aus der nicht fernliegenden Möglichkeit der künftigen Verwirklichung von soeben aufgeführten Schadensersatzansprüchen durch das Auftreten weiterer Folgeschäden hergeleitet werden.[604] Es fehlt aber, wenn das Rechtsschutzziel einfacher erreicht werden kann. Solange also nach dem oben Ausgeführten die Bericht(snach)erstattung noch eingeklagt

---

598 KölnKomm/*Zöllner*[1], § 131 Rdn. 99/102 a.E.; zurückhaltend GroßKommAktG/*Decher*, § 131 Rdn. 408 i.V.m. 406 m. w. Nachw.

599 GroßKommAktG/*Decher*, § 131 Rdn. 406 a.E.; *Hüffer*, AktG, § 131 Rdn. 44; s. zur Mangelkategorie der Informationsüberschreitung und zur Informationsverweigerungspflicht des Vorstands oben unter I 3.

600 GroßKommAktG/*Decher*, § 131 Rdn. 406; daher kritisch auch *Hoffmann-Becking*, GesR 2001, S. 55, 62.

601 Zur negativen Feststellungsklage der Gesellschaft als effektiver Verteidigungsrechtsbehelf im Auskunftserzwingungsverfahren *Werner*, FS Heinsius, S. 911, 922 ff.; dagegen die h.M.; s. nur GroßKommAktG/*Decher*, § 132 Rdn. 9 a.E. m. w. Nachw.

602 Zur hier nicht zu entscheidenden Problematik der Partei-/Prozeßfähigkeit des Organs s. bereits oben unter 1 a) cc).

603 Vgl. statt aller Musielak/*Foerste*, ZPO, § 256 Rdn. 2; zur Feststellungsfähigkeit des Auskunftsrechtsverhältnisses zwischen Aktionären und Gesellschaft *Werner*, FS Heinsius, S. 911, 925 f.

604 Musielak/*Foerste*, ZPO, § 256 Rdn. 14, 29 m. w. Nachw.

oder die Auskunft nach § 132 Abs. 4 Satz 2 AktG bzw. im Wege der allgemeinen Leistungsklage noch erzwungen werden kann, muß die Feststellungsklage außer Betracht bleiben.[605] Insgesamt läßt sich dieser Rechtsbehelf damit allenfalls als ergänzend, keinesfalls jedoch als Sanktion für die Informationsrechtswidrigkeit beschreiben.[606]

§ 4 Der Kompensationsmangel

Nachfolgend ist zu skizzieren, welche Rechtsfolgen sich aus einer Verletzung des gesetzlichen Kompensationsschuldverhältnisses in der Aktiengesellschaft ergeben. Die Thematik kompensationsbezogener Informationsmängel muß dabei - dem Gang der Untersuchung entsprechend - zunächst noch außer Betracht bleiben. Vielmehr soll es um eine isolierte Analyse der rechtlichen Behandlung von Kompensationsmängeln gehen. Das vorliegende Verständnis vom in der Mitgliedschaft wurzelnden gesetzlichen Entschädigungsanspruch gebietet dabei eine sämtliche Umstrukturierungen umgreifende Darstellung der Mängel im Kompensationsschuldverhältnis, dessen mangelfreier Idealfall mit Blick auf die jeweiligen Strukturänderungsbeschlüsse im einzelnen bereits im zweiten Kapitel (§ 2) beschrieben wurde.

I. Arten von Kompensationsmängeln

Wie schon im Informationsmängelrecht sind auch für das Kompensationsmängelrecht vorab die unterschiedlichen Varianten mangelhafter Kompensation vorzustellen. Eine Systematisierung der Kompensationsmängel soll vor allem insofern einer vereinfachten Darstellung der weiteren Untersuchung dienen als die weit verstreuten gesetzlichen Tatbestände auf ihre wesentlichen Modalitäten re-

---

605 Zum Vorrang der Leistungsklage allgemein s. nur Musielak/*Foerste*, ZPO, § 256 Rdn. 12 m. w. Nachw.; für die positive Feststellungsklage des Aktionärs ausdrücklich *Werner*, FS Heinsius, S. 911, 924 f.; konsequenterweise ebenso die h.M., die nur für die Fälle der Fehlinformation auf die Feststellungsklage verweist: OLG Dresden AG 1999, 274, 276; LG Dortmund AG 1999, 133, 133; LG Köln AG 1991, 38, 38; LG Berlin WM 1990, 978, 983; GroßKommAktG/*Barz*[3], § 132 Rdn. 2; *Baumbach/Hueck*, AktG, § 132 Rdn. 2; *Henn*, Rdn. 894; *Ebenroth*, Auskunftsrecht, S. 143; Geßler/Hefermehl/*Eckardt*/Kropff, § 132 Rdn. 27; KölnKomm/*Zöllner*[1], § 132 Rdn. 5.

606 Mit Recht kritisch auch *Hellwig*, FS Budde, S. 265, 273.

duziert und somit einer besseren und umstrukturierungsübergreifenden Normzweckanalyse zugänglich gemacht werden können.

1. Fehlkompensation

Ungeachtet ihres gesetzlichen Geltungsgrunds sind die Entschädigungen nahezu allesamt als anzubietende ausgestaltet.[607] Wird dieser vertraglichen Einkleidung zwar entsprochen, umfaßt die Umstrukturierung also ein Angebot an die desinteressierten Aktionäre gerichtet auf Ausgleich und/oder Abfindung, so liegt dennoch eine Fehlkompensation vor, wenn dieses Angebot seiner *Art* nach nicht den gesetzlichen Vorgaben entspricht.[608] Positivrechtlich wird diese Mangelkategorie zumeist mit der Wendung umschrieben, die Kompensation sei "nicht ordnungsgemäß angeboten" worden.[609] Dabei legt die h.L. diese Modalität im hier gefaßten Sinne (restriktiv) aus und versteht darunter ausschließlich qualitative Regelwidrigkeiten des Angebots selbst, also insbesondere seine unbestimmte, unklare, widersprüchliche oder unvollständige Fassung.[610] Verfahrensfehler bei der Angebotserteilung fallen nicht unter diese Mangelkategorie, weil sie dem Kompensationsangebot nicht unmittelbar anhaften.[611] Einer so verstandenen Fehlkompensation kann folglich nur geringe praktische Bedeutung zukommen.[612]

---

607 Zum praktischen und normativen Sinn dieses vertraglichen "Wie" des gesetzlichen Kompensationsschuldverhältnisses s. bereits oben unter § 1 I 1 a) cc) sowie speziell zu §§ 304 f. AktG unter § 2 II 1 b).

608 So die treffende Definition bei Emmerich/*Habersack*, § 320b Rdn. 19 (zum nicht ordnungsgemäßen Abfindungsangebot i.S.d. § 320b Abs. 2 Satz 3 Alt. 2 AktG).

609 So in §§ 32 Alt. 3, 210 Alt. 3 UmwG, §§ 320b Abs. 2 Satz 3 Alt. 2, 327f Abs. 1 Satz 3 Alt. 2 AktG; anders nur die Formulierung im Unternehmensvertragsrecht bei § 305 Abs. 5 Satz 2 Alt. 2 AktG ("eine den Absätzen 1 bis 3 nicht entsprechende Abfindung"), die diese Mangelkategorie aber ebenfalls mit einbezieht.

610 So oder so ähnlich Lutter/*Grunewald*, UmwG, § 32 Rdn. 4; Kallmeyer/*Marsch-Barner*, UmwG, § 33 Rdn. 2; Emmerich/*Habersack*, § 320b Rdn. 19; a.A. Widmann/Mayer/*Vollrath*, UmwG, § 32 Rdn. 4, § 210, Rdn. 9 im Anschluß an die MEZ/Aqua Butzke-Linie des BGH; die extensive Auslegung, welche auch kompensationsbezogene Berichtsmängel unter diese Modalität faßt, ist bei der hier vorzunehmenden isolierten Betrachtung aber nicht zu vertiefen; dazu ausf. unten unter § 8, insbes. I und IV.

611 Dazu gehört neben den hier ausgeklammerten kompensationsbezogenen Berichtsmängeln etwa auch ein Verstoß gegen die Bekanntmachungspflicht gem. § 29 Abs. 1 Satz 4 UmwG; s. Lutter/*Grunewald*, UmwG, § 32 Rdn. 4.

612 So Lutter/*Grunewald*, UmwG, § 32 Rdn. 4 a.E.

2. *Kompensationsfehler*

a) *Kompensationsausfall*

Die wesentlichen Mangelkategorien betreffen nicht die Qualität des Kompensationsangebots, sondern seine quantitative Dimension. Als extremster Fall ist dabei zu nennen, daß ein solches Angebot von vornherein gänzlich fehlt, obwohl die betreffende Strukturänderung gesetzliche Kompensationsansprüche auslöst. Ein solcher, hier als Kompensationsausfall bezeichneter Mangel wird in der Praxis wohl nicht allzu häufig vorkommen.

b) *Kompensationsunterschreitung*

Wird den desinteressierten Aktionären ein Angebot auf Ausgleich und/oder Abfindung unterbreitet, gestattet die vertragliche Einkleidung des Kompensationsschuldverhältnisses darüber hinaus den Parteien Gestaltungsspielraum nur innerhalb eines eng gesteckten gesetzlichen Rahmens der Art und Weise einer Kompensationsleistung ("Wie"), also etwa ob ein Ausgleich nach § 304 fest bzw. variabel oder ob eine Abfindung bar bzw. in Aktien angeboten wird.[613] Hinsichtlich der Höhe der Kompensation ("Ob") hingegen gebietet der gesetzliche Geltungsgrund zwingend, daß die mitgliedschaftliche Einbuße wirtschaftlich voll entschädigt wird.[614] Die Kompensationshöhe ist damit einer vertraglichen Ausgestaltung nicht zugänglich; ein Ausgleichs- oder Abfindungsangebot ist mangelhaft, wenn es mit den Worten des Gesetzes "zu niedrig bemessen" bzw. "[nicht] angemessen" ist.[615] Schon angesichts der bereits dargestellten Prognoseungewißheiten steht dieser als Kompensationsunterschreitung bezeichnete Mangel in der Praxis im Vordergrund.[616]

---

613 Zu diesen und weiteren Aspekten des vertraglichen "Wie" im gesetzlichen Kompensationsschuldverhältnis s. bereits oben unter § 1 I 1 a) und unter § 2 II 1 b).

614 S. dazu oben unter § 1 I 1 a) cc).

615 §§ 14 Abs. 2 Alt. 1, 15 Abs. 1 Alt. 1, 32 Alt. 1, 195 Abs. 2 Alt. 1, 196 Satz 1 Alt. 1, 210 Alt. 1 UmwG ("zu niedrig bemessen"), §§ 304 Abs. 3 Satz 2 Alt. 2, 305 Abs. 5 Satz 1, 320b Abs. 2 Satz 1 Alt. 2, 327f Abs. 1 Satz 1 Alt. 2 AktG ("[nicht] angemessen").

616 S. zum Problem der Unternehmensbewertung bereits oben, insbes. unter § 2 I 1 b) bb).

3. Kompensationsüberschreitung

Weniger häufig wird es vorkommen, daß das Kompensationsangebot die desinteressierten Aktionäre nicht nur entschädigt, sondern sie sogar wirtschaftlich besser stellt als vor der Mitgliedschaftseinbuße. Zu einer solchen Kompensationsüberschreitung werden Verwaltung(en) und Mehrheitsaktionär, die die Strukturänderung betreiben, kaum jemals geneigt sein, zumal sie regelmäßig damit rechnen können, daß es ohnehin zu einer nochmaligen Nachprüfung der Kompensationshöhe in einem später noch anzusprechenden Spruchverfahren kommen wird.[617]

II. Rechtsfolgen von Kompensationsmängeln

1. Analyse der Rechtsschutzmöglichkeiten ohne Konkurrenzen

Geht es um die Rechtsfolgen von Kompensationsmängeln, steht die Frage im Zentrum, wie Aktionäre im Falle mangelhafter Kompensationsangebote geschützt werden. In erster Linie betrifft dies die desinteressierten Aktionäre, welche von Gesetzes wegen durch Ausgleich oder Abfindung für ihre Mitgliedschaftseinbuße zu entschädigen sind. Aber auch die Anteilsinhaber des zur Kompensation verpflichteten Rechtsträgers sind jedenfalls zunächst in die Betrachtung einzubeziehen. Dabei ist es einem systematisch-teleologischen Verständnis der Rechtslage wiederum förderlich, in einem ersten Schritt isoliert die denkbaren Rechtsschutzmöglichkeiten im zeitlichen Ablauf aufzufächern. Ihr gesetzlich vorgegebenes Konkurrenzverhältnis ist erst in einem zweiten Schritt in die Analyse einzubeziehen.

a) Präventiver bzw. repressiver Aktionärsschutz

Sämtliche Umstrukturierungen werden erst mit der Eintragung des Strukturänderungsbeschlusses ins Handelsregister wirksam.[618] Selbstverständlich erleiden auch die desinteressierten Aktionäre erst mit diesem Zeitpunkt ihre mitglied-

---

617 Zur rechtstatsächlichen Häufigkeit dieser gerichtlichen Nachprüfung s. etwa Lutter/*Krieger*, UmwG, § 305 Rdn. 6 sowie MünchKommAktG/*Bilda*, § 306 Rdn. 1 a.E.; dagegen als prominenten Fall einer Kompensationsüberschreitung die Verschmelzung von Bayerische Hypotheken- und Wechsel-Bank mit der Bayerischen Vereinsbank zur Bayerischen Hypo- und Vereinsbank AG nennend *Bayer*, ZHR 163 (1999), 505, 548.

618 Vgl. §§ 19 f., 198 ff. UmwG, §§ 294, 320a, 327e AktG.

schaftlichen Einbußen, die die in Rede stehenden Kompensationsansprüche auslösen. Als erstes sind damit die Rechtsschutzmöglichkeiten auszuloten, mit denen wegen des mangelhaften Kompensationsangebots bereits die Umstrukturierung als solche und damit auch die Mitgliedschaftseinbuße abgewehrt werden können. Die Aktionäre werden in diesen Fällen präventiv geschützt, weil sich der Kompensationsmangel gar nicht erst realisiert.[619]

aa) Unabhängige Prüfung und Prüfungsbericht

Das Gesetz selbst sieht bei nahezu allen Strukturänderungen die unabhängige Prüfung insbesondere der Kompensationsansprüche durch einen sachverständigen Prüfer vor, der in einem Prüfungsbericht die Hauptversammlung vor dem Strukturänderungsbeschluß über die Angemessenheit der angebotenen Kompensation informiert.[620] Auf die Verschmelzungsprüfung der §§ 340b, 354 Abs. 2 AktG a.F. zurückgehend, fand dieses in Umsetzung von Art. 10 Abs. 1 Fusions RL in das neue Umwandlungsrecht übernommene Institut Eingang in das Unternehmensvertragsrecht und ist jedenfalls insoweit verallgemeinerungsfähig[621] als es ausschließlich den Schutz der unbeteiligten Aktionärsminderheit bezweckt und etwa falsch bemessene Umtauschverhältnisse oder Abfindungsansprüche von vornherein verhindern soll.[622] Seinen präventiven Charakter kennzeichnet etwa *Hoffmann-Becking* treffend als *a priori*-Kontrolle.[623]

bb) Eintragungshindernis: Ausfall des (essentiellen) Kompensationsangebots

Der Registerrichter hat grundsätzlich auch ein materielles Prüfungsrecht hinsichtlich der Rechtmäßigkeit des zur Eintragung angemeldeten Strukturänderungsbeschlusses.[624] Die Angemessenheit der angebotenen Kompensation unterliegt seiner Prüfungskompetenz indessen nicht, weil ansonsten sowohl die unab-

619 Dem präventiven Rechtsschutz die Anfechtungsklage ganz generell zuordnend *Bayer*, Corporate Governance, S. 137, 141.

620 §§ 9 ff., 30, 48, 60, 208 UmwG, §§ 293b ff., 320 Abs. 3, 327c Abs. 2 Sätze 2-4 AktG; lediglich bei der Spaltung fehlt also ein solches unabhängiges Prüfungsverfahren.

621 Zu dieser Genese sowie zu den Unterschieden s. statt aller prägnant *Emmerich*/Habersack, § 293b Rdn. 1 und 6 ff.

622 Vgl. dazu bereits die Gesetzesbegründung zu § 340b AktG a.F. BT-Drucks. 9/1065, S. 15 und 140 f.; ähnlich auch die Begründung des Regierungsentwurfs zu § 293b AktG, BT-Drucks. 12/6699, S. 178 (Entlastung des Spruchverfahrens).

623 *Hoffmann-Becking*, ZGR 1990, 482, 501.

624 S. nur Lutter/*Lutter*, UmwG, § 16 Rdn. 5; *Emmerich*/Habersack, § 294 Rdn. 19, jeweils m. w. Nachw.

hängige Prüfung vor dem Strukturänderungsbeschluß als auch die richterliche Nachprüfung im sogleich anzusprechenden Spruchverfahren leerlaufen würden, welche jeweils - anders als die registergerichtliche Prüfung - auf die Würdigung durch Sachverständige gestützt sind.[625] Neben den Fällen einer Fehlkompensation kann aber vor allem der Kompensationsausfall nicht ohne weiteres vom Prüfungsumfang des Registergerichts ausgenommen werden. Jedenfalls wenn das Angebot eines essentiellen Ausgleichs gänzlich fehlt, liegt ein materielles Eintragungshindernis vor.[626] Doch auch soweit der Kompensationsausfall den Strukturänderungsbeschluß nicht von vornherein für nichtig erachten läßt, also etwa in Ansehung fehlender essentieller Abfindungsansprüche bei Eingliederung und Squeeze Out,[627] nicht minder indes bei bloß akzidentiellen Kompensationsansprüchen, muß ein Eintragungshindernis angenommen werden.[628] Zwar dient die Registereintragung primär dem Publizitäts- und Vertrauensschutz; dennoch fungiert die registergerichtliche Prüfung auch im Sinne einer begrenzten Rechtsaufsicht.[629] Ein Kompensationsausfall stellt jedenfalls einen so evidenten Rechtsmangel dar, daß ihn der Registerrichter nicht einfach hinnehmen darf; er sollte mithin generell als materielles Eintragungshindernis gewürdigt werden.[630]

---

625 Gleichsinnig Lutter/*Lutter*, UmwG, § 16 Rdn. 5 m. w. Nachw.; ähnlich für das Unternehmensvertragsrecht etwa MünchKommAktG/*Altmeppen*, § 294 Rdn. 29.

626 Beim fehlenden Umtauschverhältnis bzw. neuen Beteiligungsverhältnis im Umwandlungsrecht ergibt sich das bereits aus der Qualität dieses primären Ausgleichsanspruchs als Essentiale, s. nur §§ 5 Abs. 1 Nr. 3, 126 Abs. 1 Nr. 3, 194 Abs. 1 Nr. 3 UmwG; für den essentiellen Ausgleichsanspruch im Unternehmensvertragsrecht s. nur *Emmerich*/Habersack, § 294 Rdn. 20; *Emmerich*/Sonnenschein/Habersack, § 16 IX 3 b) (S. 225); zur Ausgestaltung dieses Abfindungsanspruchs als essentiell kritisch bereits oben unter § 2 II 1 a) cc) (2).

627 Vgl. §§ 320b Abs. 2 Satz 3 Alt. 1, 327f Abs. 1 Satz 3 Alt. 1 AktG.

628 Ähnlich beim verschmelzungsrechtlichen (akzidentiellen) Abfindungsanspruch Lutter/*Grunewald*, UmwG, § 32 Rdn. 3; Kallmeyer/*Marsch-Barner*, UmwG, § 32 Rdn. 2; anders aber beim unternehmensvertraglichen (akzidentiellen) Abfindungsanspruch KölnKomm/*Koppensteiner*, § 294 Rdn. 13 und § 305 Rdn. 50.

629 Grundlegend *Lutter*, NJW 1969, 1873, 1875 f.; ähnlich GroßKommAktG/*Wiedemann*, § 181 Rdn. 25 a.E.; KölnKomm/*Zöllner*[1], § 241 Rdn. 25, § 243 Rdn. 38 ("Eintragungswidrigkeit" als eigene Beschlußmangelkategorie).

630 Insoweit wertungsstimmig zur für den Berichtsausfall vertretenen Ansicht oben unter § 3 II 2 a) m. w. Nachw; ausdrücklich a.A. für die akzidentiellen Abfindungsansprüche am Bsp. der §§ 210, 212 der II. Zivilsenat in BGHZ 146, 179, 185 ("MEZ") sowie NJW 2001, 1428, 1429 ("Aqua Butzke"), der die Wertung des vorrangigen Vollzugsinteresses bzgl. der Strukturänderung durch die Anfechtungsausschlußnorm auch für Fehlkompensation und Kompensationsausfall auf die ganz andere Ebene der registerrechtlichen Prüfung überträgt; wie hier aber Lutter/*Decher*, UmwG, § 210 Rdn. 3 sowie Lutter/*Grunewald*, UmwG, § 32 Rdn. 3 f.

cc) Anfechtungsklage als präventiver oder repressiver Rechtsbehelf

Während der Ausfall des Angebots essentiellen Ausgleichs die Nichtigkeit des Strukturänderungsbeschlusses von Anfang an zur Folge hat,[631] stellen alle sonstigen Kompensationsmängel einen Gesetzesverstoß im Sinne des § 243 Abs. 1 Alt. 1 AktG dar und vermögen damit prinzipiell die Anfechtbarkeit eines solchen Beschlusses zu begründen.[632] Diesen Befund untermauern *e contrario* die diversen, im weiteren Gang der Untersuchung ausführlich zu erläuternden Anfechtungsausschlußnormen,[633] deren gesetzliche Verankerung ansonsten überflüssig wäre.

Die rechtzeitig erhobene Anfechtungsklage hat nun aber ihrerseits regelmäßig die Registersperre zur Folge. Ein paradigmatischer Fall im Umwandlungsrecht ist die Verschmelzung, bei der nach § 16 Abs. 2 UmwG sogar ungeachtet einer konkret erhobenen Anfechtungsklage zur "Entsperrung" des Handelsregisters stets die Bescheinigung einer Unmöglichkeit der rückwirkenden Vernichtung des in Geltung zu setzenden Verschmelzungsbeschlusses erbracht werden muß.[634] Ein solches Negativattest kann lediglich durch eine Unbedenklichkeitsentscheidung des Registergerichts nach § 16 Abs. 3 UmwG ersetzt werden.[635] Während dieser Mechanismus präventiven Aktionärsschutzes neben Verschmelzungs- auch Spaltungs- und Umwandlungsbeschlüsse erfaßt,[636] ist er im Aktien-

631 Beim fehlenden Umtauschverhältnis bzw. neuen Beteiligungsverhältnis im Umwandlungsrecht ergibt sich dies bereits aus der Qualität dieses primären Ausgleichsanspruchs als Essentiale, s. nur §§ 5 Abs. 1 Nr. 3, 126 Abs. 1 Nr. 3, 194 Abs. 1 Nr. 3 UmwG; für den essentiellen Ausgleichsanspruch im Unternehmensvertragsrecht ist die Nichtigkeit des Vertrags ausdrücklich in § 304 Abs. 3 Satz 1 AktG vorgeschrieben; diese Wertung muß indes auf den vertragsfehlerkongruenten Beschlußfehler ebenso Anwendung finden, weil ein wirksamer Zustimmungsbeschluß zu einem nichtigen und daher wirkungslosen Unternehmensvertrag denkgesetzlich ausgeschlossen ist; so ausdrücklich KölnKomm/*Koppensteiner*, § 293 Rdn. 46; *Hüffer*, AktG, § 293 Rdn. 16 (i.R.d. § 241 Nr 3); MünchKommAktG/*Altmeppen*, § 293 Rdn. 78.

632 Zur (subsidiären) Anwendbarkeit der aktienrechtlichen Anfechtungsklage nach §§ 243 ff. AktG im Umwandlungsrecht s. bereits die Begründung oben unter § 3 II 2 b) m. w. Nachw.

633 §§ 14 Abs. 2, 32, 195 Abs. 2, 210 UmwG, §§ 304 Abs. 3 Satz 2, 305 Abs. 5 Satz 1, 320b Abs. 2 Satz 1, 327f Abs. 1 Satz 1 AktG.

634 Ein Entschmelzungsverbot selbst bei später begründeter Anfechtungsklage trotz Unbedenklichkeitsbeschluß des Registergerichts findet sich ausdrücklich in den §§ 16 Abs. 3 Satz 6 Hs. 2, 20 Abs. 2 UmwG.

635 Zu diesem bekannten und hier nicht weiter zu vertiefenden Mechanismus ausf. statt aller Lutter/*Bork*, UmwG, § 16 Rdn. 9 ff. m. w. Nachw.

636 Auf § 16 Abs. 2 und 3 UmwG verweisen auch die §§ 125 Satz 1, 198 Abs. 3 UmwG.

recht nur bei Eingliederung (§ 319 Abs. 5 und 6 AktG) und Squeeze Out (§ 327e Abs. 2 AktG) vorgesehen.[637]

Im Unternehmensvertragsrecht findet sich hingegen keine Registersperre,[638] so daß es bei der Möglichkeit der Aussetzung des Eintragungsverfahrens bleibt, die nach § 127 FGG im Ermessen des Registergerichts liegt.[639] Hat die Anfechtung eines Zustimmungsbeschlusses zum Unternehmensvertrag Erfolg, obwohl sich das Registergericht für dessen Eintragung entschieden hatte, muß der gem. §§ 243, 246, 241 Nr. 5 AktG *ex tunc* vernichtete Beschluß eine Rückabwicklung des Vertrags zur Folge haben und so dem Aktionärsschutz zumindest repressiv zur Durchsetzung verhelfen. Ein vorläufiger Bestandsschutz in Anlehnung an die Grundsätze über die fehlerhafte Gesellschaft ist für diesen Fall mit der h.M. zu verneinen, zumal ein dem Entschmelzungsverbot der §§ 16 Abs. 3 Satz 6 Hs. 2, 20 Abs. 2 UmwG vergleichbares Verbot repressiven Primärrechtsschutzes im Unternehmensvertragsrecht gerade fehlt.[640]

b) Primärer Aktionärsschutz: Leistungsklage auf Kompensation

Nach der hier vertretenen Auffassung vom gesetzlichen Verpflichtungsgrund des in der Mitgliedschaft wurzelnden Kompensationsschuldverhältnisses ("Ob") ist die individuelle Einklagbarkeit des Ausgleichs oder der Abfindung im Wege der Leistungsklage durch den jeweils berechtigten Aktionär ein Gebot der Konsequenz. Diese Schlußfolgerung erlangt angesichts des an dieser Stelle zunächst außer Betracht bleibenden Spruchverfahrens allerdings nur in dem eher theoretischen Fall Bedeutung, daß der Kompensationsschuldner sich weigert, die im Spruchverfahren festgestellte Entschädigung zu erbringen.[641]

---

637 Dazu inhaltlich Emmerich/*Habersack*, § 319 Rdn. 26 ff. m. w. Nachw.; den präventiven Aktionärsschutzcharakter der Anfechtungsklage ganz generell prägnant referierend *Paefgen*, S. 269 ff.

638 Darauf hat der Gesetzgeber bewußt verzichtet; s. Begründung BT-RA und RegE bei *Kropff*, S. 383 f.

639 Ganz h.M.; s. nur *Emmerich*/Habersack, § 294 Rdn. 21 f. m. w. Nachw.

640 Ebenso i.E. LG Frankenthal ZIP 1988, 1460, 1463 ("Pegulan"); *Emmerich*/Habersack, § 291 Rdn. 30; *Emmerich*/Sonnenschein/Habersack § 11 IV 1 (S. 165); *Hüffer*, AktG, § 291 Rdn. 21; KölnKomm/*Koppensteiner*, § 293 Rdn. 52; a.A. etwa MünchKommAktG/*Altmeppen*, § 291 Rdn. 207; MünchHdbAG/*Krieger*, § 70 Rdn. 47; *ders.*, ZHR 158 (1994), 35, 37 ff.
Da bei Kompensationsmängeln ohnehin spezialgesetzlich die Anfechtungsklage in den meisten Fällen ausgeschlossen ist (s. dazu sogleich), erübrigt sich hier eine Vertiefung dieser Problematik.

641 S. dazu noch unten unter 2 b).

aa) Seitenblick ins GmbH-Vertragskonzernrecht

Die These von der Leistungsklage auf Kompensation könnte durch einen Seitenblick ins GmbH-Vertragskonzernrecht gestützt werden, wo jedenfalls ein Spruchverfahren analog § 306 AktG einmütig abgelehnt wird und so die denkbaren Rechtsschutzmöglichkeiten von vornherein nicht verdrängt werden können.[642] Soweit allerdings ein Ausgleichs- und/oder Abfindungsanspruch der Minderheitsgesellschafter mit hier nicht interessierenden Meinungsunterschieden analog § 304 und/oder § 305 AktG überhaupt befürwortet wird, diskutieren die Verfechter bei Mängeln eines Kompensationsangebots eine Anfechtungsklage des Zustimmungsbeschlusses zum Unternehmensvertrag.[643] Allein *Ulmer* deutet bei seiner referierenden Wiedergabe dieser Mindermeinung die gebotene Konsequenz an, daß solche Ansprüche im Erkenntnisverfahren geltend zu machen seien, womit er auf die prinzipiell mögliche Leistungsklage im ZPO-Verfahren gegen das kompensationsverpflichtete andere Unternehmen verweisen dürfte.[644] Auch er vertritt aber die h.M., wonach die Minderheitsgesellschafter einem Beherrschungs- oder Gewinnabführungsvertrag ohnedies von vornherein zustimmen müssen und so ihren Interessen hinreichend Geltung verschaffen können, ohne daß es überhaupt einer Analogie zu den §§ 304 f. AktG bedürfte.[645] Diese Meinung geht letztlich auf die legislatorische Typisierung der GmbH zurück, wonach dort eine weitaus intensivere persönliche Bindung zwischen den Gesellschaftern besteht als bei der Aktiengesellschaft.[646] Der Seitenblick ins GmbH-Recht vermag also eine insoweit für das Aktienrecht vertretene Position weder zu stützen noch zu entkräften. Vielmehr bleibt es hier bei der folgerichtigen Annahme der prinzipiell möglichen Durchsetzbarkeit eines gesetzlichen Kompensationsanspruchs im Wege der Leistungsklage.

---

642 Dazu statt aller Hachenburg/*Ulmer*, Anh § 77 Rdn. 212 m. w. Nachw.

643 Rowedder/Schmidt-Leithoff/*Koppensteiner*, GmbHG, Anh. nach § 52 Rdn. 58 f.; *Lutter/Hommelhoff*, GmbHG, Anh § 13 Rdn. 67 und 69; *Kort*, S. 163 (Anfechtbarkeit bei unangemessenem Ausgleichsangebot); vgl. auch *Priester*, ZGR-Sonderheft 6, S. 151, 176 ff.; *Lutter*, ZGR-Sonderheft 6, S. 192, 197 f.

644 Hachenburg/*Ulmer*, Anh § 77 Rdn. 212 zum von ihm analog § 305 Abs. 2 Nr. 3 AktG befürworteten Barabfindungsanspruch; ähnlich *Kort*, S. 162 f. (Einklagbarkeit bei fehlendem Ausgleichsangebot).

645 Hachenburg/*Ulmer*, Anh § 77 Rdn. 211; Scholz/*Emmerich*, Anhang Konzernrecht, Rdn. 155 und 165; Baumbach/Hueck/*Zöllner*, GmbHG, Schlussanh I Rdn. 47; *ders.*, ZGR 1992, 193, 199 ff.; vgl. auch *Zeidler*; NZG 1999, 692, 694.

646 So für diesen Zusammenhang ausdrücklich Roth/*Altmeppen*, GmbHG, Anh. § 13 Rdn. 71 sowie generell ausf. *Priester*, ZGR-Sonderheft 6, S. 151, 160 ff.

bb) Rückblick ins frühere Aktienrecht

Bevor im Aktienrecht eine isolierte Nachprüfung des Umtauschverhältnisses bei einer Verschmelzung im Wege des sogleich anzusprechenden Spruchverfahrens eingeführt wurde, konnte auch ein zu niedrig bemessenes Umtauschverhältnis nach allgemeiner Meinung nur durch Anfechtung des Verschmelzungsbeschlusses gerügt werden.[647] Zwar vermag dieser Rückblick auf eine frühere Rechtslage ebensowenig wie der Seitenblick ins GmbH-Recht die vorliegende Annahme einer prinzipiell möglichen Leistungsklage zu entkräften. Die Ermittlung einer Teleologie der aktuell geltenden *lex lata* muß allerdings das nunmehr zur Kompensationsnachprüfung bereitgehaltene Spruchverfahren in Rechnung stellen, das die Einklagbarkeit der angemessenen Entschädigung durch die einzelnen Aktionäre im Wege der Leistungsklage denklogisch voraussetzt.[648]

cc) "Verdecktes Gestaltungsurteil" infolge Leistungsklage

Der Inhalt des Kompensationsanspruchs im Sinne einer angemessenen und damit wirtschaftlich vollen Entschädigung für die Mitgliedschaftseinbuße ist umstrukturierungsübergreifend gesetzlich vorgegeben ("Ob"). Daß aber die Art und Weise seiner Erfüllung durch das positive Recht eine vertragliche Einkleidung erfahren hat ("Wie"), die dem Kompensationsschuldner hier mehr, da weniger Spielraum gewährt, darf bei der Darstellung der Leistungsklage nicht außer Betracht bleiben.

Wiederum ist vorauszuschicken, daß das fehlende Angebot der Umtauschrelation oder eines sonstigen essentiellen Ausgleichs den Strukturänderungsbeschluß als von vornherein nichtig erachten läßt,[649] so daß eine Mitgliedschafts-

647 S. dazu statt aller KölnKomm/*Kraft*, § 352c Rdn. 1 f. m. w. Nachw.

648 Das verkennt *Sagasser*/Bula/Brünger, Umwandlungen, Kap. C Rdn. 24; wie hier jedoch *Behnke*, S. 33 (ff.); ausdrücklich gegen eine Leistungsklage nach altem Recht für das Unternehmensvertragsrecht namentlich KölnKomm/*Biedenkopf/ Koppensteiner*[1], § 304 Rdn. 36, die jedoch eine hier vertretene materielle Derogation durch das Spruchverfahren nicht in Rechnung stellen und zudem von der hier abgelehnten vertraglichen Geltung des Ausgleichsanspruchs im Unternehmensvertragsrecht ausgehen.

649 Beim fehlenden Umtauschverhältnis bzw. neuen Beteiligungsverhältnis im Umwandlungsrecht ergibt sich dies bereits aus der Qualität dieses primären Ausgleichsanspruchs als Essentiale; s. nur §§ 5 Abs. 1 Nr. 3, 126 Abs. 1 Nr. 3, 194 Abs. 1 Nr. 3 UmwG; für den essentiellen Ausgleichsanspruch im Unternehmensvertragsrecht ist die Nichtigkeit des Vertrags ausdrücklich in § 304 Abs. 3 Satz 1 AktG vorgeschrieben; diese Wertung muß indes auf den vertragsfehlerkongruenten Beschlußfehler ebenso Anwendung finden, weil ein wirksamer Zustimmungsbe-

einbuße und damit auch ein Kompensationsanspruch bei diesen gravierenden Mängeln von vornherein ausscheidet. Was die sonstigen Kompensationsmängel angeht, trotz derer der Umstrukturierungsbeschluß (vorläufige)[650] Geltung erlangt und die Mitgliedschaftseinbuße veranlaßt, kann es aber zunächst keinen Unterschied machen, ob nun ein Kompensationsangebot gänzlich fehlt oder unangemessen ist. In jedem Fall setzt das gesetzlich vorgeschriebene Vertragsmodell voraus, daß beide Parteien des Kompensationsschuldverhältnisses über Ausgleich oder Abfindung durch Angebot und Annahme nach den §§ 145 ff. BGB erneut mit gesetzeskonformem Leistungsinhalt konsentieren. Die verbindliche Willenserklärung des kompensationsberechtigten Aktionärs kann dabei im Klageantrag gemäß § 253 ZPO erblickt werden. Seine Klage ist insoweit nach der allgemeinen Rechtsgeschäftslehre ein Antrag; um die Gesetzesformulierungen möglichst unberührt zu lassen, kann sie aber genausogut als antizipierte Annahme bezeichnet werden.

Im Umwandlungsrecht wäre die Leistungsklage als Zahlungsklage denkbar, weil die anzubietende Zuzahlung als Sekundärausgleich nach §§ 15, 196 UmwG oder Abfindung des ausscheidenden Aktionärs nach §§ 29, 207 UmwG stets in Form einer Barleistung zu erfolgen hat. Entsprechendes gilt auch für die Abfindung beim Squeeze Out nach § 327b AktG sowie dann, wenn der Aktionär sein Wahlrecht etwa nach § 320b Abs. 1 Satz 2 AktG betätigt, in bar abgefunden zu werden.[651] Das gesetzlich vorgegebene Vertragsmodell setzt streng genommen aber voraus, daß zunächst *auf* das Angebot angemessener Kompensation geklagt und ein stattgebendes Urteil notfalls nach § 894 ZPO vollstreckt wird.[652] Erst nach Rechtskraft eines solchen Gestaltungsurteils wäre dann eine Klage *aus* dem Kompensationsangebot auf Leistung der Zuzahlung oder Barabfindung statthaft. Es spricht aber nichts gegen die prozeßökonomischere Variante, sogleich beide Anträge nach § 260 ZPO zu verbinden; auch ein als Zahlungsverlangen formulierter Klageantrag wäre in Anlehnung an die zur Wandlung nach § 465 BGB

---

schluß zu einem nichtigen und daher wirkungslosen Unternehmensvertrag denkgesetzlich ausgeschlossen ist; so ausdrücklich KölnKomm/*Koppensteiner*, § 293 Rdn. 46; *Hüffer*, AktG, § 293 Rdn. 16 (iRd § 241 Nr 3); MünchKommAktG/*Altmeppen*, § 293 Rdn. 78.

650 Dieser Vorbehalt gilt für die essentiellen Abfindungsansprüche bei Eingliederung und Squeeze Out; s. dazu unten unter 2 c).

651 Darunter fällt auch die Vertragsgestaltung, daß die Parteien des Unternehmensvertrags die Wahl der Abfindungsart ausnahmsweise dem Aktionär überlassen und dieser sich in seinem Klageantrag für Barabfindung entscheidet; zu dieser Möglichkeit statt aller *Emmerich*/Habersack, § 305 Rdn. 15 f., 84 m. w. Nachw.

652 So bei § 29 UmwG ausdrücklich Schmitt/Hörtnagl/*Stratz*, UmwG, § 29 Rdn. 16; ansatzweise in diese Richtung auch Widmann/Mayer/*Vollrath*, UmwG, § 29 Rdn. 44 a.E.

a.F. vertretene modifizierte Vertragstheorie in diesem Sinne auszulegen.[653] Ein stattgebendes Leistungsurteil auf die angemessene Barkompensation enthielte konsequenterweise zugleich immer einen "verdeckten Gestaltungsausspruch" durch das Gericht.[654]

Den weitaus größten Gestaltungsspielraum weist das positive Recht den Parteien des Unternehmensvertrags zu, der Sache nach also dem kompensationsverpflichteten anderen Unternehmen.[655] Den gesetzlichen Vorgaben muß insoweit auch im Rahmen der individuellen Leistungsklage eines Aktionärs Rechnung getragen werden. Dem erkennenden Gericht kann damit zum einen keine Gestaltungskompetenz im Hinblick auf die im Vertragswerk niedergelegte Darstellung des Ausgleichsangebots nach § 304 AktG als fest oder variabel zukommen.[656] Zum anderen ist das Gericht auch im Falle eines erteilten, aber unangemessenen Abfindungsangebots auf die Entscheidung der Parteien festgelegt, die ausscheidenden Aktionäre in bar oder Aktien zu kompensieren.[657] Nur wenn ein Abfindungsangebot ganz fehlt, wird auch eine solche Entscheidung der Kompensationsart ins richterliche Ermessen zu stellen sein.[658]

Läßt man das gesetzliche Konkurrenzverhältnis (noch) außer Betracht, stellen folglich die Leistungsklagen auf das Angebot auf angemessene Kompensation *und* aus dem daraus gestalteten Kompensationsvertrag für sämtliche Umstrukturierungen den primären Rechtsbehelf dar, mit dem desinteressierte Aktionäre ihre gesetzlichen Entschädigungsansprüche individuell durchsetzen können.

c) Sekundärer Aktionärsschutz: Schadensersatz

Ein Schadensersatzanspruch gegen den Kompensationsschuldner, also den übernehmenden Rechtsträger im Falle einer Umwandlung, den anderen Vertragsteil des Unternehmensvertrags, die Hauptgesellschaft bei der Eingliederung oder den Hauptaktionär beim Squeeze Out, ist der Sache nach durch den verschuldens-

---

653 Dazu für § 465 BGB a.F. instruktiv *Larenz*, Schuldrecht II/1, § 41 II a) (S. 53 ff.) und *Larenz/Canaris*, Methodenlehre, S. 271 ff., jeweils m. w. Nachw.

654 S. zu § 465 BGB a.F. *Larenz*, Schuldrecht II/1, § 41 II a) (S. 55 f.) und *Larenz/Canaris*, Methodenlehre, S. 272 f., jeweils m. w. Nachw.

655 S. dazu schon oben unter § 2 II 1.

656 Vgl. für das Spruchverfahren § 304 Abs. 3 Satz 3 Hs. 2 AktG sowie *Emmerich*/ Habersack, § 304 Rdn. 92 und § 306 Rdn. 43 m. w. Nachw.

657 Vgl. für das Spruchverfahren § 305 Abs. 5 Satz 3 AktG sowie *Emmerich*/Habersack, § 305 Rdn. 84 m. w. Nachw.; im letztgenannten Fall (Abfindung in Aktien) kommt dann lediglich ein Spitzenausgleich durch Barzuzahlung in Betracht; vgl. dazu MünchHdbAG/*Krieger*, § 70 Rdn. 128.

658 Vgl. für das Spruchverfahren MünchKommAktG/*Bilda*, § 306 Rdn. 112; MünchHdbAG/*Krieger*, § 70 Rdn. 128.

unabhängigen(!) Ausgleichs- oder Abfindungsanspruch überlagert, der mit Blick auf die hinzunehmende Mitgliedschaftseinbuße ohnehin bereits auf eine vermögensrechtliche Entschädigung gerichtet ist. Ein darüber hinausgehender (verschuldensabhängiger) Schadensersatzanspruch kann sich aus den allgemeinen Regeln ergeben, so daß insbesondere für den Fall, daß der Kompensationsschuldner mit der angemessenen Ausgleichs- oder Abfindungsleistung in Verzug gerät, an einen zusätzlichen Zinsanspruch neben dem gesetzlich vorgesehenen zu denken ist.[659]

Was die Haftung Dritter, namentlich diejenige von Organwaltern der an der Umstrukturierung beteiligten Rechtsträger anlangt, ist in erster Linie die spezielle umwandlungsrechtliche Haftung der Vorstands- und Aufsichtsratsmitglieder der übertragenden Aktiengesellschaft nach §§ 25, 205 UmwG in den Blick zu nehmen. Hat der jeweilige Organwalter sämtliche umstrukturierungsbezogenen Pflichten sorgfältig ausgeübt, kann er sich ausweislich der §§ 25 Abs. 1 Satz 2, 205 Abs. 1 Satz 2 UmwG exkulpieren; die Haftung ist also verschuldensabhängig. Als haftungsauslösende Pflichtwidrigkeit kommt auch in Betracht, daß beispielsweise ein Umtauschverhältnis nicht ordnungsgemäß ermittelt oder berechnet wurde.[660] Die durch einen solchermaßen verschuldeten Kompensationsmangel herbeigeführte Unterkompensation ist dem desinteressierten Aktionär als Individualschaden ersatzfähig.[661] § 254 Abs. 2 BGB gebietet wiederum, daß sich dieser zuallererst an den eigentlichen Kompensationsschuldner wendet.[662] Der Schadensersatzanspruch ist infolgedessen nur dann werthaltig, wenn das ausnahmsweise einmal wegen Insolvenz oder Liquidation dieses primär Verpflichteten keinen Erfolg verspricht.

Darüber hinausgehende Schadensersatzansprüche gegen die Organwalter der beteiligten Rechtsträger wären aus dem Ausgangsbefund herzuleiten, daß jeder Kompensationsmangel naturgemäß einen Mitgliedschaftseingriff darstellt. Hinsichtlich der in Betracht kommenden deliktischen Anspruchsgrundlagen des § 823 BGB ist damit auf die zum Auskunftsmangel bereits genannten Bedenken zu verweisen.[663] Unbestritten dürfte hingegen wieder eine Ersatzpflicht infolge sittenwidriger Schädigung im Sinne des § 826 BGB sein, die allerdings auch bei

---

659 Vgl. dazu § 305 Abs. 3 Satz 3 Hs. 2 AktG sowie etwa Kallmeyer/*Meister/Klöcker*, UmwG, § 307 Rdn. 6 a.E. und MünchKommAktG/*Bilda*, § 306 Rdn. 113 a.E.

660 S. nur Lutter/*Grunewald*, UmwG, § 25 Rdn. 17; Goutier/Knopf/Tulloch/*Bermel*, UmwG, § 25 Rdn. 11; Lutter/*Decher*, UmwG, § 205 Rdn. 9.

661 S. nur Goutier/Knopf/Tulloch/*Bermel*, UmwG, § 25 Rdn. 11.

662 Lutter/*Grunewald*, UmwG, § 25 Rdn. 15; Goutier/Knopf/Tulloch/*Bermel*, UmwG, § 25 Rdn. 13; Lutter/*Decher*, UmwG, § 205 Rdn. 10.

663 S. dazu bereits oben unter § 3 II 2 c) bb) (2) (a).

Kompensationsmängeln wohl selten vorkommt und noch seltener nachzuweisen ist.[664]

2. Konkurrenzen: Eröffnung des Spruchverfahrens

Nach dem Überblick über die prinzipiell möglichen Aktionärsbehelfe bei Kompensationsmängeln ist nunmehr ihr Konkurrenzverhältnis in Blick zu nehmen. Dreh- und Angelpunkt bildet dabei das Spruchverfahren als ein besonderer Rechtsbehelf, mit dem die kompensationsberechtigten Aktionäre den Inhalt ihrer Ausgleichs- oder Abfindungsansprüche nachprüfen und nachbessern lassen können.[665] Für das Umwandlungsrecht in den §§ 305 ff. UmwG geregelt und dort legal als Spruchverfahren bezeichnet, ist er für die Strukturänderungen des AktG in § 306 AktG verankert und wird dort meist als Spruch*stellen*verfahren in Bezug genommen.[666] Da dieses Verfahren hier wie dort die gegenläufigen Interessen im gesetzlichen Kompensationsverhältnis optimal ausgleichen will, soll es *de lege ferenda* vereinheitlicht und in einem eigenen Spruchverfahrensgesetz zusammengefaßt werden.[667]

a) Vorteile des Spruchverfahrens im Überblick[668]

Das Spruchverfahren ist als echtes Streitverfahren nach dem FGG ausgestaltet, dessen wesentliche Besonderheit - der Amtsermittlungsgrundsatz gem. § 12 FGG - die Ermittlung eines nicht nur formell, sondern auch materiell richtigen Kompensationsinhalts gewährleisten kann.[669] Dabei tragen die antragstellenden Aktionäre die Feststellungslast, wenn offenbleibt, ob Ausgleich und Abfindung

664 Vgl. nur Schmitt/Hörtnagl/*Stratz*, UmwG, § 14 Rdn. 20 f. m. w. Nachw.

665 Zur historischen Entwicklung und dem bisherigen Funktionswandel des Spruchverfahrens knapp *Behnke*, S. 33 ff.

666 Auf die terminologische Differenzierung hinweisend *Steinmeyer/Häger*, WpÜG, § 327f AktG Rdn. 1 mit Fn. 1; für eine alternative Anwendbarkeit der Begriffe hingegen MünchKommAktG/*Bilda*, § 306 Rdn. 1.

667 S. Regierungsentwurf eines Gesetzes zur Neuordnung des gesellschaftsrechtlichen Spruchverfahrens (Spruchverfahrensneuordnungsgesetz) vom 6. November 2002, abgedruckt in Sonderbeilage zu NZG Heft 24/2002; zum Referentenentwurf bereits *Neye*, NZG 2002, 23, 25 ff.; dazu rechtspolitisch *Lutter/Bezzenberger*, AG 2000, 433 ff.

668 Dazu ausf. *Fritzsche/Dreier*, BB 2002, 737, 738 f.

669 Vgl. dazu Lutter/*Krieger*, UmwG, § 307 Rdn. 2; MünchKommAktG/*Bilda*, § 306 Rdn. 16 ff., jeweils m. w. Nachw.

angemessen sind.[670] Als zentrales Charakteristikum kommt der Festsetzung des angemessenen Kompensationsinhalts durch die rechtskräftige Entscheidung des Gerichts eine Gestaltungswirkung für und gegen alle zu.[671] Die damit einhergehende Verfahrenskonzentration soll der Prozeßökonomie dienen.[672] Darüber hinaus liegt sie zum einen im Interesse des Antragsgegners an der einheitlichen Feststellung der angemessenen Kompensation.[673] Zum anderen ist damit auch sichergestellt, daß am Verfahren unbeteiligte bzw. ausgeschiedene Aktionäre ohne finanzielles Risiko angemessen entschädigt werden.[674] Diesem Zweck dient auch die Einrichtung eines gemeinsamen Vertreters für die nicht verfahrensbeteiligten Kompensationsgläubiger,[675] welcher der Gefahr begegnen soll, daß die Antragsteller durch den Kompensationsschuldner "ausgekauft" werden.[676] Einer strukturellen Ungleichheit zwischen desinteressierten Kleinaktionären und potentiellem Antragsgegner wird zudem bereits dadurch Rechnung getragen, daß die Antragsteller die Kosten des Verfahrens nur ausnahmsweise zu tragen haben.[677]

b) Materielle Derogation der Leistungsklage durch das Spruchverfahren

Der wahre Inhalt von Ausgleich und Abfindung wird exklusiv im Spruchverfahren erkannt.[678] Darüber hinaus gestaltet die rechtskräftige Entscheidung des er-

---

670 Kallmeyer/*Meister/Klöcker*, UmwG, § 307 Rdn. 2; *Emmerich*/Habersack, § 306 Rdn. 24; MünchKommAktG/*Bilda*, § 306 Rdn. 22.

671 § 311 UmwG, § 99 Abs. 5 i.V.m. § 306 AktG.

672 S. etwa *Steinmeyer/Häger*, WpÜG, § 327f AktG Rdn. 2; zur gleichwohl überlangen Verfahrensdauer aus rechtstatsächlicher Sicht etwa *Hoffmann-Becking*, ZGR 1990, 482, 498; Lutter/*Krieger*, UmwG, § 305 Rdn. 6 sowie MünchKommAktG/*Bilda*, § 306 Rdn. 1 a.E.; rechtspolitische Bestrebungen wollen vor allem diesem Mißstand begegnen; s. *Lutter/Bezzenberger*, AG 2000, 433 ff.

673 Schmitt/Hörtnagl/*Stratz*, UmwG, § 305 Rdn. 4.

674 Widmann/Mayer/*Schwarz*, UmwG, § 305 Rdn. 2; *Steinmeyer/Häger*, WpÜG, § 327f AktG Rdn. 2; vgl. auch *Sagasser*/Bula/Brünger, Umwandlungen, Kap. C Rdn. 27, der zudem die finanziellen Risiken für den Kompensationsschuldner als Kehrseite nennt.

675 § 308 UmwG, § 306 Abs. 4 Sätze 2-10 AktG.

676 Regierungsbegründung zu § 308 UmwG nach *Goutier/Knopf/Tulloch*, UmwG, S. 992 f.; vgl. auch *Sagasser*/Bula/Brünger, Umwandlungen, Kap. C Rdn. 27 (S. 29).

677 Vgl. § 312 Abs. 4 UmwG, § 306 Abs. 7 Sätze 7 und 8 AktG; daß von der Möglichkeit einer ausnahmsweisen Kostentragung der Antragsteller nach Billigkeitserwägungen nur sehr selten Gebrauch gemacht wird, betonen BGHZ 146, 179, 187 f. ("MEZ"); *Emmerich*/Habersack, § 306 Rdn. 55; MünchKommAktG/*Bilda*, § 306 Rdn. 168; *Hüffer*, AktG, § 306 Rdn. 21; Schmitt/Hörtnagl/*Stratz*, UmwG, § 312 Rdn. 10; Geibel/Süßmann/*Grzimek*, WpÜG, § 327f AktG Rdn. 30.

678 So ausdrücklich etwa Lutter/*Krieger*, UmwG, § 305 Rdn. 4.

kennenden Gerichts die Rechtslage ausweislich § 311 UmwG bzw. § 99 Abs. 5 in Verbindung mit § 306 AktG als von Anfang an *erga omnes* verbindlich. Vor dem Hintergrund der gesetzlich vorgegebenen vertraglichen Einkleidung bedeutet dies, daß eine angebotene Kompensation als von Anfang an mit dem letztlich festgestellten Inhalt angeboten gilt; ein fehlendes Angebot wird als zur rechten Zeit mit dem als angemessen erkannten Inhalt angeboten fingiert.[679] So erklären sich auch gesetzlich bereitgestellte Zinsansprüche seit Entstehung des Kompensationsschuldverhältnisses mit Handelsregistereintragung des Strukturänderungsbeschlusses, d.h. mit Wirksamwerden des Barabfindungsangebots, die das Gericht stets ungeachtet eines Antrags zuspricht.[680]

Diese allgemeinverbindliche Gestaltungswirkung des Spruchverfahrens steht einer nur *inter partes* wirkenden Leistungsklage des einzelnen Aktionärs mit "verdecktem Gestaltungsausspruch" entgegen;[681] so kann im Umwandlungsrecht etwa eine Zahlungsklage auf angemessene Barzuzahlung oder -abfindung ein solches FGG-Verfahren nicht ersetzen.[682] Auf der anderen Seite gibt auch die rechtskräftige Entscheidung des erkennenden Gerichts im Spruchverfahren dem kompensationsberechtigten Aktionär keinen Vollstreckungstitel an die Hand. Die auf sämtliche Kompensationsberechtigte abgestimmte allgemeine Feststellung des richtigen Ausgleichs- oder Abfindungsangebots ist schließlich für den einzelnen Anspruchsinhaber in Ansehung seines Aktienportfolios und seines individuellen Entschädigungsinteresses in keiner Weise vollstreckungsfähig. Sollte sich der Kompensationsschuldner wider Erwarten trotz abgeschlossenen Spruchverfahrens weigern, seinem dort fingierten Ausgleichs- oder Abfindungsangebot nachzukommen, kann der betroffene Aktionär die ihm gebührende individuelle Entschädigung daher nur im Wege der ZPO-Leistungsklage mit anschließender Zwangsvollstreckung durchsetzen.[683] Die Exklusivität des Spruchverfahrens führt also keineswegs dazu, daß die soeben dargestellte Leistungskla-

679 Dazu *Emmerich*/Habersack, § 306 Rdn. 3; MünchKommAktG/*Bilda*, § 306 Rdn. 125; *Hüffer*, AktG, § 306 Rdn. 19; *Steinmeyer/Häger*, WpÜG, § 327f Rdn. 21 ff.; vgl. Lutter/*Krieger*, UmwG, § 311 Rdn. 3 f.; Kallmeyer/*Meister/Klöcker*, UmwG, § 311 Rdn. 3; Schmitt/Hörtnagl/*Stratz*, UmwG, § 305 Rdn. 6, § 311 Rdn. 4 ff.

680 S. nur Lutter/*Krieger*, UmwG, § 307 Rdn. 14; *Emmerich*/Habersack, § 306 Rdn. 43 a.E.

681 Kallmeyer/*Meister/Klöcker*, UmwG, § 305 Rdn. 4; vgl. MünchKommAktG/*Bilda*, § 304 Rdn. 158

682 So ausdrücklich Lutter/*Krieger*, UmwG, § 305 Rdn. 4 a.E.

683 Lutter/*Krieger*, UmwG, § 311 Rdn. 4 a.E.; Kallmeyer/*Meister/Klöcker*, UmwG, § 212 Rdn. 8, § 305 Rdn. 5, § 307 Rdn. 23, § 311 Rdn. 5; Schmitt/Hörtnagl/*Stratz*, UmwG, § 34 Rdn. 2, § 212 Rdn. 2, § 307 Rdn. 46 f., § 311 Rdn. 9; *Emmerich*/Habersack, § 306 Rdn. 44 f.; Geibel/Süßmann/*Grzimek*, WpÜG, § 327f AktG Rdn. 33; *Steinmeyer/Häger*, WpÜG, § 327f Rdn. 23 a.E.

ge ganz verdrängt wurde. Vielmehr stehen beide Rechtsbehelfe formal auf gleicher Ebene nebeneinander. Von Gesetzes wegen entbehrlich ist der Sache nach lediglich die Leistungsklage *auf* das Angebot angemessener Kompensation; die Erkenntnis und Gestaltung eines solchen geschieht schließlich exklusiv im Spruchverfahren, das auch die Leistungsklage *aus* dem Kompensationsvertrag insoweit materiell derogiert.

Darüber hinausgehende Primär- und Sekundärleistungsansprüche sind vom Exklusivitätscharakter des gesetzlich bereitgestellten Spruchverfahrens selbstverständlich nicht erfaßt. Insbesondere sind Verzugszinsen damit allein durch ZPO-Leistungsklage einzuklagen.[684]

c) *Konkurrenzverhältnis des Spruchverfahrens zur Anfechtungsklage: Spezialität oder Subsidiarität*

Das Spruchverfahren monopolisiert die Erkenntnis des Kompensationsinhalts ("Ob"), indem es die angemessene Kompensation als angebotene für alle verbindlich gestaltet ("Wie"); das wurde soeben ausgeführt. Als (materieller) Behelf des Primärrechtsschutzes läßt es damit eine präventiv bzw. repressiv wirkende Anfechtungsklage unberührt, durch die bereits eine kompensationsauslösende Mitgliedschaftseinbuße angegriffen wird;[685] der Sache nach stehen beide Rechtsbehelfe also in einem Alternativverhältnis zueinander. Positivrechtlich ist ihr Verhältnis indessen im Sinne einer Spezialität oder Subsidiarität des Spruchverfahrens geregelt. Mehrheitlich schließen Vorschriften für (bestimmte) Kompensationsmängel ausdrücklich die Anfechtung des Strukturänderungsbeschlusses aus, für die damit korrelierend das Spruchverfahren eröffnet ist (Spezialität).[686] Seltener hält das Gesetz ein solches nur für den Fall bereit, daß eine Anfechtungsklage präkludiert ist (Subsidiarität).[687] Auf diese ausdrücklichen gesetzlichen Konkurrenzbestimmungen wird noch mehrfach zurückzukommen sein.

---

684 Kallmeyer/*Meister/Klöcker*, UmwG, § 307 Rdn. 6 a.E.; Schmitt/Hörtnagl/*Stratz*, UmwG, § 307 Rdn. 45; MünchKommAktG/*Bilda*, § 306 Rdn. 113 a.E.

685 Mißverständlich *Sagasser*/Bula/Brünger, Umwandlungen, Kap. C Rdn. 24, der ohne Begründung einen Vorrang der Anfechtungsklage gegenüber der Durchsetzung einer angemessenen Kompensation annimmt; das widerspricht der in der Bereitstellung des Spruchverfahrens zum Ausdruck kommenden gesetzlichen Teleologie.

686 §§ 14 Abs. 2, 32, 195 Abs. 2, 210 UmwG, §§ 304 Abs. 3 Satz 2, 305 Abs. 5 Satz 1, 320b Abs. 2 Satz 1, 327f Abs. 1 Satz 1 AktG.

687 §§ 320b Abs. 2 Satz 3, 327f Abs. 1 Satz 3 AktG; s. zu diesem Subsidiaritätsverhältnis etwa Emmerich/*Habersack*, § 320b Rdn. 19 m. w. Nachw.

3. *Aktionärsschutz nach Art des Kompensationsmangels im Überblick*

Zur besseren Übersicht sei nun noch der Aktionärsschutz bei mangelhaften Kompensationsangeboten unter Berücksichtigung der soeben dargestellten Konkurrenzen nach der Art des Kompensationsmangels geordnet.[688] Mit Blick auf den Strukturänderungsbeschluß ist in erster Linie zwischen dessen Nichtigkeit oder Anfechtbarkeit einerseits und dessen Wirksamkeit bei Eröffnung des Spruchverfahrens andererseits zu unterscheiden. Dabei geht es aus Sicht des Aktionärsschutzes in den erstgenannten Varianten um den Bestandsschutz, im letzteren Fall um den Vermögensschutz der Mitgliedschaft.

a) Aktionärsschutz bei Kompensationsausfall oder Fehlkompensation

Fehlt ein Kompensationsangebot gänzlich oder wurde es nicht ordnungsgemäß erteilt, knüpft das Gesetz daran unterschiedliche Rechtsfolgen, je nachdem, welcher Art die anzubietende Kompensation ist.

Sind essentielle Ausgleichsansprüche mit einem solchen Mangel behaftet, ist der Strukturänderungsbeschluß von Anfang an nichtig. Fehlt also etwa bei einer Umwandlungsmaßnahme das Verhältnis der Beteiligung am übernehmenden Rechtsträger, ergibt sich dies bereits aus der in den §§ 5 Abs. 1 Nr. 3, 126 Abs. 1 Nr. 3, 194 Abs. 1 Nr. 3 UmwG verankerten Qualität dieses primären Ausgleichsanspruchs als Essentiale.[689] Für den essentiellen Ausgleichsanspruch im Unternehmensvertragsrecht ist die Nichtigkeit für den Vertrag ausdrücklich in § 304 Abs. 3 Satz 1 AktG vorgeschrieben; diese Wertung muß indes auf den vertragsfehlerkongruenten Beschlußfehler ebenso Anwendung finden, weil ein wirksamer Zustimmungsbeschluß zu einem nichtigen und daher wirkungslosen Unternehmensvertrag nicht in Betracht kommt.[690]

Ist keinerlei sekundäres und damit akzidentielles Ausgleichsangebot, beispielsweise eine Barzuzahlung (als Spitzenausgleich) nach § 5 Abs. 1 Nr. 3 Alt. 2 UmwG, vorgesehen, kommt dies einer Unterschreitung des Angebots des pri-

---

688 Eine Übersicht, die hinsichtlich der Rechtsfolgen von Kompensationsmängeln mit Ausnahme der unten zur Kompensationsüberschreitung skizzierten Ausführungen mit der hiesigen Darstellung übereinstimmt, bietet auch *Henze*, BB 2002, 893, 898 ff.

689 Vgl. *Hoffmann-Becking*, GesR 2001, S. 55, 63 f.

690 So ausdrücklich KölnKomm/*Koppensteiner*, § 293 Rdn. 46; *Hüffer*, AktG, § 293 Rdn. 16 (i.R.d. § 241 Nr 3); MünchKommAktG/*Altmeppen*, § 293 Rdn. 78; vgl. auch *Hoffmann-Becking*, GesR 2001, S. 55, 63, 64 f.; zur Qualität des § 304 als essentiell kritisch oben unter § 2 II 1 a) cc) (2).

mären und essentiellen Ausgleichs - etwa einem zu niedrigen Umtauschverhältnis - gleich und ist dem entsprechend im Spruchverfahren zu rügen.[691]

Fallen bei Eingliederung und Squeeze Out die essentiellen Abfindungsangebote aus oder wurden sie nicht ordnungsgemäß erteilt, ordnet das Gesetz in den §§ 320b Abs. 2 Satz 3, 327f Abs. 1 Satz 3 AktG ausdrücklich die Subsidiarität des Spruchverfahrens an.[692] Mit anderen Worten ist hier vorrangig der Strukturänderungsbeschluß im Wege der Anfechtungsklage anzugreifen und damit die Mitgliedschaftseinbuße von vornherein abzuwehren. Erst wenn eine solche Klage wegen Verfristung, Rücknahme oder rechtskräftiger Abweisung präkludiert ist, kann die Abfindung für die verlorene Mitgliedschaft im Spruchverfahren bestimmt werden. Kompensationsausfall oder Fehlkompensation bei sonstigen, akzidentiellen Abfindungsansprüchen hindern die Wirksamkeit des Strukturänderungsbeschlusses ausweislich der §§ 32, 210 UmwG, § 305 Abs. 5 Satz 1 AktG in keinem Fall. Die richtige Abfindung kann dafür aber gem. §§ 34 Satz 2, 212 Satz 2 UmwG, § 305 Abs. 5 Satz 2 AktG im Spruchverfahren festgelegt werden.

b) Aktionärsschutz bei Kompensationsunterschreitung

Ein seiner Art nach zwar ordnungsgemäßes Kompensationsangebot, das die Entschädigungshöhe aber zu niedrig bemißt oder nicht angemessen festlegt, läßt die Wirksamkeit des Strukturänderungsbeschlusses im übrigen ausweislich der §§ 14 Abs. 2, 195 Abs. 2, 32, 210 UmwG, §§ 304 Abs. 3 Satz 2, 305 Abs. 5 Satz 1, 320b Abs. 2 Satz 1, 327f Abs. 1 Satz 1 AktG, die einen ausdrücklichen Anfechtungsausschluß normieren, in jedem Fall unberührt. Das positive Recht billigt damit zunächst eine Hinnahme der mitgliedschaftlichen Einbuße und gibt für jede Kompensationsunterschreitung den Bestandsschutz auf.[693] Zur Sicherstellung des verfassungskonform umfassenden Vermögensschutzes der Mitgliedschaft sind aber sämtliche Fälle der Kompensationsunterschreitung nach den §§ 15, 196 (je in Verbindung mit § 305), 34 Satz 1, 212 Satz 1 UmwG, §§ 304 Abs. 3 Satz 3, 305 Abs. 5 Satz 2, 327f Abs. 1 Satz 2 AktG zur möglichen Nachbesserung ins Spruchverfahren verwiesen.

c) Aktionärsschutz bei Kompensationsüberschreitung

Überkompensiert die angebotene Entschädigung die berechtigten Aktionäre, so sind sie wirtschaftlich besser gestellt und bedürfen von daher schon gar keines

691 S. zur Kompensationsunterschreitung noch sogleich.
692 S. dazu statt aller Emmerich/*Habersack*, § 320b Rdn. 19 m. w. Nachw.
693 Dazu prägnant etwa Emmerich/*Habersack*, § 320b Rdn. 17 f. m. w. Nachw.

Schutzes. Gegenteilig liegt es aus Sicht der verbleibenden Anteilsinhaber des übernehmenden Rechtsträgers bei der Umwandlung, des anderen Vertragsteils eines Beherrschungs- oder Gewinnabführungsvertrags, der Hauptgesellschaft bei der Eingliederung oder des Hauptaktionärs beim Squeeze Out. Sie sind schutzbedürftig, weil sie am kompensationsverpflichteten Rechtsträger beteiligt sind und die durch die Ausgleichs- oder Abfindungsüberschreitung bedingte Kapitalverwässerung so zu ihren Lasten geht.[694] *De lege ferenda* wird nahezu einmütig gefordert, diesen Schutz exklusiv im Spruchverfahren zu bewerkstelligen.[695]

Für das Umwandlungsrecht erachtet der BGH neuerdings in einem *obiter dictum* die Anteilsinhaber des übernehmenden Rechtsträgers schon *de lege lata* analog §§ 305 ff. UmwG im Spruchverfahren schutzwürdig.[696] Eine solche Analogie läßt sich schon nicht mit dem formallogischen Umkehrschluß verneinen, daß die Anfechtung der Hauptversammlungsbeschlüsse bei der übernehmenden Aktiengesellschaft im Falle der Umwandlung bzw. bei den sonstigen Kompensationsschuldnern[697] gerade nicht explizit ausgeschlossen sei und es daher bereits an einer Lücke fehle, weil die Anfechtungsklage den hinreichenden Schutz sicherstelle.[698] Dieser Einwand verfängt schon deshalb nicht, weil eine Anfechtungsklage der Sache nach - wie gezeigt - im Alternativverhältnis zum

694 Zu den schutzbedürftigen Aktionären ausf. differenzierend *Henze*, ZIP 2002, 97, 107.

695 S. statt aller *Hoffmann-Becking*, ZGR 1990, 482, 484 f.; *ders*. GesR 2001, S. 55, 68; Kallmeyer/*Marsch-Barner*, UmwG, § 14 Rdn. 16; ausf. *Bayer*, ZHR 163 (1999), 505, 548 ff.; *ders*., VGR 1999, S. 35, 51 ff.; *Henze*, ZIP 2002, 97, 107; *Röhricht*, VGR 2001, S. 3, 33 f.; entsprechend auch der Vorschlag bei *Baums*, Bericht der Regierungskommission Corporate Governance, Rdn. 151; ablehnend *Bezzenberger/Bezzenberger*, FS W. Müller, S. 1, 12 ff.

696 BGHZ 146, 179, 189 ("MEZ"); BGH NJW 2001, 1428, 1430 ("Aqua Butzke"); zustimmend *Hirte*, ZHR 167 (2003), 8, 31 f.

697 Entsprechendes gilt für den Hauptversammlungsbeschluß bei den sonstigen Kompensationsschuldnern, die Aktiengesellschaft sind, etwa als Kontrahentin eines Beherrschungs- oder Gewinnabführungsvertrags (vgl. § 293 Abs. 2 AktG), Hauptgesellschaft bei der Eingliederung (vgl. § 319 Abs. 2 AktG) oder Hauptaktionär beim Squeeze Out. Im letztgenannten Fall ist fraglich, ob überhaupt eine Hauptversammlungszustimmung erforderlich ist. Regelmäßig handelt es sich wohl um eine reine Geschäftsführungsmaßnahme (*Sieger/Hasselbach*, ZGR 2002, 120, 161). Eine Hauptversammlungspflichtigkeit könnte sich allenfalls aus Leitsatz a) des Holzmüller-Urteils ergeben; s. BGHZ 83, 122, 136-141 ("Holzmüller"); zur Frage der Qualifizierung einer Maßnahme als "holzmüllerpflichtig" übersichtlich Emmerich/*Habersack*, Vor § 311 Rdn. 14 f.; GroßKommAktG/*Mülbert*, § 119 Rdn. 29-33.

698 So aber *Hoffmann-Becking*, GesR 2001, S. 55, 69; zum Erfordernis teleologischer Fundierung eines *argumentum e contrario* indessen überzeugend *Canaris*, Lücken, S. 44 ff. m. w. Nachw.

Spruchverfahren steht.[699] Die Nichterwähnung der Anteilsinhaber des Kompensationsschuldners in den Anfechtungsausschlußnormen führt daher lediglich dazu, daß die Anfechtungsklage für diesen Personenkreis zulässig bleibt,[700] eine Spezialität des Spruchverfahrens also nicht gesetzlich angeordnet ist.

Auch die enumerative Eröffnung des Spruchverfahrens schließt es keineswegs aus, einen nicht *expressis verbis* geregelten Schutzbedarf diesem speziellen Rechtsbehelf im Wege der Analogie zu unterstellen.[701] Die teleologische Lücke, die eine solche Analogie voraussetzt und begründet, verlangt aber einen Ähnlichkeitsschluß des nicht geregelten mit den geregelten Fällen im Hinblick auf den Sinn und Zweck der Norm.[702] Das Spruchverfahren bezweckt nun aber nach hiesigem Verständnis die allseits verbindliche inhaltliche Ausgestaltung des gesetzlichen Entschädigungsanspruchs kompensationsberechtigter Aktionäre;[703] dem entsprechend stehen auch diese Aktionäre auf der Antragstellerseite,[704] während der Kompensationsschuldner die Antragsgegnerseite konstituiert.[705] Das Spruchverfahren knüpft damit in sämtlichen Fällen an die individuelle Aktionärskompensation und den sie auslösenden qualifizierten Mitgliedschaftseingriff an, keineswegs aber an jede beliebige Vermögensverwässerung zu Lasten

---

699 S. dazu bereits oben unter 2; nur insoweit gleichsinnig *Fritzsche/Dreier*, BB 2002, 737, 743; ähnlich wohl Subsidiarität postulierend *Henze*, GesR 2001, S. 39, 49, wenn er darauf hinweist, nach Ablauf der Anfechtungsfrist des § 195 Abs. 1 UmwG bestehe ein Bedarf nach einem Spruchverfahren.

Das Alternativverhältnis läßt sich insoweit unterschiedslos aus Sicht der Aktionäre des Kompensationsschuldners deuten: Sie können durch die Anfechtungsklage schließlich präventiv (bzw. repressiv) die Kapitalverwässerung zu ihren Lasten unterbinden, indem sie die Strukturmaßnahme zu Fall bringen; dies auch als Mitgliedschaftseingriff kennzeichnend *Bayer*, ZHR 163 (1999), 505, 550, der insoweit aber unberücksichtigt läßt, daß ein solcher Eingriff - anders als jener zu Lasten der kompensationsberechtigten Aktionäre - nicht derart qualifiziert ist, daß ihn das positive Recht durch einen Kompensationsanspruch individualrechtlich entschädigt; vgl. dazu schon oben unter § 1 I 1 a) cc).

700 Im Umwandlungsrecht ganz h.M.; s. Lutter/*Bork*, UmwG, § 14 Rdn. 14 a.E.; ausf. Kallmeyer/*Marsch-Barner*, UmwG, § 14 Rdn. 15 f.; Widmann/Mayer/*Vollrath*, UmwG, § 32 Rdn. 7; Schmitt/Hörtnagl/*Stratz*, UmwG, § 14 Rdn. 20, jeweils m. w. Nachw.

701 Dazu grundlegend *Canaris*, Lücken, S. 184 ff.

702 Auch terminologisch grundlegend *Canaris*, Lücken, S. 71 ff., 140 f., insbes. 148 ff.

703 S. dazu bereits oben unter 2.

704 Auch vertreten durch den gemeinsamen Vertreter; s. dazu schon oben unter 2 a).

705 Vgl. zum Spruchverfahren nur § 307 Abs. 2 UmwG; im Spruchstellenverfahren nach § 306 AktG müssen nach Abs. 4 Satz 1 die Vertragsparteien des Unternehmensvertrags gehört werden, wonach das herrschende Unternehmen und damit der Kompensationsschuldner zum Antragsgegner wird; s. hierzu nur *Emmerich*/Habersack, § 306 Rdn. 16 m. w. Nachw.

der (auch desinteressierten) Aktionäre.[706] Wollte man die Analogie im Ähnlichkeitsschluß der kompensationsberechtigten mit den durch Vermögensverwässerung mittelbar beeinträchtigten desinteressierten Aktionären begründen, müßte daher etwa auch ein zu niedriger Ausgabebetrag für die "jungen" Aktien bei der ordentlichen Kapitalerhöhung unter Bezugsrechtsausschluß im Sinne von § 255 Abs. 2 AktG oder konsequenterweise sogar ein zu niedriger Kaufpreis beim "holzmüllerpflichtigen" Unternehmensverkauf im Spruchverfahren nachgebessert werden.[707] Eine solche Ausweitung dieses speziellen Rechtsbehelfs *de lege lata* entbehrt aber jeder methodischen Legitimation.[708] Das in der Rechtsidee wurzelnde Gebot der Gleichbehandlung der gegenwärtig gesetzlich enumerierten Fälle würde allenfalls im Verhältnis zu einem ungeschriebenen Kompensationsanspruch bei einem ähnlich qualifizierten, positivrechtlich aber nicht mit Entschädigung versehenen Mitgliedschaftseingriff eine "notwendige" Analogie verlangen;[709] die ihrerseits untersuchungsträchtige Thematik ungeschriebener Abfindungstatbestände mußte aber bereits eingangs aus der vorliegenden Arbeit ausgeklammert werden.[710]

Was die Aktionäre der kompensationsverpflichteten Aktiengesellschaft, insbesondere als übernehmender Rechtsträger bei der Umwandlung angeht, sind diese im Hinblick auf das verfassungsrechtliche Schutzminimum durch die Möglichkeit einer Anfechtungsklage des Zustimmungsbeschlusses "ihrer" Hauptversammlung hinreichend geschützt.[711] Darüber hinaus steht es ihnen frei, ihrer Gesellschaft auf der Gegenseite im Spruchverfahren der kompensationsberechtigten Aktionäre als Nebenintervenienten beizutreten und so von vornherein

---

706 Mit "Kapitalverwässerung" die Normzweckerweiterung des Spruchverfahrens als rechtspolitisches Desiderat kennzeichnend *Bayer*, ZHR 163 (1999), 505, 548.

707 Zu ersterem *de lege ferenda* ausf. *Bayer*, ZHR 163 (1999), 505, 548 ff. m. w. Nachw.; in letztgenanntem Fall könnte man sogar *de lege lata* eine analoge Anwendung des Spruchverfahrens befürworten, wenn dem ein ungeschriebener Ausgleichsanspruch zugrunde liegt; dazu sogleich; Gegeneinwände der Kapitalerhaltung diskutiert auch *Bayer*, ebenda.

708 Dafür aber etwa *Henze*, GesR 2001, S. 39, 49 f.

709 Zur "notwendigen" Analogie bei teleologischen Lücken grundlegend *Canaris*, Lükken, S. 148 ff.

710 S. zu den ungeschriebenen Kompensationsansprüchen den Überblick bei *Schnorbus*, S. 60 ff. m. w. Nachw.

711 Das BVerfG ZIP 2000, 1670, 1673 ("Moto Meter") stellt dem Gesetzgeber frei, das Untermaßverbot im Hinblick auf die durch Art. 14 GG geschützte Mitgliedschaft des Aktionärs durch Anfechtungsklage oder Spruchverfahren zu wahren (das "oder" kann vom hiesigen Standpunkt freilich nur als Minimalstandard begriffen werden, kann hingegen kein logisches Exklusivitätsverhältnis festsetzen; formallogisch stehen beide Rechtsbehelfe vielmehr alternativ zueinander; s. dazu oben unter 2).

zu vermeiden, daß "ihr" Vorstand den Rechtsstreit halbherzig führt.[712] Sie sind also nicht genötigt, zur Wahrung ihrer Interessen eine Anfechtungsklage zu erheben und damit die Strukturmaßnahme einer Schwebelage auszusetzen, die dem Unternehmensinteresse zuwiderlaufen kann.[713] Darüber hinaus mag es *de lege ferenda* empfehlenswert sein, den Normzweck des Spruchverfahrens durch Aufnahme entsprechender Tatbestände auf die Fälle bloßer Kapitalverwässerung zu erweitern.[714]

Eine weitere Vertiefung dieses Problemkomplexes ist in der vorliegenden Untersuchung im übrigen schon deshalb nicht geboten, die kursorische Darlegung von daher gerechtfertigt, weil eine Information im Hinblick auf die Bewertung der Unternehmungen beteiligter Rechtsträger aus Sicht der Anteilsinhaber des übernehmenden Rechtsträgers bzw. des sonstigen Kompensationsschuldners vom hier vertretenen Standpunkt aus kaum jemals kompensationsbezogen sein kann. Soweit diesem Adressatenkreis selbst nämlich kein (ungeschriebener)[715] Kompensationsanspruch zusteht, wären auch bewertungsbezogene Informationsmängel schließlich als qualitätsrelevant quantitativ zu klassifizieren.[716]

§ 5 Zwischenergebnis

§ 2 hat gezeigt, daß die hier vertretene These vom in der Mitgliedschaft wurzelnden Kompensationsschuldverhältnis unterschiedslos für alle Ausgleichs- und Abfindungsansprüche im UmwG und AktG Anwendung beanspruchen kann. Auch die Prämisse vom primären Kontrollzweck kompensationsbezogener Information konnte bei den einzelnen Strukturänderungen wiedererkannt werden. Bei der Zuordnung der Kompensationsansprüche unter die Kategorien essentiell und akzidentiell trat § 304 Abs. 3 Satz 1 AktG als hinzunehmender rechtspolitischer Fehler zutage.[717]

---

712 *Hoffmann-Becking*, GesR 2001, S. 55, 69 f.; zustimmend *Henze*, ZIP 2002, 97, 107.

713 Vgl. *Hoffmann-Becking*, ZGR 1990, 482, 485, der treffend einwendet, auch dem Anteilsinhaber des übernehmenden Rechtsträgers gehe es letztlich um die Richtigkeit oder Unrichtigkeit des Bewertungsverhältnisses, nicht aber um die Verhinderung der Verschmelzung als solcher.

714 Für entsprechende Reformvorschläge repräsentativ *Lutter/Bezzenberger*, AG 2000, 433 ff. m. w. Nachw.

715 S. dazu *Schnorbus*, S. 60 ff. m. w. Nachw.

716 Gleichsinnig *Hirte*, ZHR 167 (2003), 8, 12 f. und 31; s. zu dieser Terminologie bereits oben unter § 1 III 1 b).

717 S. zur Abgrenzung von rechtspolitischem Fehler und Lücke grundlegend *Canaris*, Lücken, S. 71 ff.

Die unter § 3 entwickelte Skizze des Rechts der Informationsmängel hat gezeigt, daß primärer Rechtsschutz praktisch nur ganz selten in Betracht kommt und eine Informationsrechtswidrigkeit auch durch Schadensersatz nur bei qualifizierten Informationsrechtsverstößen "sanktioniert" werden kann. Hingegen hat sich der sekundäre Rechtsschutz im Wege der Anfechtungsklage als umfassend effektiver herausgestellt.[718]

Die unter § 4 entwickelte Skizze des Rechts der Kompensationsmängel in der Aktiengesellschaft hat die hier vertretene These des gesetzlichen Geltungsgrunds der Kompensationsschuldverhältnisse auf eine entscheidende Bewährungsprobe gestellt. Eine Abschichtung der Wertungsebenen hat dabei den Blick dafür freigelegt, daß die Anfechtungsklage als Behelf des präventiven (oder repressiven)[719] Rechtsschutzes und der Primärrechtsschutz durch individuelle Leistungsklage auf angemessene Kompensation auf verschiedenen Rechtsschutzebenen anzusiedeln sind und so prinzipiell nebeneinander stehen. Letztgenannter Rechtsbehelf läßt sich dank der modifizierten Vertragstheorie auch mit der gesetzlich vorgegebenen vertraglichen Einkleidung der Kompensationsschuldverhältnisse harmonisieren. Das in einem zweiten Schritt hinzugedachte Spruchverfahren bezieht sich nach Sinn und Zweck der allseits verbindlichen Gestaltung des Kompensationsinhalts nur auf diesen Primärrechtsbehelf, den es konsequenterweise materiell derogiert. Das der Sache nach fortbestehende Alternativverhältnis dieses gegenüber der Anfechtungsklage speziellen Rechtsbehelfs wird schließlich durch gesetzliche Anfechtungsausschlußnormen überlagert. Diese verankern regelmäßig den Grundsatz Vermögens- vor Bestandsschutz der Mitgliedschaft durch gesetzliche Anordnung der Spezialität des Spruchverfahrens. Teilweise ist dieses aber nur subsidiär zur Anfechtungsklage eröffnet.

Als wesentliches Ergebnis bleibt festzuhalten, daß die gängige Vermengung von Anfechtungsausschluß und Spruchverfahren der inneren Systematik des Gesetzes fremd ist.[720] Beide bedürfen einer gesonderten Normzweckanalyse; die *ratio* der Anfechtungsausschlußnormen, also der gesetzlichen Konkurrenzregeln, mußte dabei noch nicht untersucht werden. Dies wird eine der wesentlichen Aufgaben des folgenden Teils dieser Arbeit sein. Dabei kann sich auch weiterhin

---

718 Gleichsinnig *Hoffmann-Becking*, GesR 2001, S. 55, 59 und 62.

719 Dies nach hier vertretener Meinung im Unternehmensvertragsrecht; s. oben unter § 4 II 1 a) cc) a.E.

720 Auch vermeintlich gegenteilige Wendungen des äußeren Systems im Gesetz, wie bspw. § 15 Abs. 1 UmwG ("...dessen Recht, gegen die Wirksamkeit des Verschmelzungsbeschlusses Klage zu erheben, nach § 14 Abs. 2 ausgeschlossen ist,...") laufen - wie oben unter § 2 I 1 b) aa) gezeigt - leer; zum äußeren und inneren System prägnant *Canaris*, Systemdenken, S. 19, 40 ff. m. w. Nachw.

die in diesem Teil vorgenommene Systematisierung der Mangelkategorien, insbesondere die Einteilung der Kompensationsmängel, als hilfreich erweisen.

2. Teil: Synthese - Kompensationsbezogene Informationsmängel in der Aktiengesellschaft

§ 6 Das Problem: Rechtsfolgendiskrepanz trotz Tatbestandskonkordanz

Kompensationsbezogene Informationsmängel sind Informationsmängel. Eigentlich müßten sie daher entsprechend der im ersten Teil dieser Untersuchung unter § 3 gemachten Ausführungen zum Recht dieser Mängel behandelt werden. Folglich könnte auch die Informationsrechtswidrigkeit mit Blick auf Bewertungs- und Entschädigungsfragen an sich mit der Anfechtungsklage effektiv sanktioniert werden. In starkem Gegensatz dazu ist bei Kompensationsmängeln in aller Regel exklusiv das Spruchverfahren eröffnet (§ 4).

Diese Mangelfolgendiskrepanz - hier Bestandsschutz, dort Vermögensschutz - befremdet zunächst, wenn man sich die Genese von kompensationsbezogenen Informationsmängeln einerseits und Kompensationsmängeln andererseits vor Augen führt. Abgesehen von bewußter Verschleierung kann unterstellt werden, daß in Bericht und Auskunft plausibilisiert wird, wie die Beteiligten in Wirklichkeit zu dem unterbreiteten Kompensationsangebot gelangt sind. Also betrifft ein Mangel bei dieser Ermittlung - beispielsweise ein Rechenfehler - nicht nur sein Ergebnis, sondern schlägt auch auf seine informatorische Darstellung selbst durch. In solchen Fällen kann dann zwar nicht von tatbestandlicher Identität, wohl aber von einer gewissen Tatbestandskonkordanz zwischen Kompensationsmangel und darauf bezogenem Informationsmangel gesprochen werden.[721] Jedenfalls gehen beide Mängel häufig auf ein und dieselbe Fehlerquelle zurück. Dann hat der desinteressierte Aktionär letztlich die Wahl, ob er den Strukturänderungsbeschluß wegen des kompensationsbezogenen Informationsmangels anficht oder aber wegen des damit einhergehenden Kompensationsmangels ein Spruchverfahren einleitet. Er bedarf damit keines findigen Anwalts, um die im Kompensationsmängelrecht durch die Anfechtungsausschlußnormen gesetzlich verankerte Spezialität und den darin enthaltenen Grundsatz Vermögens- statt Bestandsschutz auszuhebeln.

---

721 Ähnlich *Röhricht*, VGR 2001, S. 3, 30; formallogisch denkbar wäre freilich auch, daß die Ermittlung zwei (oder mehr) Fehler aufweist, die sich in zwei (oder mehr) Informationsmängeln niederschlagen, falsch und falsch sich aber neutralisieren, das Kompensationsangebot also gleichwohl mangelfrei ist. Der These von der Tatbestandskonkordanz von Informations- und Kompensationsmängelrecht liegt indessen ein rechtspraktischer Befund, nicht eine formallogische Betrachtung zugrunde.

Dieser rechtspraktische Befund verweist auf ein normatives Spannungsverhältnis zwischen Informationsmängelrecht und Kompensationsmängelrecht in der Aktiengesellschaft. Er macht zudem deutlich, daß man zu kurz griffe, würde man mit der früher st.Rspr. kompensationsbezogene Informationsmängel ohne nähere Begründung dem Informationsmängelrecht unterstellen.[722] Vielmehr müssen solche Mängel mit beiden im ersten Teil dieses Beitrags isoliert dargestellten Rechtsfolgenregelungen (§§ 3, 4) und der ihnen zugrunde liegenden Teleologie in Einklang gebracht werden. Diesem Anliegen sind die weiteren Überlegungen des nachfolgenden zweiten Teils gewidmet. Dabei sind zunächst diejenigen Lösungsansätze anzusprechen, welche die Anfechtungsklage prinzipiell für zulässig halten, den Eigenheiten des kompensationsbezogenen Informationsmangels also innerhalb des Informationsmängelrechts Rechnung tragen wollen (§ 7). Im Anschluß ist die der neueren BGH-Judikatur in Sachen "MEZ" und "Aqua Butzke" zugrunde liegende Annahme des partiellen Anfechtungsausschlusses zu diskutieren (§ 8). Abschließend soll ein eigener Lösungsansatz entwickelt werden (§ 9).

§ 7 Anfechtungsimmanente Lösungsansätze

Soweit Lösungsansätze kompensationsbezogene Informationsmängel dem Informationsmängelrecht unterstellen, halten sie dem entsprechend zunächst einmal die Anfechtung des Strukturänderungsbeschlusses *ceteris paribus* für zulässig. Anders als die frühere BGH-Judikatur[723] versuchen sie jedoch, dem soeben geschilderten Befund der tatbestandlichen Konkordanz dieser Mängel mit den Kompensationsmängeln im Rahmen der Begründetheitsprüfung einer solchen Anfechtungsklage Rechnung zu tragen. Die Klage, mit der die Beschlußanfechtung wegen kompensationsbezogener Informationsmängel geltend gemacht werden soll, könnte unbegründet sein, weil ein hinreichender Zusammenhang zwischen Informationspflichtverstoß und Beschluß nicht gegeben ist (dazu sogleich unter I.) oder aber die Anfechtungsklage in erweiternder Anwendung des § 16 Abs. 3 UmwG unverhältnismäßig erscheint (dazu unten unter II.).

722 Die BGH-Judikatur vor MEZ/Aqua Butzke (dazu noch ausf. unten unter § 8) bejahte bei kompensationsbezogenen Informationsmängeln ganz generell die Anfechtbarkeit des Strukturänderungsbeschlusses; s. etwa BGH WM 1990, 140, 142; BGHZ 122, 211, 238; BGH ZIP 1995, 1256, 1258; so auch noch KG NZG 1999, 508, 508 ff. (Vorinstanz zu "Aqua Butzke").

723 BGH WM 1990, 140, 142; BGHZ 122, 211, 238; BGH ZIP 1995, 1256, 1258 (st. Rspr. bis MEZ/Aqua Butzke).

I. Irrelevanz bzw. fehlende potentielle Kausalität kompensationsbezogener Informationsmängel

Die Problematik kompensationsbezogener Informationsmängel wird immer wieder mit der schon angesprochenen Frage des Zusammenhangs zwischen Grund (Verfahrensfehler) und Gegenstand (Beschluß) der Anfechtung verknüpft.[724] So erwägen vor allem erfahrene Praktiker bei Auskunftsmängeln im Zusammenhang mit der Ermittlung einer angemessenen Barabfindung oder eines angemessenen Umtauschverhältnisses, solche Mängel als nicht wesentlich im Sinne der Relevanztheorie einzustufen oder aber mit dem Standard potentieller Kausalität einem objektiv urteilenden Aktionär die vorrangige Überprüfung der Angemessenheit im Spruchverfahren anzusinnen.[725] Doch ist gerade bei Auskunftsmängeln nach hier vertretener Ansicht wegen der Betroffenheit des mitgliedschaftlichen Teilhaberechts stets die Relevanz zu bejahen.[726] Ebenso muß bei Zugrundelegung potentieller Kausalität bezweifelt werden, daß es einem objektiv urteilenden Aktionär im Hinblick auf sein Entscheidungsverhalten egal ist, ob ihm die bewertungsbezogene Information im Bericht über die Umstrukturierung vorenthalten wird.[727]

II. Unverhältnismäßigkeit der Anfechtungsklage wegen kompensationsbezogener Informationsmängel (Ausdehnung des § 16 Abs. 3 UmwG)

Ausgehend von seinem dezidiert anfechtungsfreundlichen Standpunkt schlägt namentlich *Bayer* zur Behebung allseits angemahnter Schwerfälligkeiten des Anfechtungsprozesses *de lege ferenda* eine Ausweitung des Unbedenklichkeitsverfahrens nach § 16 Abs. 3 UmwG vor.[728] Dabei sollen sämtliche Strukturänderungsbeschlüsse auch jenseits des UmwG und ungeachtet einer drohenden Registersperre der materiellrechtlich fundierten Verhältnismäßigkeitsprüfung im "16-III-Verfahren" unterzogen werden. *Decher* will den hinter dieser umwandlungsrechtlichen Bestimmung stehenden Gedanken der Abwägung des Vollzugsinteresses der Gesellschaft mit dem Aufschubinteresse des Klägers sogar schon nach

724 S. dazu schon oben unter § 3 II 2 b) cc).

725 So oder so ähnlich *Bungert*, NZG 1999, 605, 606; *Kallmeyer*, GmbHR 2001, 204, 204; GroßKommAktG/*Decher*, § 131 Rdn. 390.

726 Dazu ausf. oben unter § 3 II 2 b) cc) (2).

727 Insoweit zutreffend Schmitt/Hörnagl/*Stratz*, UmwG, § 8 Rdn. 32; s. zur Diskrepanz von empirischem Befund (Entscheidungsrelevanz) und normativer Betrachtungsweise (Entscheidungszweck) ausf. bereits oben unter § 1 III 2 b).

728 *Bayer*, VGR 1999, S. 35, 47 ff.; ähnlich *Schiessl*, VGR 1999, S. 57, 77.

geltendem Recht bei einer auf eine Auskunftspflichtverletzung oder andere formale Fehler gestützten Anfechtungsklage zum Tragen bringen.[729] Er erblickt insbesondere im kompensationsbezogenen Auskunftsmangel einen weniger schweren Verfahrensverstoß, welcher die Abweisung der Anfechtungsklage als wegen Unverhältnismäßigkeit unbegründet zur Folge haben müsse; anders nur, wenn der Vorstand in der Hauptversammlung erkennbar keine ernsthaften Anstrengungen unternommen hat, selbst grundlegendste Fragen zu beantworten.[730]

1. Ausstrahlungswirkung des § 16 Abs. 3 UmwG?

Gegenüber dieser Sichtweise scheint zunächst der Einwand nahezuliegen, daß der abschließende Charakter des UmwG die Rechtsfortbildung des § 16 Abs. 3 UmwG - der Sache nach handelt es sich um eine Gesamtanalogie -[731] verbiete.[732] Der für das UmwG in § 1 Abs. 2 UmwG ausgeprägte Befund abschließender Spezialkodifikation kann in der Tat nicht ernsthaft bestritten werden.[733] Die ihm zugrunde liegende legislatorische Intention muß auch ein Induktionsverbot zur Folge haben, d.h., sondergesetzliche Wertungsmodelle können nicht zu Rechtsprinzipien gerinnen, die über das UmwG hinaus Geltung beanspruchen.[734] Gleichwohl läßt sich ein Analogieverbot damit nicht begründen.[735] Das Postulat der Gleichbehandlung des Gleichsinnigen läßt vielmehr zum einen punktuell Einzelanalogien zu. Zum anderen können sich aber auch Gesamtanalogien auf Bestimmungen des UmwG und deren ausdifferenziertere Regelungen beziehen, soweit diesen ein allgemeines aktien- oder gar verbandsrechtliches Wertungsprinzip zugrunde liegt.[736] Paradebeispiel für letztgenannte Ausstrahlungswirkung

---

729 GroßKommAktG/*Decher*, § 131 Rdn. 65, 400; etwas zurückhaltender noch Lutter/*ders.*, UmwG, § 195 Rdn. 17.

730 So ausdrücklich GroßKommAktG/*Decher*, § 131 Rdn. 402, 404.

731 Gesamtanalogie zu den § 16 Abs. 3 UmwG, §§ 319 VI, 327e Abs. 2 AktG im Hinblick auf das diesen Bestimmungen zugrunde liegende Rechtsprinzip; zur Unterscheidung von Einzel- und Gesamtanalogie s. nur *Larenz/Canaris*, Methodenlehre, S. 204 f.

732 So aber GroßKommAktG/*Decher*, § 131 Rdn. 400 in Fn. 877.

733 S. nur Lutter/*Lutter*, UmwG, § 1 Rdn. 24 m. w. Nachw.

734 Ähnlich wohl Lutter/*Lutter*, UmwG, § 1 Rdn. 24.

735 Zur Unterscheidung zwischen Induktions- und Analogieverbot grundlegend *Canaris*, Lücken, S. 180 ff.

736 Zur Lehre von der Ausstrahlungswirkung der h.M. statt aller Lutter/*Lutter*, UmwG, § 1 Rdn. 24 m. w. Nachw.; vgl. auch das prägnante Referat des Meinungsstands m. umfassenden Nachw. bei *Schnorbus*, S. 18 f., der selbst (insbes. S. 78 ff.) mit beachtlicher, in diametralem Gegensatz zum hier vertretenen methodischen Ansatz aber betont entstehungsgeschichtlicher Argumentation (indikativ dafür die unre-

umwandlungsrechtlicher Bestimmungen ist die detaillierte(re) Ausformung ungeschriebener Berichtspflichten zur Vorbereitung eines eigentlichen Holzmüller-Beschlusses;[737] doch auch der hier versuchte Systementwurf kompensationsbezogener Informationsrechte fällt letztlich in diese Kategorie.

Daß nun in § 16 Abs. 3 UmwG ein allgemeines aktienrechtliches Wertungsprinzip zum Ausdruck kommen soll, ist allerdings schon wegen der nur partiellen Übernahme des Unbedenklichkeitsverfahrens im AktG zu bezweifeln. So fehlt etwa im Unternehmensvertragsrecht eine den §§ 319 Abs. 6, 327e Abs. 2 AktG, welche § 16 Abs. 3 UmwG nachgebildet sind, entsprechende Regelung. Die ganz h.M. leitet aus diesen Normen jedenfalls kein Rechtsprinzip ab, das auch dort eine analoge Anwendung des "16-III-Verfahrens" verlangen würde.[738] Gegenteiliges wäre allenfalls anzunehmen, wenn man mit *Bayer* den Ansatzpunkt für das in § 16 Abs. 3 UmwG ausgeprägte Abwägungsprinzip in der Treupflicht sähe, der alle Aktionäre im Verhältnis zu ihrer Gesellschaft unterliegen.[739] Doch befürwortet auch er eine Verhältnismäßigkeitsprüfung nicht bereits *de lege lata.* Gegen ein aktienrechtliches Rechtsprinzip dieser Art spricht schließlich entscheidend, daß der Abwägungsgedanke in der Rechtsidee selbst wurzelt.[740] Er ist also derart allgemein, daß eine Rechtsfortbildung jenseits seiner Positivierung durch den Gesetzgeber, der nach Art. 20 Abs. 3 GG ohnedies zu rechtsstaatlicher und damit verhältnismäßiger Gesetzgebung verpflichtet ist, Folgentopik an die Stelle methodisch gebotenen Systemdenkens setzen würde.[741] So könnte das ausdifferenzierte gesetzliche System des Beschlußmängelrechts durch eine pauschale Verhältnismäßigkeitsprüfung aufgeweicht werden. Vor diesem Hintergrund kann freilich auch *de lege ferenda* die Positivierung eines allgemeinen "16-III-Verfahrens" nicht erwünscht sein.

---

flektiert übernommene Paktentheorie, S. 82; dazu kritisch etwa *Canaris*, FS Medicus, S. 25, 47) eine Ausstrahlungswirkung des UmwG negiert.

737 Zur dogmatischen Herleitung der Holzmüller-Doktrin im Wege der Gesamtanalogie instruktiv *Mülbert*, Aktiengesellschaft, S. 395 f.; GroßKommAktG/*ders.*, § 119 Rdn. 23 ff.; insoweit dogmatisch noch unreflektiert die rein am Informationsbedürfnis der Aktionäre ausgerichtete Begründung bei *Weißhaupt*, NZG 1999, 804, 808.

738 S. statt aller *Emmerich*/Habersack, § 294 Rdn. 22 m. w. Nachw.

739 *Bayer*, VGR 1999, S. 35, 54.

740 *Canaris*, Lücken, S. 110.

741 Gegen diese systemfeindliche Methodik grundlegend *Canaris*, Systemdenken, S. 135 ff. m. w. Nachw. ihrer Vertreter.

2. *Behilflichkeit des "16-III-Verfahrens" bei kompensationsbezogenen Informationsmängeln?*

Hinzukommt, daß ein "16-III-Verfahren" bei Informationsrechtsverstößen die Anfechtungsklage ohnehin nicht sinnvoll einschränken könnte.[742] So trifft sich das überwiegende Aufschubinteresse des Anfechtungsklägers mit den zur Relevanz bzw. potentiellen Kausalität soeben unter I. gemachten Ausführungen. *Bayer* gesteht zudem ein, daß die Nichterfüllung von - auch kompensationsbezogenen - Informationspflichten eine Verletzung von Aktionärs-Kontrollrechten darstelle, die im normalen Anfechtungsverfahren geltend gemacht werden müßten.[743] Die Unbehilflichkeit des "§ 16-III-Verfahrens" zeigt auch die Differenzierung von *Decher* zwischen weniger schweren und schweren Informationspflichtverstößen, welche letztlich die Überzeugungskraft seines Vorschlags entscheidend schwächt. So ist seine Grenzziehung zur Anfechtbarkeit aus Rechtssicherheitsgründen kaum tolerabel, weil schwer bestimmbar ist, wann der Vorstand in der Hauptversammlung erkennbar keine ernsthaften Anstrengungen unternommen haben soll, selbst grundlegendste Fragen zu beantworten.[744]

§ 8 Partieller Anfechtungsausschluß *secundum legem* (Die neue BGH-Judikatur MEZ/Aqua Butzke)

Der BGH geht in seiner neuen Judikatur in Sachen "MEZ" und "Aqua Butzke" weiter und verneint bereits die Möglichkeit, bestimmte kompensationsbezogene Informationsmängel durch Anfechtungsklage geltend zu machen. Um seine Lösung eines partiellen Anfechtungsausschlusses kritisch zu würdigen, sind zunächst die beiden Judikate in Sachen "MEZ"[745] und "Aqua Butzke"[746] darzustellen (dazu sogleich unter I.) und die Reaktionen des Schrifttums auf diese Rechtsprechungsänderung zu referieren (dazu unten unter II.). Sodann ist das

742 Ähnlich kritisch *Klöhn*, AG 2002, 443, 450, der bereits bei unmittelbar anwendbaren Konstellationen den § 16 Abs. 3 UmwG zur Bewältigung der Thematik abfindungsbezogener Informationsmängel für untauglich hält.

743 *Bayer*, Corporate Governance, S. 137, 146; *ders.*, VGR 1999, S. 35, 53; vgl. ausf. *V. Rebmann*, S. 91 ff.; ganz anders dagegen das hiesige Verständnis vom Kontrollzweck kompensationsbezogener Information; s. oben unter § 1 III 2 a) sowie unten unter § 9 III 1.

744 So die Differenzierung bei GroßKommAktG/*Decher*, § 131 Rdn. 402, 404.

745 Urteil vom 18. Dezember 2000 - II ZR 1/99 (Karlsruhe): BGHZ 146, 179, 179 ff. ("MEZ").

746 Urteil vom 29. Januar 2001 - II ZR 368/98 (KG): BGH NJW 2001, 1428, 1428 ff. ("Aqua Butzke").

Meinungsspektrum zu der weiteren Frage zu erläutern, welche Folgerungen die *ratio decidendi* für Mängel und Umstrukturierungen jenseits der entschiedenen Fälle zuläßt (dazu unten unter III.). Schließlich soll zur neuen BGH-Rechtsprechung kritisch Stellung bezogen werden (dazu unten unter IV.).

I. Die Entscheidungen des BGH in Sachen "MEZ" und "Aqua Butzke"

1. Sachverhaltskern

Der entscheidungsrelevante Tatbestand der Urteile des BGH in Sachen "MEZ" und "Aqua Butzke" ist schnell dargetan, kommt es zu ihrer Analyse doch nur darauf an, welcher Strukturwandel Gegenstand des angegriffenen Hauptversammlungsbeschlusses war und welche kompensationsbezogenen Informationsmängel gerügt wurden. In beiden Fällen sollte ein Umwandlungsbeschluß angefochten werden, mit dem der Formwechsel einer Aktiengesellschaft in eine GmbH akzeptiert wurde.[747]

Dabei standen jeweils Informationen mit Blick auf die Barabfindung der austrittswilligen widersprechenden Aktionäre nach § 207 UmwG in Frage.[748] Die Anfechtungskläger im Fall "MEZ" machten eine Verletzung ihres Auskunftsrechts hinsichtlich der Herleitung, Plausibilität und Angemessenheit des Barabfindungsangebots geltend. Weiterhin rügten sie, Fragen in der Hauptversammlung zur voraussichtlichen Geschäftsentwicklung ihrer Gesellschaft und zu den Prognosen für die Folgejahre, zu der im Prüfungsbericht erwähnten Dokumentation des Vorstands für die Ermittlung der angebotenen Abfindung, zur Bewertung der Gesellschaft in der Bilanz ihrer Großaktionärin und zum Wert des nicht betriebsnotwendigen Vermögens - speziell zu den Feuerversicherungswerten der Gebäude - seien nicht oder nur unzureichend beantwortet worden.[749] Im Fall "Aqua Butzke" wurde die Anfechtungsklage dagegen vor allem darauf gestützt, daß der Umwandlungsbericht mangelhaft sei, weil er keine nachvollziehbaren und plausiblen Ausführungen zur Ermittlung der zu gewäh-

747 In BGHZ 146, 179, 179 ("MEZ"); OLG Karlsruhe NZG 1999, 604, 604 f. (Vorinstanz) ging es um die Bestätigung eines anfechtbaren Umwandlungsbeschlusses nach § 244 AktG; das macht für die hier in Frage stehende Problematik aber keinen Unterschied.

748 S. zu diesem Abfindungsanspruch ausf. bereits oben unter § 2 I 2 b).

749 BGHZ 146, 179, 180 f. ("MEZ"); zum Kompensationsbezug dieser Informationen als Parameter der Ertragswertmethode s. oben unter § 2 I 1 b) aa). Nach der Darstellung bei *Henze,* GesR 2001, S. 39, 44; *ders.*, ZIP 2002, 97, 104 ging es zudem um Mängel des Umwandlungsberichts.

renden Barabfindung enthalte; ergänzend wurde geltend gemacht, Fragen zu diesem Bericht seien in der Hauptversammlung grundlos verweigert worden.[750] Während in Sachen "MEZ" also kompensationsbezogene Auskunftsmängel gerügt wurden, ging es bei "Aqua Butzke" in erster Linie um kompensationsbezogene Berichtsmängel. Im letztgenannten Fall hielt das Kammergericht die Anfechtungsklage mit der bis dahin st. Rspr. für zulässig.[751] Dagegen leitete das OLG Karlsruhe im erstgenannten Fall die Rechtsprechungswende ein, indem es die Anfechtung wegen der abfindungswertbezogenen Auskunftsmängel für ausgeschlossen erachtete.[752]

2. *Entscheidungsgründe*

a) *Entscheidungsinhalt*

Der BGH hat die sich ihm bietende Gelegenheit ergriffen und in seinem "MEZ"-Urteil eine neue Grundsatzentscheidung zu den kompensationsbezogenen Informationsmängeln gefällt, die er gut einen Monat später in Sachen "Aqua Butzke" mit wortgleichem amtlichen Leitsatz bestätigte:

"Der in den §§ 210, 212 UmwG für die Fälle des zu niedrigen, des nicht ordnungsgemäßen und des fehlenden Barabfindungsangebots normierte Ausschluß von Klagen gegen den Umwandlungsbeschluß gilt auch insoweit als die von der Strukturmaßnahme betroffenen Anteilsinhaber die Verletzung von Informations-, Auskunfts- oder Berichtspflichten im Zusammenhang mit der gemäß § 207 UmwG anzubietenden Barabfindung geltend machen. Solche die Abfindung betreffenden abfindungswertbezogenen Informationsmängel können ausschließlich im Spruchverfahren gemäß §§ 305 ff. UmwG gerügt werden."[753]

Mit anderen Worten: Die Anfechtungsklage wegen Informationsmängeln, die sich auf die Barabfindung nach § 207 UmwG beziehen - vom BGH selbst als abfindungswertbezogene Informationsmängel definiert - ist in Erweiterung des Anfechtungsausschlusses gem. § 210 UmwG unzulässig; diese Mängel können in Erweiterung der §§ 212, 305 ff. UmwG nur im Spruchverfahren vorgebracht werden.[754] Daß der erkennende Senat in seinem Leitsatz die Begründung einer

750 BGH NJW 2001, 1428, 1428 ("Aqua Butzke"); ganz auf den Berichtsmangel abstellend das KG NZG 1999, 508, 509 f. (Vorinstanz).

751 KG NZG 1999, 508, 509 f. (Vorinstanz "Aqua Butzke").

752 OLG Karlsruhe NZG 1999, 604, 604 f. (Vorinstanz "MEZ").

753 BGHZ 146, 179, 179 ("MEZ"); BGH NJW 2001, 1428, 1428 ("Aqua Butzke").

754 Wie die hier neutral als "Erweiterung" beschriebene Rechtsgewinnung des BGH (seine Leitsatzwendung: "[...] gilt auch insoweit, als [...]") methodisch einzuordnen ist, wird noch an späterer Stelle zu analysieren sein; s. unten unter IV 1 a).

neuen Rechtslage mit Blick auf die kompensationsbezogenen Informationsmängel ganz generell erblickt, zeigt seine ausdrückliche Aufgabe der bisherigen Rechtsprechungslinie.[755] Die Frage der Generalisierbarkeit soll hier aber mit Ausnahme der vom BGH selbst vorgenommenen Ausdehnung seiner Rechtsregel auf sämtliche abfindungswertbezogenen Informationsmängel - einerlei ob sie der Auskunft oder dem Bericht anhaften - noch ausgeblendet bleiben, verlangt deren Beurteilung doch zunächst einen Blick auf den Begründungsgang des Senats.

b) Entscheidungsbegründung

Die Begründungen der beiden Entscheidungen enthalten jeweils eine Reihe von Argumenten, mit denen der BGH den "weiterreichende[n] generelle[n] Ausschluß von Anfechtungsklagen wegen Verletzung der Informationsrechte zur Barabfindung [... aus § 210 UmwG ableitet]".[756] Die folgende, vom Begründungsgang des BGH leicht abweichende Reihenfolge dieser verschiedenen Argumente soll die spätere Stellungnahme erleichtern.

aa) Das Wortlautargument

Der BGH hält die Barabfindung bei darauf bezogenen Informationsrechtsverstößen bereits im Wortsinne des § 210 Alt. 3 UmwG für "nicht ordnungsgemäß angeboten".[757] Dieses Wortlautargument wird hinsichtlich der Auskunftsmängelrüge in Sachen "MEZ" noch vorsichtig dargeboten, wenn der BGH ausführt, "[...] die von der Revision in den Vordergrund gestellte Verletzung des Auskunftsrechts gemäß § 131 AktG durch Nichtbeantwortung oder unzureichende Beantwortung abfindungswertrelevanter Fragen [stehe dem nicht ordnungsgemäßen Angebot im Sinne des § 210 UmwG...] *zumindest gleich*".[758] Diese Zurückhaltung findet sich im später ergangenen "Aqua Butzke"-Urteil nicht mehr. Das könnte zwar auf der dort hauptsächlich geltend gemachten Berichtspflichtverletzung beruhen. Indessen betont der BGH hier wie dort an früherer Stelle, für Bericht und Auskünfte gem. § 131 AktG müsse dasselbe gelten, da die "Informati-

755 BGHZ 146, 179, 188 f. ("MEZ"); BGH NJW 2001, 1428, 1430 ("Aqua Butzke"); dazu unten unter III.

756 BGHZ 146, 179, 182 f. ("MEZ"); in der "Aqua Butzke"-Entscheidung entspricht die Wendung der Formulierung in den Leitsätzen "[§ 210 UmwG...] gilt [...] auch insoweit, als [...]"; so BGH NJW 2001, 1428, 1429 ("Aqua Butzke").

757 BGHZ 146, 179, 185 f. ("MEZ"); BGH NJW 2001, 1428, 1429 ("Aqua Butzke").

758 BGHZ 146, 179, 186 ("MEZ"); Hervorhebung durch Verfasser.

onspflicht als Gesamtheit zu sehen [sei]".[759] Jedenfalls betrachtet der BGH abfindungswertbezogene Informationsmängel als Unterfall der Fehlkompensation.

bb) Das Normzweckumgehungsargument

Der BGH sieht den Sinn und Zweck des Klageausschlusses nach § 210 UmwG - verbunden mit der entsprechenden Verweisung in das Spruchverfahren in § 212 UmwG - in der Förderung des berechtigten Unternehmensinteresses an einer zügigen Durchführung der beschlossenen Strukturmaßnahme, indem die Eintragungssperre, die § 198 Abs. 3 in Verbindung mit § 16 Abs. 2 und 3 UmwG anordnet und die zu erheblichen finanziellen Schäden bei der Gesellschaft führen kann,[760] beschränkt wird.[761] Freilich dienten Rügen, die abfindungswertbezogene Informationsmängel beanstanden, "fast ausschließlich dem Ziel, die "Hauptrüge" [des § 210 Alt. 1 UmwG], das Angebot sei zu niedrig, zu begründen".[762] Der Gesetzeszweck, eine Blockade des Strukturwandels durch den bloßen Streit über die Abfindungshöhe zu vermeiden, würde durch die Rüge abfindungswertbezogener Informationsmängel unterlaufen. Eine solche Rüge müsse daher im Anfechtungsprozeß unzulässig sein.

Da die abfindungswertbezogene Information auch darüber hinaus bezwecke, dem noch unentschiedenen Gesellschafter die Zustimmung zur Umstrukturierung im Hinblick auf den Ausgleichsanspruch zu ermöglichen, hält der BGH dieses Umgehungsargument nur in der Zusammenschau mit den weiteren aus den Tatbestandsvarianten des § 210 UmwG abgeleiteten - von ihm bisweilen als systematisch zusammenhängend bezeichneten -[763] Argumenten für tragend.[764]

cc) Das argumentum a maiore ad minus

Als wirklich durchschlagend stellt der BGH hingegen einen aus dem "fehlenden Angebot" nach § 210 Alt. 2 UmwG gezogenen Erst-Recht-Schluß dar.[765] Die Kodifizierung dieser Tatbestandsmodalität löse das Spannungsfeld zum an sich

759 BGH NJW 2001, 1428, 1429 ("Aqua Butzke"); BGHZ 146, 179, 185 ("MEZ").

760 Zur ganz anderen Frage des Eintragungshindernisses mit ensprechenden Nachw. der MEZ/Aqua Butzke-Rspr. s. bereits oben unter § 4 II 1 a) bb) (bei Kompensationsausfall); vgl. auch oben unter § 3 II 2 a) (bei Berichtsausfall).

761 BGHZ 146, 179, 182 ("MEZ"); BGH NJW 2001, 1428, 1428 ("Aqua Butzke").

762 BGHZ 146, 179, 183 ("MEZ"); BGH NJW 2001, 1428, 1428 ("Aqua Butzke").

763 So in BGHZ 146, 179, 182 ("MEZ").

764 BGHZ 146, 179, 183 ("MEZ"); BGH NJW 2001, 1428, 1428 ("Aqua Butzke").

765 BGHZ 146, 179, 183 ff. ("MEZ"); BGH NJW 2001, 1428, 1428 f. ("Aqua Butzke").

stark formalisierten Informationsschutz der Minderheitsaktionäre im UmwG zugunsten des als Normzweck des Klageausschlusses erkannten berechtigten Unternehmensinteresses an der zügigen Durchführung des Strukturwandels auf. Im Abfindungsausfall zeige sich zugleich der weitestgehende Informationsmangel. Wenn daher schon bei gänzlich fehlendem Abfindungsangebot der Klageausschluß eingreife, dann doch erst recht bei einem Abfindungsangebot, über das mangelhaft informiert wurde.[766] Die einzige Auskunft, die der Vorstand in der Hauptversammlung bei Abfindungsausfall erteilen könnte, wäre schließlich diejenige, ob dieser Kompensationsmangel auf schlichtem Vergessen oder bewußtem Unterlassen beruhe.[767] Infolgedessen habe es die Verwaltung der Aktiengesellschaft letztlich in der Hand, die Frage der Abfindung von vornherein in das Spruchverfahren zu verlagern.[768] Wolle ein Aktionär den damit einhergehenden Unsicherheitsfaktor nicht in Kauf nehmen, stehe es ihm frei, die Umwandlung insgesamt abzulehnen.

dd) Die historischen Argumente

Die wegen der Kodifizierung von Kompensationsausfall und Fehlkompensation als Varianten des Anfechtungsausschlusses in § 210 Alt. 2 und 3 UmwG hinzunehmende Vorrangentscheidung des Gesetzgebers würdigt der erkennende Senat auch durch einen Rückblick auf die früheren Regelungen der §§ 375 Abs. 2 Satz 2 und 3 AktG a.F., 13 UmwG 1969, die in diesen Fällen eine Subsidiarität des Spruchstellenverfahrens gegenüber der Anfechtungsklage vorsahen. Die gesetzliche Neuregelung sei eine bewußte Abkehr hiervon.[769]

Das die alte Rechtsprechungslinie in der Vorinstanz des "Aqua Butzke"-Falles noch bekräftigende KG argumentiert auch historisch mit dem Hinweis auf den Gang des Gesetzgebungsverfahrens zum Klageausschluß hinsichtlich des Verschmelzungsbeschlusses bei zu niedrigem Umtauschverhältnis gem. § 14 Abs. 2 UmwG, wonach die vom Bundesrat vorgeschlagene Einbeziehung der Rüge unzureichender Erläuterung des Umtauschverhältnisses nach ablehnender Stellungnahme der Bundesregierung nicht Gesetz geworden ist.[770] Rückschlüsse für § 210 UmwG will der BGH - seinerseits entstehungsgeschichtlich argumen-

766 Die (vermeintlich) formallogische Erst-Recht-Argumentation wird ausdrücklich angeführt in BGHZ 146, 179, 186 ("MEZ"); so auch schon in OLG Karlsruhe NZG 1999, 604, 606 (Vorinstanz); dazu unten unter IV 2 c).

767 BGHZ 146, 179, 185 ("MEZ"); BGH NJW 2001, 1428, 1429 ("Aqua Butzke").

768 So das Zwischenfazit bei BGHZ 146, 179, 186 f. ("MEZ"); BGH NJW 2001, 1428, 1429 ("Aqua Butzke").

769 BGHZ 146, 179, 184 ("MEZ"); BGH NJW 2001, 1428, 1429 ("Aqua Butzke").

770 KG NZG 1999, 508, 510 (Vorinstanz "Aqua Butzke") m. w. Nachw.

tierend - daraus indessen nicht ziehen. Dagegen führt er zum einen die soeben erwähnte bewußte Erweiterung des Anfechtungsausschlusses bei § 210 UmwG an; zum anderen weist er darauf hin, daß ein vergleichbarer Hinweis auf das Gesetzgebungsverfahren in den Materialien zu §§ 210, 212 UmwG gerade fehle.[771]

ee) Die pragmatischen Argumente: Anfechtungsklage vs. Spruchverfahren

Der BGH rundet seine Begründung schließlich mit zwei eher pragmatischen Argumenten ab, denen zufolge das nunmehr für abfindungswertbezogene Informationsmängel ausschließlich eröffnete Spruchverfahren der Anfechtungsklage ohnehin vorzuziehen sei.

(1) Kein wesentlicher Informationsgewinn im Anfechtungsprozeß

Im negativen Vergleich mit der Anfechtungsklage stellt der erkennende Senat die überlange Dauer der Anfechtungsprozesse fest und weist darauf hin, die bisherige Erfahrung mit Anfechtungsklagen bei anderen Strukturmaßnahmen zeige, daß der durch Anfechtung erzielbare Informationsgewinn angesichts der Frage nach der Durchführung des Spruchverfahrens eher gering sei.[772]

(2) Kostenmäßige Privilegierung der Antragsteller im Spruchverfahren

Im positiven Vergleich mit der Anfechtungsklage weist der BGH auf die kostenmäßige Privilegierung der Antragsteller im Spruchverfahren hin, die auch als ausscheidende Gesellschafter in den Fällen der §§ 210, 212 UmwG keine Abweichung von der Grundregel des § 312 Abs. 4 Satz 1 UmwG befürchten müßten, wonach der Rechtsträger neuer Rechtsform die Gerichtskosten des Spruchverfahrens zu tragen hat. Entsprechendes gelte im Lichte des § 13a Abs. 1 FGG für die außergerichtlichen Kosten.[773]

II. Reaktionen des Schrifttums

Die Reaktionen des Schrifttums sind so unterschiedlich wie die von der Thematik betroffenen Interessenträger. Dabei vertretene Ansichten lassen sich grob in

771 BGH NJW 2001, 1428, 1429 f. ("Aqua Butzke"); ebenso in BGHZ 146, 179, 188 ("MEZ").

772 BGHZ 146, 179, 187 ("MEZ"); BGH NJW 2001, 1428, 1429 ("Aqua Butzke").

773 BGHZ 146, 179, 187 f. ("MEZ"); BGH NJW 2001, 1428, 1429 ("Aqua Butzke").

drei Meinungslager einteilen. Neben zahlreichen (Teil-)Befürwortern der Rechtsprechungsänderung (dazu sogleich unter 1.) finden sich zunehmend kritische Stellungnahmen, die entweder das im Ergebnis tendenziell begrüßte Judiz wegen seiner dogmatischen Begründung anzweifeln (dazu unten unter 2.) oder - weitergehend - das Ergebnis und damit die Tendenz der neuen BGH-Linie ganz generell in Frage stellen (dazu unten unter 3.).

1. Befürworter (Henze, Hoffmann-Becking u.a.)

Zahlreiche Autoren befürworten implizit die neue Judikatur, indem sie die noch unter III. zu behandelnden Konsequenzen der Rechtsprechungsänderung für andere Umstrukturierungen erörtern, ohne die neue BGH-Linie auch nur ansatzweise in Frage zu stellen.[774] Vereinzelt wird der erweiternden Anwendung des Anfechtungsausschlusses nur für Auskunftsmängel oder nur für Berichtsmängel gefolgt.[775] Die ausdrücklichen Verfechter der MEZ/Aqua Butzke-Entscheidungen führt *Henze* als Mitglied im erkennenden II. Zivilsenat an. Er referiert das *argumentum a maiore ad minus*, welches *Hoffmann-Becking* mit den meisten übrigen Befürwortern für "in der Tat zwingend" hält.[776] Lediglich *Hüffer* sieht im Erst-Recht-Schluß kein tragendes Argument und stellt stattdessen auf das "generalklauselartig erweiterte Verständnis des nicht ordnungsmäßigen Angebots" ab.[777] Zumeist wird auch der Normzweckumgehungsgedanke unterstrichen.[778] Während *Hoffmann-Becking* konzediert, daß die Informationspflichten infolge der neuen Rechtsprechung zu *leges imperfectae* gerieten,[779]

---

774 *Habersack*, ZIP 2001, 1230, 1237; *Krieger*, BB 2002, 53, 60; *H. Krause*, NJW 2002, 705, 715; Kallmeyer/*Marsch-Barner*, UmwG, § 14 Rdn. 14 a.E.; Kallmeyer/*Meister/Klöcker*, UmwG, § 195 Rdn. 30 a.E. und § 210 Rdn. 9; Geibel/Süßmann/*Grzimek*, WpÜG, § 327f Rdn. 4 ff.; *Sieger/Hasselbach*, ZGR 2002, 120, 160; *Steinmeyer/Häger*, WpÜG, § 327f Rdn. 5 mit Fn. 7.

775 In ersterem Sinne GroßKommAktG/*Decher*, § 131 Rdn. 65b, 405b; vgl. Lutter/*ders.*, UmwG, § 195 Rdn. 16 f.; in letzterem Sinne Widmann/Mayer/*Vollrath*, UmwG, § 210 Rdn. 9 und § 32 Rdn. 4; vgl. auch Geibel/Süßmann/*Grzimek*, WpÜG, § 327f Rdn. 5.

776 *Henze*, GesR 2001, S. 39, 46 f.; *ders.*, ZIP 2002, 97, 104; *ders.*, BB 2002, 893, 898; *Hoffmann-Becking*, GesR 2001, S. 55, 61; *Kleindiek*, NZG 2001, 552, 555; *Röhricht*, VGR 2001, S. 3, 30; *Vetter*, FS Wiedemann, S. 1323, 1330; Widmann/Mayer/*Heckschen*, UmwG, § 14 Rdn. 7.1; ebenso schon *Bungert*, NZG 1999, 605, 606 (zust. Anm. zur "MEZ"-Vorinstanz).

777 *Hüffer*, AktG, § 243 Rdn. 18b, vgl. auch § 320b Rdn. 8 und §327f Rdn. 2; *ders.*, ZGR 2001, 833, 860; zustimmend *Hirte*, ZHR 167 (2003), 8, 10 f.

778 *Witt*, WuB II N. § 210 UmwG 1.01 [S. 289] und 2.01 [S. 426]; *Vetter*, FS Wiedemann, S. 1323, 1330 f.; *Sinewe*, DB 2001, 690, 690.

779 *Hoffmann-Becking*, GesR 2001, S. 55, 62.

weist *Kleindiek* auf den aus der Kostenlast des § 312 Abs. 4 UmwG resultierenden Anreiz zu kompensationsbezogener Information einerseits sowie mit *Vetter* auf die Sanktionierung durch Schadensersatzpflichten der Organwalter andererseits hin und betont damit die pragmatische Argumentation.[780] *Henze* elaboriert den in der Senatsbegründung genannten pragmatischen Gesichtspunkt noch, daß im Anfechtungsverfahren kein wesentlicher Informationsgewinn zu verzeichnen sei: Zwar gibt er *Hoffmann-Becking* zu, daß das Spruchverfahren gerade nicht darauf ziele, den Antragsteller mit kompensationsbezogenen Informationen zu versorgen.[781] Gleichwohl seien diese als Hilfstatsachen auch dort zu ermitteln, so daß die Aktionäre jedenfalls faktisch nicht minder informiert würden.[782]

Mit einem eher teleologischen Argument geht *Henze* sogar über die von seinen Senatskollegen mehrheitlich sanktionierte Begründung hinaus. Dort ist nämlich gegen eine hinreichende Qualität des Normzweckumgehungsarguments angeführt, daß der abfindungswertbezogenen Information ein überschießender Normzweck zukomme, welcher nur im systematischen Zusammenhang mit den aus den Modalitäten des Kompensationsausfalls und der Fehlkompensation bei § 210 UmwG hergeleiteten Argumenten verdrängt werden könne. Dieser überschießende Normzweck wird aus dem Bedarf hergeleitet, dem noch unentschiedenen Gesellschafter die Zustimmung zur Umstrukturierung im Hinblick auf den Ausgleichsanspruch zu ermöglichen.[783] Ein solches überschießendes *telos* kompensationsbezogener Information negiert *Henze*, indem er ausführt, der Aktionär bedürfe der Informationen zur Höhe der Barabfindung nicht, um eine Entscheidung darüber zu treffen, ob er den Umwandlungsbeschluß anfechten oder die Nachbesserung der Barabfindung im Spruchverfahren vornehmen lassen wolle; dies entscheide er nach unternehmensrelevanten - nach vorliegendem Verständnis also qualitativen - Daten.[784] Ähnlich formuliert *Witt*, dem ausscheidenswilligen Anteilsinhaber genüge das Wissen, daß er im Spruchverfahren eine angemessene Abfindung zugesprochen bekommen kann und gegebenenfalls einen Abfindungsergänzungsanspruch hat, so daß auch unter dem Gesichtspunkt des Minderheitenschutzes kein zusätzliches Wissen erforderlich sei.[785] Diese Argumentation überzeugt auch *H. Schmidt*, soweit der Aktionär - wie beim Form-

780 *Kleindiek*, NZG 2001, 552, 555; *Vetter*, FS Wiedemann, 1323, 1346 f.; ähnlich zu ersterem Argument bereits im Vorfeld der Neuordnung des Umwandlungsrechts *Hommelhoff*, ZGR 1993, 452, 471.

781 *Hoffmann-Becking*, GesR 2001, S. 55, 60.

782 *Henze*, ZIP 2002, 97, 105, 106; *ders.*, BB 2002, 893, 898.

783 BGHZ 146, 179, 183 ("MEZ"); BGH NJW 2001, 1428, 1428 ("Aqua Butzke").

784 *Henze*, ZIP 2002, 97, 105, 106; *ders.*, BB 2002, 893, 898.

785 *Witt*, WuB II N. § 210 UmwG 1.01 [S. 289 f.].

wechsel - die Mitgliedschaft nicht verliert, sondern sich diese nur verändert, und er zusätzlich die Möglichkeit der Barabfindung erhält.[786]

2. Kritiker der Begründung (Mülbert u.a.)

a) Ansatzpunkte der Kritik

aa) Einwände gegen die Argumente des BGH

Die meisten Kritiker der die MEZ/Aqua Butzke-Judikate stützenden Entscheidungsgründe nehmen bereits am Wortlautargument Anstoß und folgen dem BGH nicht darin, den abfindungswertbezogenen Informationsmangel unter die Tatbestandsvariante der Fehlkompensation im Sinne des § 210 Alt. 3 UmwG zu subsumieren.[787] Auch wenden sie nahezu sämtlich ein, das vom BGH als tragend vorgebrachte *argumentum a maiore ad minus* halte einer näheren Untersuchung nicht stand.[788] In diesem Zusammenhang bringt namentlich *Luttermann* Zweifel vor, ob eine bewußte Verlagerung bewertungsbezogener Information in das Spruchverfahren überhaupt zulässig sein könne.[789] Indessen neigt er - wie die meisten Kritiker - dem Normzweckumgehungsargument zu und konzediert, auch in dem von ihm besprochenen "MEZ"-Fall handle es sich wieder einmal um einen notorischen "Berufskläger".[790] *Bärwaldt* und *Kalss* treten demgegenüber für den überschießenden Normzweck der kompensationsbezogenen Information ein. Wie schon der BGH weisen sie darauf hin, daß dem Aktionär durch die abfindungswertbezogene Information eine Abwägung ermöglicht werden solle, ob es vorteilhafter für ihn wäre, aus der Gesellschaft auszuscheiden oder den Umwandlungsbeschluß mitzutragen.[791] Auch eine mögliche Organhaftung lasse sich bei einer kompletten Auskunftsverweigerung nicht genau überprüfen.[792] Einzig *Mülbert* unterzieht auch die historischen Argumente einer genaueren Analyse. Die Einwände der Bundesregierung gegen den Vorschlag des Bundesrats, auch auf das Umtauschverhältnis bei der Verschmelzung bezogene Informationsmän-

---

786 *H. Schmidt*, FS Ulmer, S. 543, 551.

787 *Kallmeyer*, GmbHR 2001, 204, 204; *Bärwaldt*, GmbHR 2001, 251, 251; *Klöhn*, AG 2002, 443, 445; *Wilsing/Kruse*, DB 2002, 1539, 1540 f.; ähnlich kritisch KölnKomm/*Hasselbach*, § 327f Rdn. 4.

788 *Mülbert*, FS Ulmer, S. 433, 446; *Luttermann*, BB 2001, 382, 383; *Kallmeyer*, GmbHR 2001, 204, 204; *Klöhn*, AG 2002, 443, 445 f.

789 *Luttermann*, BB 2001, 382, 383 f.; ebenso GroßKommAktG/*Decher*, § 131 Rdn. 65a (mit verfassungsrechtlichen Bedenken); *Klöhn* AG 2002, 443, 445.

790 *Luttermann*, BB 2001, 382, 382 f., vgl. auch 384 f.

791 *Bärwaldt*, GmbHR 2001, 251, 251 f.; Semler/Stengel/*Kalss*, UmwG, § 210 Rdn. 5.

792 *Bärwaldt*, GmbHR 2001, 251, 251 f.

gel dem Anfechtungsausschluß nach § 14 Abs. 2 UmwG zu unterstellen, könnten genauso gegen den Ausgangsfall der neuen Rechtsprechungslinie, die Barabfindung beim Rechtsformwechsel, angeführt werden. Insgesamt könne die Entscheidung über die Reichweite des Anfechtungsausschlusses im UmwG daher nur einheitlich ausfallen.[793] Überwiegend werden trotz aller Kritik die pragmatischen Argumente ausdrücklich gewürdigt und die Urteile in rechtspraktischer Hinsicht begrüßt.[794]

bb) Eigene Gegenargumente der Kritiker

Kallmeyer weist auf das systematische Spannungsverhältnis zur Auskunftsklage nach § 132 AktG hin, während der die Frist für die Annahme des Abfindungsangebots nach § 209 UmwG bzw. die Einleitung des Spruchverfahrens nach § 305 UmwG verstreiche. Der Aktionär könne infolge der MEZ/Aqua Butzke-Linie des BGH mithin seinen Primäranspruch auf abfindungswertbezogene Auskunft nicht durchsetzen, wenn er die Nachbesserungsmöglichkeit des Abfindungsangebots nicht verlieren wolle.[795]

Mülbert problematisiert die Europarechtskonformität der neuen Judikatur. Ausgehend von dem Befund, der Anfechtungsausschluß stufe die kompensationsbezogenen Informationsrechte zu *leges imperfectae* herab,[796] wirft er die Frage auf, ob die Verstöße gegen die europäisierten Berichtspflichten bei Verschmelzung und Spaltung[797] dann überhaupt noch im Sinne des Art. 10 EG hinreichend sanktioniert würden.[798] Er bezweifelt dies mit Blick auf das Spruchverfahren und deutet einen möglichen Ausweg über die Direkthaftung der Organwalter für mindestens fahrlässige Falschauskünfte an.[799]

---

793 *Mülbert*, FS Ulmer, S. 433, 448.

794 So ausdrücklich von *Luttermann*, BB 2001, 382, 383; *Bärwaldt*, GmbHR 2001, 251, 251 (*de lege ferenda)*; *Fritzsche/Dreier*, BB 2002, 737, 738 f.; *Wilsing/Kruse*, DB 2002, 1539, 1542.

795 *Kallmeyer*, GmbHR 2001, 204, 204; zustimmend *Bärwaldt*, GmbHR 2001, 251, 252; für eine teleologische Reduktion des § 132 AktG daher *Klöhn*, AG 2002, 443, 450; für einen verzögerten Fristbeginn der Fristen von Angebotsannahme und Spruchverfahrenseinleitung stattdessen *Witt*, WuB II N. § 210 UmwG 2.01 [S. 427].

796 So bereits der Befund von *Hoffmann-Becking*, GesR 2001, S. 55, 62.

797 S. dazu bereits oben unter § 2 I 1 a).

798 Zur Ausweitung der neuen BGH-Judikatur auch auf § 32 UmwG s. sogleich; dieses eigenständige Gegenargument verdient m.E. bereits an dieser Stelle Erwähnung.

799 *Mülbert*, FS Ulmer, S. 433, 448; gänzlich anders dagegen *Hirte*, ZHR 167 (2003), 8, 19 f., der ausgehend vom eigenen europäisch-kapitalmarktrechtlichen Ansatz auf öffentlichrechtliche Sanktionen abstellt; s. sogleich.

b) Versuche "kritischer Rekonstruktion" der MEZ/Aqua Butzke-Linie[800]

Henze steht trotz grundsätzlichen Generalisierungsanliegens einer rechtsfortbildenden Anwendung des Anfechtungsausschlusses auf sämtliche Fälle bewertungsbezogener Informationsmängel wegen der entstehungsgeschichtlichen Einwände bei § 14 Abs. 2 UmwG noch zurückhaltend gegenüber.[801] Dagegen entwickelt *Mülbert* eine solche Rechtsfortbildung in funktionaler Betrachtungsweise.[802] Er erblickt nämlich in der umfassend-zutreffenden Informationserteilung für den Aktionärsschutz einzig die Funktion, ein Abfindungsangebot auf seine Angemessenheit hin zu beurteilen. Daran anknüpfend argumentiert er sodann *a maiore ad minus*: Rechtfertige die Unangemessenheit des Angebots keine Anfechtung, würden diesbezügliche Informationsmängel umso weniger einen Anfechtungsgrund bilden.[803]

Während *Mülbert* das mögliche "Leid" seiner rechtsfortbildenden Überlegungen im Europarecht ausmacht,[804] sucht *Hirte* hierin das "Heil" für seinen von ihm selbst als "quer liegend" bezeichneten europäisch-kapitalmarktrechtlichen Lösungsansatz.[805] Dabei geht er von dem Befund aus, daß die Pflicht zur Vorab-Information über Umwandlungsvorgänge innerhalb und außerhalb des UmwG letztlich dem europäischen Sekundärrecht entstamme, welches wiederum nicht das Verbandsmitglied, sondern die Öffentlichkeit und damit den Kapitalmarkt zu schützen bestimmt sei.[806] Diese - angesichts fehlender Einflußmöglichkeiten der Minderheitsaktionäre - einzig sinnvolle kapitalmarktrechtliche Zwecksetzung habe auch der nationale Gesetzgeber übernommen, und zwar nicht nur für das europäisierte Umwandlungsrecht; vielmehr sei auch darüber hinaus eine europäisch-kapitalmarktrechtliche Zwecksetzung im richtlinienfreien Recht "adoptiert" worden.[807] Das so verstandene Sonderrecht der Vorab-Information verdränge das verbandsrechtliche Informationssystem, insbesondere das Auskunftsrecht nach § 131 Abs. 1 AktG. Eine solche tatbestandliche Einschränkung ist der

---

800 Eine solche unternimmt etwa auch *Canaris*, Grundrechte und Privatrecht, S. 27 ff. im Hinblick auf die Lüth-Entscheidung des BVerfG.

801 *Henze*, GesR 2001, S. 39, 51 f.; *ders.*, ZIP 2002, 97, 106 f.; *ders.*, BB 2002, 893, 899.

802 *Mülbert*, FS Ulmer, S. 433, 446 ff.; vgl. dagegen eher referierend *ders.*, Generalbericht, S. 43, 55 f.

803 *Mülbert*, FS Ulmer, S. 433, 446; ähnlich für Squeeze Out und Mehrheitseingliederung *H. Schmidt*, FS Ulmer, S. 543, 548 ff., insbes. 550.

804 *Mülbert*, FS Ulmer, S. 433, 448; s. zur angezweifelten Europarechtskonformität soeben.

805 *Hirte*, ZHR 167 (2003), 8, 10, 14 ff.

806 *Hirte*, ZHR 167 (2003), 8, 16 f.

807 *Hirte*, ZHR 167 (2003), 8, 15 f.

Rechtsfolgenlösung der MEZ/Aqua Butzke-Judikatur ebenso vorgreiflich wie mit dem hierin vertretenen Ausschluß der Anfechtung vereinbar.[808] Geeignete Sanktionsmechanismen einer Verletzung europäisierter Vorab-Informationspflichten siedelt *Hirte* entsprechend deren kapitalmarktrechtlichen Geltungsgrunds eher im öffentlichen Recht und dort im Bußgeldverfahren an.[809]

Einen ganz anderen - wenngleich eher klassischen - Weg beschreitet *Klöhn*, indem er die aktien- und umwandlungsrechtlichen Abfindungsansprüche als Ausprägung des Aufopferungsprinzips versteht und dieses auch sogleich auf die abfindungswertbezogenen Informationsrechte überträgt.[810] Er will so dem inneren System der Abfindungsansprüche dienen und der faktischen Sanktionslosigkeit einer Nichtbeachtung darauf bezogener Informationspflichten Wertungsstimmigkeit verleihen.[811]

3. Gegner des Ergebnisses (Bayer u.a.)

Weniger zahlreich, jedoch unüberhörbar sind diejenigen Stimmen, welche eine Einschränkung der Anfechtbarkeit bei kompensationsbezogenen Informationsmängeln ganz generell ablehnen. Sie halten sich kaum mit Kritik an der dogmatischen Begründung der neuen Judikatur auf, wie etwa *Grunewald*, die sich weder von der Wortlaut-, noch von der Erst-Recht-Argumentation überzeugen läßt.[812] Die Kritik der Gegner ist fundamentaler, betrifft die in den MEZ/Aqua Butzke-Urteilen zum Ausdruck kommende Rechtsprechungstendenz und wendet sich auch gegen eingangs dieser Untersuchung erwähnte rechtspolitische Vorschläge. Besonders eindringlich argumentiert *Bayer*, der die Informationsrechte - auch die kompensationsbezogenen - nicht dem Vermögensschutz, sondern der Kontrolle durch die Aktionäre zuordnet und diese Kontrollfunktion zwingend im Anfechtungsverfahren verortet, während das Spruchverfahren ausschließlich dem Vermögensschutz diene.[813] Gleichsinnig hatte bereits *Zeidler* in seiner Besprechung der noch der alten Rechtsprechung verhafteten Vorinstanz in Sachen

---

808 *Hirte*, ZHR 167 (2003), 8, 14-18.

809 *Hirte*, ZHR 167 (2003), 8, 19 ff., 23.

810 *Klöhn*, AG 2002, 443, 446 ff.

811 *Klöhn*, AG 2002, 443, 443 (Vorspann a.E.), 450 ff.

812 *Grunewald*, ZIP 2002, 18, 21.

813 *Bayer*, Corporate Governance, S. 137, 150 f.; ebenso bereits *ders.*, VGR 1999, S. 35, 53; gleichsinnig gegen eine Aushöhlung der Informationsrechte durch die MEZ/Aqua Butzke-Judikatur Schmitt/Hörtnagl/*Stratz*, UmwG, § 8 Rdn. 31 a.E. und § 192 Rdn. 15.
Dabei unterscheidet sich das *Bayer*sche Verständnis der Kontrollfunktion grundlegend vom hier ausgeformten; s. dazu oben unter § 1 III 2 sowie noch unten unter § 9 II 1.

"Aqua Butzke" plädiert und darauf hingewiesen, daß der aktienrechtliche Minderheitenschutz von einer Verschärfung gerade der formalen Anforderungen geprägt sein müsse.[814] *Grunewald* will zudem einen Wertungswiderspruch darin erkennen, daß ein Informationsmangel nur Strukturänderungsbeschlüsse, für die ein Vermögensschutz im Spruchverfahren bereitgestellt ist, von der Anfechtung ausschließen, bei den übrigen Umstrukturierungen aber weiterhin zur Anfechtung berechtigen solle.[815] Dem geht ihre grundlegende Annahme voraus, daß die Abgrenzung kompensationsbezogener von sonstigen - hier als qualitativ bezeichneten - Informationen "illusorisch" sei.[816] *Bayer* moniert vor allem gegen rechtspolitische Tendenzen, daß bei Anfechtungsausschluß wegen kompensationsbezogener Informationsmängel die Hauptversammlung in vom Mehrheitsaktionär (faktisch) beherrschten Gesellschaften keinen Sinn mehr mache, weil auch die dort der Hauptversammlung verbleibende Funktion einer Schaffung von Transparenz hinfällig sei, wenn die Minderheitsaktionäre nicht mehr informiert zu werden bräuchten.[817] Als juristisches Kuriosum kommentiert auch der Betriebswirt *Wenger* die neue BGH-Linie und reichert die Diskussion dem entsprechend mit einigen rechtstatsächlichen Einwänden an. Dabei gibt er einerseits zu bedenken, daß nach einem langwierigen Spruchverfahren festgestellte Nachbesserungsansprüche wegen Insolvenz ins Leere laufen könnten. Andererseits prognostiziert er, daß derartig langwierige Spruchverfahren künftig als Folge der neuen Rechtsprechung "blind" beantragt würden.[818]

III. Folgerungen jenseits der zum Formwechsel entschiedenen Fälle

Der BGH selbst generalisiert ausdrücklich nur insoweit als er auf sämtliche Informationsmängel abstellt, also bei der Bildung seiner Rechtsregel nicht zwischen Auskunfts- und Berichtsmangel unterscheidet.[819] Daß der erkennende Se-

814 *Zeidler*, NZG 1999, 510, 511.

815 *Grunewald*, ZIP 2002, 18, 21.

816 *Grunewald*, ZIP 2002, 18, 21; gleichsinnig schon Geßler/Hefermehl/Eckardt/Kropff/*dies.*, § 352c Rdn. 7; *dies./Müller*, JZ 2001, 1120, 1131; das widerspricht der hier vertretenen Grundprämisse; s. zur Definition der Kategorie kompensationsbezogener Information bereits oben unter § 1 III 1.

817 *Bayer*, Corporate Governance, S. 137, 150 f.

818 *Wenger*, BGH EWiR § 210 UmwG 1/01, 331, 332. Seine Urteilsanmerkung (ebenda, 331) beruht insgesamt auf der Inversion des ubiquitären Phänotyps eines räuberischen Aktionärs durch die Figur der räuberischenVerwaltungen und Großaktionäre; vgl. auch oben unter Einleitung a.A.

819 Anders aber die neue BGH-Judikatur nur auf Auskunftsmängel anwendend namentlich GroßKommAktG/*Decher*, § 131 Rdn. 65b, 405b; vgl. Lutter/*ders.*,

nat gleichwohl auch über die zum Formwechsel entschiedenen Fälle hinaus eine Leitentscheidung begründen wollte, zeigt bereits die Aufgabe seiner bisherigen Rechtsprechungslinie zur Anfechtbarkeit wegen abfindungswertbezogener Informationsmängel betreffend das Unternehmensvertragsrecht.[820] Wegen der uneinheitlichen Struktur der Anfechtungsausschlußnormen in UmwG und AktG wird die Frage nach einer Ausweitung der neuen Judikatur auf andere Umstrukturierungen mitunter kontrovers diskutiert.[821]

1. Anfechtungsausschluß bei Informationsmängeln zur akzidentiellen Barabfindung im Verschmelzungs- und Spaltungsrecht

Der BGH stellt bei seiner Begründung auf die Struktur des in § 210 UmwG geregelten Tatbestands ab und leitet die Subsumtion abfindungswertbezogener Informationsmängel unter diese Anfechtungsausschlußnorm aus der systematischen Zusammenschau ihrer drei Tatbestandsmodalitäten her.[822] Der Anfechtungsausschluß wegen Mängeln der akzidentiellen Barabfindung bei der Verschmelzung nach § 32 UmwG, der gemäß § 125 Satz 1 UmwG auch im Spaltungsrecht Anwendung findet,[823] ist inhaltsgleich formuliert. Auf der Linie der Argumentation des BGH liegt es folglich, die Anfechtbarkeit wegen darauf bezogener Informationsmängel auszuschließen. Diese Schlußfolgerung wird im Schrifttum einhellig gezogen.[824]

UmwG, § 195 Rdn. 16 f.; einer Anwendung beschränkt auf Berichtsmängel zugeneigt dagegen Widmann/Mayer/*Vollrath*, UmwG, § 210 Rdn. 9 und § 32 Rdn. 4; in letzterem Sinne auch Geibel/Süßmann/*Grzimek*, WpÜG, § 327f Rdn. 5.

820 BGHZ 146, 179, 188 f. ("MEZ"); BGH NJW 2001, 1428, 1430 ("Aqua Butzke"); dazu noch ausf. sogleich unter IV 1.

821 *Wilsing/Kruse*, DB 2002, 1539, 1541 gehen sogar so weit, den verstreuten Anfechtungsausschlußnormen ein erkennbares, geschlossenes legislatorisches Konzept abzusprechen und daher ein System dieser Konkurrenzregeln zu verneinen; vgl. dagegen unten unter § 9 II und III.

822 Dazu ausf. oben unter I 2 b) aa)-cc).

823 Ebenso bei der qualifizierten (Teil-)Vermögensübertragung mittels der Verweisungsnormen in §§ 176 f. UmwG; zur Ausblendung dieser Umwandlungsform s. aber bereits oben unter § 1 IV.

824 *Mülbert*, FS Ulmer, S. 433, 444; *Hoffmann-Becking*, GesR 2001, S. 55, 63; *Henze*, GesR 2001, S. 39, 51; *ders.*, ZIP 2002, 97, 106; *ders.*, BB 2002, 893, 899; *Hüffer*, ZGR 2001, 833, 860; *ders.*, AktG, § 243 Rdn. 81b; *Kleindiek*, NZG 2001, 552, 554; GroßKommAktG/*Decher*, § 131 Rdn. 227a, 384a, 405a; *Vetter*, FS Wiedemann, S. 1323, 1336; *Witt*, WuB II N. § 210 UmwG 2.01 [S. 426]; *Sinewe*, DB 2001, 690, 690; Widmann/Mayer/*Vollrath*, UmwG, § 32 Rdn. 4; *Grunewald*, ZIP 2002, 18, 21; Semler/Stengel/*Gehling*, UmwG, § 32 Rdn. 5; i.E. ebenso *Hirte*, ZHR 167 (2003), 8, 25.

Insoweit erlangt das bereits genannte Gegenargument von *Mülbert* Bedeutung, daß der erweiterte Anfechtungsausschluß wegen Verstoßes gegen Art. 10 EG europarechtswidrig sein könne, wenn die abfindungsbezogenen Informationspflichten im Verschmelzungs- und Spaltungsbericht nicht mehr eingehalten zu werden bräuchten.[825] Schließlich sind - anders als die Regelungen zum Formwechsel - die allgemeinen Bestimmungen zu Verschmelzung und Spaltung angeglichenes Recht.[826] Darauf wird noch zurückzukommen sein.[827]

2. Anfechtungsausschluß im Unternehmensvertragsrecht

Der BGH hatte seine nunmehr geänderte Judikatur zur Anfechtbarkeit wegen kompensationsbezogener Informationsmängel im Unternehmensvertragsrecht begründet.[828] Dabei war es in der Sache "SSI I" um einen Auskunftsmangel im Zusammenhang mit der Prüfung eines Angebots auf festen Ausgleich (§ 304 AktG) gegangen.[829] Die dort eingenommene anfechtungsfreundliche Linie hatte der zuständige Senat im Fall "SSI II" bestätigt, der sich auf das erfolglose Auskunftsbegehren eines Aktionärs zur Prüfung der Angemessenheit eines Barabfindungsangebots (§ 305 AktG) bezogen hatte.[830] Die Übertragung der neuen zum Formwechsel ergangenen BGH-Linie auf das Unternehmensvertragsrecht ist nicht ganz unproblematisch.

a) Anfechtungsausschluß bei Informationsmängeln zur akzidentiellen Abfindung

Die Schwierigkeiten beginnen bereits beim Anfechtungsausschluß nach § 305 Abs. 5 AktG wegen "keine[r] angemessene[n] Abfindung" (Satz 1), d.h., wenn im Beherrschungs- oder Gewinnabführungsvertrag entweder überhaupt keine oder keine den Absätzen 1 bis 3 des § 305 AktG entsprechende Abfindung vorgesehen ist (Satz 2). Dabei bezweifelt namentlich *Vollrath* die Übertragbarkeit der MEZ/Aqua Butzke-Begründung mangels einer dem § 210 Alt. 3 UmwG entsprechenden Variante des nicht ordnungsgemäßen Angebots, unter das der BGH die abfindungswertbezogenen Informationsmängel subsumiert.[831] *Henze* befür-

825 *Mülbert,* FS Ulmer, S. 433, 448.
826 Dazu bereits oben unter § 2 I 1 a) und 2 a).
827 Näheres dazu unten unter IV 4 b).
828 Zum ausf. Referat dieser Fälle s. etwa *Henze*, GesR 2001, S. 39, 43 f., vgl. auch *Hoffmann-Becking*, GesR 2001, S. 55, 64 f.
829 BGHZ 122, 211, 237 f. ("SSI I").
830 BGH ZIP 1995, 1256, 1258 ("SSI II").
831 Widmann/Mayer/*Vollrath*, UmwG, § 210 Rdn. 9.

wortet indessen die Vergleichbarkeit der Sätze 1 und 2 des § 305 Abs. 5 AktG mit den §§ 210, 32 UmwG, indem er ein den Absätzen 1 bis 3 des § 305 AktG nicht entsprechendes Angebot für nicht ordnungsgemäß im Sinne deren dritter Tatmodalität hält.[832] Unter Hinweis auf die ausdrückliche Aufgabe der zur Abfindung nach § 305 AktG ergangenen "SSI II"-Entscheidung durch die neuen Judikate[833] nimmt auch die übrige Literatur einmütig die Übertragbarkeit der MEZ/Aqua Butzke-Linie auf unternehmensvertragliche Abfindungsansprüche an.[834]

Vereinzelt wird die Frage nach der Reichweite der neuen Rechtsprechung ganz generell mit der Einschränkung versehen, diese könne sich nur auf Barabfindungsansprüche erstrecken.[835] Ein solches Verständnis liefe jedenfalls nicht der ausdrücklichen Aufgabe der "SSI II"-Entscheidung zuwider, die ihrerseits - wie auch die Ausgangsfälle in Sachen "MEZ" und "Aqua Butzke" - lediglich Ansprüche auf Barabfindung zum Gegenstand hatte.

b) Anfechtungsausschluß bei Informationsmängeln zum essentiellen Ausgleich?

Weitaus uneinheitlicher wird die Bedeutung der neuen Rechtsprechung für unternehmensvertragliche Ausgleichsansprüche nach § 304 AktG beurteilt. *Hoffmann-Becking* sieht in der ausdrücklichen Aufgabe allein der "SSI II"-Entscheidung zum Abfindungsanspruch - nicht indes des vorgängig zum Ausgleichsanspruch erlassenen "SSI I"-Urteils - einen "versteckten Hinweis" des erkennenden Senats darauf, daß sich die Rechtsprechungsänderung gerade nicht auf Informationen über Ansprüche nach § 304 AktG erstrecken solle.[836] Gegen diesen Umkehrschluß wendet sich *Henze*, indem er behauptet, die Senatsmitglieder hätten lediglich die weitere Beurteilung der Tragweite ihrer Judikate mit Blick auf diese Ausgleichsansprüche offenlassen wollen.[837]

---

832 *Henze*, GesR 2001, S. 39, 52; *ders.*, ZIP 2002, 97, 107; *ders.*, BB 2002, 893, 898.

833 BGHZ 146, 179, 188 f. ("MEZ"); BGH NJW 2001, 1428, 1430 ("Aqua Butzke").

834 *Mülbert*, FS Ulmer, S. 433, 444; *Hoffmann-Becking*, GesR 2001, S. 55, 64 ff.; *Hüffer*, ZGR 2001, 833, 860; *ders.*, AktG, § 243 Rdn. 18b; *Kleindiek*, NZG 2001, 552, 554; GroßKommAktG/*Decher*, § 131 Rdn. 227a, 384a, 405a; *Vetter*, FS Wiedemann, S. 1323, 1337; *Witt*, WuB II N. § 210 UmwG 2.01 [S. 426] (nur für Barabfindung; s. sogleich); *Röhricht*, VGR 2001, S. 3, 32; *Sinewe*, DB 2001, 690, 690; *Grunewald*, ZIP 2002, 18, 21; i.E. ebenso *Hirte*, ZHR 167 (2003), 8, 26.

835 In diese Richtung namentlich GroßKommAktG/*Decher*, § 131 Rdn. 405b; *Witt*, WuB II N. § 210 UmwG 2.01 [S. 426].

836 *Hoffmann-Becking*, GesR 2001, S. 55, 66.

837 So sein Diskussionsbeitrag in *Notz*, GesR 2001-Diskussionsbericht, S. 71, 73; ähnlich wohl "Bindungswirkung" annehmend *Röhricht*, VGR 2001, S. 3, 32.

Ungeachtet dieser müßigen Frage nach einer subjektiven *ratio* wird mit Blick auf die (objektive) *ratio decidendi* immer wieder darauf hingewiesen, daß der in Abs. 3 Satz 2 des § 304 AktG geregelte Anfechtungsausschluß das Fehlen des unternehmensvertraglichen Ausgleichsangebots gar nicht umfasse, so daß schon ein die MEZ/Aqua Butzke-Begründung tragendes *argumentum a maiore ad minus* hier nicht zum Zuge kommen könne.[838]

Gleichwohl gibt *Henze* zugunsten einer Rechtsfortbildung zu bedenken, anders als bei § 14 Abs. 2 UmwG ließe die Gesetzgebungsgeschichte gerade keinen Rückschluß darauf zu, eine Ausweitung des Anfechtungsausschlusses auf kompensationsbezogene Informationsmängel widerspräche legislatorischer Intention.[839] Die historische Betrachtung führt *Hüffer* sogar noch weiter und legt sowohl für § 304 Abs. 3 Satz 2 als auch schon für § 305 Abs. 5 Sätze 1 und 2 AktG dar, daß sich das fehlende "nicht ordnungsgemäße Angebot" hier wie dort rechtsfortbildend als Tatbestandsmerkmal begründen lasse.[840] Die in § 210 UmwG zum Ausdruck kommende umfassende Spezialitätsregel interpretiert er - wie schon der BGH - als bewußte Abkehr vom differenzierteren alten Wertungsmodell der § 375 Abs. 2 Satz 3 AktG a.F., das bei Kompensationsausfall und Fehlkompensation noch die Subsidiarität des Spruchverfahrens vorsah. Nur habe der Gesetzgeber - so *Hüffer* - bei Einfügung des "nicht ordnungsgemäße[n] Angebot[s]" in § 320 Abs. 5 AktG a.F. offenbar übersehen, auch die §§ 304, 305 AktG anzupassen.

Für ihn bleibt danach nur fraglich, ob sich wegen der in § 304 Abs. 3 Satz 1 AktG angeordneten Nichtigkeitsfolge für Informationsmängel, die sich auf unternehmensvertragliche Ausgleichsansprüche beziehen, etwas anderes ergibt.[841] In diesen Zusammenhang fügt sich erklärend die von *Hoffmann-Becking* geprägte und hier übernommene Kategorie des Ausgleichsangebots als unabdingbares Essentiale eines jeden Beherrschungs- oder Gewinnabführungsvertrags ein, derzufolge ein Ausgleichsausfall die Nichtigkeit des Vertrags wie auch des Beschlusses begründet, während die Abfindung als Akzidens auch noch nachträglich im Spruchverfahren festgelegt werden kann.[842] Wie *Mülbert* befremdet

838 *Mülbert*, FS Ulmer, S. 433, 445; *Hoffmann-Becking*, GesR 2001, S. 55, 65 f.; *Kleindiek*, NZG 2001, 552, 554; *Grunewald*, ZIP 2002, 18, 21; *Adolff/Tieves*, BB 2003, 797, 801; ausdrücklich a.A. (*argumentum a maiore ad minus* nicht tragend, sondern nur ergänzend) *Hüffer*, ZGR 2001, 833, 860; *ders.*, AktG, § 243 Rdn. 18b.

839 *Henze*, GesR 2001, S. 39, 53; *ders.*, ZIP 2002, 97, 107; *ders.*, BB 2002, 893, 898.

840 *Hüffer*, ZGR 2001, 833, 860; *ders.*, AktG, § 243 Rdn. 18b, § 304 Rdn. 21.

841 *Hüffer*, ZGR 2001, 833, 860 a.E.; *ders.*, AktG, § 243 Rdn. 18b a.E.

842 Grundlegend *Hoffmann-Becking*, GesR 2001, S. 55, 64 ff.; zu diesem Erklärungsansatz kritisch namentlich *Henze*, ZIP 2002, 97, 107; *Wilsing/Kruse*, DB 2002, 1539, 1541 mit Fn. 22.

ihn allerdings das Ergebnis, daß eine Informationsrüge, die sich auf die Angemessenheit des angebotenen Ausgleichs bezieht - anders als eine solche wegen abfindungswertbezogenen Informationsmangels - zur Anfechtung berechtigen soll, obschon beide Kompensationsangebote meist auf ein und dieselbe Informationsbasis - nämlich den Wert der Unternehmung der Gesellschaft -[843] zurückgeführt werden können.[844] Während jedoch *Mülbert* bereits in kritischer Rekonstruktion der MEZ/Aqua Butzke-Judikatur rechtsfortbildend eine Erweiterung des Anfechtungsausschlusses auf die mangelhafte Erläuterung des unternehmensvertraglichen Ausgleichsangebots vornimmt,[845] ist aus der Sicht von *Hoffmann-Becking* dem "unvernünftigen Ergebnis" nur *de lege ferenda* durch Anpassung des § 304 Abs. 3 AktG an § 305 Abs. 5 AktG abzuhelfen.[846]

3. *Anfechtungsausschluß bei Informationsmängeln zum Ausgleich im Umwandlungsrecht?*

Was mangelhafte Informationen mit Blick auf die Ausgleichsansprüche im Umwandlungsrecht angeht - *Kleindiek* spricht insoweit von gegenleistungsbezogenen Informationsmängeln -,[847] so schließen nur wenige Kommentatoren aus der neuen BGH-Linie darauf, daß diese nunmehr ausschließlich im Spruchverfahren gerügt werden könnten.[848] Überwiegend wird indessen darauf hingewiesen, daß die vom dreigliedrigen Tatbestand des § 210 UmwG ausgehende Argumentation des BGH auf den Anfechtungsausschluß bei zu niedrigem Umtauschverhältnis im Verschmelzungsrecht oder zu niedrig bestimmten Anteilen am Rechtsträger neuer Rechtsform beim Formwechsel nicht passe.[849] Die dafür in den §§ 14 Abs. 2, 195 Abs. 2 UmwG bereitgestellten inhaltsgleichen Bestimmungen schließen

843 S. dazu ausf. oben unter § 2 II c).

844 *Hoffmann-Becking*, GesR 2001, S. 55, 66; *Mülbert*, FS Ulmer, S. 433, 445.

845 *Mülbert*, FS Ulmer, S. 433, 446 ff., insbes. 447; insoweit ähnlich *Vetter*, FS Wiedemann, S. 1323, 1338; nur i.E. in kritischer Rekonstruktion der MEZ/Aqua Butzke-Rspr. ebenso *Hirte*, ZHR 167 (2003), 8, 27 ff. und *Klöhn*, AG 2002, 443, 449 ff., insbes. 451 ("zumindest abfindungsähnlich").

846 *Hoffmann-Becking*, GesR 2001, S. 55, 66 ("unvernünftiges Ergebnis") sowie 67 f.

847 *Kleindiek*, NZG 2001, 552, 553 ff.

848 So diskretionär Kallmeyer/*Marsch-Barner*, UmwG, § 14 Rdn. 14 a.E. ("muß"); Kallmeyer/*Meister/Klöcker*, UmwG, § 195 Rdn. 30 a.E. ("sollte"); *Fritzsche/Dreier*, BB 2002, 737, 738.

849 *Mülbert*, FS Ulmer, S. 433, 444; *Hoffmann-Becking*, GesR 2001, S. 55, 64; *Kleindiek*, NZG 2001, 552, 554; *Vetter*, FS Wiedemann, S. 1323, 1335 f.; *Henze*, GesR 2001, S. 39, 50 f.; *ders.*, ZIP 2002, 97, 106; andeutungsweise *ders.*, BB 2002, 893, 899; Semler/Stengel/*Gehling*, UmwG, § 14 Rdn. 29; ähnlich zweifelnd auch *Sinewe*, DB 2001, 690, 691; Widmann/Mayer/*Heckschen*, UmwG, § 14 Rdn. 7.1; *Hüffer*, AktG, § 243 Rdn. 18b; *Grunewald*, ZIP 2002, 18, 21.

die Anfechtung nämlich nur für die Kompensationsunterschreitung aus, so daß bereits das die MEZ/Aqua Butzke-Judikatur tragende *argumentum a maiore ad minus* aus der Variante des Kompensationsausfalls nicht zum Zuge kommen könne.[850] *Hoffmann-Becking* erklärt diesen Befund aus seiner Zweiteilung der Kompensationsansprüche, derzufolge sowohl das Umtauschverhältnis als auch das Beteiligungsverhältnis am Rechtsträger neuer Rechtsform den wesensnotwendigen - also essentiellen - Gesellschafterschutz sicherstellen, während die Barabfindungen nach den §§ 29, 207 UmwG lediglich die widersprechenden Aktionäre zusätzlich - also akzidentiell - schützen sollten, weshalb beispielsweise nur erstere ausweislich des § 5 Abs. 1 Nr. 3 UmwG notwendig im Verschmelzungsvertrag festgesetzt zu werden bräuchten, letztere hingegen nicht.[851] Diesen Gegensatz von essentieller und akzidentieller Kompensation reflektiere auch das lediglich zur Wahrung letztgenannter Abfindungsansprüche zu beachtende Widerspruchserfordernis.[852] Dem entsprechend vermag *Hoffmann-Becking* - anders als im Unternehmensvertragsrecht - im Umwandlungsrecht keinen Wertungswiderspruch darin zu erblicken, daß abfindungswertbezogene Informationsrügen nach der neuen BGH-Linie nur im Spruchverfahren, solche mit Blick auf Ausgleichsansprüche indes auch weiterhin im Anfechtungsprozeß vorgebracht werden könnten.[853]

Nicht wenige Stimmen führen überdies die bereits mehrfach angesprochene Gesetzgebungsgeschichte bei § 14 Abs. 2 UmwG, wonach eine Ausdehnung des Anfechtungsausschlusses auf mangelhafte Erläuterungen des Umtauschverhältnisses vom historischen Gesetzgeber nicht gewollt ist, als entscheidendes Argument gegen eine solche Deutung der *lex lata* an.[854] Selbst *Henze*, der auch insoweit mit einer rechtsfortbildenden Erweiterung des Anfechtungsausschlusses sympathisiert, versieht ihre Zulässigkeit bei § 14 Abs. 2 UmwG angesichts dieser entstehungsgeschichtlichen Ausgangslage mit einem Fragezeichen.[855] Ledig-

---

850 So ausdrücklich *Kleindiek*, NZG 2001, 552, 554; *Henze*, ZIP 2002, 97, 106; *Vetter*, FS Wiedemann, S. 1323, 1335; indirekt auch *Mülbert*, FS Ulmer, S. 433, 444.

851 *Hoffmann-Becking*, GesR 2001, S. 55, 63 f.; zustimmend etwa *Henze*, ZIP 2002, 97, 106; *Vetter*, FS Wiedemann, S. 1323, 1335; kritisch dagegen *Wilsing/Kruse*, DB 2002, 1539, 1541 mit Fn. 22.

852 *Hoffmann-Becking*, GesR 2001, S. 55, 64.

853 *Hoffmann-Becking*, GesR 2001, S. 55, 67 ("Die [unterschiedlichen] Ergebnisse kann man, soweit es um Umwandlung und Eingliederung geht, hinnehmen").

854 *Kleindiek*, NZG 2001, 552, 553 f.; Lutter/*Decher*, UmwG, § 195 Rdn. 16; Semler/Stengel/*Gehling*, UmwG, § 14 Rdn. 29; darauf hinweisend auch *Hoffmann-Becking*, GesR 2001, S. 55, 64.

855 *Henze*, GesR 2001, S. 39, 51 f. ("schwer überwindbares Hindernis"); *ders*., ZIP 2002, 97, 106 f. nur noch schlicht von einem "Hindernis" sprechend, gegen das er u.a. den zur Rechtfertigung einer Rechtsfortbildung nicht hinreichend gewichtigen

lich *Mülbert* wendet sich gegen die Tragfähigkeit dieses Einwands. Er weist auf die Erwägungsgründe des historischen Gesetzgebers bei § 14 Abs. 2 UmwG hin, die unterschiedslos auch auf die dem BGH vorliegende Abfindungskonstellation beim Formwechsel (§§ 207, 210 UmwG) zutreffen.[856] Seine funktionale Betrachtungsweise führt demgegenüber dazu, daß auch ausgleichsbezogene Informationsmängel im Umwandlungsrecht dem Anfechtungsausschluß nach den §§ 14 Abs. 2, 195 Abs. 2 UmwG zu unterstellen sind.[857]

4. *Anfechtungsausschluß bei Informationsmängeln zur essentiellen Abfindung bei Mehrheitseingliederung und Squeeze Out?*

Besonders zahlreich sind die Stellungnahmen zu den Folgerungen der MEZ/ Aqua Butzke-Judikatur für die Mehrheitseingliederung und den Squeeze Out. Dabei sind immer mehr Autoren vor allem aus der Praxis auch ohne nähere Begründung bereit, für einen Ausschluß der Anfechtung bei mangelhafter Information mit Blick auf die anzubietende Barabfindung einzutreten.[858]

Witt stellt für die Anwendbarkeit der neuen Rechtsprechung darauf ab, daß die Abfindung in bar zu erfolgen hat,[859] während *Henze* diese mit der Annahme befürwortet, die Rechtslage sei mit derjenigen bei den unternehmensvertraglichen Ausgleichsansprüchen im Sinne des § 304 Abs. 3 AktG vergleichbar.[860] Wie dieser unterstreichen auch *Sieger/Hasselbach* den Normzweckumgehungsgedanken und die pragmatischen Argumente.[861] *Hüffer*, der die Wortlautargumentation des BGH ganz in den Vordergrund stellt, schließt wie *Röhricht* aus der Gesetzeslage, daß auch ein abfindungswertbezogener Informationsmangel

---

Einwand faktisch mangelfreier Information im Spruchverfahren anführt; *ders.*, BB 2002, 893, 899 (tabellarisch: "Gesetzeslücke? Spruchverfahren? (noch nicht entschieden)").

856 *Mülbert*, FS Ulmer, S. 433, 447 f.

857 *Mülbert*, FS Ulmer, S. 433, 446 ff., insbes. 447; nur i.E. ebenso *Hirte*, ZHR 167 (2003), 8, 27 ff.

858 So für die Mehrheitseingliederung etwa *Sinewe*, DB 2001, 690, 690; für den Squeeze Out *ders.*, ebenda; *Habersack*, ZIP 2001, 1230, 1237; *Henze*, BB 2002, 893, 899 f.; *Steinmeyer/Häger*, WpÜG, § 327f Rdn. 5 mit Fn. 7; *H. Krause*, NJW 2002, 705, 715; *Vetter*, DB 2001, 743, 745 f.; *ders.*, FS Wiedemann, S. 1323, 1339 f.

859 *Witt*, WuB II N. § 210 UmwG 2.01 [S. 426]; ähnlich für den Squeeze Out argumentierend *Vetter*, FS Wiedemann, S. 1323, 1339 f.; vgl. auch GroßKommAktG/*Decher*, § 131 Rdn. 405b.

860 *Henze*, ZIP 2002, 97, 107.

861 *Henze*, ZIP 2002, 97, 107; *Sieger/Hasselbach*, ZGR 2002, 120, 160; KölnKomm/*Hasselbach*, § 327f Rdn. 4; ähnlich *Keul*, ZIP 2003, 566, 567.

im Anfechtungsprozeß gerügt werden könne;[862] denn auch ein nicht ordnungsgemäßes Angebot berechtigt nach den inhaltsgleichen Konkurrenznormen der §§ 320b Abs. 2 Satz 3 Alt. 2, 327f Abs. 1 Satz 3 Alt. 2 AktG hier wie dort weiterhin zur Anfechtung, während das Spruchverfahren lediglich subsidiär eröffnet ist. Weit überwiegend wird indessen eingewendet, daß nach den inhaltsgleichen §§ 320b Abs. 2 Satz 1, 327f Abs. 1 Satz 1 AktG die Anfechtungsklage nur wegen Abfindungsunterschreitung ausgeschlossen ist, so daß das die MEZ/Aqua Butzke-Begründung tragende *argumentum a maiore ad minus* aus dem fehlenden Abfindungsangebot nicht greife, zumal den Minderheitsaktionären bei einem solchen Kompensationsausfall ausweislich der §§ 320b Abs. 2 Satz 3 Alt. 1, 327f Abs. 1 Satz 3 Alt. 1 AktG ohnehin zunächst die Anfechtungsklage und erst subsidiär das Spruchverfahren zur Verfügung steht.[863] *Hoffmann-Becking* erkennt in diesem Ergebnis auch unter materialen Gerechtigkeitsgesichtspunkten keinen Widerspruch, weil die Abfindung in dieser Konstellation den wesensnotwendigen Gesellschafterschutz bereitstelle, also eine essentielle Entschädigung sei.[864]

Neben *Mülbert*, der auch die Ausschlußnormen bei Mehrheitseingliederung und Squeeze Out funktional betrachtet, unternehmen weitere Autoren eine kritische Rekonstruktion der MEZ/Aqua Butzke-Urteile, um auch hier zum Anfechtungsausschluß wegen abfindungswertbezogener Informationsrügen zu gelangen.[865] *H. Schmidt* weist darauf hin, daß gegen eine solche Rechtsfortbildung

862 *Hüffer*, AktG, § 243 Rdn. 18b, § 320b Rdn. 8, § 327f Rdn. 2; *Röhricht*, VGR 2001, S. 3, 32; zur Mehrheitseingliederung bereits *Hüffer*, ZGR 2001, 833, 860 und *Vetter*, FS Wiedemann, S. 1323, 1336 f.; a.A. für den Squeeze Out *ders.*, ebenda, 1339 f.

863 *Mülbert*, FS Ulmer, S. 433, 445; *Adolff/Tieves*, BB 2003, 797, 801; nur zur Mehrheitseingliederung ebenso *Hoffmann-Becking*, GesR 2001, S. 55, 66; *Kleindiek*, NZG 2001, 552, 554; zum Squeeze Out ebenso *Krieger*, BB 2002, 53, 60; Geibel/Süßmann/*Grzimek*, WpÜG, § 327f Rdn. 4 f. (der aber wegen kompensationsbezogener Auskunftsmängel, nicht indes Berichtsmängel, die Anfechtung gleichwohl für ausgeschlossen hält); *Grunewald*, ZIP 2002, 18, 21.

864 *Hoffmann-Becking*, GesR 2001, S. 55, 67, zustimmend *Henze*, ZIP 2002, 97, 107; sowie für die Mehrheitseingliederung *Vetter*, FS Wiedemann, S. 1323, 1337; kritisch dagegen *H. Schmidt*, FS Ulmer, S. 543, 550; *Wilsing/Kruse*, DB 2002, 1539, 1541 mit Fn. 22.

865 *Mülbert*, FS Ulmer, S. 433, 446 ff., insbes. 448 f.; *H. Schmidt*, FS Ulmer, S. 543, 549 ff. (Analogie zu § 327f Abs. 1 Satz 1 AktG); ähnlich mit einem von ihnen so genannten *argumentum a fortiori* in sachlicher Hinsicht *Wilsing/Kruse*, DB 2002, 1539, 1542 f., die überdies darauf hinweisen, daß bei der vom BGH entschiedenen Formwechsel-Konstellation die Mehrheitsverhältnisse in der Hauptversammlung - anders als bei Mehrheitseingliederung und Squeeze Out - gar nicht so klar lägen,

hier jedenfalls keine entstehungsgeschichtlichen Einwände in Betracht kommen.[866] *Mülbert* rechtfertigt überdies das verbandsrechtliche *novum* im Falle des Squeeze Out, daß nämlich die Minderheitsaktionäre ihre Mitgliedschaften auch infolge verfahrensfehlerhaften Hauptversammlungsbeschlusses verlieren, weil sie nach einer neuen Variante des "dulde, aber liquidiere" im Spruchverfahren ohnehin eine angemessene Entschädigung für den Rechtsverlust erhalten können.[867]

IV. Kritische Stellungnahme

Die uneinheitlichen Reaktionen auf die MEZ/Aqua Butzke-Urteile selbst lassen zwar kaum Rückschlüsse auf ihre argumentative Überzeugungskraft zu, denn eine uneingeschränkte Zustimmung seitens der gesamten Fachwelt wäre eher verwunderlich, wenn nicht sogar verdächtig. Der referierte Meinungsstand zur Tragweite der darin gewonnenen Rechtsregel begründet jedoch ernsthafte Zweifel an der Überzeugungskraft der Entscheidungsgründe.[868] Daß für alle Konstellationen jenseits der entschiedenen Fälle nahezu sämtliche Positionen vertreten werden, ist vom hier vertretenen systemübergreifenden Standpunkt aus besonders unbefriedigend. Dabei scheint sich jeder das ihm passende Argument aus dem vom erkennenden Senat vorgetragenen Argumentebündel herauszupicken. Der höchstrichterlichen Aufgabe, die Rechtsanwendung zu vereinheitlichen - das läßt sich als Zwischenfazit des Meinungsstands bereits an dieser Stelle festhalten - wird der BGH jedenfalls nur unzureichend gerecht. Im folgenden sind die von ihm angeführten Argumente daher besonders kritisch zu überprüfen.

1. (Unklare) Weichenstellung

a) Rechtsfindung secundum legem

Der erkennende Senat läßt etwas im Dunkeln, wie er methodisch zu seiner Rechtsregel, der Nichtanfechtbarkeit wegen abfindungswertbezogener Informationsmängel, gelangt. Während er in Sachen "MEZ" aus § 210 UmwG einen "weiterreichende[n] generelle[n] Ausschluß von Anfechtungsklagen wegen

---

d.h. ein stärkerer Anreiz zu mangelfreier Information bestehe, um den Strukturwandel nicht zu gefährden; i.E. ebenso *Klöhn*, AG 2002, 443, 451 f.

866 *H. Schmidt*, FS Ulmer, S. 543, 553.

867 *Mülbert*, FS Ulmer, S. 433, 448 f.

868 Etwas zurückhaltender die Kritik bei *Hirte*, ZHR 167 (2003), 8, 14.

Verletzung der Informationsrechte zur Barabfindung"[869] ableitet, entspricht die Formulierung in der "Aqua Butzke"-Entscheidung der Wendung in beiden Leitsätzen, wonach "[§ 210 UmwG...] auch insoweit [gilt]".[870] Mit diesen methodisch unergiebigen Formulierungen könnte der Senat eine Gewinnung der Rechtsregel aus § 210 UmwG im Wege der Rechtsfindung *secundum legem* ebenso wie der Rechtsfortbildung *praeter legem* gemeint haben. Da in § 210 UmwG weder von abfindungswertbezogenen Informationspflichtverletzungen noch überhaupt von Informationsmängeln die Rede ist, liegt auf den ersten Blick eine Fortbildung der Norm näher. In diese Richtung weist auch das *argumentum a maiore ad minus* als ein bekanntes Mittel der Lückenfeststellung.[871] Das am äußeren System der Tatbestandsvarianten des § 210 UmwG anknüpfende Argumentebündel zeugt aber von einem methodisch wenig reflektierten Judiz, so daß die Argumente nur durch nachträgliche Exegese geordnet werden können. Dabei ist in Erinnerung zu rufen, daß die Grenze zwischen Gesetzesauslegung und Rechtsfortbildung durch den möglichen Wortsinn des Gesetzestextes zu ziehen ist.[872] Wenn also der BGH in beiden Entscheidungen davon spricht, "bei Informationsrechtsverstößen solcher Art [sei] die Barabfindung sowohl im Wort- als auch im Rechtssinne "nicht ordnungsgemäß angeboten" worden",[873] so legt er § 210 Alt. 3 UmwG aus. Er subsumiert die abfindungswertbezogenen Informationsmängel unter die Tatbestandsvariante der Fehlkompensation und begründet eine solche Gesetzesauslegung mit den übrigen aus der Vorschrift abgeleiteten Argumenten. Auch der Erst-Recht-Schluß aus dem Abfindungsausfall würde in diesem Kontext der (extensiven) Interpretation von § 210 Alt. 3 UmwG, nicht der Feststellung einer Lücke dienen. Der erkennende Senat stützt seine Urteile damit auf eine Rechtsfindung *secundum legem*.

b) Folgerungen jenseits der zum Formwechsel entschiedenen Fälle

Diese methodische Klarstellung erleichtert die Beurteilung der Tragweite der neuen Rechtsprechung erheblich. Auf Grundlage der extensiven Wortlautauslegung der Fehlkompensationsvariante durch den BGH ist die Anfechtung wegen kompensationsbezogener Informationsmängel auch jenseits des Formwechsels ausgeschlossen, wenn dies für die nicht ordnungsgemäß angebotene Kompensation angeordnet ist, also hinsichtlich der Barabfindung bei der Verschmelzung

---

869 BGHZ 146, 179, 182 f. ("MEZ").
870 BGH NJW 2001, 1428, 1429 ("Aqua Butzke").
871 Vgl. *Larenz/Canaris*, Methodenlehre, S. 208 f.; *Canaris*, Lücken, S. 78 ff.
872 *Larenz/Canaris*, Methodenlehre, S. 187 ff.; *Canaris*, Lücken, S. 19 ff.; *Bydlinski*, Methodenlehre, S. 467 ff.; vgl. *ders.*, Canaris-Symposion, S. 27, 33 ff.
873 BGHZ 146, 179, 186 ("MEZ"); BGH NJW 2001, 1428, 1429 ("Aqua Butzke").

und Spaltung nach §§ 32 Alt. 3, 125 Satz 1 UmwG. Auch "eine den Absätzen 1 bis 3 nicht entsprechende Abfindung" erlaubt nach § 305 Abs. 5 Satz 2 AktG bei insoweit ordnungswidrigem Kompensationsangebot keine Anfechtung. Damit ist ebenso für Mängel der Erläuterung im Vorstandsbericht oder der Auskunft, die sich auf die unternehmensvertragliche Abfindung beziehen, Raum für die vom Senat praktizierte Wortlautextension. Darüber hinaus ist es auf dem Boden der Senatsbegründung folgerichtig, auch weiterhin die Anfechtbarkeit wegen kompensationsbezogener Informationsmängel zuzulassen. Die Sichtweise des BGH erlaubt daher nur einen partiellen Anfechtungsausschluß wegen solcher Mängel.

2. Argumente ohne Überzeugungskraft

a) Das Wortlautargument

Der BGH faßt die abfindungswertbezogenen Informationsmängel unter die Tatbestandsvariante der Fehlkompensation nach § 210 Alt. 3 UmwG. Doch darf ernstlich bezweifelt werden, daß durch die mangelhafte Information zur Barabfindung diese überhaupt als im Wortsinne "nicht ordnungsgemäß angeboten" gelten kann. Der Begriffskern dieser Worte umfaßt nach umgangssprachlichem Verständnis nur das Angebot selbst, keineswegs aber es begleitende Umstände, zu denen Erläuterungen in Bericht und Auskunft freilich gehören. Gegen die Ausweitung auf den Begriffshof der gesetzlichen Formulierung kann allerdings nicht das Gebot einer restriktiven Auslegung mit dem Argument angeführt werden, der Anfechtungsausschluß stelle eine Ausnahme von der regelmäßigen Anfechtbarkeit dar. Zum einen ist § 210 UmwG nach vorliegendem Verständnis eher als Konkurrenz- denn als Ausnahmevorschrift zu begreifen.[874] Zum anderen kann es für die Auslegung einer Norm auch bei Ausnahmeregelungen lediglich auf den interpretationsleitenden Normzweck, nicht indes auf eine davon isolierte "Faustregel" ankommen.[875]

aa) Begriffshof als Grenze extensiver Wortlautauslegung: Fehlkompensation durch Auskunftsmängel?

Zunächst einmal ist die Grenze des Begriffshofs abzustecken. Der dazu bestehende spezifisch juristische Sprachgebrauch geht hierbei dem umgangssprachli-

874 S. oben unter § 4 II 2 und 3.

875 S. dazu prägnant *Larenz/Canaris*, Methodenlehre, S. 175 f.; ausf. *Canaris*, Lücken, S. 181 (mit dem treffenden Einwand gegen die überkommene Auslegungsregel der Rspr., "auf diese Weise [werde] die Mühe einer genaueren Begründung erspart"); *Bydlinski*, Methodenlehre, S. 440 m. w. Nachw.

chen Wortverständnis vor.[876] Für die Komplettierung eines Angebots kommt es nach bürgerlichem Recht auf die Abgabe an, d.h. auf den Zeitpunkt, zu dem keine Zweifel mehr an der Endgültigkeit des Angebots bestehen.[877] Da beim Formwechsel die formwechselnde Gesellschaft mit der Gesellschaft neuer Rechtsform identisch ist, welche die Abfindung schuldet und anbietet, kann es insoweit nicht auf den Zeitpunkt des wirksamen Umwandlungsbeschlusses ankommen, zumal bereits im Umwandlungsbericht das Angebot nach § 192 Abs. 1 Satz 3 in Verbindung mit § 194 Abs. 1 Nr. 6 UmwG aufgeführt und nach diesem Zeitpunkt nicht mehr modifiziert werden soll. Spätestens mit korrekter Entäußerung dieses Berichts kann an der Endgültigkeit des Angebots nicht mehr gezweifelt werden. Darauf abzustellen, daß dieses erst mit wirksamem Umwandlungsbeschluß dem Kompensationsschuldner - d.h. dem Rechtsträger neuer Rechtsform - zurechenbar ist, würde überdies eine nicht zu rechtfertigende Abweichung vom parallelen § 32 Alt. 3 UmwG erfordern, demzufolge der übernehmende Rechtsträger das Angebot ausdrücklich bereits im Verschmelzungs*vertrag* (endgültig) abgibt. So gesehen übersteigen abfindungswertbezogene Mängel von Auskünften, die naturgemäß in der Hauptversammlung erteilt werden, also nach Abgabe des Angebots, selbst die durch den Begriffshof der gesetzlichen Formulierung "nicht ordnungsgemäß angeboten" gezogene Grenze.

bb) Gebot restriktiver Wortlautauslegung infolge Gleichstellungszwecks der Norm: Fehlkompensation durch Berichtsmängel?

Innerhalb des Begriffshofs könnten im Wege extensiver Wortlautinterpretation nach den bisherigen Überlegungen allenfalls kompensationsbezogene Informationsmängel im Bericht das Abfindungsangebot als "nicht ordnungsgemäß" im Sinne der Norm deuten lassen.[878] Diesbezüglich ist aber zu beachten, daß die Fehlkompensation in allen umwandlungs- und aktienrechtlichen Konstellationen tatbestandlich und in Ansehung der Rechtsfolgen ausnahmslos mit dem gänzlich fehlenden Angebot gleichgesetzt ist.[879] Eine erweiternde Anwendung auf alle

876 *Bydlinski*, Methodenlehre, S. 439.

877 So die immer noch mustergültige Formulierung von *Larenz*, BGB AT, § 21 II a) [S. 417].

878 Gleichsinnig wohl Widmann/Mayer/*Vollrath*, UmwG, § 210 Rdn. 9 und § 32 Rdn. 4.

879 Während sich diese Kompensationsmängelkategorien zur Kompensationsunterschreitung - für die das Spruchverfahren stets der spezielle Rechtsbehelf ist - mal gleich, mal verschieden verhalten. Der Gleichlauf von Kompensationsausfall und Fehlkompensation gilt unabhängig davon, ob daran - wie vorliegend - ein Anfechtungsausschluß geknüpft ist, oder aber gar nicht (etwa bei § 14 Abs. 2 UmwG),

das Angebot begleitenden Umstände ist aufgrund dieses gesetzlichen Gleichlaufs in der Tat eher legitimationsbedürftig als eine restriktive Deutung. Ob nun das Angebot fehlt oder zwar unterbreitet wurde, aber qualitativ die gesetzlichen Vorgaben nicht berücksichtigt, wertet das Gesetz gleich. Eine Auslegung, die diesem Gleichstellungszweck der Fehlkompensationsvariante Rechung trägt, kann damit nur restriktiv ausfallen. So ist eine Abfindung im Aktienrecht vor allem dann als "nicht ordnungsgemäß angeboten" zu begreifen, wenn das Angebot die gesetzlich neben oder statt der Barabfindung vorgesehene Abfindung in Aktien nicht enthält.[880] Auch soweit dies - wie stets im Umwandlungsrecht - nicht in Betracht kommt, läuft die Norm als dem Abfindungsausfall äquivalent gedeutet nicht leer. Ein gesetzlich zwingende Vorgaben entbehrendes Angebot fehlt zwar nicht, kommt dem fehlenden Angebot aber materiellrechtlich gleich; so etwa, wenn in der Angebotsklausel nicht ausgeführt wird, daß der Abfindungsanspruch durch das formelle Erfordernis eines Widerspruchs zur Niederschrift nach den §§ 29 Abs. 1 Satz 1, 207 Abs. 1 Satz 1 UmwG bedingt ist.[881] Auch ist die Qualität des Angebots selbst betroffen, wenn es unklar, widersprüchlich oder unvollständig formuliert ist.[882]

Dem Normzweck der Fehlkompensation, dem fehlenden Angebot gleichwertige Mängel zu erfassen, den rein formalen Kompensationsausfall also durch einen materiellen Kompensationsausfall zu ergänzen, wird nach alledem nur eine am Begriffskern orientierte restriktive Wortlautauslegung gerecht. Dieses Verständnis verdeutlicht für § 210 Alt. 3 UmwG auch die äußere Systematik des Tatbestands. Dort wird nämlich auf die nicht ordnungsgemäß *"im Umwandlungsbeschluß"* angebotene Barabfindung abgestellt. Demnach geht es in § 210 UmwG nur um Verstöße gegen den notwendigen Inhalt des Umwandlungsbeschlusses (vgl. § 194 Abs. 1 Nr. 6 UmwG). Informationsmängel im Umwandlungsbericht gehören dazu eindeutig ebensowenig wie mangelhafte Erläuterungen in der Hauptversammlung.[883] Auch kompensationsbezogene Berichtsmängel sprengen daher den vom Wortlaut des Gesetzes vorgegebenen Rahmen.

Kompensationsbezogene Informationsmängel können also bereits aus grammatikalischen Gründen nicht als Unterfall der Fehlkompensation gedeutet wer-

---

bzw. ob subsidiär das Spruchverfahren (etwa bei § 320b Abs. 2 Satz 3 AktG) eröffnet ist.

880 So *Wilsing/Kruse*, DB 2002, 1539, 1540; zu § 320 AktG etwa KölnKomm/*Koppensteiner*, § 320 Rdn. 12.

881 So *Wilsing/Kruse*, DB 2002, 1539, 1540 mit Fn. 16.

882 Lutter/*Grunewald*, UmwG, § 32 Rdn. 4; Kallmeyer/*Marsch-Barner*, UmwG, § 32 Rdn. 2; *Wilsing/Kruse*, DB 2002, 1539, 1540; s. dazu schon oben unter § 4 I 1.

883 *Kallmeyer*, GmbHR 2001, 204, 204.

den; durch Rechtsfindung *secundum legem* läßt sich die MEZ/Aqua Butzke-Regel des BGH demnach keinesfalls gewinnen.[884]

b) Die These vom überschießenden Entscheidungszweck abfindungswertbezogener Information

Der vom BGH aus der Kompensationsunterschreitung nach § 210 Alt. 1 UmwG abgeleitete Gedanke einer Umgehung des Normzwecks (jedenfalls) dieser Tatbestandsvariante, das berechtigte Unternehmensinteresse an einer zügigen Durchführung der beschlossenen Strukturänderung zu schützen, wird durch ihn sogleich wieder relativiert. Besagter Normzweck sei nämlich auf abfindungswertbezogene Informationen nicht ohne weiteres übertragbar, weil sie darüber hinaus intendierten, dem noch unentschiedenen Gesellschafter im Hinblick auf den Ausgleichsanspruch die Zustimmung zur Umstrukturierung zu ermöglichen.[885]

Diese These vom überschießenden Zweck kompensationsbezogener Information hat den Meinungsstreit mit Recht entfacht, stellt sie doch ein zentrales Unsicherheitsmoment der Urteilsbegründungen dar, durch welches sich der Senat überhaupt erst zu seinem methodisch fragwürdigen Argumentebündel veranlaßt. Nach den Grundüberlegungen dieser Untersuchung zur *ratio* kompensationsbezogener Information ist ihr in erster Linie ein Kontrollzweck sowie dazu komplementär bzw. nachrangig ein Vertrauens- und Disziplinierungszweck zuzuschreiben.[886] Zwar mag die vom BGH in Blick genommene Entscheidung des desinteressierten Aktionärs, an der Umstrukturierung gegen Ausgleich zu partizipieren oder aber gegen Abfindung aus der Gesellschaft auszuscheiden, empirisch nachweisbar auch von den kompensationsbezogenen Erläuterungen in Bericht und Hauptversammlung abhängen; dem inneren System des Gesetzes ist ein solcher Zusammenhang aber fremd.[887] Wertmäßig setzt das positive Recht nämlich nicht nur nach der hier vertretenen These vom gesetzlichen Kompensationsschuldverhältnis die Äquivalenz beider Alternativen zwingend voraus. In der Konsequenz dieser gesetzlichen Wertung hat der Aktionär eine solche individuelle Entscheidung ebenso wie diejenige über die Zustimmung zur Struktur-

884 Ebenso *Bärwaldt*, GmbHR 2001, 251, 251; *Kallmeyer*, GmbHR 2001, 204, 204; *Vetter*, FS Wiedemann, S. 1323, 1330; *Klöhn*, AG 2002, 443, 445; *Wilsing/Kruse*, DB 2002, 1539, 1540; lediglich von "rechtstechnischer Unterbringung" sprechend daher *H. Schmidt*, FS Ulmer, S. 543, 545; ausdrücklich a.A. *Hüffer*, AktG, § 243 Rdn. 18b, vgl. auch § 320b Rdn. 8 und §327f Rdn. 2; *ders.*, ZGR 2001, 833, 860.

885 BGHZ 146, 179, 183 ("MEZ"); BGH NJW 2001, 1428, 1428 ("Aqua Butzke").

886 Dazu ausf. oben unter § 1 III 2.

887 Dazu ausf. oben unter § 1 III 2 b).

änderung selbst allein nach qualitativen Kriterien zu fällen.[888] Eine abfindungswertbezogene Information ist damit allenfalls faktisch entscheidungsrelevant, nicht hingegen kann ihr auch normativ ein Entscheidungszweck zugeschrieben werden.[889]

c) Das argumentum a maiore ad minus

aa) Eingeschränkte axiomatisch-deduktive Stimmigkeit

Der vom Senat als durchschlagend vorgetragene Größenschluß begegnet bereits auf axiomatisch-deduktiver[890] Ebene Einwänden. Diese schimmern selbst in der Gedankenführung des erkennenden Senats durch, wenn er als denkbare Informationen bei einem fehlenden Abfindungsangebot einzig anführt, der Vorstand könne nur noch darlegen, ob er es schlicht vergessen oder bewußt unterlassen habe, die Abfindung anzubieten.[891] Eine derart theoretische Überlegung deutet auf einen Informationsmangel hin, der in der Tat dem fehlenden Kompensationsangebot auf niederer Stufe gleichartig - also ihm gegenüber ein *minus* - ist,[892] nämlich auf den Informationsausfall.[893] Axiomatisch-deduktiv nicht zu beanstanden ist insoweit die höchstrichterliche Beobachtung, daß ein gänzlich fehlendes Angebot auch das Fehlen jeglicher Information hierzu umfaßt. Jedoch kann dem Senat nicht gefolgt werden, wenn er zugleich annimmt, ein solcher In-

888 Gleichsinnig *Henze*, ZIP 2002, 97, 105, 106; *ders.*, BB 2002, 893, 898.

889 Ähnlich *Henze*, ZIP 2002, 97, 105, 106; *ders.*, BB 2002, 893, 898; *Vetter*, FS Wiedemann, S. 1323, 1332 f.; *Witt*, WuB II N. § 210 UmwG 1.01 [S. 289 f.]; entschieden a.A. *Bärwaldt*, GmbHR 2001, 251, 251 f.

890 Entspricht "formallogisch". Methodisch wird die notwendige Bedingung des *argumentum a maiore ad minus* gemeinhin als "formallogisch" bezeichnet, wenn es - wie hier - um den Gegensatz zur hinreichenden Bedingung teleologischer Stimmigkeit geht, d.h. der Regelungszweck des positivierten *maius*-Tatbestands außer Betracht bleibt. Insoweit ist hier die Schwere des Kompensationsausfalls mit jener der Informationsmängel ins formale Stufenverhältnis zu bringen. Dies läßt sich ohne weiteres anhand der unter § 3 I vorgenommenen Systematisierung der Informationsmängel ableiten. Diese formallogische Deduktion knüpft damit aber an nicht weiter hinterfragte Axiome an, welchen eine Wertung des Erkenntnissubjekts zugrunde liegt. Das erklärt die terminologische Relativierung.

891 BGHZ 146, 179, 185 ("MEZ"); BGH NJW 2001, 1428, 1429 ("Aqua Butzke").

892 Zu dieser und weiteren Konstruktionen des Größenschlusses *Bydlinski*, Methodenlehre, S. 479 f.

893 S. zur Terminologie der Informationsmängel oben unter § 3 I.

formationsausfall sei der weitestgehende Informationsmangel.[894] Vielmehr fällt der Informationsausfall ebenso wie die Informationsunterschreitung vergleichsweise weniger schwer ins Gewicht. Diese Mängel sind für die Aktionäre nämlich leicht erkennbar, zumal durch die offen zutage tretende Unvollständigkeit deren Informationsbedürfnis positiv verstärkt wird.[895] Dagegen sind mit Fehlinformationen oder Informationsdefiziten behaftete Erläuterungen in Bericht oder Auskunft den Informationsadressaten kaum erkennbar; sie also stellen die gravierendsten Informationsmängel dar.[896] Hinzukommt, daß diesen letztgenannten Mangelkategorien die Vergleichbarkeit mit dem Kompensationsausfall fehlt, so daß ein axiomatisch-deduktives Stufenverhältnis insoweit nicht auszumachen ist. Der Erst-Recht-Schluß des BGH überzeugt also schon rein formal nur hinsichtlich eines Teils der Informationsmängel.[897]

bb) Teleologische Unstimmigkeit

Jenseits der Frage nach axiomatisch-deduktiver Stimmigkeit ist ein *argumentum a maiore ad minus* zwingend teleologisch zu fundieren. Als Mittel der Lückenfeststellung und -ausfüllung rechtfertigt es letztlich die in der Rechtsidee selbst wurzelnde Forderung nach Gleichbehandlung des Gleichsinnigen; diese knüpft aber nicht an eine abgestufte Gleichartigkeit der verglichenen Tatbestände, sondern vielmehr daran an, daß die *ratio legis* der gesetzlichen Bestimmung auf den nicht umfaßten Tatbestand sogar in einem höheren Maße zutrifft als auf den gesetzlich geregelten.[898] Insoweit ist es gerade das Verdienst von *Hoffmann-Becking*, den Normzweck der Tatbestandsvariante des Kompensationsausfalls heller ins Licht gerückt zu haben.[899]

Mit Blick auf diese Variante ist zunächst nochmals in Erinnerung zu rufen, daß im Aktien- und Umwandlungsrecht drei Typen von Anfechtungsausschlußtatbeständen geregelt sind:[900] Bei einem ersten Typ reicht der Kompensationsfall

---

894 Vom weitestgehenden Informationsdefizit sprechend BGHZ 146, 179, 183 ("MEZ"); BGH NJW 2001, 1428, 1428 ("Aqua Butzke"); s. zur Terminologie oben unter § 3 I.

895 Gleichsinnig *Luttermann*, BB 2001, 382, 383; ähnlich *Klöhn*, AG 2002, 443, 446; s. dazu oben unter § 3 I.

896 S. dazu bereits ausf. oben unter § 3 I 1 und 2 c).

897 Auf formaler Ebene ebenso kritisch *Luttermann*, BB 2001, 382, 383; *Klöhn*, AG 2002, 443, 446; a.A. *Hoffmann-Becking*, GesR 2001, S. 55, 61; *Kleindiek*, NZG 2001, 552, 555; Widmann/Mayer/*Heckschen*, UmwG, § 14 Rdn. 7.1.

898 Dazu grundlegend *Canaris*, Lücken, S. 78 ff., 150; *ders.*, Systemdenken, S. 24 f.; *Larenz/ders.*, Methodenlehre, S. 208 f.

899 Grundlegend *Hoffmann-Becking*, GesR 2001, S. 55, 63 ff.

900 Vgl. auch schon oben unter § 4 II 3.

ebensowenig wie die Kompensationsunterschreitung für eine Anfechtung aus;[901] darunter fällt das fehlende Barabfindungsgebot in der MEZ/Aqua Butzke-Konstellation nach § 210 Alt. 2 UmwG. Im Gegensatz dazu schließen bestimmte Vorschriften die Anfechtung nur bei einer Kompensationsunterschreitung aus,[902] während der Umstrukturierungsbeschluß wegen eines gänzlich fehlenden Kompensationsangebots nichtig oder zumindest anfechtbar ist. Dazwischen befindet sich jene Normstruktur, derzufolge im Falle des Kompensationsausfalls zunächst die Anfechtungsklage bereitsteht, erst nach deren Präklusion indes subsidiär das Spruchverfahren.[903] Die in § 210 UmwG zum Ausdruck kommende umfassende Spezialitätsregel interpretiert der BGH als bewußte Abkehr vom differenzierteren alten Wertungsmodell des § 375 Abs. 2 Satz 3 AktG a.F., das bei Kompensationsausfall noch Subsidiarität des Spruchverfahrens vorsah.[904] Einem solchen Befund kann nicht widersprochen werden, wohl aber der damit einhergehenden Behauptung, die Kodifizierung dieser Tatbestandsmodalität im UmwG löse das Spannungsfeld zum an sich stark formalisierten Informationsschutz der Minderheitsaktionäre zugunsten des als Normzweck des Klageausschlusses erkannten berechtigten Unternehmensinteresses an der zügigen Durchführung des Strukturwandels auf.

Das innere System der Rechtsfolgenregelungen mit Blick auf den Kompensationsausfall läßt vielmehr - und ausschließlich - Rückschlüsse auf die legislatorische Wertung der Kompensationsansprüche selbst zu und reflektiert ihre von *Hoffmann-Becking* herausgearbeitete Zweiteilung.[905] Danach ist eine Kompensationsform unabdingbar, weil sie den essentiellen Aktionärsschutz darstellt und wesensnotwendig den Strukturwandel ausmacht, während eine zweite lediglich ergänzenden Aktionärsschutz bereitstellt und die beschlossene Umstrukturierung daher nicht zu Fall bringen soll. Für Mängel der zweitgenannten akzidentiellen Kompensation reicht stets der Vermögensschutz aus, eine umfassende Spezialität des Spruchverfahrens, wie sie etwa § 210 UmwG anordnet, erscheint von daher gerechtfertigt. Bei erstgenannter essentieller Kompensation hingegen kommt auch der Bestandsschutz in Betracht. Geht es um essentielle Ausgleichsansprüche, muß das Fehlen eines entsprechenden Angebots zwingend die Verhinderung des Strukturwandels selbst zur Folge haben, etwa wenn eine vorgeschlagene Verschmelzung gar kein Umtauschverhältnis vorsieht oder ein Gewinnabfüh-

---

901 §§ 32, 210 UmwG, 305 Abs. 5 Sätze 1 und 2 AktG.

902 §§ 14 Abs. 2, 195 Abs. 2 UmwG, 304 Abs. 3 Satz 1 AktG.

903 §§ 320b Abs. 2 Satz 3, 327f Abs. 1 Satz 3 AktG.

904 BGHZ 146, 179, 183 f. ("MEZ"); BGH NJW 2001, 1428, 1428 f. ("Aqua Butzke"); ebenso *Hüffer*, ZGR 2001, 833, 860; *ders.*, AktG, § 243 Rdn. 18b, § 304 Rdn. 21.

905 *Hoffmann-Becking*, GesR 2001, S. 55, 63 ff.

rungsvertrag keinerlei Ausgleichsklausel enthält.[906] Die Anfechtungsklage ist hier dem entsprechend nach den §§ 14 Abs. 2 UmwG, 304 Abs. 3 Satz 2 AktG nur im Falle der Kompensationsunterschreitung ausgeschlossen. Auch die eigentliche Bedeutung der für den Kompensationsausfall hinsichtlich einer essentiellen Abfindung bei Mehrheitseingliederung und Squeeze Out vorgesehenen Subsidiaritätsregelungen nach §§ 320b Abs. 2 Satz 3, 327f Abs. 1 Satz 3 AktG erschöpft sich in der Kategorisierung dieser Entschädigungsansprüche als essentiell. Im übrigen aber läßt sich nicht recht erklären, warum der Aktionär bei fehlendem oder nicht ordnungsgemäßem Abfindungsangebot praktisch wählen kann, ob er einen solchen Mangel mit der Anfechtung oder dem Spruchverfahren geltend machen will.[907]

Ein so verstandener Normzweck der Kompensationsausfallvariante läßt die Annahme eines wertungsmäßigen Stufenverhältnisses - wie es das *argumentum a maiore ad minus* verlangt - zur kompensationsbezogenen Information nicht zu. Deren *ratio* ist in erster Linie, dem desinteressierten Aktionär die Kontrolle zu ermöglichen, ob sein gesetzlicher Entschädigungsanspruch voll erfüllt wird.[908] Sie gilt unterschiedslos, einerlei ob der Entschädigungsanspruch essentieller oder akzidentieller Natur ist. Auch in dem aus axiomatisch-deduktiver Sicht verbleibenden Fall des dem Kompensationsausfall innewohnenden Informationsausfalls wird einem solchen Kontrollzweck so oder so Genüge getan. Fehlt nämlich ein essentielles oder ein akzidentielles Kompensationsangebot, wissen die Aktionäre in beiden Fällen, daß die Ist-Größe der Entschädigung Null beträgt. Daraus ergibt sich ohne weiteres, daß der Soll-/Ist-Vergleich als die Kontrolle zu einer maximalen Abweichung führt und ein Spruchverfahren damit ohne Risiken erfolgreich verlaufen wird. Der Erst-Recht-Schluß des BGH macht nach alledem axiomatisch-deduktiv wenig, teleologisch aber "erst recht" keinen Sinn.

d) Die historische Argumentation

Neben der soeben bereits kritisch gewürdigten historischen Deutung der umfassenden Spezialitätsregel in § 210 UmwG nimmt die weitere entstehungsgeschichtliche Argumentation des erkennenden Senats die Gesetzgebungsmaterialien zu § 14 Abs. 2 UmwG in Blick.[909] Danach hatte der Bundesrat schon im Vorfeld der Novellierung des Umwandlungsrechts durch das UmwG 1994 gefordert, der Anfechtungsausschluß solle auch auf Informationsrügen bezüglich

---

906 S. dazu schon oben unter § 4 II 3 a).
907 Gleichsinnig *Mülbert*, FS Ulmer, S. 433, 440.
908 Dazu ausf. oben unter § 1 III 2 a).
909 BGHZ 146, 179, 188 ("MEZ"); BGH NJW 2001, 1428, 1429 f. ("Aqua Butzke").

des Umtauschverhältnisses ausgedehnt werden.[910] Diesem Vorschlag ist die Bundesregierung nicht gefolgt. Sie hielt eine Einschränkung des Anfechtungsrechts für nicht hinnehmbar, weil die anderweitige Verfolgung der Anliegen des betroffenen Aktionärs unsicher sei. Dies gelte zunächst für die Auskunftserzwingung. Doch auch das Spruchverfahren biete dem Aktionär keinen hinreichenden Schutz, da eine Erhöhung des Umtauschverhältnisses nicht gewiß sei. Darüber hinaus könnten durch das neu eingeführte Unbedenklichkeitsverfahren nach § 16 Abs. 3 UmwG Blockaden durch mißbräuchliche Anfechtungsklagen verhindert werden.[911]

aa) Generalisierbarkeit der Gesetzgebungsgeschichte zu § 14 Abs. 2 UmwG

Die Entscheidungsgründe gehen zu weit, wenn sie auf die Unterschiede zwischen § 210 UmwG und der bei § 14 Abs. 2 UmwG eingeschränkten Spezialitätsregel abstellen, weil eine solche - wie soeben gezeigt - lediglich das legislatorische Verständnis eines essentiellen Ausgleichsanspruchs reflektiert, nicht hingegen Rückschlüsse auf das Informationssystem zuläßt. Demgegenüber kann sich der erkennende Senat nicht mit dem weiteren Hinweis auf das Fehlen einer entsprechenden Gesetzgebungsgeschichte bei § 210 UmwG begnügen. Insoweit ist *Mülbert* nämlich beizupflichten, wenn er feststellt, daß die von der Bundesregierung genannten Gegeneinwände nicht auf mangelhafte Erläuterungen des Umtauschverhältnisses bei der Verschmelzung beschränkt sind, sondern auf sämtliche kompensationsbezogenen Informationsmängel - etwa auch die MEZ/Aqua Butzke-Konstellation - zutreffen.[912] Bei diesen Informationsrechtsverstößen kann nämlich stets bedacht werden, daß der Aktionär durch Auskunftserzwingung von vornherein keine Erhöhung der Entschädigung erreichen kann und daß auch das Spruchverfahren ihm diesen Erfolg nicht gewährleistet. Die Erwägung, daß ein Anfechtungsmißbrauch auch durch § 16 Abs. 3 UmwG zu überwinden ist, trifft mit Ausnahme des Unternehmensvertragsrechts zu, erfaßt aber - wie schon dargelegt - einen zur Behandlung kompensationsbezogener Informationsmängel untauglichen Behelf.[913] Insgesamt ist der Gesetzgebungsgeschichte zu § 14 Abs. 2 UmwG jedenfalls zu entnehmen, daß der historische Ge-

---

910 Stellungnahme des Bundesrates zum Entwurf eines Gesetzes zur Bereinigung des Umwandlungsrechts (UmwBerG), BT-Drucks. 12/7265, S. 6; abgedruckt bei *Schaumburg/Rödder*, § 14 UmwG Rdn. 9 ff.

911 Gegenäußerung der Bundesregierung zur Stellungnahme des Bundesrates zum Entwurf eines Gesetzes zur Bereinigung des Umwandlungsrechts (UmwBerG), BT-Drucks. 12/7265, S. 11; abgedruckt bei *Schaumburg/Rödder*, § 14 UmwG Rdn. 12.

912 *Mülbert*, FS Ulmer, S. 433, 447 f.

913 S. oben unter § 7 II 2.

setzgeber kompensationsbezogene Informationsmängel ganz generell nicht den Bestimmungen über den Anfechtungsausschluß wegen Kompensationsmängeln unterstellen wollte.[914]

bb) Bedingt relevante Norminhaltsvorstellungen der Gesetzesverfasser

Die nachweisbaren Vorstellungen der historischen Gesetzgebungspersonen über die Reichweite des Anfechtungsausschlusses sind nicht gänzlich unerheblich, sondern stellen *ein* Element bei der Auslegung des Gesetzes dar.[915] Eine Auslegung des § 14 Abs. 2 UmwG und der weiteren Anfechtungsausschlußnormen steht aber gar nicht in Rede. Wie ausgeführt, können kompensationsbezogene Informationsmängel von vornherein nicht im Wege der extensiven Gesetzesauslegung unter die Vorschriften in UmwG und AktG über den Anfechtungsausschluß bei Kompensationsmängeln - nicht einmal in den MEZ/Aqua Butzke-Fällen der weitestgehenden, in § 210 UmwG ausgeprägten Normstruktur - gefaßt werden.[916] Vielmehr könnte sich die Bestimmung nur rechtsfortbildend auf abfindungswertbezogene Informationsmängel erstrecken. Das würde das Auffinden und Schließen einer Gesetzeslücke bedingen, die den in der Rechtsidee wurzelnden Gleichheitssatz letztlich auf den Zweck der Norm bezieht.[917] Einer solchen Rechtsgewinnung *praeter legem* könnte die Gesetzgebungsgeschichte zu § 14 Abs. 2 UmwG zwar entgegenstehen, wenn sich daraus eine historische *ratio legis* des Anfechtungsausschlusses ableiten ließe. Die genannten Erwägungen der Bundesregierung, mit denen sie kompensationsbezogene Informationsmängel aus dem gesetzlichen Regelungsbereich der Ausschlußvorschrift ausklammert, sind jedoch allesamt darauf gerichtet, die Vorzugswürdigkeit der Anfechtungsklage bei derartigen Mängeln zu begründen; keinesfalls lassen sie hingegen Rückschlüsse darauf zu, warum der historische Gesetzgeber im geregelten Fall des mangelhaften Kompensationsangebots das Spruchverfahren favorisiert. Die überdies nicht positivierte Ausklammerung kompensationsbezogener Informationsmängel aus dem Anfechtungsausschluß stellt somit eine bloße Norminhaltsvorstellung der Gesetzesverfasser dar. Eine solche geht indessen dem *telos* einer Norm im Range nach.[918] Letzteres bildet aber die Basis für eine Rechtsgewin-

914 A.A. für den Squeeze Out *H. Schmidt*, FS Ulmer, S. 543, 553.

915 S. nur *Bydlinski*, Methodenlehre, S. 449 ff. (Hervorhebung durch Verfasser).

916 S. oben unter 2 a).

917 Grundlegend dazu *Canaris*, Lücken, insbes. S. 71 ff.

918 Dazu und zum Rangverständnis der Interpretationskanones grundlegend *Bydlinski*, Methodenlehre, 562 ff.; vgl. *ders.*, Canaris-Symposion, S. 27, 58 ff., der auch objektive Normzwecküberlegungen für vorrangig hält; zum Vorrang des "historischen" Normzwecks, sofern er im Gesetz in irgendeiner Form Ausdruck gefunden

nung *praeter legem*, so daß es denkgesetzlich ausgeschlossen ist, daß ihr die Gesetzgebungsgeschichte zu § 14 Abs. 2 UmwG entgegensteht.[919]

3. *Verbleibende Argumente*

a) *Normzweckumgehungsargument*

Nach Ansicht des BGH geht es den Aktionären mit der Rüge eines abfindungswertbezogenen Berichts- oder Auskunftsmangels regelmäßig darum, ein als zu niedrig empfundenes Entschädigungsangebot anzugreifen; dadurch würden sie den Normzweck des Anfechtungsausschlusses nach § 210 Alt. 1 UmwG umgehen, zur Förderung des berechtigten Unternehmensinteresses an einer zügigen Durchführung der beschlossenen Strukturmaßnahme den bloßen Streit über die Abfindungshöhe im Spruchverfahren auszutragen.[920] Was die diesem Argument zugrunde liegende empirische Annahme der Umgehung angeht, trifft sie sich mit dem Problemaufriß zur Einleitung dieses Untersuchungsabschnitts, wonach kompensationsbezogene Informationsmängel und Kompensationsmängel eine gewisse tatbestandliche Konkordanz aufweisen.[921] Die Darlegung des Normzwecks von § 210 UmwG soll an dieser Stelle weder bestritten noch vertieft werden.[922] Der Umgehungsgedanke wäre im Lichte einer hier abgelehnten extensiven Wortlautauslegung der Fehlkompensationsvariante nach § 210 Alt. 3 UmwG methodisch so zu interpretieren, daß er gleichsam die Auslegung der Umgehungsnorm - Anfechtung nach §§ 243 Abs. 1, 245 Nr. 1 AktG - zugunsten der umgangenen Norm - Spruchverfahren nach § 212 UmwG - einschränkt.[923] Der Vorwurf der Umgehung betrifft damit nicht den Zweck der Anfechtungsausschlußnorm selbst, sondern jenen der Anfechtbarkeitsnorm. Im Rahmen der verbleibenden Möglichkeit einer Rechtsfortbildung *praeter legem* ist der Normzweck indessen Anknüpfungspunkt des in der Rechtsidee selbst wurzelnden Gleichbehandlungsgebots, dient also der Feststellung und Ausfüllung einer Ge-

---

hat, gegenüber den historischen Norminhaltsvorstellungen *Canaris*, FS Medicus, S. 25, 50 ff.; *ders*., FS Bydlinski, S. 47, 66; *Larenz/ders*., Methodenlehre, S. 164 f.; *ders*., Systemdenken, S. 91 Fn. 23 a.E.; vgl. *ders*. FS Fikentscher, S. 32 f.; s. zum Normzweck ausf. unten unter § 9 II.

919 Dies gegen die entstehungsgeschichtlichen Bedenken namentlich von *Henze*, GesR 2001, S. 39, 51 f.; *ders*., ZIP 2002, 97, 106 f.; *ders*., BB 2002, 893, 899; ähnlich wie hier *Röhricht*, VGR 2001, S. 3, 31.

920 BGHZ 146, 179, 182 f. ("MEZ"); BGH NJW 2001, 1428, 1428 ("Aqua Butzke").

921 S. oben unter § 6.

922 S. dazu ausf. unten unter § 9 II.

923 S. dazu instruktiv *Teichmann*, S. 76 ff. m. w. Nachw.

setzeslücke.[924] Das Umgehungsargument des Senats kann hierbei noch Bedeutung gewinnen.[925]

b) Pragmatische Argumente

Soweit der BGH die rechtspraktischen Vorzüge einer Abwälzung der Rüge abfindungswertbezogener Informationspflichtverletzungen in das Spruchverfahren hervorhebt, ist dem keinesfalls zu widersprechen.[926] So ist die Annahme alles andere als lebensfremd, daß die desinteressierten Aktionäre auch als Beteiligte an einem solchen Verfahren in den Genuß der kompensationsbezogenen Informationen kommen, die dort im Zuge der Ermittlung der richtigen Entschädigungshöhe zutage gefördert werden. Auf der anderen Seite wäre es allerdings auch nicht ganz auszuschließen - wenngleich nicht minder theoretisch - daß in einem erfolgreichen Anfechtungsprozeß der Strukturänderungsbeschluß wegen eines Informationsmangels kassiert, die korrekte Information aber dennoch nicht aufgedeckt werden müßte.[927] Informationsgewinn ist damit in beiden Verfahren in aller Regel (nur) ein "Nebenprodukt", das allerdings im Spruchverfahren nicht geringer oder seltener anfällt als im Anfechtungsprozeß.[928] Die Novellierung des Spruchverfahrens leistet seiner Vorzugswürdigkeit insoweit sogar Vorschub, weil darin auch die Verfahrensbeschleunigung stärkere gesetzliche Absicherungen erfahren soll.[929]

4. Offene Fragen

a) Verhältnis zu § 132 AktG?

Kallmeyer u.a. sehen nach der neuen Rechtsprechung die Auskunftsklage nach § 132 AktG durch zwei Entscheidungsfristen mit Blick auf das Abfindungsange-

---

924 Grundlegend dazu *Canaris*, Lücken, insbes. S. 71 ff.

925 Zur Gesetzesumgehung als ein Problem der Analogie *Teichmann*, S. 78 ff.

926 BGHZ 146, 179, 187 f. ("MEZ"); BGH NJW 2001, 1428, 1429 ("Aqua Butzke").

927 Vgl. oben unter § 3 II 1 b) bb) und 2 b).

928 *Henze*, ZIP 2002, 97, 105, 106; *ders.*, BB 2002, 893, 898; vgl. auch *Kleindiek*, NZG 2001, 552, 555; *Luttermann*, BB 2001, 382, 383; *Bärwaldt*, GmbHR 2001, 251, 251; *Vetter*, FS Wiedemann, S. 1323, 1345; *Fritzsche/Dreier*, BB 2002, 737, 738 f.; *Wilsing/Kruse*, DB 2002, 1539, 1542.

929 So auch *Vetter*, FS Wiedemann, S. 1323, 1347; s. Regierungsentwurf eines Gesetzes zur Neuordnung des gesellschaftsrechtlichen Spruchverfahrens (Spruchverfahrensneuordnungsgesetz) vom 6. November 2002, abgedruckt in Sonderbeilage zu NZG Heft 24/2002; zum Referentenentwurf bereits *Neye*, NZG 2002, 23, 25 ff.; dazu rechtspolitisch im Vorfeld *Lutter/Bezzenberger*, AG 2000, 433 ff.

bot gefährdet, die während des Verfahrens auf Erzwingung kompensationsbezogener Auskunft ablaufen könnten: zum einen die Frist für die Annahme des Abfindungsangebots nach § 209 UmwG, zum anderen die Frist zur Einleitung des Spruchverfahrens nach § 305 UmwG.[930] Was erstere Frist angeht, so betrifft sie die Entscheidung des Aktionärs über Partizipation gegen Ausgleich oder über Austritt gegen Abfindung und ist vom hier vertretenen Standpunkt aus allein nach qualitativen Kriterien zu fällen.[931] Kompensationsbezogene Auskünfte sind zu dieser Entscheidung nach dem inneren System des Gesetzes gerade nicht erforderlich, zumal selbst bei Annahme eines zu niedrig bemessenen Abfindungsangebots ein Abfindungsergänzungsanspruch in Aussicht steht.[932] Ein Wertungswiderspruch ist insoweit denkgesetzlich ausgeschlossen. Bei der weiteren Untersuchung im Auge zu behalten bleibt aber ein solcher mit Blick auf die Frist zur Einleitung des Spruchverfahrens.[933]

b) Europarechtskonformität?

Aus dem in Art. 10 EG zum Ausdruck kommenden Effektuierungsgebot folgt, daß die Mitgliedsstaaten eine Richtlinie nicht nur möglichst effektiv umsetzen, sondern auch die Nichtbeachtung angeglichenen Rechts effektiv sanktionieren müssen.[934] Die Anwendung der MEZ/Aqua Butzke-Regel auf kompensationsbezogene Informationsmängel im europäisierten Verschmelzungs- oder Spaltungsbericht geriete *Mülbert* zufolge in Konflikt mit letzterem Sanktionierungserfor-

---

930 *Kallmeyer*, GmbHR 2001, 204, 204; zustimmend *Bärwaldt*, GmbHR 2001, 251, 252; für eine teleologische Reduktion des § 132 AktG daher *Klöhn*, AG 2002, 443, 450; für einen verzögerten Fristbeginn letztgenannter Fristen stattdessen *Witt*, WuB II N. § 210 UmwG 2.01 [S. 427].

931 S. dazu oben unter 2 b) sowie ausf. schon unter § 1 III 2 b).

932 S. zu dieser ganz h.M. für das Umwandlungsrecht nur Kallmeyer/*Meister/Klöcker*, UmwG, § 311 Rdn. 4; Widmann/Mayer/*Schwarz*, UmwG, § 311 Rdn. 22; referierend Lutter/*Krieger*, UmwG, § 311 Rdn. 3; für das Unternehmensvertragsrecht *Emmerich*/Habersack, § 305 Rdn. 86; *Hüffer*, AktG, § 305 Rdn. 32; Münch KommAktG/*Bilda*, § 305 Rdn. 127; a.A. etwa KölnKomm/*Koppensteiner*, § 305 Rdn. 56. Auf diesen Zusammenhang ausdrücklich hinweisend *Witt*, WuB II N. § 210 UmwG 1.01 [S. 289 f.].

933 S. dazu unten unter § 9 II 2 a).

934 S. nur EuGH Slg. 1997, I-6843 ("Daihatsu"; dazu instruktiv *Habersack*, Europäisches Gesellschaftsrecht, Rdn. 90); Schwarze/*Hatje*, EU-Kommentar, Art. 10 EG Rdn. 30; erläuternd *Schön*, EBOR 1 (2000), 3, 33 f.; *ders.*, RabelsZ 64 (2000), 1, 30 f. sowie *Klinke*, ZGR 2002, 163, 178 f.

dernis, weil das Spruchverfahren kaum als Sanktion für die Verletzung von Informationspflichten gewürdigt werden könne.[935]

Auf dem Boden der Rechtsfindung *secundum legem* durch den BGH - ihre methodische Überzeugungskraft einmal unterstellt -[936] könnte ein solcher Einwand einer extensiven Gesetzesauslegung der verschmelzungs- und spaltungsrechtlichen Anfechtungsausschlußtatbestände in der Tat entgegenstehen. Zwar kommt den durch diese Bestimmungen umgesetzten Richtlinien kein derogatorischer Vorrang zu;[937] wohl aber ist ihnen ein interpretatorischer Vorrang zueigen,[938] der sich im Lichte des so verstandenen Art. 10 EG ebenso auf die Sanktionierung der Verletzung angeglichenen Rechts erstrecken wird. Anders gewendet muß die Auslegung bis zur Grenze des unzulässigen *contra legem*-Judizierens vor allen klassischen *canones* dem Richtlinieninhalt und -zweck sowie seiner effektiven Umsetzung Rechnung tragen.[939] Die dazu notwendige Festlegung der europarechtlichen Anforderungen darf hier aber die Artt. 22 FusionsRL, 19 SpaltungsRL nicht außer acht lassen, welche eine Nichtigkeit der Verschmelzung oder Spaltung einschränken. Durch diese Mindestregelungen bringt der europäische Gesetzgeber zum Ausdruck, daß die Nichtigkeit aus Rechtssicherheitsgründen lediglich eine Ausnahmerechtsfolge darstellen soll.[940] Europarechtlich besehen ist damit die Anfechtungsklage ein eher unerwünschter Rechtsbehelf zur Ahndung von Regelwidrigkeiten.[941] Einem umfassenden Anfechtungsausschluß stünde das genannte Sanktionserfordernis damit nur entge-

---

935 *Mülbert*, FS Ulmer, S. 433, 448; gänzlich anders dagegen der europäisch-kapitalmarktrechtliche Ansatz bei *Hirte*, ZHR 167 (2003), 8, 19 ff.

936 S. oben unter 1 und 2 a).

937 Zum allgemeinen Verschmelzungs- und Spaltungsrecht als Richtlinien-angeglichenes Recht s. oben unter § 2 I 1 a); auch die Anfechtungsausschlußtatbestände nach §§ 14 Abs. 2, 32 (i.V.m. § 125 Satz 1) UmwG sind von dieser Würdigung erfaßt.

938 Dazu neuerdings methodisch grundlegend *Canaris*, FS Bydlinski, S. 47, 52 ff. m. w. Nachw. (str.).

939 *Canaris*, FS Bydlinski, S. 47, 64 ff.; *Habersack*, Europäisches Gesellschaftsrecht, Rdn. 36.

940 *Habersack*, Europäisches Gesellschaftsrecht, Rdn. 233/257; *Schwarz*, Europäisches Gesellschaftsrecht, Rdn. 657; vgl. auch *Schön*, EBOR 1 (2000), 3, 32 f.

941 Mit Hinweis hierauf im Vorfeld der Neuregelung des Umwandlungsrechts europarechtliche Bedenken gegen einen kompensationsbezogene Informationsmängel umfassenden Anfechtungsausschluß verneinend *Röhricht*, in: IDW, Reform des Umwandlungsrechts, S. 64, 68 a.E.; auch *Hirte*, ZHR 167 (2003), 8, 19 f. betont neuerdings, daß das Europarecht gerade keine Vorgaben bzgl. der Sanktionen einer Verletzung der europäisierten Vorab-Informationspflichten mache.

gen, wenn nicht anderweitig für wirksame Sanktionierung gesorgt wäre.[942] Nun weist *Mülbert* selbst den Ausweg zur alternativen Sanktionierung durch eine Direkthaftung von Organwaltern für - auch fahrlässig erteilte - mangelhafte Erläuterungen.[943] Wie lückenhaft jedoch das System der Schadensersatzansprüche gegen Organwalter wegen Informationsmängeln ist, wurde bereits dargelegt;[944] dies gilt insbesondere für Mängel wegen Informationsausfalls oder -unterschreitung, die den Vorstandsmitgliedern in geringerem Maße vorwerfbar sind und wohl auch praktisch häufig infolge Fahrlässigkeit unterlaufen werden. Eine solche Lückenhaftigkeit verleiht der von *Mülbert* aufgeworfenen Frage Entscheidungsrelevanz, ob ein Spruchverfahren eine hinreichend wirkungsvolle Sanktion für Verstöße gegen europäisierte Informationsvorgaben bereitstellt.

Auf diese Frage spitzt sich auch eine nach den bisherigen Ausführungen zu erwägende Rechtsfindung *praeter legem* zu. Denn ein interpretatorischer Vorrang der genannten Art ist den Vorgaben des sekundären Europarechts ebenso jenseits der Rechtsgewinnung *secundum legem* einzuräumen.[945] Die Sanktionstauglichkeit des Spruchverfahrens zu verneinen, hätte zur Konsequenz, daß für das Verschmelzungs- und Spaltungsrecht eine Gesetzeslücke nicht erkannt werden könnte, weil die europarechtlichen Anforderungen gleichsam den zuvörderst maßgeblichen Regelungsplan bilden.[946] Daß dadurch eine Ungleichbehandlung im Verhältnis zur etwaigen Rechtsfortbildung im Bereich des richtlinienfreien Rechts entstünde, wäre vor diesem Hintergrund ein hinzunehmender Systembruch.[947] Demgegenüber eine Ausstrahlungswirkung des angeglichenen Rechts dergestalt zu befürworten, daß auch eine Rechtsfortbildung im richtlinienfreien Recht der sonstigen Umstrukturierungen ausscheiden müsse, würde dessen inneres System auf den Kopf stellen. Einer solchen Verschiebung der Funktionsabgrenzung zwischen Gesetzgebung und Rechtsprechung könnte sich

942 Vgl. schon *Westermann*, ZHR 156 (1992), 203, 225: "[Daß die dritte EG-Richtlinie ausführliche Berichte vorschreibt, muß] nicht heißen, daß die Art der Sanktion unzulänglicher Berichte nicht vom nationalen Gesetzgeber nach Maßgabe "seines" generellen Rechtsschutzsystems bestimmt werden könnte."

943 *Mülbert*, FS Ulmer, S. 433, 448; ähnlich nunmehr *Hirte*, ZHR 167 (2003), 8, 19 f.

944 S. oben unter § 3 II 2 c).

945 *Canaris*, FS Bydlinski, S. 47, 81 f. mit ausf. Begründung des weiteren europarechtlichen Verständnisses des Begriffs "Auslegung" i.S.v. Gesetzesauslegung (i.e.S.) als auch -fortbildung im Sinne des deutschsprachigen Rechtskreises.

946 *Canaris*, FS Bydlinski, S. 47, 82 ff.

947 Gleichsinnig *Canaris*, in: Canaris/Zaccaria, S. 129, 131 a.E. f., 132; zur sog. gespaltenen Auslegung instruktiv *Habersack*, Europäisches Gesellschaftsrecht, Rdn. 39a m. w. Nachw.; in diametralem Gegensatz dazu umfassend von "adoptiertem" europäischen Recht sprechend *Hirte*, ZHR 167 (2003), 8, 15 f.; zu Systembrüchen grundlegend *Canaris*, Systemdenken, S. 112 ff.

überdies das deutsche Recht gar nicht öffnen. Denn das wäre mit dem Prinzip vom Vorrang des Gesetzes vor der Rechtsprechung unvereinbar, das sich aus Art. 20 Abs. 3 GG ergibt, und dieses Hindernis ließe sich nach Art. 79 Abs. 3 GG, der nach Art. 23 Abs. 1 Satz 3 GG auch im Verhältnis zum Gemeinschaftsrecht gilt, nicht einmal mit verfassungsändernder Mehrheit überwinden.[948] Der Systembruch wäre bei alledem noch das geringere Übel, mit dem der Bedrohung von Einheit und Folgerichtigkeit der Rechtsordnung im Aktienrecht durch das punktuelle europäische Gesellschaftsrecht begegnet werden kann, solange diesem ein schlüssiges Gesamtkonzept fehlt.[949]

Ob vorliegend ein solcher Systembruch hinzunehmen ist, verlangt noch vor Klärung der von *Mülbert* angezweifelten Sanktionstauglichkeit des Spruchverfahrens die Offenlegung der *ratio legis* sämtlicher Anfechtungsausschlußnormen, die den Ähnlichkeitsschluß möglicherweise zu tragen vermag. Sollte ein solcher Normzweck seinerseits im Europarecht Anerkennung finden, ließe sich eine Versöhnung der Wertungsebenen auch ohne die Ungleichbehandlung der gespaltenen Rechtsfortbildung[950] bewerkstelligen.[951]

V. Zusammenfassung und Folgerungen für den weiteren Untersuchungsgang

Die Vielzahl der Argumente, mit denen der BGH seine neue Rechtsprechungslinie begründet, trügt. Vor allem die aus den Tatbestandsvarianten des Kompensationsausfalls und der Fehlkompensation nach Alt. 2 und 3 des § 210 UmwG abgeleiteten Folgerungen halten einer näheren Betrachtung nicht stand. Im Zuge dieser Erkenntnis haben sich jedoch deren Normzwecke herausgestellt. Ob nämlich das Gesetz auch für das gänzliche Fehlen eines Entschädigungsangebots nur Vermögensschutz bereitstellt oder aber ob es die Anfechtung zuläßt, ist mit der von *Hoffmann-Becking* herausgearbeiteten Natur des betreffenden Kompensationsanspruchs als akzidentiell oder essentiell verknüpft.[952] Dem (*formalen*) Kompensationsausfall ist auch über den Formwechsel hinaus stets das nicht ord-

948 So in ähnlichem Zusammenhang ausdrücklich *Canaris*, FS Bydlinski, S. 47, 96.
949 Zu dieser Bedrohung für die Gesamtrechtsordnung treffend *Canaris*, Canaris-Symposion, S. 187, 196; die mangelnde Systembildung im Europäischen Gesellschaftsrecht durch die Judikatur des EuGH beschreibt treffend *Schön*, EBOR 1 (2000), 3, 6 f.
950 S. zur gespaltenen Auslegung statt aller *Habersack*, Europäisches Gesellschaftsrecht, Rdn. 39a m. w. Nachw.
951 S. dazu noch unten unter § 9, insbes. III 2 b).
952 *Hoffmann-Becking*, GesR 2001, S. 55, 63 ff.

nungsgemäße Angebot gleichgestellt; diese Tatbestandsvariante will demnach Fälle eines *materiellen* Kompensationsausfalls erfassen. Die Normzwecke beider Regelungen des Kompensationsmängelrechts lassen indes keine Rückschlüsse für das Informationsmängelrecht zu. Solche könnten sich allenfalls aus der in § 210 Alt. 1 UmwG verankerten Ausschlußvariante wegen Kompensationsunterschreitung ergeben, deren *ratio legis* noch nicht näher untersucht wurde. Für die Rüge des zu niedrigen Entschädigungsangebots ist nämlich ungeachtet der Qualifizierung des Kompensationsanspruchs als essentiell oder akzidentiell bei sämtlichen Umstrukturierungen die Anfechtungsklage ausgeschlossen. Nur diese Tatbestandsvariante kann also der Anknüpfungspunkt für die noch verbleibende Möglichkeit einer Rechtsgewinnung *praeter legem* sein. Eine solche zu erwägen, verlangen schon die unbestreitbaren pragmatischen Argumente des erkennenden Senats. Dabei sind das Verhältnis zu § 132 AktG und die europarechtlichen Vorgaben im Auge zu behalten.

§ 9 Genereller Anfechtungsausschluß praeter legem (Ein eigener Vorschlag)

Schon vor der soeben kritisch beleuchteten Rechtsprechungswende des BGH in Sachen "MEZ" und "Aqua Butzke" war im Schrifttum immer wieder verlangt worden, den Anfechtungsausschluß für Kompensationsmängel auch auf bewertungsbezogene Informationsmängel zu erstrecken. Bezeichnenderweise fand sich dieses Desiderat aber nahezu stets als rechtspolitisches formuliert.[953] Wie gezeigt, münden nach MEZ/Aqua Butzke die meisten kritischen Stellungnahmen ebenso in einen Aufruf an den Gesetzgeber.[954]

Zuvor hatte lediglich *Hirte* bereits *de lege lata* gefordert, die Sperrwirkung des Anfechtungsausschlusses wegen unternehmensvertraglicher Ausgleichsmän-

953 So aus der Diskussion im Vorfeld des UmwG 1994 *Westermann*, ZHR 156 (1992), 203, 225; *Bork*, ZGR 1993, 343, 354; *Boujong*, FS Kellermann, S. 1, 14; *Hommelhoff*, ZGR 1993, 452, 471.

954 Vgl. dazu oben unter § 8 II, III; ausdrücklich im Sinne eines generellen Anfechtungsausschlusses namentlich *Kleindiek*, NZG 2001, 552, 555; *Bärwaldt*, GmbHR 2001, 251, 251; *Kallmeyer*, GmbHR 2001, 204, 204; Widmann/Mayer/*Heckschen*, UmwG, § 14 Rdn. 7.1; Kallmeyer/*Marsch-Barner*, UmwG, § 14 Rdn. 14 a.E.; für eine gewissermaßen "kleine Lösung" *Hoffmann-Becking*, GesR 2001, S. 55, 66, 67 f., der - einem hier abgelehnten *argumentum a maiore ad minus* verhaftet - nur bei essentiellen Kompensationsmängeln einen Anfechtungsausschluß befürwortet und daher lediglich für den unternehmensvertraglichen Ausgleichsanspruch (§ 304 Abs. 3 AktG) legislatorischen Handlungsbedarf erblickt. Zur gesetzlichen Qualifizierung dieses Kompensationsanspruchs als essentiell *de lege ferenda* kritisch schon oben unter § 2 II 1 a) cc) (2).

gel nach § 304 Abs. 3 Satz 2 AktG auf Auskunftsklagen zu erstrecken, die Bewertungsfragen zum Gegenstand haben.[955] Soweit er diese Ansicht aber durch die Vertragsfreiheit im Unternehmensvertragsrecht bekräftigt sah, die auch die Einbeziehung einer informationsmangelbezogenen Anfechtungsklage in das Spruchverfahren ermöglichen solle,[956] mündet sein Begründungsgang in das Postulat eines allenfalls partiellen Anfechtungsausschlusses für kompensationsbezogene Informationsmängel.[957]

Nachfolgend ist demgegenüber eine Rechtsgewinnung *praeter legem* zu erwägen, die generell bei allen Umstrukturierungsvorgängen Anwendung verdient. Zunächst sollen diejenigen Lösungsansätze von *Hirte* und *Mülbert* kritisch gewürdigt werden, welche ihrerseits schon *de lege lata* einen generellen Anfechtungsausschluß für bewertungsbezogene Informationsmängel im Wege der Rechtsfortbildung gewinnen (dazu sogleich unter I.).[958] Ein eigener Vorschlag verlangt sodann, die *ratio legis* der auf die Kompensationsunterschreitung bezogenen Anfechtungsausschlußnormen in UmwG und AktG zu erhellen (dazu unten unter II.). Erst im Anschluß daran kann endlich geprüft werden, ob und inwieweit das auf diese *ratio legis* bezogene Gebot der Gleichbehandlung des Gleichsinnigen in Hinsicht auf kompensationsbezogene Informationsmängel eine Lücke finden läßt und schließen hilft (dazu unten unter III.).

I. Kritische Würdigung alternativer Lösungsansätze einer Rechtsfortbildung

1. Europäisch-kapitalmarktrechtlicher Lösungsansatz (Hirte)

Der in Reaktion auf die MEZ/Aqua Butzke-Judikatur vorgetragene Lösungsansatz von *Hirte* wählt als "Analogiegrundlage [...den] europäisch-kapitalmarktrechtliche[n] Charakter der [kompensationsbezogenen] Informationspflicht".[959] Dieser Grundannahme ist nachfolgend aber ebenso entgegenzutreten wie der Argumentation, mit der *Hirte* zum Anfechtungsausschluß bei Rüge der Verletzung einer solchen Pflicht gelangt.

---

955 *Hirte*, ZGR 1994, 644, 659 f.

956 *Hirte*, ZGR 1994, 644, 659; gleichsinnig *ders*., ZHR 167 (2003), 8, 23 f.

957 Sein weiterer Begründungsweg ist auf eine die hier verbleibende Rechtsfortbildung nicht hinreichend legitimierende *ratio legis* gestützt (Hirte, ZGR 1994, 644, 660); s. dazu ausf. sogleich.

958 Zum Lösungsansatz von *Klöhn* s. bereits oben unter § 1 I 1 c).

959 *Hirte*, ZHR 167 (2003), 8, 14 ff., insbes. 27; s. dazu die knappe Darstellung oben unter § 8 II 2 b).

a) Kapitalmarktrechtliche Zwecksetzung der europäisierten Vorab-Information?

Hirte geht davon aus, daß "mindestens ein Ziel [der europarechtlichen Vorgaben an die Vorab-Information vor Verschmelzung und Spaltung...] die Information der allgemeinen Öffentlichkeit - moderner: des Kapitalmarkts - [...]" ist.[960] Dagegen streiten allerdings zunächst die FusionsRL und die SpaltungsRL selbst, deren Erwägungsgründe *expressis verbis* den Schutz der Interessen der Gesellschafter nennen und die sich eindeutig - auch für Publikumsaktiengesellschaften und hinsichtlich der Informationsvorgaben - dem Europäischen Gesellschaftsrecht zuordnen lassen.[961] Der entstehungsgeschichtliche Zusammenhang zur europäischen Rechtssetzung im Bereich des Kapitalmarktrechts zeigt zudem, daß der europäische Gesetzgeber Ende der siebziger und Anfang der achtziger Jahre, als die beiden Richtlinien erlassen wurden, noch gar keine kapitalmarktrechtliche Konzeption entworfen hatte;[962] eine solche ist selbst heute noch schwer auszumachen.[963] Insbesondere die marktbezogenen Informationsrechte des Emittenten adressieren primär den professionellen Investor, nicht indes den Kleinanleger.[964] Auch ein geltungszeitliches Verständnis von Verschmelzungs- und Spaltungsbericht läßt demnach die kapitalmarktrechtliche Sicht von *Hirte* nicht zu.

b) "Adoption" europäisierter Vorab-Information außerhalb des Verschmelzungs- und Spaltungsrechts?

Hirte nimmt weiterhin an, daß die von ihm kapitalmarktrechtlich gedeuteten europäisierten Vorab-Informationspflichten durch den nationalen Gesetzgeber auch außerhalb des Verschmelzungs- und Spaltungsrechts "adoptiert" wurden.[965] In der Tat kann eine von *Hirte* als "Adoption" bezeichnete überschießende Richtlinienumsetzung, die eine richtlinienkonforme Auslegung verlangt, hinsichtlich nicht europarechtlich geregelter Umwandlungsvorgänge in Ansehung des persönlichen Anwendungsbereichs für das nicht-rechtsformspezifische Verschmel-

960 *Hirte*, ZHR 167 (2003), 8, 16 f.

961 *Schön*, RabelsZ 64 (2000), 1, 26 f.; vgl. auch *Habersack*, Europäisches Gesellschaftsrecht, Rdn. 3 f.

962 Vgl. die Darstellung der Entwicklung des kapitalmarktrechtlichen Sekundärrechts bei *Mülbert*, WM 2001, 2085, 2086 f., 2094 ff. sowie *Schön*, RabelsZ 64 (2000), 1, 25 f.

963 Konzeptionell grundlegend jedoch *Mülbert*, WM 2001, 2085 ff. mit ausf. Kritik an der fehlenden Systematisierung durch den europäischen Gesetzgeber.

964 *Mülbert*, WM 2001, 2085, 2098 f.

965 *Hirte*, ZHR 167 (2003), 8, 15 f.

zungs- und Spaltungsrecht angenommen werden. Denn der legislatorische Wille einer überschießenden Umsetzung kommt dort durch die Verweisungstechnik des "Vor-Die-Klammer-Ziehens" zum Ausdruck.[966] Bereits für den Formwechsel kann ein solcher Gesetzgebungswille indessen schon nicht mehr am äußeren System des Gesetzes festgemacht werden.[967] Er ist erst recht für das Unternehmensvertragsrecht anzuzweifeln, zumal dieses dem Konzernrecht als einer Eigenart des nationalen Rechts zuzuordnen ist.[968] Die These von der generellen "Adoption" europäisierter Vorab-Informationspflichten ist folglich eine nicht weiter abgesicherte Unterstellung.

c) Verdrängung verbandsrechtlicher Informationsrechte durch kapitalmarktrechtliche Vorab-Informationen?

Selbst wenn man die soeben kritisierten "Schritt[e *Hirtes*] mittu[t]",[969] bleibt zu bezweifeln, daß eine europäisch-kapitalmarktrechtliche Vorab-Information die verbandsrechtlichen Informationsrechte verdrängt, insbesondere "das Maß dessen [reduziert], was im Sinne des "klassischen" § 131 Abs. 1 Satz 1 AktG als "zur sachgemäßen Beurteilung [...] erforderlich" angesehen werden muss".[970] Zunächst einmal folgt aus der unterschiedlichen Schutzrichtung des Kapitalmarkt- und des Verbandsrechts - hier: Schutz der Öffentlichkeit, namentlich der Anleger als Noch-Nicht-Aktionäre, dort: Schutz des Verbands sowie der Bereits-Aktionäre -, daß die Informationssysteme beider Rechtsgebiete prinzipiell nebeneinander Geltung beanspruchen. Das bedeutet, daß die kapitalmarktrechtlichen Vorab-Informationen die aktienrechtlichen Informationsrechte, insbesondere das Auskunftsrecht des Anlegers als Bereits-Aktionär, grundsätzlich ergänzen, keineswegs jedoch verdrängen.[971]

Freilich spricht nichts dagegen, einem Aktionär die in der Hauptversammlung begehrte Wiederholung des Informations*inhalts* eines kapitalmarktrechtlich verstandenen Vorab-Berichts zu versagen, weil es letztlich rechtsmißbräuchlich ist, wenn er etwas wissen will, das er bereits weiß oder jedenfalls wissen muß.[972]

---

966 S. oben unter § 2 I 1 a).

967 Im Gegenteil; s. oben unter § 2 I 2 a).

968 S. dazu *Habersack*, Europäisches Gesellschaftsrecht, Rdn. 59 m. w. Nachw.

969 So die *Hirte*sche Wendung ZHR 167 (2003), 8, 18

970 *Hirte*, ZHR 167 (2003), 8, 18.

971 S. dazu ausf. *Hommelhoff*, ZGR 2000, 748 ff., insbes. 762 ff. und 771 ff.; a.A. namentlich *Seibt*, VGR 2000, S. 37, 42 ff.; zum Streitstand prägnant GroßKommAktG/*Decher*, § 131 Rdn. 41 ff. m. w. Nachw.

972 Zur immanenten Schranke mißbräuchlicher Auskunftsbegehren statt aller GroßKommAktG/*Decher*, § 131 Rdn. 274 ff. m. w. Nachw.

Demgegenüber hat eine Auskunft nach § 131 Abs. 1 AktG ganz wie beim verbandsrechtlichen Verständnis der Vorab-Information den Informations*gehalt* eines Berichts gleichermaßen zu plausibilisieren, wenn das Kapitalmarktrecht als Geltungsgrund der Berichtspflicht erachtet wird.[973]

Eine ganz andere Frage ist es hingegen, ob kompensationsbezogene Informationen in Bericht und Auskunft überhaupt benötigt werden, wenn der Börsenpreis bereits die Soll-Größe der vollwertigen Entschädigung vorgibt. Auf den Kontrollzweck kompensationsbezogener Informationspflichten kommt es nämlich unter dieser Voraussetzung von vornherein nicht an,[974] so daß an deren teleologische Reduktion zu denken ist. Daher kann die *Hirte*sche Anknüpfung an den Tatbestand statt die Rechtsfolge durchaus als richtungsweisend betrachtet werden. Allerdings kommt es bei der Frage nach der Einschränkung der kompensationsbezogenen Informationspflichten ausschließlich auf deren verbandsrechtliche Teleologie an; nur mittelbar spielt das kapitalmarktrechtliche Informationssystem eine Rolle, soweit es nämlich für Informationseffizienz sorgt und also die Voraussetzungen der Börsenpreisrelevanz der Kompensationshöhe schafft.

Ausmaß und Folgen einer solchen Kapitalmarkt-induzierten teleologischen Reduktion kompensationsbezogener Informationsrechte sind hier nicht näher zu untersuchen,[975] weil diese Thematik - ebenso wie der Lösungsansatz von *Hirte* - das Sonderrecht der börsennotierten Aktiengesellschaft betrifft[976] und den eingangs dieser Arbeit gesteckten Rahmen eines für die Behandlung kompensationsbezogener Informationsmängel integrierten Systementwurfs unabhängig von der Börsennotiz der Gesellschaft verlassen würde.[977]

---

973 Zu dieser Differenzierung für das hier vertretene verbandsrechtliche Verständnis der Vorab-Berichte s. schon oben unter § 1 II 3 b) bb) (2).

974 Zum Kontrollzweck kompensationsbezogener Information bereits oben unter § 1 III 2 a).

975 Eine solche Untersuchung gehört in das Sonderrecht der börsennotierten Aktiengesellschaft. Dieses ist dabei zunächst als konzeptioneller Rahmen ebenso wie die ökonomischen und normativen Voraussetzungen der Börsenpreisrelevanz herauszuarbeiten. Für die teleologische Reduktion muß näher untersucht werden, inwieweit die verbleibende Informationspflicht eine Neuausrichtung auf Kriterien eines möglichen Kapitalmarktversagens mit Blick auf die Verität des Börsenpreises verlangt. Ein Funktionswandel könnte sich zudem für das unabhängige Prüfungsverfahren und das Spruchverfahren ergeben. So dürften kompensationsbezogene Informationsmängel im Sonderrecht der börsennotierten Aktiengesellschaft eine andere Gestalt annehmen. Gleichwohl werden sich aber keine Unterschiede für die sogleich darzustellende rechtliche Behandlung derartiger Mängel ergeben.

976 Ähnlich konzedierend *Hirte*, ZHR 167 (2003), 8, 22 ff. (Publikumsaktiengesellschaft).

977 S. Einleitung a.E.

2. *Funktionale Betrachtungsweise (Mülbert)*

Für die auch nicht-börsennotierte Aktiengesellschaft bekennt sich trotz europarechtlicher Bedenken *Mülbert* als Hauptvertreter einer kritischen Rekonstruktion der neuen Judikatur zum Postulat eines sämtliche kompensationsbezogenen Informationsmängel erfassenden generellen Anfechtungsausschlusses *praeter legem*; nichts anderes als Rechtsfortbildung ist nämlich sein in funktionaler Betrachtung gewonnener Erst-Recht-Schluß.[978] Zunächst überzeugt dabei, daß *Mülbert* seine rechtsfortbildenden Überlegungen an die Tatbestandsvariante der Kompensationsunterschreitung, also das zu niedrige oder unangemessene Ausgleichs- oder Abfindungsangebot, knüpft.[979] Nur dieser Kompensationsmangel, der in UmwG und AktG eine Anfechtung unterschiedslos ausschließt, kommt nach den bisherigen Ergebnissen dieser Arbeit für eine solche Rechtsfortbildung überhaupt in Betracht.[980]

Ob die funktionale Betrachtungsweise von *Mülbert* einen derartigen generellen Anfechtungsausschluß *praeter legem* allerdings zu tragen vermag, darf bezweifelt werden. Methodisch läßt sich eine funktionale Betrachtungsweise unschwer der Legitimationsfigur der "Natur der Sache" zuordnen.[981] Zwar mag durch die "Natur der Sache" eine Lücke im Gesetz *lege artis* festzustellen und auszufüllen sein; [982] indessen nur ganz ausnahmsweise, wenn nämlich normative Gesichtspunkte, insbesondere die *ratio legis* selbst, weder weiterhelfen noch entgegenstehen. Zugegebenermaßen überbrückt eine funktionale Betrachtungsweise stets den Gegensatz zwischen "law in the books" und "law in action"; sie stellt insoweit eine Interpretationshilfe dar, die für ein wirkliches Normverständnis unverzichtbar ist. Normative Geltungskraft verleiht sie gleichwohl in aller Regel nicht.

II. Die ratio legis des Anfechtungsausschlusses wegen Kompensationsunterschreitung

1. *Allgemeine Meinung: Beschleunigungszweck*

Der BGH äußert sich in seinen MEZ/Aqua Butzke-Urteilen auch zur *ratio legis* des Anfechtungsausschlusses bei Mängeln der Barabfindung infolge Formwech-

978 *Mülbert*, FS Ulmer, S. 433, 446 ff.; s. dazu schon oben unter § 8 II 2 b).
979 *Mülbert*, FS Ulmer, S. 433, 446.
980 I.E. ebenso *H. Schmidt*, FS Ulmer, S. 543, 548 ff., insbes. 550.
981 S. nur *Larenz/Canaris*, Methodenlehre, S. 236 ff.
982 Grundlegend *Canaris*, Lücken, S. 118 ff., 126.

sels. Der erkennende Senat sieht nämlich den Sinn und Zweck des Ausschlusses der Anfechtungsklage nach § 210 UmwG - verbunden mit der entsprechenden Verweisung in das Spruchverfahren in § 212 UmwG - in der Förderung des berechtigten Unternehmensinteresses an einer zügigen Durchführung der beschlossenen Strukturmaßnahme, indem die Eintragungssperre, die § 198 Abs. 3 in Verbindung mit § 16 Abs. 2 und 3 UmwG anordnet und die zu erheblichen finanziellen Schäden bei der Gesellschaft führen kann, beschränkt wird.[983] Mit diesem kurz als Beschleunigungszweck zu kennzeichnenden *telos* ist von höchstrichterlicher Seite umrissen, was auch über den Formwechsel hinaus allenthalben als normative Erklärung für den Ausschluß der Anfechtungsklage wegen der Rüge, das Entschädigungsangebot sei zu niedrig oder unangemessen, dargeboten wird.

a) Historischer Normzweck

Zunächst ist ein kurzer Blick auf die historische Entwicklung und das *subjektive telos* zu werfen, welches nach bereits dargelegter Auffassung dann - und nur dann - objektiv-teleologischen Überlegungen vorgehen *kann*, wenn es im Gesetzestext seinen Niederschlag gefunden hat.[984]

Die Ausschlußvorschriften bei Kompensationsunterschreitung im Unternehmensvertragsrecht und bei der Eingliederung befinden sich schon seit Beginn im AktG 1965. Trotzdem ist ein Blick in die Materialien für die Normzweckfrage wenig ergiebig. Die Begründung des Regierungsentwurfs erklärt den Anfechtungsausschluß beim zu niedrigen Ausgleichsangebot in § 304 AktG lediglich damit, daß "[...] für [dessen] Festsetzung [...] in § 306 [AktG] ein besonderes Verfahren vorgesehen [ist]. Damit [bringt das Gesetz] gleichzeitig zum Ausdruck, daß ein vertraglich unangemessen bestimmter Ausgleich den Vertrag nicht nichtig [...] macht";[985] für den Anfechtungsausschluß wegen Abfindungsmängeln im Unternehmensvertrags- und Eingliederungsrecht ergeben die Materialien keine zusätzlichen Normzweckerwägungen.[986] Der erstgenannte Erwägungsgrund wendet lediglich das äußere System des Ausgleichsmängelrechts bei den Unternehmensverträgen anders. Auch der letztgenannte Befund unterstreicht nur, daß durch eine Anfechtung nicht die Festsetzung eines angemessenen Ausgleichs, sondern nur die Vernichtung des Vertrags erreicht würde.[987] Einen tiefe-

---

983 BGHZ 146, 179, 182 ("MEZ"); BGH NJW 2001, 1428, 1428 ("Aqua Butzke").

984 S. dazu schon oben unter § 8 IV 2 d) bb) m. w. Nachw.

985 *Kropff*, Begründung RegE, S. 395.

986 *Kropff*, Begründung RegE, S. 399 (zu § 305 AktG) und S. 425 (zu § 320 AktG).

987 Ebenso die Deutung von KölnKomm/*Biedenkopf/Koppensteiner*[1], § 304 Rdn. 31.

ren Grund für die derart umformulierte Gesetzesfassung gibt die Regierungsbegründung damit nicht.

Durch das Verschmelzungsrichtlinie-Gesetz vom 25.10.1982[988] wurde über die europarechtlichen Anforderungen hinaus in bewußter Anlehnung an §§ 305, 306 AktG, § 320 Abs. 5 - 7 AktG a.F. sowie § 13a UmwG a.F. ein Ausschluß der Anfechtung in § 352c Abs. 1 Satz 1 AktG a.F. im Hinblick auf Verschmelzungsbeschlüsse für den Fall verankert, daß das Umtauschverhältnis zu niedrig bemessen ist.[989] In der Begründung zum Gesetzentwurf der Bundesregierung kommt auch der vorgenannte Beschleunigungszweck zum Ausdruck. Es sollte nämlich der Unzuträglichkeit abgeholfen werden, daß solche Anfechtungsklagen nach bis dahin bestehender Rechtslage wegen der Registersperre zu einer erheblichen Verzögerung von Verschmelzungen geführt hatten, die wirtschaftlich dringend erforderlich waren.[990]

Die entsprechenden Bestimmungen im neuen UmwG 1994 erklärt die Begründung des Regierungsentwurfs sogar allein mit der lapidaren Aussage, durch den Anfechtungsausschluß solle " [...] einem Streit über die Wirksamkeit [der Umwandlung] mit [der Begründung der Kompensationsunterschreitung] der Boden entzogen werden."[991] Damit wird lediglich dargelegt, was sein soll, nicht aber, warum.

Teleologisch wenig aufschlußreich ist auch die Regierungsbegründung zum Anfechtungsausschluß wegen zu niedriger Barabfindung beim Squeeze Out nach § 327f Abs. 1 Satz 1 AktG. "[Dieser führe] nicht zu einer Beschränkung des Rechtsschutzes der Minderheitsaktionäre, da zur Überprüfung der Barabfindung [...] der speziellere Rechtsbehelf des Spruchverfahrens eingeführt wird."[992] Auch damit ist nur das äußere System genannt, nicht aber dessen Grund.

Insgesamt hat sich der historische Gesetzgeber auch durch den Beschleunigungszweck bei der Verankerung des Anfechtungsausschlusses wegen Kompensationsunterschreitung leiten lassen, wie aus den Gesetzgebungsmaterialien zu § 352c AktG a.F. hervorgeht. Soweit ersichtlich, stehen die weiteren entstehungsgeschichtlichen Dokumente dieser Normzweckdeutung auch umstrukturierungsübergreifend nicht im Wege, insbesondere lassen sie keine weiterführenden Erwägungen zur *ratio legis* der Konkurrenzregel erkennen. Der Beschleunigungszweck hat im äußeren System von UmwG und AktG dadurch seinen Aus-

---

988 BGBl. I, 1982, S. 1425.

989 BT-Drucksache 9/1065, S. 20.

990 BT-Drucksache 9/1065, S. 20.

991 Begründung des Regierungsentwurfs, abgedruckt bei *Schaumburg/Rödder*, ausdrücklich in § 14 Rdn. 2 und § 195 Rdn. 3, verweisend in § 32 Rdn. 2 und § 210 Rdn. 2.

992 BT-Drucksache 14/7034, S. 73.

druck gefunden, daß anstatt der Anfechtungsklage ein Spruchverfahren gesetzlich bereitgehalten wird, in dem der Kompensationsinhalt unabhängig von der Ingangsetzung des Strukturwandels gesondert ermittelt werden kann.[993] Nun bekräftigt die Novellierung des Spruchverfahrens diese genetische Normzweckdeutung noch, weil darin auch die Verfahrensbeschleunigung stärkere gesetzliche Absicherungen erfahren soll.[994] Infolgedessen ist der Beschleunigungszweck als *subjektives telos* sämtlicher Bestimmungen zu erachten, die den Anfechtungsausschluß wegen Kompensationsunterschreitung festsetzen.

b) Meinungsstand

Wie vorausgeschickt, beschränkt sich auch die Normzweckbetrachtung des BGH auf die Darlegung der Beschleunigungsintention.[995] Eine Auswertung des einschlägigen Schrifttums fördert keine darüber hinausgehenden teleologischen Erwägungen zutage. Ganz im Gegenteil begnügen sich die meisten Kommentatoren mit dem Hinweis auf das äußere System, demzufolge Bewertungsfragen mit Blick auf die Entschädigungshöhe ausschließlich im Spruchverfahren zu klären seien; sie umschreiben, was die jeweilige Ausschlußvorschrift besagt, ohne einen Sinn und Zweck dafür auch nur anzudeuten.[996] Lediglich für den Ausschluß der Anfechtung des Verschmelzungsbeschlusses nach § 14 Abs. 2 UmwG wegen der Rüge, das Umtauschverhältnis sei zu niedrig bemessen, wird vereinzelt - wohl veranlaßt durch die vorbeschriebenen Materialien zu § 352c AktG a.F. - auf den Beschleunigungszweck hingewiesen.[997] Also kann das herausgearbeitete subjektive *telos*, wonach durch den Klageausschluß wegen Kompensati-

---

993 Dazu schon oben unter § 4 II 2.

994 So auch *Vetter*, FS Wiedemann, S. 1323, 1347; s. Regierungsentwurf eines Gesetzes zur Neuordnung des gesellschaftsrechtlichen Spruchverfahrens (Spruchverfahrensneuordnungsgesetz) vom 6. November 2002, abgedruckt in der Sonderbeilage zu NZG Heft 24/2002; zum Referentenentwurf bereits *Neye*, NZG 2002, 23, 25 ff.

995 Diese subjektiv-teleologische Normzweckerwägung generell bekräftigend der Senatsvorsitzende *Röhricht*, VGR 2001, S. 3, 29 f.; ebenso *Hirte*, ZHR 167 (2003), 8, 23.

996 So im Umwandlungsrecht Lutter/*Decher*, UmwG, § 195 Rdn. 10 a.E.; Kallmeyer/*Meister/Klöcker*, UmwG, § 195 Rdn. 3 a.E.; Schmitt/Hörtnagl/*Stratz*, UmwG, § 14 Rdn. 2; Kallmeyer/*Marsch-Barner*, UmwG, § 32 Rdn. 1; vgl. zur alten Rechtslage schon Geßler/Hefermehl/Eckardt/Kropff/*Grunewald*, § 352c Rdn. 4; im Unternehmensvertragsrecht ähnlich unergiebig *Emmerich*/Habersack, § 304 Rdn. 76; *Hüffer*, AktG, § 304 Rdn. 21; GroßKommAktG/*Würdinger*³, § 304 Anm. 27; *Geßler*/Hefermehl/Eckardt/Kropff, § 304 Rdn. 121 und § 305 Rdn. 64 f.

997 Lutter/*Bork*, UmwG, § 14 Rdn. 14; Kallmeyer/*Marsch-Barner*, UmwG, § 14 Rdn. 12; *Sagasser*/Bula/Brünger, Umwandlungen, Kap. C Rdn. 17; zur alten Rechtslage schon KölnKomm/*Kraft*, § 352c Rdn. 2.

onsmängelrügen die zügige Durchführung des beschlossenen Strukturwandels im Gesellschaftsinteresse bezweckt ist, auch als allgemeine Meinung in Rechtsprechung und Literatur angesehen werden.

2. Die Notwendigkeit einer ergänzenden objektiv-teleologischen Interpretation

Wie soeben dargelegt, ist es allgemeine Meinung, daß sich die *ratio legis* der Anfechtungsausschlußnormen wegen Kompensationsunterschreitung im Beschleunigungszweck erschöpft. Nun soll der Beschleunigungszweck nicht als solcher angezweifelt werden, wohl aber der durch seine alleinige Nennung vermittelte Eindruck, er vermöge die genannten Ausschlußnormen hinreichend zu legitimieren. Das berechtigte Interesse der Gesellschaft an einer zügigen Durchführung einer Strukturänderung betrifft einen unmittelbar nachvollziehbaren pragmatischen Gesichtspunkt, überzeugt indessen nicht normativ als tieferer Grund einer derart einschneidenden Rechtsfolge wie jener des Anfechtungsausschlusses.

Unbestreitbar mag ein Beschleunigungszweck mancherorts einer gesetzlichen Bestimmung zugrunde liegen; paradigmatisch dafür sind Fristenregelungen, die - soweit sie materiellrechtlich ausgeformt sind - letztlich der Rechtssicherheit dienen.[998] Diese ließe sich auch im vorliegenden Fall anführen, wurzelt indessen in der Rechtsidee selbst und kann aus jeder Norm induziert werden, die nicht ihrerseits auf das dazu komplementäre Postulat materialer Gerechtigkeit zurückzuführen ist.[999] Ergiebiger ist daher die Beobachtung, daß eine Frist - anders als der hier in Frage stehende Anfechtungsausschluß - die Geltendmachung eines Rechts nie *a priori* sperrt, sondern naturgemäß erst nach Verfristung. Die Unzulänglichkeit des Beschleunigungszwecks als maßgeblicher *ratio legis* ist demgegenüber besonders evident, wenn man sich die Auswirkung des Anfechtungsausschlusses vergegenwärtigt: Die den Ausschluß der Anfechtung wegen Kompensationsunterschreitung verankernden Konkurrenzregeln normieren mit der Spezialität des Spruchverfahrens zugleich den Grundsatz "Vermögens- statt Bestandsschutz". Nun ist es das Verdienst von *Mülbert*, aufgezeigt zu haben, daß diese Rechtsschutzinversion das ganze AktG 1965 durchzieht.[1000] Gleichwohl entbindet ein solcher Befund im hiesigen Zusammenhang nicht von der Beantwortung der Frage, *warum* das Gesetz durch die Versagung der Anfechtung den kompensationsauslösenden Mitgliedschaftseingriff trotz der Kompensationsun-

998 Vgl. *Larenz*, BGB AT, § 34 (S. 651 ff.).
999 Vgl. dazu etwa *Kaufmann*, S. 170 ff.
1000 *Mülbert*, Aktiengesellschaft, S. 57 ff.; s. auch GroßKommAktG/*ders.*, Vor §§ 118-147 Rdn. 199 ff.; zustimmend *Schiessl*, VGR 1999, S. 57, 66; *ders.*, AG 1999, 442, 446.

terschreitung bewußt zuläßt, obwohl durch dessen Vermeidung eine Entschädigung von vornherein entbehrlich würde.[1001] Eine solche Gesetzeslage könnte schließlich mit der Feststellung gewürdigt werden, daß sich das Recht mit sich selbst in Widerspruch setzt, wenn es zunächst bewußt einen Schaden eintreten läßt, obwohl er noch zu verhindern ist, und dann seinen Ersatz anordnet.[1002] Obschon ein solcher Selbstwiderspruch aus dem Schadensrecht des BGB nicht unverändert auf die Umstrukturierungsproblematik in der Aktiengesellschaft übertragen werden kann und soll, verdeutlicht er doch die Einschätzung, daß hier jedenfalls über den subjektiv-teleologischen Beschleunigungszweck hinaus ein objektives *telos* als tieferer Grund der Ausschlußnormen unentbehrlich ist. Eine solche ergänzende objektiv-teleologische Interpretation ist auch methodisch unbedenklich.[1003] Letztlich gilt es nämlich, den tieferen Grund zu erhellen, der auch der referierten allgemeinen Meinung eines Beschleunigungszwecks stillschweigend zugrunde liegt.

Von vornherein wäre dabei die These unergiebig, die Spezialitätsregel verankere eine gesetzlich vorgeprägte Verhältnismäßigkeitsprüfung zu Gunsten des Durchführungsinteresses der Gesellschaft und zu Lasten des Aufschubinteresses des Aktionärs.[1004] Eine solche These könnte freilich nie falsifiziert werden, weil sie ein wiederum in der Rechtsidee wurzelndes Abwägungsprinzip betrifft, das indessen - wie mehrfach erwähnt - bei der Analyse des inneren Systems des gesetzten Rechts nicht weiterhilft. Denn jede Bestimmung kann bei gehöriger Abstraktion auf eine legislatorische Abwägungsentscheidung von Interessengegensätzen zurückgeführt werden.[1005] Insbesondere zur Entwicklung der verbleibenden Rechtsfortbildung wäre jedoch der Verhältnismäßigkeitsgedanke untauglich, wollte man nicht in eine methodisch fragwürdige topische Abwägungsbeliebigkeit geraten. Also ist bei der nachfolgenden Erörterung eines 'objektiven *telos*' ein höherer Konkretisierungsgrad anzustreben.

1001 So charakterisiert auch *Mülbert*, Generalbericht, S. 43, 55 f. die MEZ/Aqua Butzke-Doktrin als weitreichende Einschränkung des bisher durchgängigen verbandsrechtlichen Prinzips, daß die Aktionäre einen Hauptversammlungsbeschluß anfechten können, weil sich ein Mitglied bei seinem Beitritt zum Verband allein *rechtmäßigen* Mehrheitsentscheidungen des Beschlußorgans der Gesellschafterversammlung unterwerfe (Hervorhebung durch Verfasser).

1002 Treffend für das Verhältnis von Unterlassungsanspruch und Schadensersatzanspruch im bürgerlichen Recht *Canaris*, Lücken, S. 112.

1003 Hierzu, wenn auch in anderem Zusammenhang, unlängst *Canaris*, FS Wiedemann, S. 1, 15 ff. sowie *Habersack/Schürnbrand*, JuS 2002, 833, 836.

1004 So der Sache nach *Klöhn*, AG 2002, 443, 446 ff. in Anwendung seiner These von der Kompensation als Aufopferungsentschädigung.

1005 S. schon oben unter § 1 I 1 a) cc) und unter § 7 II 1.

3. *Eigene objektiv-teleologische Deutung: Unwiderlegliche Rechtsmißbrauchsvermutung*

Den Bestimmungen in UmwG und AktG, welche die Anfechtung wegen Rüge der Kompensationsunterschreitung ausschließen, liegt m.E. die Vorstellung des objektiven Gesetzgebers zugrunde, ein Aktionär handle rechtsmißbräuchlich, wenn er einen Strukturänderungsbeschluß der Hauptversammlung nur mit der Begründung anficht, ihm werde darin keine wirtschaftlich vollwertige Entschädigung angeboten. Diese ergänzende objektiv-teleologische Normzweckdeutung soll nachfolgend im Lichte der allgemeinen Rechtsmißbrauchslehre und ihrer Bedeutung für die Anfechtungsklage des Aktionärs plausibilisiert und präzisiert werden.

a) *Die Rechtsmißbrauchslehre und ihre Bedeutung für die Anfechtungsklage des Aktionärs*

Die auf die gemeinrechtliche *exceptio doli* zurückgehende Rechtsmißbrauchsdoktrin wird in der allgemeinen Treupflicht des § 242 BGB verortet.[1006] Der Vorwurf mißbräuchlicher Rechtsausübung findet sich indes in zwei grundlegend unterschiedlichen Kategorien wieder. Als eigenständiges Institut des § 242 BGB gilt der individuelle Rechtsmißbrauch, der dadurch gekennzeichnet ist, daß der Gläubiger aus in seiner Person liegenden Gründen die Interessen der anderen Partei(en) in der Sonderrechtsbeziehung verletzt.[1007] Demgegenüber betrifft der institutionelle Rechtsmißbrauch den Sinn und Zweck der geltend gemachten Befugnis selbst; obschon sich der Rechtsinhaber im Rahmen ihrer äußeren Grenzen bewegt, übt er sie zweck- und funktionswidrig aus.[1008] Nach der herrschenden Innentheorie geht es in einem solchen Fall mithin nicht um ein eigens in § 242 BGB zu verankerndes Institut, sondern vielmehr um die immanenten Schranken der Befugnisnorm selbst, deren Mißbrauch durch Wortlautrestriktion oder rechtsfortbildende teleologische Reduktion begegnet werden muß.[1009]

Übertragen auf die aktienrechtliche Anfechtungsklage ist Anknüpfungspunkt der letztgenannten Kategorie der Sinn und Zweck der Anfechtungsbefugnis des Aktionärs. Legt man mit der hier vertretenen Ansicht die h.M. von der Doppelnatur der Anfechtungsklage zugrunde,[1010] kann ihr Zweck auch dann nicht ver-

1006 S. nur *Mader*, S. 77 f.; vgl. auch *Mülbert*, Mißbrauch von Bankgarantien und einstweiliger Rechtsschutz, S. 55 f.
1007 Statt aller Soergel/*Teichmann*, § 242 Rdn. 25 m. w. Nachw.
1008 Statt aller Soergel/*Teichmann*, § 242 Rdn. 14 m. w. Nachw.
1009 Dazu grundlegend *Teichmann*, S. 76 ff.; s. auch *Mader*, 136 ff.
1010 S. etwa oben unter § 3 II 2 b) aa) m. w. Nachw.

fehlt werden, wenn eine Beschlußvernichtung das Individualinteresse des klagenden Aktionärs nicht zu schützen hilft. Denn jedenfalls wird dem im allgemeinen Interesse liegenden Zweck einer Überprüfung des möglicherweise rechtswidrigen Beschlusses Genüge getan. Mit dieser Begründung schließt auch der BGH seit seiner bekannten Koch's Adler-Entscheidung einen institutionellen Rechtsmißbrauch der Anfechtungsbefugnis kategorisch aus.[1011] Deren individueller Rechtsmißbrauch ist nach Auffassung des erkennenden Senats hingegen zu bejahen, "wenn der Kläger Anfechtungsklage mit dem Ziel erhebt, die verklagte Gesellschaft in grob eigennütziger Weise zu einer Leistung zu veranlassen, auf die er keinen Anspruch hat und billigerweise auch nicht erheben kann. Der Anfechtungskläger wird sich dabei im allgemeinen von der Vorstellung leiten lassen, die verklagte Gesellschaft werde die Leistung erbringen, weil sie hoffe, daß der Eintritt anfechtungsbedingter Nachteile und Schäden vermieden oder zumindest gering gehalten werden könne."[1012] Der BGH stützt die Lehre von der mißbräuchlichen Anfechtungsklage also im Einklang mit der überwiegenden Meinung im Schrifttum nicht auf die mitgliedschaftliche, sondern auf die allgemeine Treupflicht des § 242 BGB.[1013]

Die Konkretisierung einer solchen Treupflichtverletzung wegen eigensüchtiger Interessenverfolgung des klagenden Aktionärs ergibt insbesondere hinsichtlich der Frage einer subjektiven Mißbrauchsanforderung ein recht uneinheitliches Meinungsbild.[1014] Dazu hat der erkennende Senat wohl selbst beigetragen: Während er in seinem SEN-Urteil noch betont hatte, daß einzig die innere Tatsache der Erwartungshaltung des Anfechtungsklägers für die Rechtsversagung maßgeblich sei,[1015] entschied er in Sachen "Deutsche Bank" allein danach, daß der institutionelle Zweck des Anfechtungsrechts seine individuelle Ausübung begrenze.[1016] Die vorliegende Untersuchung bietet keinen Raum für eine eingehende Auseinandersetzung mit dem Problem eines subjektiven Mißbrauchserfordernisses.[1017] Der Ausgangsbefund, daß die beklagte Gesellschaft kaum je die inneren Beweggründe des Anfechtungsklägers wird beweisen können, läßt selbst

1011 BGHZ 107, 296, 309 f. ("Koch's Adler"); dazu knapp *Henze*, ZIP 2002, 97, 100 f.; ausf. *Slabschi*, S. 97 ff. sowie *Bison*, S. 248 ff.

1012 BGHZ 107, 296, 311 ("Koch's Adler").

1013 S. nur GroßKommAktG/*K. Schmidt*, § 245 Rdn. 52; MünchKommAktG/*Hüffer*, § 245 Rdn. 49, 52, jeweils m. w. Nachw.; insoweit grundlegend *Windbichler*, in: Mißbräuchliches Aktionärsverhalten, S. 35, 40 ff.

1014 Für einen auch objektiven Anfechtungsmißbrauch namentlich GroßKommAktG/*K. Schmidt*, § 245 Rdn. 54, 59 ff.; dagegen etwa MünchKommAktG/*Hüffer*, § 245 Rdn. 56, jeweils m. w. Nachw.

1015 BGH WM 1990, 2073, 2076 ("SEN").

1016 BGH ZIP 1991, 1577, 1580 ("Deutsche Bank").

1017 Dazu ausf. kritisch *Slabschi*, S. 121 ff.

bei Zugrundelegung eines solchen Erfordernisses einen Indizienbeweis als hinreichend erscheinen.[1018] Bei der Fallgruppenbildung werden die Anforderungen an konkret vorliegende Indizien sinnvollerweise innerhalb eines beweglichen Systems zu würdigen sein.[1019] So ist eine mißbräuchliche Anfechtung auch ohne Erhellung der klägerischen Motivation beispielsweise dann anzunehmen, wenn die Klage ohnehin offensichtlich erfolglos ist oder der Kläger - trotz im übrigen begründeter Klage - augenscheinlich einen ihm nicht zustehenden Sondervorteil verfolgt. In letzterem Sinne kann auch die Objektivierung des individuellen Rechtsmißbrauchs durch den institutionellen Zweck des Anfechtungsrechts in der vorgenannten Deutsche Bank-Entscheidung des BGH verstanden werden.[1020]

b) Die Rüge der Kompensationsunterschreitung als mißbräuchliche Ausübung der Anfechtungsbefugnis des Aktionärs

Rügt der anfechtende Aktionär, die ihm im Beschluß angebotene Entschädigung sei zu niedrig oder unangemessen, begegnet eine Anfechtungsklage sowohl hinsichtlich ihrer individuellen als auch ihrer institutionellen Komponente Zweifel.

Auf den ersten Blick kann zwar nicht bestritten werden, daß - liegt der gerügte Mangel tatsächlich vor - eine Beschlußvernichtung die Mitgliedschaftseinbuße von vornherein verhindert oder rückwirkend ungeschehen macht. Damit wäre zunächst dem Individualschutz des klagenden Aktionärs gedient, der nun keinen Vermögensschaden in Form der unterkompensierten Mitgliedschaftseinbuße erleiden muß. Darüber hinaus würde die Gestaltungswirkung des Anfechtungsurteils auch alle übrigen kompensationsberechtigten Aktionäre vor einer solchen Schädigung bewahren. Also könnte zusätzlich im Falle der Kompensationsunterschreitung die institutionelle Komponente der Anfechtungsklage angeführt werden.

Bei näherer Betrachtung ist aber mehr als fraglich, ob ein Anfechtungskläger mit der Rüge der Kompensationsunterschreitung wirklich im Sinne dieser doppelten Zwecksetzung motiviert sein kann. Schließlich könnte sowohl dem indi-

---

1018 Zu diesem allgemeinen Ausgangsbefund repräsentativ *Mülbert*, ZIP 1985, 1101, 1109.

1019 Treffend *Teichmann*, JuS 1989, 269, 273.

1020 So aus Anlaß der vorinstanzlichen Entscheidung (OLG Frankfurt a.M. WM 1990, 2116) *Diekgräf*, WM 1991, 613, 618 (Eigentliche Zielrichtung der Anfechtungsklage, die Rechtmäßigkeitskontrolle, bei der Konkretisierung des individuellen Rechtsmißbrauchs heranzuziehen); i.E. ähnlich *Hirte*, BB 1988, 1469, 1472 ff. (insbes. lassen unzulässige Sondervorteile Klage konkret als rechtsmißbräuchlich erscheinen); *Radu*, ZIP 1992, 303, 307 f. (Fallgruppen sog. objektiven Klagemißbrauchs); dezidiert a.A. *Slabschi*, S. 110 ff.

viduellen als auch dem institutionellen Zweck anderweitig - und zwar im Wege des Primärrechtsschutzes - Genüge getan werden: Dabei ist in Erinnerung zu rufen, daß nach den Grundüberlegungen dieser Arbeit die Kompensationshöhe normativ gerade nicht mit der Entscheidung über das "Ob" der Strukturänderung verknüpft ist.[1021] Demgegenüber steht jedem desinteressierten Aktionär ein Ausgleichs- oder Abfindungsanspruch für die umstrukturierungsbedingte Mitgliedschaftseinbuße als gesetzlicher in voller Höhe zu.[1022] Diese vollwertige Entschädigung kann er letzten Endes einklagen.[1023] So kann er seinen Individualrechtsschutz auf primärrechtlichem Wege erlangen. Die gesetzlich vorausgesetzte volle Entschädigungshöhe wird ausschließlich im Spruchverfahren erkannt, und zwar mit verbindlicher Wirkung *erga omnes*.[1024] Das Spruchverfahren erfüllt damit auch eine Rechtmäßigkeitskontrolle im Interesse der übrigen desinteressierten Aktionäre zielgenauer als dies im Anfechtungsprozeß möglich wäre.[1025]

Warum also - so müßte man die den Anfechtungsausschluß regelnden Bestimmungen hinwegdenkend fragen - erhebt ein Aktionär gleichwohl die Anfechtungsklage mit der Rüge der zu niedrigen oder unangemessenen Entschädigung? Nach dem soeben Ausgeführten muß er dafür einen Grund jenseits individuellen oder institutionellen Rechtsschutzes haben, sei es - ein vernunftgeleitetes Verhalten unterstellt -, daß er über die ihm *ex lege* zustehende vollwertige Entschädigung hinaus einen Sondervorteil erstrebt, auf den er keinen Anspruch hat, sei es - Irrationalität unterstellt -, daß er aus blinder Obstruktionsabsicht heraus handelt. Beide Motive sind ebenso denkbar wie "grob eigensüchtig". Sie hätten nach der referierten Koch's Adler-Doktrin des BGH also ohne weiteres die Rechtsversagung wegen individuellen Mißbrauchs des Anfechtungsrechts zur Folge. Mangels anderweitig ersichtlicher,[1026] einen solchen Vorwurf mißbräuchlicher Rechtsausübung entkräftender Motive müßte auch die Erhebung der Anfechtungsklage mit der Rüge der Kompensationsunterschreitung als Indiz für ein subjektives Mißbrauchsmotiv ausreichen, sofern man den Nachweis eines solchen verlangt.

Auf einen solchen Nachweis kann es nach den Vorgaben des gesetzten Rechts allerdings von vornherein nicht ankommen. Vielmehr sind die §§ 14 Abs.

1021 S. oben unter § 1 III 2 b) aa).
1022 So schon oben unter § 1 I 1 a) cc).
1023 S. oben unter § 4 II 1 b) und 2.
1024 S. oben unter § 4 II 2.
1025 Vgl. *Hoffmann-Becking*, GesR 2001, S. 55, 62.
1026 Ein etwaig legitimes Interesse, eine größere Kostenlast zu vermeiden, kommt nicht in Betracht, weil das Anfechtungsverfahren den klagenden Aktionär gegenüber dem Spruchverfahren gerade nicht privilegiert, sondern umgekehrt; vgl. dazu oben unter § 8 I 2 b) ee) (2).

2, 195 Abs. 2, 32, 210 UmwG, §§ 304 Abs. 3 Satz 2, 305 Abs. 5 Satz 1, 320b Abs. 2 Satz 1, 327f Abs. 1 Satz 1 AktG, soweit sie eine Anfechtung wegen Kompensationsunterschreitung ausschließen, objektiv-teleologisch als Kodifizierung einer nicht widerlegbaren Vermutung des individuellen Mißbrauchs der Anfechtungsbefugnis zu deuten.

c) Prozeßrechtsdogmatische Folgerungen

Eine auf die Rüge der Kompensationsunterschreitung gestützte Anfechtungsklage wird wegen der in Frage stehenden Ausschlußnormen nach bisherigem Normzweckverständnis einmütig als unzulässig erachtet.[1027] Die hier vorgetragene objektiv-teleologische Deutung dieses Anfechtungsausschlusses wirft jedoch ein neues Licht auf die Frage seiner prozeßrechtsdogmatischen Einordnung. Der BGH und die h.L. betrachten den Klagemißbrauch nämlich als Mißbrauch eines materiell-rechtlichen Gestaltungsrechts, der die Sachbefugnis und damit die Begründetheit der Anfechtungsklage ausschließt.[1028] Also ist es - soweit man diese h.M. teilt -[1029] nur folgerichtig, die genannten Ausschlußvorschriften in der klägerischen Aktivlegitimation anzusiedeln und die Anfechtungsklage als unbegründet abzuweisen, wenn ihr Tatbestand erfüllt ist.

III. Analoge Anwendbarkeit des Anfechtungsausschlusses wegen Kompensationsunterschreitung auf kompensationsbezogene Informationsmängel

Sämtliche Bestimmungen, die eine Anfechtung von Strukturänderungsbeschlüssen mit der Rüge der Kompensationsunterschreitung ausschließen, normieren die unwiderlegbare Vermutung eines individuellen Mißbrauchs der Klagebefugnis; das wurde soeben ausgeführt. Diese objektiv-teleologische Normzweckdeutung ist der entscheidende Maßstab zur Feststellung einer Lücke mit Blick auf kompensationsbezogene Informationsmängel. Ob eine solche zu finden und wie sie

---

1027 So ausdrücklich etwa Lutter/*Bork*, UmwG, § 14 Rdn. 15; Lutter/*Decher*, UmwG, § 195 Rdn. 12; Kallmeyer/*Marsch-Barner*, UmwG, § 14 Rdn. 13; Kallmeyer/*Meister/Klöcker*, UmwG, § 195 Rdn. 25; *Steinmeyer/Häger*, WpÜG, § 327f Rdn. 6.

1028 S. nur BGHZ 107, 296, 308 ff. ("Koch's Adler"); BGHZ 122, 211, 216; MünchKommAktG/*Hüffer*, § 245 Rdn. 58; *Boujong*, FS Kellermann, S. 1, 10; *Henze*, ZIP 2002, 97, 100; *Hirte*, BB 1988, 1469, 1472.

1029 Mit guten Gründen a.A. *Teichmann*, JuS 1990, 269, 271; GroßKommAktG/*K. Schmidt*, § 245 Rdn. 75 f. (a.E. die geringe praktische Bedeutung dieser Qualifikation einräumend).

gegebenenfalls auszufüllen ist, soll zunächst allgemein geklärt werden (s. sogleich unter 1.). Sodann ist die entwickelte Rechtsfortbildung mit möglicherweise gegenläufigen Wertungsebenen abzugleichen. Dabei sind auch Antworten auf die noch offenen Fragen zu suchen (s. unten unter 2.).

1. Lückenfeststellung und - ausfüllung durch "notwendige" Gesamtanalogie

a) Teleologisch gebotene Gleichbehandlung von Kompensationsunterschreitung und kompensationsbezogenen Informationsmängeln

Zur Feststellung einer Lücke im positiven Recht mit Blick auf kompensationsbezogene Informationsmängel muß das in der Rechtsidee wurzelnde Gebot der Gleichbehandlung des Gleichsinnigen auf die soeben ermittelte *ratio legis* des Anfechtungsausschlusses wegen Kompensationsunterschreitung bezogen werden.[1030] Die teleologische Vergleichbarkeit ergibt sich aus dem Vorwurf mißbräuchlicher Rechtsausübung, der ebenso einem anfechtenden Aktionär entgegengehalten werden kann, welcher seine Klage auf die Rüge mangelhafter Information über Ausgleich oder Abfindung stützt.

Rechtsmißbrauch auch bei einer solchen Rüge zu erwägen, gebietet bereits der empirisch gewonnene Ausgangsbefund, wonach Kompensationsmängel und darauf bezogene Informationsmängel tatbestandlich konkordant sind und ein Aktionär in aller Regel die Wahl hat, mit welchem Mangel er den eingelegten Rechtsbehelf begründen will.[1031] Warum also entscheidet er sich dann für die Anfechtungsklage mit ihrer Blockadewirkung und rügt den kompensationsbezogenen Informationsmangel? Schließlich gelangt er auf diesem Wege weder primär noch notwendigerweise zur mangelfreien Information über die Unternehmensbewertung.[1032] Wählt er gleichwohl die Anfechtung, liegt die Annahme eigensüchtiger Interessenverfolgung nahe, die den Vorwurf individuellen Rechtsmißbrauchs im Sinne der Koch's Adler-Doktrin zu tragen vermag.

Diese nachfolgend noch im einzelnen darzulegende Rechtsmißbrauchsthese wird durch den Umstand bekräftigt, daß es sich bei der Anfechtung im Fall "MEZ" um das "Blockademanöver" eines notorischen "Berufsklägers" gehandelt hat.[1033] Auch das Normzweckumgehungsargument der Richter des II. Zivilse-

1030 Grundlegend *Canaris*, Lücken, S. 71 ff.
1031 S. oben unter § 6.
1032 Vgl. oben unter § 3 II 1 b) bb) und 2 b) sowie § 8 I 2 b) ee) (1).
1033 So ausdrücklich *Luttermann*, BB 2001, 382, 382 f. und 384 f.

nats stellt der Sache nach einen unausgesprochenen Mißbrauchsvorwurf dar.[1034] Ähnlich schimmert ein solcher Vorwurf immer wieder im Schrifttum durch, wenn der Anfechtungskläger kompensationsbezogene Informationsmängel rügt.[1035]

b) "Notwendige" Gesamtanalogie: Widerlegliche Rechtsmißbrauchsvermutung bei Rüge kompensationsbezogener Informationsmängel

Um den individuellen Rechtsmißbrauch bei den unterschiedlichen Kategorien kompensationsbezogener Informationsmängel demonstrieren zu können, ist zunächst kurz das methodische Vorgehen der hier unternommenen Rechtsfortbildung zu beleuchten.

Soweit die §§ 14 Abs. 2, 195 Abs. 2, 32, 210 UmwG, §§ 304 Abs. 3 Satz 2, 305 Abs. 5 Satz 1, 320b Abs. 2 Satz 1, 327f Abs. 1 Satz 1 AktG eine Anfechtung wegen Kompensationsunterschreitung ausschließen, sind sie nach hiesigem Verständnis *leges speciales* zu § 242 BGB, wo das Institut des individuellen Rechtsmißbrauchs verankert ist. Nun kann der Spezialität dieser Bestimmungen einerseits kein abschließender Regelungscharakter dergestalt eingeräumt werden, daß hinsichtlich der dort nicht geregelten Fälle die Mißbrauchsannahme ausscheiden würde, die hier unternommene Rechtsfortbildung also von vornherein gesperrt wäre. Eine solche Sperrwirkung könnte allenfalls dann erwogen werden, wenn die speziellen Vorschriften Ordnungsinteressen normieren wollten, die dem Mißbrauchsverbot gegenläufig wären.[1036] Davon kann hier keine Rede sein; vielmehr konkretisieren die genannten Bestimmungen den Rechtsmißbrauchsgedanken, indem sie ihn durch eine Typisierung und die daran anknüpfende unwiderlegliche Vermutungsregel ergänzen. Damit ist zugleich dargetan, warum andererseits zur Behandlung mißbräuchlicher Anfechtungsklagen wegen kompensationsbezogener Informationsmängel nicht einfach auf den allgemeineren § 242 BGB zurückgegriffen werden kann. Bevor eine solche allgemeine Mißbrauchsprüfung im Einzelfall einsetzt, sind die genannten Ausschlußbe-

---

1034 S. oben unter § 8 I 2 b) bb) sowie IV 3 a) zu BGHZ 146, 179, 183 ("MEZ"); BGH NJW 2001, 1428, 1428 ("Aqua Butzke"); zum Verhältnis von Umgehung und Mißbrauch grundlegend *Teichmann*, S. 76 ff.; ausf. *Mader*, S. 136 ff.

1035 So namentlich bei *Hirte*, ZHR 167 (2003), 8, 22; *Schwarz*, ZRP 2000, 330, 335 ("Die Frage, ob das Spruchverfahren oder die Anfechtungsklage mit ihrer Blokkadewirkung der richtige Rechtsbehelf ist, wird [...] zur Frage [...] der Prozeßtaktik."); den Umgehungsgedanken betonend Schmitt/Hörtnagl/*Stratz*, UmwG, § 14 Rdn. 21 und § 32 Rdn. 1; vgl. schon *Hirte*, ZGR 1994, 644, 661.

1036 So namentlich Soergel/*Teichmann*, § 242 Rdn. 117 ff. (str.).

stimmungen *lege artis* fortzubilden und also muß an die dort positivierte Rechtsmißbrauchstypisierung angeknüpft werden.[1037]

Nun erlaubt die Vergleichbarkeit der geregelten Fallgruppe der Kompensationsunterschreitung mit der nicht geregelten Fallgruppe kompensationsbezogener Informationsmängel im Hinblick auf die hier gefundene *ratio legis* nicht nur eine Lücke festzustellen. Kann nämlich eine teleologische Lücke bereits durch Analogie gefunden werden, steht auch ihre Ausfüllung fest: Für die Rüge kompensationsbezogener Informationsmängel gilt eine Rechtsmißbrauchstypisierung in "*notwendiger*" Gesamtanalogie ebenso wie bei den Bestimmungen in UmwG und AktG, die die Anfechtung wegen Kompensationsunterschreitung ausschließen.[1038] Obschon eine "notwendige" Analogie die gesamte Rechtsfolge der gesetzlichen Regelung erfaßt und damit gerade diese Typisierung und also die Mißbrauchsvermutung auf die nicht geregelten Konstellationen bezieht, kann die Nichtwiderlegbarkeit dieser Vermutungsregel unmöglich *praeter legem* gewonnen werden. Eine derart starre Präklusion muß vielmehr durch den Gesetzgeber selbst gesetzt werden,[1039] und der hat sie in UmwG und AktG eben nur auf die Kompensationsunterschreitung bezogen. So ist die nachfolgende Überprüfung der Mißbrauchsthese bei den einzelnen Kategorien mangelhafter Information in die Frage eingebettet, ob ein Aktionär, welcher seine Anfechtungsklage auf die Rüge kompensationsbezogener Informationsmängel stützt, die soeben *praeter legem* gewonnene Rechtsmißbrauchsvermutung widerlegen kann.

aa) Kategorische Unwiderlegbarkeit bei Informationsausfall und Informationsunterschreitung

Unterbleiben kompensationsbezogene Informationen in Bericht oder Auskunft ganz oder fehlen bewertungsbezogene Daten, welche die Entschädigungsermittlung notwendigerweise vervollständigen, sind diese Informationsmängel für den anfechtenden Aktionär und alle übrigen Informationsadressaten gut erkennbar.[1040] Informationsausfall und -unterschreitung erwecken also hinreichende Zweifel, ob eine *in concreto* angebotene Entschädigung wirklich den gesetzlich gebotenen Soll-Inhalt erfüllt. Auch solchermaßen mangelhafte Berichte oder Erläuterungen vermitteln damit den entscheidenden Anstoß, die richtige Kompensationshöhe für jedermann im Spruchverfahren erkennen zu lassen. Der im

---

1037 Zum Vorrang von Auslegung und Rechtsfortbildung vor § 242 BGB Soergel/*Teichmann*, § 242 Rdn. 10 und 113; dazu ausf. *Mader*, S. 132 ff.

1038 Zu teleologischer Lücke und "notwendiger" Analogie auch terminologisch grundlegend *Canaris*, Lücken, S. 139 ff., 148 ff.

1039 Vgl. differenzierend *Canaris*, Lücken, S. 182 f. mit Fn. 40.

1040 Differenzierend oben unter § 3 I.

Grundlagenteil herausgearbeitete primäre Kontrollzweck bewertungsbezogener Informationsrechte wird mithin selbst dann erreicht, wenn solche Mängel vorliegen.[1041]

Ein gleichwohl gefaßter Strukturänderungsbeschluß ist zwar schon wegen des fehlerhaften Berichts oder der fehlerhaften Auskunft rechtswidrig. Dennoch wäre etwa eine Korrektur dieser Informationsmängel von vornherein überflüssig, weil kompensationsbezogener Information nach hier vertretener Auffassung gerade kein Entscheidungszweck zukommt und ihrem Kontrollzweck - wie oben ausgeführt - auch durch eine solchermaßen mangelhafte Information hinreichend Genüge getan wird. Schreitet ein Aktionär also trotz des Kontrollimpulses zur Anfechtungsklage statt zum Spruchverfahren, kommt nur eine grob eigensüchtige Interessenverfolgung im Sinne des Erstrebens eines illegitimen Sondervorteils oder schlichter Obstruktionsabsicht in Betracht. Folglich ist es von vornherein ausgeschlossen, die Mißbrauchsvermutung bei Informationsausfall oder -unterschreitung zu widerlegen.

bb) Praktische Unwiderlegbarkeit bei Fehlinformationen und Informationsdefiziten

Schwieriger liegen die Dinge bei kompensationsbezogenen Fehlinformationen oder Informationsdefiziten. Diese sind kaum erkennbar,[1042] so daß auch ein Kontrollimpuls regelmäßig ausbleibt. Die Informationsadressaten haben schließlich ein - wenngleich falsches, so doch vollständiges - Bild über die Entschädigungsermittlung vor Augen und werden zur Einleitung eines Spruchverfahrens nur in den eher theoretischen Ausnahmefällen veranlaßt, in denen dieses informatorische Gesamtbild nicht mit der letztlich angebotenen Kompensation in Einklang zu bringen ist. Im praktischen Regelfall indessen plausibilisiert die falsche Information das nicht minder falsche Entschädigungsangebot, das sie erläutert. Dadurch werden die desinteressierten Aktionäre in der trügerischen Annahme sogar noch bestärkt, die Ist-Kompensation stimme mit der Soll-Kompensation überein. Dem primären Kontrollzweck kompensationsbezogener Informationsrechte ist so auch nicht ansatzweise Genüge getan.

Gleichwohl spricht alles dafür, daß ein Aktionär, der innerhalb der kurzen Einmonatsfrist den Strukturänderungsbeschluß wegen kompensationsbezogener Fehlinformationen oder Informationsdefizite anficht, "grob eigensüchtig" im

---

1041 I.E. ebenso mit ähnlicher Argumentation aus der Kontrollfunktion *Mülbert*, FS Ulmer, S. 433, 446 ff.; ganz anders das Verständnis der Kontrollfunktion bei *Bayer*, Corporate Governance, S. 137, 150 f.; ebenso bereits *ders.*, VGR 1999, S. 35, 53; S. dazu schon oben unter § 1 III 2 a).

1042 S. oben unter § 3 I.

Sinne der Koch's Adler-Doktrin handelt. Warum - wenn nicht zur Verfolgung illegitimer Sondervorteile oder aus Obstruktionsabsicht - rügt er die Ermittlung, also den kompensationsbezogenen Informationsmangel, und nicht das damit übereinstimmende, aber ebenso falsche Ergebnis, d.h. den Kompensationsmangel? Wenn er schon trotz der "stimmigen" Information Zweifel bekommt, warum räumt er diese dann nicht im dafür vorgesehenen und überdies für ihn kostengünstigeren Spruchverfahren aus? Normativ kann es jedenfalls keinen Unterschied machen, ob der Kontrollimpuls auf die kompensationsbezogene Information zurückzuführen ist oder aber anderweitig induziert wurde. In letzterem Fall ist der Kontrollzweck ebenso erreicht, wenn auch nicht kausal durch Bericht oder Auskunft.

Hinzukommt, daß im Fall eines Auskunftsmangels nach hier vertretener Auffassung die korrekte Erläuterung immer noch durch allgemeine Leistungsklage, die nicht befristet ist, eingeklagt werden kann.[1043] Eine so gewonnene Korrektur hat dann auch den übrigen Beteiligten zur Kenntnis zu gelangen, so daß auf diesem Wege der von der Anfechtungsklage intendierte doppelte Rechtsschutz sogar in Ansehung des informationellen Primäranspruchs erreicht werden könnte.

Kann die Rechtsmißbrauchsvermutung bei einer wegen kompensationsbezogener Fehlinformationen oder Informationsdefiziten erhobenen Anfechtungsklage zwar nicht kategorisch für unwiderlegbar gehalten werden, ist indes praktisch nicht ersichtlich, wie sie sollte widerlegt werden können. Ein solcher Befund mag auf den ersten Blick befremdlich sein, geht es doch um besonders schwerwiegende Informationsmängel. Die bisherigen Ausführungen haben sie nämlich nicht nur als kaum erkennbar charakterisiert, sondern überdies die schwere Vorwerfbarkeit festgestellt, die den solchermaßen mangelhaft informierenden Vorstand trifft.[1044] Demgegenüber ist bei qualifizierter Fehlinformation wiederum an eine Haftung der Vorstandsmitglieder zu denken.[1045] Schadensersatzansprüche können meist auch noch bei späterer Entdeckung der Fehlinformation geltend gemacht werden, jedenfalls weitaus länger als Anfechtung oder Spruchverfahren.[1046] Sie stellen somit die geeignete Sanktion für eine derart gravierende Verletzung kompensationsbezogener Informationsvorgaben dar. Demgegenüber die Anfechtungsklage als entscheidenden Sanktionsbehelf zu begreifen, würde einer nicht wertungsstimmigen Eigendynamik sogar noch Vorschub leisten. Der Vorstand hätte dann nämlich einen verstärkten Anreiz, wenn schon, dann möglichst

---

1043 S. ausf. oben unter § 3 II 1 b) bb).

1044 S. oben unter § 3 I.

1045 S. dazu oben unter § 3 II 2 c).

1046 In ersterem Sinne die allgemeinen Schadensersatzansprüche gem. §§ 195, 199 Abs. 1 BGB; in letzterem Sinne die speziellen Schadensersatzansprüche des UmwG gem. §§ 25 Abs. 3, 205 Abs. 2 UmwG.

perfekt zu täuschen und also besonders fehlerhaft zu informieren, damit eine Anfechtungsfrist bereits abgelaufen ist, wenn eine solche Falschinformation entdeckt wird.

2. Rechtsfortbildungshindernisse?

Der vorige Abschnitt hat ergeben, daß eine auf die Rüge kompensationsbezogener Informationsmängel gestützte Anfechtungsklage analog den Vorschriften in UmwG und AktG über den Anfechtungsausschluß wegen Kompensationsunterschreitung vermutlich rechtsmißbräuchlich ist. Darüber hinaus kann nicht recht ersehen werden, wie der anfechtende Aktionär diese Mißbrauchsvermutung soll widerlegen können. Mangels Anfechtungsbefugnis ist seine Klage also unbegründet. Ein derart *praeter legem* gewonnener genereller Anfechtungsausschluß bei kompensationsbezogenen Informationsmängeln darf freilich weder der inneren Systematik des gesetzten Rechts (s. dazu sogleich unter a) noch weiteren höherrangigen Wertungsebenen zuwiderlaufen (s. dazu unten unter b) und c). Die soeben entwickelte Rechtsfortbildung muß daher abschließend noch im Lichte der offengelassenen Fragen einer kritischen Überprüfung unterzogen werden.

a) Systemkonformität, insbesondere teleologische Reduktion von § 132 AktG

In systematischer Hinsicht ist das Verhältnis eines Anfechtungsausschlusses bei Eröffnung des Spruchverfahrens noch zum primären Informationsrechtsschutz auszumessen, wobei zwischen Informationsausfall und -unterschreitung einerseits sowie Fehlinformationen und Informationsdefiziten andererseits zu unterscheiden ist.

Die bisher gewonnenen Einsichten lösen zunächst ein von *Kallmeyer* moniertes Spannungsverhältnis zur Auskunftsklage nach § 132 AktG auf, welches aus der Gefahr herrührt, daß während des Auskunftserzwingungsverfahrens die Frist für die Einleitung eines Spruchverfahrens verstreicht.[1047] Nach hier geteilter h.M. ist ein Informationserzwingungsverfahren nur für Auskunftsausfall und -unterschreitung eröffnet.[1048] Indessen genügen - wie soeben gezeigt - Bericht oder Auskunft dem primären Kontrollzweck der kompensationsbezogenen Informationsrechte selbst dann, wenn sie mit solchen Mängeln behaftet sind. Gleichwohl eine kompensationsbezogene Erläuterung nach § 132 AktG erzwingen zu wollen, würde deshalb einen institutionellen Mißbrauch dieser Aktio-

---

1047 *Kallmeyer*, GmbHR 2001, 204, 204; zustimmend *Bärwaldt*, GmbHR 2001, 251, 252.

1048 S. dazu ausf. oben unter § 3 II 1 b) aa).

närsbefugnis darstellen, weil ein solches Ansinnen dem bereits erreichten Kontrollzweck nicht mehr dienen könnte und folglich leerliefe.[1049] Es ist also nur folgerichtig, § 132 AktG bei ausschließlichem Kompensationsbezug teleologisch zu reduzieren.[1050]

Hinsichtlich des Primärrechtsschutzes bei kompensationsbezogenen Fehlinformationen und Informationsdefiziten ist erneut zu differenzieren. Zum einen kann ein desinteressierter Aktionär trotz des hierdurch erweckten Trugbilds wegen seiner Inkongruenz mit dem Entschädigungsangebot oder eines außerhalb von Bericht oder Auskunft liegenden Kontrollimpulses Zweifel bekommen. Dann ist der Kontrollzweck auch anderweitig erreicht, und also läßt diese Zweckerreichung die primäre Durchsetzung der korrekten Information sinnlos werden. Die Befugnis zur Leistungsklage auf die korrekte Auskunft, die dem Aktionär nach hiesigem Verständnis bei solchen Mängeln unbefristet zusteht,[1051] muß bei ausschließlichem Kompensationsbezug demnach ebenfalls teleologisch reduziert werden, solange die Frist zur Einleitung eines Spruchverfahrens noch nicht abgelaufen ist. Ist der Informationsfehler hingegen so drastisch, daß er erst nach Verfristung auch des Spruchverfahrens entdeckt wird, setzt ein Funktionswandel dieser Leistungsklage auf kompensationsbezogene Information ein. Die richtige Information kann in diesem Stadium nämlich nur noch dazu dienen, die Schwere des Informationsfehlers zu erkennen. Desinteressierte Aktionäre können hierdurch eine Informationsgrundlage zur Beurteilung der Frage erlangen, ob die Fehlinformation derart qualifiziert ist, um eine Schadensersatzklage gegen Vorstandsmitglieder ausnahmsweise einmal zu begründen.[1052]

b) Europarechtskonformität

Damit der vorstehend *praeter legem* gewonnene Anfechtungsausschluß für kompensationsbezogene Informationsmängelrügen generell für alle Umstrukturierungsvorgänge Geltung beanspruchen kann, bedarf er noch einer Absicherung für das Richtlinien-angeglichene Verschmelzungs- und Spaltungsrecht. Wie schon angesprochen, kommt einer in nationales Recht umgesetzten Richtlinie

1049 Zum institutionellen Mißbrauch als einem Umgehungsproblem methodisch grundlegend *Teichmann*, S. 15 ff.

1050 I.E. ebenso *Klöhn*, AG 2002, 443, 450.

1051 Dazu oben unter § 3 II 1 b) bb) a.E.

1052 S. dazu oben unter § 3 II 2 c). Es bedarf also auch keiner Verzögerung des Fristbeginns zur Spruchverfahrenseinleitung wie sie *Witt*, WuB II N. § 210 UmwG 2.01 [S. 427] verlangt.

auch bei dessen Fortbildung ein interpretatorischer Vorrang zu.[1053] Daß die Informationsvorgaben der Fusions- und SpaltungsRL effektiv umzusetzen sind, muß so maßgeblich bereits das Verständnis der Lücke im Hinblick auf die zur Analogie herangezogenen gesetzlichen Bestimmungen prägen, ist hier also auf den Anfechtungsausschluß wegen Kompensationsunterschreitung nach den §§ 14 Abs. 2, 32 Alt. 1 (in Verbindung mit § 125 Satz 1) UmwG zu beziehen. Die Lücke hinsichtlich kompensationsbezogener Mängel im Verschmelzungs- und Spaltungsbericht könnte insoweit wegen des Gebots der effektiven Sanktionierung einer Verletzung europäisierter Berichtspflichten *a priori* negiert werden.

Dabei darf aber nicht übersehen werden, daß die hier vorgenommene Deutung der die Rechtsfortbildung tragenden *ratio legis* mit dem Mißbrauchsverbot ein dem Europarecht keineswegs fremdes Prinzip in Blick nimmt. So hat unlängst *Schön* als Beitrag zu einer "autonomen Dogmatik" des Europäischen Gesellschaftsrechts den Versuch unternommen, den im Primärrecht nicht positivierten Rechtsmißbrauch für dieses Rechtsgebiet zu systematisieren.[1054] Daß ein solcher Versuch über die Darlegung einer äußeren Ordnung hinaus eine innere Einheit nicht zutage gefördert hat, ist ausschließlich der fehlenden Systembildung durch den EuGH zuzuschreiben.[1055] So unterscheidet der Gerichtshof insbesondere nicht zwischen dem institutionellen Mißbrauch, der das Verständnis des ausgeübten Rechts selbst betrifft, und dessen individuell mißbräuchlicher Ausübung als eigenständigem Institut;[1056] auch vermischt er die Ebene des Mißbrauchs der Grundfreiheiten und der hier einschlägigen mißbräuchlichen Inanspruchnahme sekundären Gemeinschaftsrechts.[1057]

Trotz dieser dogmatischen Unwägbarkeiten ist die hiesige Rechtsgewinnung jedenfalls mit den partiellen Wertungen des EuGH in Einklang zu bringen. Das läßt sich zweifach untermauern:

Zum einen rechtfertigt der EuGH in der Rechtssache "Kefalas" aus gemeinschaftsrechtlicher Sicht einen Eingriff in das Effektivitätsgebot. Er führt dazu Argumente an, die der Sache nach einem individuellen Rechtsmißbrauch entsprechen, wie er der hier vorgenommenen Rechtsfortbildung zugrunde liegt.[1058]

1053 Methodisch grundlegend *Canaris*, FS Bydlinski, S. 47, 81 ff.; s. auch *Habersack*, Europäisches Gesellschaftsrecht, Rdn. 34 ff. m. w. Nachw. sowie schon oben unter § 8 IV 4 b).

1054 *Schön*, FS Wiedemann, S. 1271, insbes. 1277 ff.

1055 Eine Dogmatik des Mißbrauchs im Gemeinschaftsrecht vermißt namentlich *Klinke*, ZGR 2002, 163, 186.

1056 Dazu ausdrücklich kritisch *Schön*, FS Wiedemann, S. 1271, 1279 m. w. Nachw.

1057 Dafür indikativ die Liste der vom Gerichtshof selbst genannten Entscheidungen völlig unterschiedlicher Ebenen in EuGH Slg. 1999, I-1459, Rdn. 24 ("Centros").

1058 Treffend *Habersack*, Europäisches Gesellschaftsrecht, Rdn. 229 i.V.m. 189.

In der Entscheidung hat der Gerichtshof die Mißbrauchseinrede gegen die Berufung eines griechischen Aktionärs auf Art. 25 Abs. 1 der Zweiten gesellschaftsrechtlichen (Kapital-) Richtlinie[1059] zwar in erster Linie eingegrenzt; so könne weder die Tatsache, daß eine angegriffene Kapitalerhöhung die finanziellen Schwierigkeiten der Gesellschaft beseitigt, noch daß der Aktionär sein Bezugsrecht nicht ausübt, den Vorwurf der mißbräuchlichen Berufung auf die genannte Richtlinienbestimmung legitimieren.[1060] Demgegenüber erachtet der EuGH eine Klage für rechtsmißbräuchlich, mit welcher der Aktionär widerrechtliche Vorteile zum Nachteil der Gesellschaft erlangen will.[1061] Der nämliche Gedanke eigensüchtiger Interessenverfolgung trägt schließlich auch den vorliegend mit der Koch's Adler-Doktrin des BGH harmonisierten Anfechtungsausschluß *praeter legem.*[1062]

Soweit der EuGH zum anderen die Europarechtswidrigkeit nationaler Vorschriften, die einen Rechtsmißbrauch typisieren, mit dem Argument erwägt, damit werde die Zielrichtung und volle Wirksamkeit der europäischen Rechtsnorm angegriffen,[1063] stellt dies die Europarechtskonformität der vorliegenden Typisierung kompensationsbezogener Informationsmängelrügen ohnehin nicht in Frage. Es ist nämlich nicht ersichtlich, warum die europäisierten Informationspflichten abweichend von der im Grundlagenteil dieses Beitrags herausgearbeiteten Zwecksetzung behandelt werden sollten.[1064] Vielmehr dienen Informationen im Verschmelzungs- und Spaltungsbericht, soweit sie sich ausschließlich auf Bewertungsfragen beziehen, ebenso wie richtlinienfreie Informationspflichten dieser Art ausschließlich einem Kontrollzweck, der - wie ausführlich dargelegt - auch bei mangelhafter Information erreicht wird, wenn ein Aktionär ihretwegen zur Anfechtung schreitet.[1065] Das Effektivitätsgebot ist dann genau genommen gar nicht betroffen.

1059 Zweite gesellschaftsrechtliche Richtlinie des Rates (Kapitalrichtlinie) v. 13.12.1976 (77/91/EWG), ABl. 1977, Nr. L 26/1; abgedruckt bei *Habersack*, Europäisches Gesellschaftsrecht, Rdn. 206 sowie *Schwarz*, Textsammlung, Sig. 2.

1060 EuGH Slg. 1998, I-2843, Rdn. 23-27 ("Kefalas").

1061 EuGH Slg. 1998, I-2843, Rdn. 28 ("Kefalas").

1062 Gleichsinnig *Habersack*, Europäisches Gesellschaftsrecht, Rdn. 229/250 i.V.m. 189; vgl. auch *Schwarz*, Europäisches Gesellschaftsrecht, Rdn. 617; *Schön*, EBOR 1 (2000), 3, 32 ff.

1063 S. nur EuGH Slg. 2000, I-7587, Rdn. 45.

1064 S. zu den allgemeinen Berichtszwecken oben unter § 1 II 3 b) aa) (dazu als Leitbild der europäisierte Bericht über den Bezugsrechtsausschluß bei Kapitalerhöhung) sowie zu den davon abweichenden kompensationsbezogenen Informationszwecken oben unter § 1 III 2.

1065 S. ausf. soeben unter 1.

Der vorgeschlagene Anfechtungsausschluß *praeter legem* ist also für sämtliche kompensationsbezogenen Informationsmängelrügen europarechtskonform.

c) Verfassungskonformität

Auch aus verfassungsrechtlicher Sicht bestehen keine Bedenken gegen die vorgetragene Rechtsfortbildung. Wie schon mehrfach angedeutet, kann die Mitgliedschaft des Aktionärs zwar letztlich auf Art. 14 GG zurückgeführt werden. Damit läßt sich etwa die Ausgestaltung des einfachen Rechts, das die Eigentumsgarantie prägt, als Ausbalancierung des Über- und Untermaßverbots hinsichtlich der gegenläufigen Interessen von jeweils in diesem Sinne grundrechtsberechtigten Aktionären verstehen und besser deuten.[1066] Über die hier nicht berührte äußere Grenze der Institutsgarantie hinaus stellt aber jede methodisch *lege artis* gewonnene Rechtsregel auch eine verfassungskonforme Inhaltsbestimmung im Sinne des Art. 14 Abs. 1 Satz 2 GG dar.[1067] Entgegen einer gängigen Fehlvorstellung ist zudem auch über den vorliegenden Aspekt der Normprägung hinaus die Methodenlehre nichts anderes als teilweise konkretisiertes Verfassungsrecht, teilweise konkretisiert sie dieses ihrerseits.[1068] Der hier *praeter legem* entwickelte Anfechtungsausschluß ist also verfassungskonform, auch soweit dadurch die in der Mitgliedschaft wurzelnden Informations- und Anfechtungsrechte des Aktionärs ausgeformt und begrenzt werden.[1069]

1066 S. dazu schon oben unter § 1 I 1 a) cc) und § 2 II 1 b).

1067 Zur Normprägung bei Art. 14 GG und diesen Folgerungen für die Mitgliedschaft des Aktionärs treffend GroßKommAktG/*Mülbert*, Vor §§ 118-147 Rdn. 188-190 m. w. Nachw. (str.).

1068 So ausdrücklich *Canaris*, FS Bydlinski, S. 47, 83.

1069 I.E. ebenso *Hoffmann-Becking*, GesR 2001, S. 55, 62 f. sowie *Hirte*, ZHR 167 (2003), 8, 20 f.

3. Teil: Fazit

§ 10 Zusammenfassung in Thesen

1. Anlaß dieser Arbeit war die neue MEZ/Aqua Butzke-Rechtsprechung des BGH, die für abfindungswertbezogene Informationsmängel in der formwechselnden Aktiengesellschaft die Möglichkeit der Anfechtung verneint, während derartige Mängel bis dato wie sonstige Informationspflichtverletzungen im Anfechtungsprozeß geltend gemacht werden konnten. Die kontroversen Reaktionen auf diese Rechtsprechungswende und Unklarheiten hinsichtlich ihrer Tragweite jenseits der zum Formwechsel entschiedenen Fälle haben die Untersuchungsfrage aufgeworfen, wie kompensationsbezogene Informationsmängel in der Aktiengesellschaft ganz generell zu behandeln sind. Das Anliegen, ein Gesamtsystem zu entwickeln, welches sämtliche Umstrukturierungen umfaßt, hat zunächst nach einer Analyse der Einzelsysteme für das Kompensationsmängelrecht und das Informationsmängelrecht in der Aktiengesellschaft verlangt, bevor diese Einzelüberlegungen zur Beantwortung der Untersuchungsfrage zusammengeführt werden konnten.

2.a) Kompensation ist bei Strukturänderungen nach den aktien- und umwandlungsrechtlichen Vorgaben den ausscheidenden Aktionären als Abfindung sowie den am Strukturwandel partizipierenden Aktionären als Ausgleich zu gewähren, soweit der strukturändernde Hauptversammlungsbeschluß mit der Umstrukturierung zugleich die Bestandsvernichtung bzw. eine qualifizierte Einbuße der Mitgliedschaft herbeiführt. Die Fortwirkung der verfassungsrechtlich geschützten Mitgliedschaft ist der Geltungsgrund des in UmwG und AktG ausgeprägten gesetzlichen Kompensationsschuldverhältnisses, das meist hinsichtlich des "Wie" der rechtstechnischen Ausgestaltung, nie aber hinsichtlich des "Ob" und also der Entschädigungshöhe zur Disposition seiner Parteien steht. Als kompensationsberechtigt kommen diejenigen Aktionäre in Betracht, welche an der Umstrukturierung kein eigenes Interesse haben und daher als "desinteressiert" bezeichnet werden. Kompensationsverpflichtet ist der neben der Gesellschaft am Strukturwandel beteiligte Rechtsträger. Ihm ist der Mitgliedschaftseingriff - obwohl innerverbandlich durch den Strukturänderungsbeschluß der Hauptversammlung vermittelt - zuzurechnen, weil er aus legislatorischer Sicht typischerweise strukturell überlegen ist und daher das Risiko einer Übervorteilung der desinteressierten Aktionäre in seinen Zulänglichkeitsbereich fällt. (§ 1 I, § 2).

b) Kompensationsansprüche können im Prinzip individuell eingeklagt werden. Die dazu statthafte Leistungsklage wird materiell durch das Spruchverfahren derogiert, in dem die richtige Entschädigungshöhe exklusiv und allgemein verbindlich erkannt wird. Das Konkurrenzverhältnis zur Anfechtungsklage beurteilt sich unabhängig von der Eröffnung des Spruchverfahrens. (§ 4 II 1 b), 2 b)).

c) Kompensationsmängel lassen sich in unterschiedliche Kategorien fassen, je nachdem, ob ein Ausgleichs- oder Abfindungsangebot ganz fehlt (Kompensationsausfall), nicht ordnungsgemäß erteilt wurde (Fehlkompensation) oder wertmäßig eine zu geringe (Kompensationsunterschreitung) bzw. zu hohe (Kompensationsüberschreitung) Entschädigung beinhaltet. Fehlen Kompensationsangebote, die für den Strukturwandel essentiell sind, gilt Bestands- vor Vermögensschutz der Mitgliedschaft, so daß der Strukturänderungsbeschluß der Hauptversammlung wegen dieses Kompensationsmangels zu Fall gebracht werden kann. Teilweise ist der Umstrukturierungsbeschluß bereits nichtig - so bei fehlendem Angebot essentiellen Ausgleichs -, teilweise kann er angefochten werden - so, wenn ein essentielles Abfindungsangebot nicht erteilt wurde. Fehlt hingegen das Angebot einer Entschädigung, die nur den ergänzenden Gesellschafterschutz bereitstellt und daher als akzidentiell bezeichnet wird, ist auch eine Anfechtungsklage gesetzlich ausgeschlossen. Ob ein Kompensationsanspruch essentiell oder akzidentiell ist, läßt sich über die gesetzgeberische Entscheidung hinaus nicht auf einen tieferen Grund zurückführen. Das Gesetz knüpft auch für die Behandlung eines als Fehlkompensation bezeichneten nicht ordnungsgemäßen Ausgleichs- oder Abfindungsangebots an diese Rechtsfolgendichotomie an. Einem solchen Gleichlauf entsprechend ist die Tatbestandsvariante des nicht ordnungsgemäßen Angebots restriktiv im Sinne eines zwar nicht formell, wohl aber materiell fehlenden Entschädigungsangebots auszulegen. (§ 4 II 2 c), 3 a) und § 8 IV 2 c) bb)).

d) Kompensationsunterschreitungen, also zu niedrige oder unangemessene Ausgleichs- oder Abfindungsangebote, behandelt das Gesetz in allen Fällen gleich. Solche Mängel können niemals im Anfechtungsprozeß gerügt werden. Sämtliche Bestimmungen in UmwG und AktG, welche diesen Klageausschluß wegen der zu niedrigen Entschädigung normieren, sind *leges speciales* zu § 242 BGB, wo der individuelle Rechtsmißbrauch verankert ist. Sie regeln die unwiderlegliche Vermutung, ein anfechtender Aktionär handle rechtsmißbräuchlich, wenn er Klage lediglich mit der Begründung erhebt, die ihm angebotene Kompensation liege unter der ihm von Gesetzes wegen zustehenden Soll-Höhe. (§ 9 II).

3.a) Information in der Aktiengesellschaft betrifft die Wissensversorgung mit Blick auf die Binnenorganisation der Gesellschaft ebenso wie deren Mitgliedschaftsverhältnis zu den Gesellschaftern. Im erstgenannten Fall spricht man von kollektiven Informationsrechten der Gesellschaft, mit denen organschaftliche Informationspflichten korrelieren, die nicht im engeren Sinne als Rechtspflichten, sondern vielmehr als Organzuständigkeiten verstanden werden müssen. Paradigmatisch sind die hauptversammlungsbezogenen Berichtspflichten des Vorstands im Vorfeld von Strukturänderungsbeschlüssen nach UmwG und AktG. Mit dem letztgenannten Fall sind die individuellen Informationsrechte jedes einzelnen Aktionärs angesprochen, welche sich gegen die Gesellschaft richten. In erster Linie geht es dabei um das Auskunftsrecht in der Hauptversammlung nach § 131 AktG. (§ 1 II 1, 2).

b) Informationsrechte bzw. die mit ihnen korrelierenden Pflichten im untechnischen Sinne dienen vielfältigen Zwecken, von denen der Entscheidungszweck und der Kontrollzweck von zentraler Bedeutung sind. Berichtspflichten intendieren die Selbstinformation der Gesellschaft vor einer Entscheidung und fundieren ihr unternehmerisches Ermessen für die Entscheidung (Entscheidungszweck), sie haben dagegen nicht die Funktion, die Sachkontrolle des Entschiedenen zu ermöglichen. Ein einzig richtiges Soll-Ergebnis als Kontrollmaßstab bleibt bei unternehmerischen Ermessensentscheidungen nämlich naturgemäß außer Betracht. Demgegenüber dient das Auskunftsrecht des Aktionärs in der Hauptversammlung neben der Entscheidungsfindung bezüglich der Ausübung seines Stimmrechts (Entscheidungszweck) ebenso einer Kontrolle bereits im Bericht zur Kenntnis gebrachter Informationen (Kontrollzweck). Eine solche Kontrolle kann auch dadurch ausgeübt werden, daß zum Informations*gehalt* des Berichts nähere Erläuterungen begehrt werden; die bloße Wiederholung seines Informations*inhalts* ist hingegen auch dann kein zweckgemäßes Auskunftsgesuch, wenn die Vorab-Information kapitalmarktrechtlich verortet wird. (§ 1 II 3, § 9 I 1).

c) Informationsmängel lassen sich kombinatorisch in mehrere Realtypen einteilen. Zum einen ist auf wahrheitswidrige Informationen durch positives Tun - genannt Fehlinformationen - hinzuweisen sowie auf das diesem äquivalente Teilunterlassen - genannt Informationsdefizit. Diese Informationsmängel sind besonders gravierend, weil die Informationsadressaten nicht an ihrer Wahrheitsgemäßheit zweifeln, sondern im Gegenteil in ihrem guten Glauben daran sogar bestärkt werden und so diese Mängel praktisch nicht erkennen können. In aller Regel ist solchermaßen mangelhaft informierenden Vorstandsmitgliedern ein besonderer Vorwurf zu machen. Wenn zum anderen Informationen ganz oder zu einem so wesentlichen Teil fehlen, daß dies den Informationsadressaten überdeutlich zur Kenntnis gelangt - man nennt diese Mängel Informationsausfall oder -unterschreitung -, fällt den informierenden Vorstandsmitgliedern vielfach allenfalls Fahrlässigkeit zur Last. Informationsmängel lassen sich nur ungenügend im Wege des Primärrechtsschutzes beheben. Darüber hinaus stellt auch der Schadensersatz nur bei qualifiziert mangelhafter Information einen effektiven Behelf zur "Sanktionierung" von Informationspflichtverletzungen dar. (§ 3 I, II 1, 2 a), c)).

d) Anfechtungsklagen stellen den einzig effektiven Rechtsschutz gegen sämtliche Informationsmängel bereit. Nur die Anfechtungsklage kann der Aktionär unabhängig davon erheben, ob er vorher alle Möglichkeiten des Primärrechtsschutzes erfolglos ausgeschöpft hat. Macht er im Anfechtungsprozeß Auskunftsmängel geltend, muß er in der Hauptversammlung Widerspruch erhoben haben, um nach § 245 Abs. 1 Nr. 1 AktG klagebefugt zu sein. Der Grund dieses Erfordernisses ist, daß der Aktionär nur durch den Widerspruch den Rechtsschein seiner typischen Hauptversammlungsteilnahme als Verzicht auf die Rüge wegen erkennbarer Verfahrensverstöße zerstören kann. Entsprechend dieser neuen Normzweckdeutung ist ein solcher Widerspruch bei den kaum erkennbaren Informationsmangelkategorien - also Fehlinformationen und Informationsdefiziten - entbehrlich, während bei gut erkennbaren Informationsmangelkategorien - also Informationsausfall und -unterschreitung - ein qualifizierter Rechtsscheinstatbestand nur durch Nachfragen zerstört werden kann; ein "halbherziger" Widerspruch verhilft bei derartigen Mängeln also nicht zur Anfechtungsbefugnis. Für die Frage der Zurechnung von Informationsmangel und Beschlußergebnis ist die zunehmend gleichsam als Gewohnheitsrecht behandelte Relevanztheorie auf ihre gesetzliche Wurzel in § 243 Abs. 4 AktG zurückzuführen und dementsprechend auf solche Verfahrensverstöße zu restringieren, die unmittelbar in Mitgliedschaftsrechte eingreifen; hier also eine Verletzung des Auskunftsrechts. Im übrigen - also für Berichtsmängel - läßt sich aus den in der Vorschrift zur Verwertung verbotenen Beweismitteln ableiten, daß eine Widerlegung der gesetzlich vorausgesetzten Zurechnungsvermutung mit dem Standard potentieller Kausalität möglich ist. (§ 3 II 2 b)).

4.a) Kompensationsbezogene Informationen bestehen aus quantitativen Daten zur Bewertung der am geplanten Strukturwandel beteiligten Unternehmung(en) und veranschaulichen unmittelbar die Ermittlung der unterbreiteten Ausgleichs- und Abfindungsangebote.

b) Kompensationsbezogene Berichtspflichten und Auskunftsrechte haben damit primär den Zweck, einen Vergleich der konkret angebotenen Ist-Größe mit der gesetzlich vorausgesetzten Soll-Größe zu ermöglichen. Diesem primären Kontrollzweck kompensationsbezogener Informationspflichten ist bereits dann genügt, wenn die Informationen zwar mangelbehaftet sind, aber dennoch bei den Aktionären Zweifel an der Gesetzmäßigkeit der ihnen angebotenen Entschädigungshöhe wecken, die sich im Spruchverfahren ausräumen lassen. Ein so verstandener Kontrollzweck ist bei Kompensationsbezug auch ausnahmsweise der Berichtspflicht zueigen. Demgegenüber kommt kompensationsbezogenen Informationen nach der Teleologie von UmwG und AktG trotz tatsächlicher Entscheidungsrelevanz kein normativer Entscheidungszweck zu, weder mit Blick auf das "Ob" der Strukturentscheidung, noch was die individuelle Alternative des Aktionärs anlangt, die Gesellschaft gegen Abfindung zu verlassen. (§ 1 III, § 2, § 9 III 1 b) aa)).

c) Kompensationsbezogene Informationsmängel in der Aktiengesellschaft können angesichts ihrer tatbestandlichen Konkordanz mit Kompensationsmängeln, die auf ihrer regelmäßig gemeinsamen Fehlerquelle beruht, nicht ohne weiteres dem Informationsmängelrecht zugewiesen werden, weil sonst die Teleologie des Kompensationsmängelrechts unterlaufen würde. Letztere ist hingegen bei einer Rechtsfortbildung maßgeblich, die an das *telos* der Regelungen in UmwG und AktG anknüpft, welche die Anfechtung wegen der Vermutung individuell mißbräuchlicher Erhebung derjenigen Klagen ausschließen, welche sich allein auf die Rüge der Kompensationsunterschreitung stützen. In Gesamtanalogie zu diesen Ausschlußnormen kommt eine solche Rechtsmißbrauchsvermutung auch bei einer Klageerhebung wegen kompensationsbezogener Informationsmängel zum Zuge. Eine *praeter legem* prinzipiell mögliche Widerlegung der ungeschriebenen Vermutungsregel ist nicht ersichtlich. So ist die Anfechtung ganz generell, d.h. für sämtliche Umstrukturierungen und Entschädigungsansprüche, ausgeschlossen, wenn ein Aktionär nur die Verletzung kompensationsbezogener Informationspflichten geltend macht. (§ 6, § 7, § 9 II).

5. Der BGH begründet seine MEZ/Aqua Butzke-Rechtsprechung zwar pragmatisch, nicht indes normativ überzeugend. Zudem vermögen die Entscheidungsgründe eine Ausweitung der neuen Judikatur nur auf wenige Umstrukturierungsvorgänge zu rechtfertigen. Die hier vorgetragene Rechtsmißbrauchslösung leitet aus dem in UmwG und AktG vorgeschriebenen Klageausschluß, welcher unterschiedslos bei sämtlichen Strukturänderungen eingreift, soweit ein zu niedriges oder unangemessenes Ausgleichs- oder Abfindungsangebot geltend gemacht wird, einen generellen Anfechtungsausschluß *praeter legem* bei Rüge kompensationsbezogener Informationsmängel ab. Dadurch geht sie über eine kritische Rekonstruktion der neuen Rechtsprechungslinie hinaus. Neben diesem praktischen Vorteil eines einheitlichen Anwendungsbereichs und damit größerer Rechtssicherheit ist die entwickelte Rechtsmißbrauchslösung vor allem aus dogmatischen Gründen vorzugswürdig. Zunächst macht ihre Begründungsfigur - der individuelle Rechtsmißbrauch - die Konsequenz "Vermögens- statt Bestandsschutz" auch für die Vertreter einer streng verbandsrechtlichen Konzeption

der Aktiengesellschaft hinnehmbar. Ferner läßt sich der so gewonnene Anfechtungsausschluß *praeter legem* mit dem Europarecht in Einklang bringen und somit als genereller Ausschlußtatbestand aufrechterhalten, der auch für Verschmelzung und Spaltung Anwendung findet. Schließlich fußt die vorgetragene Rechtsmißbrauchslösung auf einem systematischen Gesamtkonzept, hat mithin innere Einheit und Folgerichtigkeit auf ihrer Seite. (§ 9 III 2).

6. Nach dem Untersuchungsergebnis bleibt eine Anfechtung wegen kompensationsbezogener Informationsmängel bereits *de lege lata* generell außer Betracht. Da der BGH allerdings nur einen partiellen Anfechtungsausschluß zu begründen vermag, wäre eine Klarstellung durch den Gesetzgeber wünschenswert. Beispielsweise könnten kompensationsbezogene Informationsrügen als weitere Variante der geschriebenen Anfechtungsausschlußnormen eingefügt werden, für die entsprechend der Variante der Kompensationsunterschreitung die Klage unterschiedslos ausgeschlossen ist. (§ 8, § 9).

Kolibri 360 GmbH
Ferdinand-Jühlke-Straße 7
99095 Erfurt, Deutschland
produktsicherheit@kolibri360.de

Druck:
CPI Druckdienstleistungen GmbH
im Auftrag der
Kolibri 360 GmbH
Ferdinand-Jühlke-Str. 7
99095 Erfurt